전성희 편 유민영 감수

차범석 전집
11

자서전/수필 외

태학사

차범석 전집 11 - 자서전 / 수필 외

초판 1쇄 발행 2019년 11월 11일
엮은이 전성희
감　수 유민영
펴낸이 지현구
펴낸곳 태학사
등록 제406-2006-00008호
주소 경기도 파주시 광인사길 223
전화 마케팅부 (031) 955-7580~2 편집부 (031) 955-7584~90
전송 (031) 955-0910
홈페이지 www.thaehaksa.com　**전자우편** thaehaksa@naver.com

ISBN 979-11-6395-080-6 04680
ISBN 978-89-5966-991-2 (세트)

돌사진(1925년 11월 25일)

네 살 때(앞줄 왼쪽에서 두 번째)

차씨 문중 대가족

서울 수학여행(창경원, 1937년)

광주 서중 2학년 때

무등산 정산에서

가족들과 함께(정원, 1939년)

의재 허백련 옹과 아버지

아버지 형제(좌측부터 남하, 남수, 남석, 아버지)

동경 재수생 시절(1942년). 대학생 틈에 나홀로 재수생(조맹윤, 이주현, 하재석)

우리 삼형제(문석, 나, 재석)　　　　　스피아 동산에서(훈희, 경규, 나, 평중)

친구(명진, 평중, 청한, 훈희)들과 함께

친구 문훈희와 함께

명동국립극장 앞에서

연회극예술연구회 회원들과 함께

1955년 조선일보 신춘문예 시상식에서

덕성여고 취임식(송금선 교장과 함께)

결혼사진

나의 삶, 나의 예술

떠도는 山河

車凡錫

도서출판
형제
문화

「떠도는 산하」(형제문화) 표지

「거부하는 몸짓으로 사랑했노라」(범우사, 1984년) 표지

「목포행 완행열차의 추억」(융성출판, 1994년) 표지

「예술가의 삶」(혜화당, 1993년) 표지

「팔려 간 얼룩이」(동화출판공사, 1993년) 표지

명함 및 기사

발간사

유민영

　차범석 선생은 생전에 감투 쓰는 것에 그렇게 연연하지는 않았지만 그의 비중에 걸맞게 문화예술계 인사들이 오르기 어려운 큰 자리를 모두 거쳤다. 가령 한국문예진흥원장과 대한민국예술원 회장, 그리고 예술대학장 등이 바로 그런 자리였는데, 그 외에도 각종 잘디잔 감투를 누구보다도 많이 썼었다. 그러나 그가 어디에 글을 쓸 때, 붙이는 호칭에는 언제나 극작가라고 적었다. 이처럼 그는 여러 가지 감투는 잠시 지나가는 자리고 자신은 어디까지나 극작가로서 자부하고 있었지 않나 싶다.

　그럴 수밖에 없는 것이 그의 평생을 놓고 볼 때 교사, 방송국 PD, 교수, 그리고 문예진흥원장 등 고정월급으로 생활한 기간보다는 극작가로서 원고료를 받고 산 기간이 더 길 것이기 때문이다. 그만큼 그는 자신이 일생을 보내면서 역사 속에 남길 유산은 어떤 자리가 아니라 문화예술계에 던져놓는 방대한 작품이라고 확신했던 것으로 보인다.

　따라서 그가 생전에 가장 갈망했던 것은 전집출판이었고, 사후에는 자신의 이름을 딴 희곡상 제정이었다. 그래서 그는 만년에 12권짜리 전집을 발간하려고 목차까지 다 짜놓고 출판사와 접촉하다가 출판사정이 여의치 않아 무산됨으로써 생전의 꿈을 이루지 못하고 소천했지만 사후의 꿈인 희곡상 제정만은 유족과 조선일보사의 협조로 잘 되어 유망한 후진을 계속 양성하고 있다.

　저간의 사정을 가장 잘 아는 이는 유족이지만 필자 역시 선생과 가까이

1

발간사

지내면서 그에 관한 이야기를 많이 했던 터라서 항상 숙제를 안고 있었다. 그러다가 이번에 유족 측의 용단과 태학사의 호의로 그의 꿈인 12권짜리 전집을 발간케 되어 숙제를 푼 것 같아 기쁘다. 그런데 이번에 전집을 준비하면서 선생을 잘 안다고 생각했던 필자마저 놀랄 정도로 그가 방대한 작품을 남겼음을 발견케 되었다. 희곡사적으로는 유치진에 이어 소위 리얼리즘극을 심화 정착시킨 작가지만 그의 창작범위는 상상을 초월한다. 즉 희곡을 필두로 하여 무용극본, 오페라극본, 시나리오, 악극대본, 그리고 방송드라마 등에 걸쳐 편수를 헤아리기 어려울 정도로 엄청난 작품을 남긴 것이다. 그가 작품만 쓴 것도 아니고, 자전을 비롯하여 수많은 연극평론과 에세이도 남겼다.

그런데 더욱 놀라운 것은 그 많은 글을 그가 순전히 수작업 手作業으로 해냈다는 사실이다. 선비적인 기질 때문인지 그는 일평생 컴퓨터, 운전, 휴대폰, 카드까지 거부하고 만년필과 볼펜으로 수십만 장의 원고지를 메꾼 셈이다. 문제는 작품이 너무 넘쳐서 12권 속에 모두 주어 담을 수가 없다는데 있었다. 그래서 할 수없이 나머지 작품들은 다음 기회에 별도로 내기로 하였다.

이 전집이 순탄하게 나올 수 있도록 도와준 차범석재단 차혜영 이사장 및 유족, 작품을 열심히 찾아내고 교정까지 보아준 전성희, 이은경 교수, 지방에서 멀리 올라와서까지 도와준 김삼일 석좌교수와 홍미희 목포문학관 학예사, 그리고 박명성 대표 등에 감사하고 태학사 지현구 사장 및 직원들에게도 고마움을 표한다.

아버지의 전집 발간에 부쳐

차혜영

사랑하는 아버지!

아버지 가신지 12년이 지났습니다.

세월이 흘러도 아버지는 생전의 그 모습 그대로 카랑카랑한 목소리는 제 가슴에 남아 아버지의 못 다 이룬 이야기들을 들려주시는 듯, 문득 문득 부족한 제 자신에 죄송한 마음이 들곤 합니다.

쓰고 싶은 일 하고 싶은 일이 너무 많아 83년의 시간이 너무나도 부족하셨나요? 바람처럼 살다보니 시간조차 쫓아오지 못해서 늙지도 않는다는 아버지의 욕심이 사단이었나 싶습니다.

아버지 가신 뒤 우리는 그저 무력하게 아무것도 할 수 없었습니다. 그때 저희를 일깨워 준 '신시뮤지컬 컴퍼니'의 박명성 대표의 은혜는 영원히 잊지 못합니다.

머뭇거리지 말고 하루 빨리 '차범석 재단'을 만들어 다음 해 부터라도 아버지를 기리는 일을 해야 한다고 우리를 설득했지요.

참 복도 많으신 우리 아버지! 아버지의 양아들 박 대표는 우리가 해야 할 일이 무엇인지 아버지의 뜻을 알고 있었답니다. 거기에 평생 아버지의 행동대장이시던 어머니는 사시던 집을 팔아 부족하지만 결코 부끄럽지 않은 재단이 탄생되었습니다. 10여 년 재단을 운영하며 아버지께서 가장 안타까워하시던 『차범석 전집』을 숙제처럼 가슴에 지니고 있었습니다. 그러던 지난 2016년 6월 6일 아버지의 10주기 날 저녁 유민영 교수님께서 전화를 주셨습니다.

『차범석 전집』을 내야지? 오늘 문득 그 생각이 나서 말이야. 더 늦으면 나도 힘들어" 교수님은 그 날이 아버지 기일인지 모르셨다며 놀라셨습니다. 저는 순간 아버지께서 교수님의 생각을 빌어 말씀해 주시는 것 같은 착각에 가슴이 떨렸습니다.

그때부터 유민영 교수님의 기획 하에 전성희 교수님의 집요한 열정은 폭풍처럼 아버지의 여든 세 해의 시간을 무섭게 파고 드셨습니다. 가끔 저는 교수님의 일 하시는 모습에서 아버지의 깐깐한 모습을 보는 듯 깜짝 놀라기도 했습니다.

세월이 지나도 변함없는 의리와 애정으로 저희를 지지 해주시는 포항의 김삼일 교수님, 아버지의 발자취가 모조리 남아있는 목포 문학관의 홍미희 학예사님의 아낌없는 성원, 또한 첫 작업부터 완성까지 무조건으로 힘든 일 함께 해 주신 이은경 교수님, 그리고 저희의 풍족치 못한 재정에 항상 고민 하시면서도 출판을 맡아 주신 태학사 지현구 대표님이 계셔서 꿈같은 『차범석 전집』이 세상에 빛을 보게 되었습니다.

사랑하는 아버지!

『차범석 전집』의 책 커버는 아버지께서 어머니께 선물하신 저고리를 모티브로 어머니의 영정사진에서 전성희 교수님의 기발한 아이디어로 진행되었지만 이 모든 것에서 또 하나의 기적을 보는 듯 합니다. 아버지께서는 저 세상에 계시면서 우리를 총지휘 하시는 것 같은 착각 말입니다. 저희는 아버지라면 어떠셨을까를 항상 염두에 두고 하나하나 조심스럽게 만들어 나갔습니다.

아버지의 흡족해하시는 모습을 훗날 만날 수 있기를 기대합니다.

아버지의 영전에 아버지 여든 세 해의 소중한 작품을 바칩니다.

차범석의 생애와 예술

전성희

차범석은 한국연극사에서 최고의 사실주의 희곡작가이며 64편의 희곡을 발표한 다작의 작가다. 한국에서 사실주의 연극의 시작은 유치진에 의해서였지만 찬란하게 꽃을 피운 것은 차범석이다. 그러나 무용, 뮤지컬, 오페라, 국극, 악극에 이르기까지 다양한 예술 분야뿐만 아니라 방송 대본에 이르기까지 전방위적인 활동을 펼쳤던 차범석을 연극계의 인물로만 한정할 수는 없다. 그가 가장 애착을 가졌던 분야는 연극이었지만 그의 뛰어난 극작술과 다양한 예술에 대한 이해는 여러 장르의 대본을 창작할 수 있는 바탕이 되었고 그 결과 연극 이외의 분야에도 많은 작품들을 남길 수 있었다.

차범석은 1924년 11월 15일(음력 10월 19일) 전라남도 목포시 북교동 184번지에서 아버지 차남진(車南鎭) 어머니 김남오(金南午) 사이에서 3남 3녀 중 차남으로 태어났다.

일본 유학생 출신의 아버지는 중농 규모의 할아버지 유산을 잘 관리했을 뿐만 아니라 간척사업에 착수, 농토를 늘려 천석지기 지주가 되었는데 이는 아버지가 진취적이면서도 이재와 치산에 밝았기 때문일 것이다. 그 덕에 차범석은 유복한 가정에서 성장할 수 있었고 이러한 안정적인 가정 환경은 차범석이 식민지의 궁핍한 상황에서도 교육과 일정부분 제도적 보살핌을 받을 수 있었다.

차범석은 외향적이며 저돌적인 형이나 소유욕이 강하고 고집스러운 아우의 성정과는 달리 말수도 적었고 자기주장을 하기 보다는 조용히 책을 읽거나 어머니의 곁을 지켰다. 보통학교 4학년 때 교지 「목포학보」에 〈만추〉라는 글을 실어 '예사롭지 않은 문재'가 엿보인다는 말을 듣고 소설가를 꿈꾸기도 했다.

이 무렵부터 차범석은 목포극장과 평화관을 드나들며 영화 관람에 빠졌고 1930년대 전후의 영화를 두루 섭렵, 극예술에 대한 이해를 넓힐 수 있었다. 6학년이 되던 해 그는 최승희의 무용 발표회를 보고 큰 충격과 감동을 받았다. 최승희는 차범석에게 '무대라는 세계, 막이 객석과 무대를 갈라놓은 공간, 보여주는 자와 봐주는 자 사이의 공존의 의미를 깨우쳐 준 첫 번째 예술가'였다.

어릴 적 차범석의 이름은 평균(平均)이었는데 중학교 입시를 앞두고 범석(凡錫)으로 개명, 이후 줄곧 범석이라는 이름으로 활동했다. 광주고등보통학교(후에 광주서중으로 개칭) 진학을 위해 목포를 떠나 광주로 갔지만 소극적인 성격은 변함이 없었다. 호기심이 많았던 그는 책방을 드나들며 하이네나 바이런의 시집, 일본 소설들을 읽고 장차 문학가가 되어야겠다는 꿈을 키웠다. 그러면서도 차범석은 어린 시절 목포에서 그랬던 것처럼 광주에서 보낸 5년 동안 약 4, 50편의 영화를 관람하고 영화 잡지까지 사서 보는 등 적극적으로 영화의 세계에 빠져 들었다. 후에 연극으로 진로를 변경하기는 했지만 극의 세계라는 같은 뿌리의 영화에 마력을 느꼈다. 방학이 되면 목포 본가에 내려가서 골방에 있었던 세계문학 등을 독파했다.

아버지는 차범석이 의사가 되기를 원했지만 그는 의사보다는 문학과 예술에 뜻을 두고 있었다. 아버지와의 불화는 권위적인 아버지가 어린 시절부터 형과 차별 대우를 했던 것에서 비롯, 그를 내성적이고 비사교적인 반면 '회의적이고 반항적이면서 한편으로는 미지의 세계에 대한 도전성과 공격성'을 갖고 있는 사람으로 성장하게 했다.

학교를 졸업하고 진학을 위해 도쿄로 건너가 2년 동안 입시 준비를 하면서도 극장에를 드나들었다. 이 극장은 '예술적인 호기심에다 불붙인 하나의 매체이자 기폭제'였으며 차범석에게 '직접적으로 드라마가 무엇인가를 암시하고 시사하고 터득해 준 교실'이었다. 이 무렵 차범석은 영화뿐만 아니라 일본 연극에도 관심이 생겨 자주 관람했다.

연이어 입시에 실패한 차범석은 재수 준비를 하고 있었는데 전쟁으로 위험하니 귀국하라는 아버지의 명령으로 급히 돌아왔다. 차범석은 귀국하자마자 군대를 가야하는 징집의 위기를 맞았지만 병역면제의 혜택을 받기 위해 1년 과정의 관립광주사범학교 강습과에 입학을 했다. 교육에 뜻이 있었던 것이 아니었기 때문에 현실도피 생활에서 오는 자포자기의 심정과 허무는 그를 술로 이끌었고 이후 차범석의 건강과 삶에 큰 영향을 미쳤다. 교사 발령 4개월 만에 징집, 4개월간의 군대생활 중 해방이 되고 다시 모교에 복직하게 되었다.

그는 1946년 문학공부를 위해 연희전문학교 전문부 문과에 입학, 뒤늦게 사회적 정치적으로 개안을 하게 되었다. 친일세력에 대한 과거청산이 역사적 필연성에 있다는 것과 동학혁명정신이 광주학생독립운동이나 3.1운동 정신과도 맥을 같이 한다는 것이다. 이러한 역사의식의 재확인은 자아각성으로 연결되고 그 결과 문학이나 연극에 대한 인식과 태도도 달라질 수밖에 없었다. 그래서 차범석은 일제 말기에 폐간되었던 문학잡지 「문장」의 전 질을 구해 읽으며 다시 문학공부를 하는 등 문학의 참다운 뿌리를 찾기 위해 노력했다. 자신이 가야할 길이 문학과 연극에 있다는 신념으로 문학서클 '새마을회'에서도 활동하고 '연희극예술연구회'를 조직하기도 했다.

대학 시절 "우리가 처해있는 현실을 그대로 거울 속에 비춰보고 싶다"는 그에게 유치진의 강의는 사실주의에 대한 확신을 갖게 해주었고 이후 자신의 연극관으로 삼게 되었다. 그러면서 차범석은 직업극단의 공연과 연습장까지 찾아다니는 등 점차 연극 세계에 깊이 빠져들어 갔다.

1949년 유치진이 만든 제 1회 전국남녀대학 연극경연대회에 '연희극예술연구회'가 차범석 역/연출의 〈오이디푸스 왕〉으로 참가, 우수상을 수상했다. 차범석은 연극경연대회에 함께 참가했던 각 대학의 연극인들을 모아 '대학극회'를 조직하는데 앞장섰다. 그리고 1950년 초 국립극장이 설치되자 당시 유치진 극장장의 배려로 전속단원이 되어 현장에서 활동할 기회를 가질 수 있었다. 그러나 그것도 잠시 한국전쟁이 발발하자 고향으로 피난을 갔던 차범석은 목포중학에서 교편을 잡았다. 교직생활 중에도 습작을 게을리 하지 않으면서도 '목중예술제'를 만들었다. 목중예술제에서 1951년 처녀작 〈별은 밤마다〉를 무대에 올리고 주연까지 맡았다. 이 시기에 〈닭〉, 〈제4의 벽〉, 〈전야〉, 〈풍랑〉 등의 습작품을 정훈잡지에 발표했다.

대학 다닐 때 방학이면 고향에 내려와 목포청년들과 주변의 섬들을 여행하며 얻었던 소재를 바탕으로 〈밀주〉를 창작, 1955년 조선일보 신춘문예에 가작으로 입선하였다. 가작 입상에 만족을 못한 차범석은 이듬해 조선일보 신춘문예에 재도전, 〈귀향〉이 당선되었다. 〈밀주〉는 흑산도, 〈귀향〉은 해남을 무대로 그가 나고 유년시절을 보낸 바닷가 마을이 배경이다. 차범석은 〈밀주〉에서 가난한 어민들의 찌든 삶을 그렸지만 〈귀향〉에서는 가난한 농민을 묘사하면서 그 이유가 사회의 부조리와 모순 때문이라는 것을 지적했다. 이 지점에서 그의 희곡의 특성, 즉 로컬리즘을 바탕으로 한 사실주의 출발을 확인할 수 있다.

신춘문예 당선을 계기로 서울로 이주, 덕성여고에서 교편을 잡고 중앙무대를 향한 열정을 불태우며 창작에 몰두했다. 그러면서도 대학극회에서 같이 활동했던 김경옥, 최창봉, 조동화, 박현숙, 노희엽, 이두현 등과 '제작극회'를 결성, 한국연극에 새로운 바람을 일으켰다. 이 시기에 차범석은 활발하게 희곡을 창작, 문예지에 〈불모지〉, 〈4등차〉, 〈계산기〉, 〈상주〉, 〈분수〉, 〈나는 살아야 한다〉 등을 발표했다. 앞서 발표했던 로컬리즘을 바탕으로 한 사실주의극과는 다르게 고향을 벗어나 전쟁으로 좌절한 사람들을 사실적으로 묘사했다. 특히 〈껍질이 째지는 아픔 없이는〉은 4·19 1주년 기념공연으로 제작되었는데 혼탁한 정치 상황에서 드러난 신, 구세대 간의 갈등을 형상화한 것으로 차범석의 정치, 사회의 비판적 인식을 확인해 볼 수 있는 작품이다.

이러한 창작 경향은 이후에 〈산불〉(1961년)로 절정을 이루었다. 차범석의 대표작이며 '한국 사실주의 희곡의 최고봉'이라고 일컬어지는 〈산불〉은 6·25전쟁을 겪은 작가가 전쟁을 객관화시키는 사유의 시간을 통해 이데올로기가 인간을 어떻게 파괴하는지를 리얼하게 보여주었다. 그러한 점에서 〈산불〉은 한국 사실주의 연극의 수준을 한 단계 끌어올렸다고 할 수 있다. 차범석은 당시의 연극들이 '답답한 소극장 응접실 무대' 위주였던 데에서 벗어나 대숲이 있는 마을을 무대로 "이념의 대립과 갈등이 동족 전쟁을 야기하고 궁극적으로 인간 그 자체를 파괴해 간다는 강렬한 메시지"를 전달, 차범석 전후의 대표작이 되었다.

〈산불〉은 국립극장 초연 당시 큰 인기를 얻었고 이후 영화로, 방송 드라마로, 오페라로, 뮤지컬로 다양한 매체의 전환을 통해 관객과 만날 수 있었다. 원 소스 멀티 유즈라는 측면에서 보면 〈산불〉은 원천컨텐츠로서의 가치가 충분한 작품이다.

차범석은 〈산불〉의 성공 이후 신협 재기를 위한 이해랑의 요청으로 〈갈매기떼〉를 집필, 국립극장 무대에 올려 〈산불〉 못지않은 인기를 끌었다. 목포 부둣가에 있는 영흥관이라는 식당을 둘러싸고 벌어지는 정치권력과 조직폭력배간의 갈등, 그리고 그로 인해 무구하게 희생당하는 서민들을 그려냈다.

〈산불〉과 〈갈매기떼〉의 성공으로 고무된 차범석은 전문적인 극단을 창단하기로 마음을 먹었다. 당시 연극계가 동인제 극단시대로 진입하기 시작했고 드라마센터의 개관이라는 연극상황의 변화가 일어나고 있었기 때문에 이전의 아마추어적인 '제작극회'로는 변화에 대처할 수 없을 것이라는 판단에서였다. '제작극회' 다른 멤버들의 반대를 무릅쓰고 1963년 연극의 대중화와 전문화를 지향하는 극단 '산하(山河)'를 창단했다. 현실과 동떨어진 번역극 대신 창작극을 주로 공연했고, 극단 창단 당시 의도했던 대로 지방공연도 가지면서 왕성하게 활동을 이어갔다.

이 무렵 차범석은 MBC로 직장을 옮겨 바쁜 와중에도 극단 '산하'의 일뿐만 아니라 창작에도 매진, 〈청기와집〉, 당시 유명 배우 강효실을 위해 집필, '산하'에 상업적 성공을 안겨준 〈열대어〉, 〈풍운아 나운규〉, 동성애 문제를 다룬 〈장미의 성〉, 〈대리인〉, 정치와 정치인을 풍자한 〈왕교수의 직업〉 등의 희곡 외에도 '산하'의 공연을 위해 여러 편의 각색 작업과 연출로도 참여하였다.

1969년 사단법인 한국연극협회 제7대 이사장으로 선출되면서 협회 일에 열심을 냈고 원래 하고 있었던 방송국 일과 작품 집필, 극단 운영 등으로 건강에 이상이 생겼다. 1970년 봄 간염으로 병원에 입원, 방송국까지 그만 두었지만 발병 전에 국립극장에서 차기공연작으로 위촉한 장막극 〈환상여행〉을 집필했다. 그는 책임감 때문에 와병 중에도 약속을 지키기 위해 무리를 하면서도 완성을 했다.

차범석이 병원에서 퇴원 후 1년간의 요양생활을 하는 동안 같이 활동했던 사람들이 이런저런 이유로 그의 곁을 떠났다. 그는 인생이 철저하게 외로운 것이며 이 길은 자신이 원해서 가는 것이니 누구도 원망하지 않겠다는 결단을 내렸다.

1972년 차범석은 MBC-TV 요청으로 일일연속극 〈물레방아〉를 집필했다. 〈물레방아〉는 당시로서는 드물게 5개월 동안 방영, 100회를 넘겼으며 이러한 롱런은 MBC-TV 사상 최초였다. 이전에 라디오 드라마와 TBC (동양방송) 단막극, 〈태양의 연인들〉과 같은 특집극을 쓰기도 했지만 TV

일일연속극은 그로서도 처음이었지만 성공적이었다. 드라마의 성공은 차범석에게 경제적 안정을 가져다주었고 그래서 차범석은 연극 현장으로 돌아올 수 있었다.

1974년 6년 동안 맡았던 한국연극협회 이사장직을 이진순에게 내주고 그 해 봄 극단 산하의 사무실도 마련하고 연극현장의 기록이 소실되는 것이 안타까워 〈극단 산하 십년사〉를 펴내는 등 다각적인 연극활동을 펼쳤다. 그런데 1975년 동양극장과 '산하' 간의 전속 계약을 체결, 계약금과 중도금을 지불하고 의욕적으로 공연을 준비하던 차에 동양극장의 매각 사실을 알게 되었다. 속수무책 사기를 당한 차범석은 잔금은 안 털렸으니 다행이라고 스스로를 위로했다. 이러한 차범석의 긍정적 태도는 이후 창작태도에도 영향을 미쳤다.

유신의 시대를 거치면서 유신을 지지하기보다는 오히려 부정적인 시선을 견지하고 있었던 그였지만 〈약산의 진달래〉, 〈활화산〉 같은 새마을 극본을 쓰기도 했다. 그렇지만 새마을운동의 찬양이 아니라 "나와 함께 살아가는 이 시대의 이야기"로 가난과 싸우는 농촌여성의 "삶을 리얼하게 묘사함으로써 우리가 안고 있는 퇴영적이면서도 부정적인 행태를 드러내"려 했다. 이 시기에 그의 역사인식은 자연스럽게 개화기를 향했다. 〈새야새야 파랑새야〉에서는 동학도와 같은 민중의 저항을, 〈손탁호텔〉에서는 외세의 압력에도 불구하고 꿋꿋이 자존을 지키기 위해 투쟁하는 서재필과 같은 진보적 청년들의 연대를 그리면서 창작의 지평을 넓혀갔다.

1970년대 중반에 들어서면서 연극계는 상업주의가 팽배하고 있었는데 이것은 '산하'가 지향하는 연극 대중화와는 달랐다. 차범석은 연극에 있어 앙상블을 중요하게 생각했기 때문에 한두 명의 스타에 의존, 웃음을 파는 연극을 극도로 경계했다. 그런데 상업주의가 판치던 당시의 연극현실은 동인제 시스템을 고수했던 차범석에게는 절망적이었다. 그런 상황에서도 문학성과 연극성을 지닌 레퍼토리라면 승산이 있을 것이라고 판단,

　　　　　　　　　　　　　　　차범석의 생애와 예술

1979년 〈제인 에어〉를 무대에 올렸다. 그러나 관객들의 외면으로 흥행에 실패하고 말았다. 일련의 일들로 차범석은 '산하'가 추구하는 대중성에 대한 회의가 일어나고 '산하'의 해산문제까지 생각하기도 했다. 그렇지만 차범석은 유신정권의 횡포와 비민주적 정권욕으로 급격하게 경색되어가는 시대에 연극을 통해서 이야기를 해야겠다는 결심을 했다. 연극대본의 사전심사제로 창작극의 공연이 어렵게 되자 숀 오케이시의 〈쥬노와 공작〉 연습에 들어갔다. 1980년 5월 공연을 보름 앞두고 광주민주화항쟁이 일어나자 차범석은 공연중지를 선언했다. 그 이유는 사람들이 총칼에 쓰러지고 있는데 연극을 하고 있을 수 없다는 것이었다.

실의에 빠진 차범석에게 MBC - TV에서 농촌드라마 의뢰가 들어왔다. 옴니버스 형식의 농촌드라마 〈전원일기〉를 1년 동안 총 48회 집필했다. 1980년 10월 22일 '박수칠 때 떠나라'를 시작으로 1981년 10월 20일 '시인의 눈물'까지 꼭 1년을 썼는데 어수선한 시국에 농촌에 대한 향수를 자극해 최고의 드라마로 자리를 잡았고 이후 20년 동안 방송되면서 최장수 드라마로 남았다. 그런데 차범석은 연극을 하기 위해 방송국의 간청에도 불구하고 〈전원일기〉 집필을 포기했다.

'산하'에 돌아와 1980년에 준비하다 중단했던 〈쥬노와 공작〉을 무대에 올려 보았지만 흥행에 참패하고 말았다. 그리고 '산하'의 재기를 위해 옛 멤버들을 규합해 보려했지만 이마저도 여의치 않았다. 결국 〈산불〉 공연마저 실패하고 1983년 '산하'를 해단하는 어려운 결정을 내렸다.

그를 무대로 이끌었던 유년시절의 최승희 공연의 영향과 대학시절 춤을 배우러 다녔던 경험 때문이었는지 1982년 조영숙무용단의 〈강〉을 시작으로 최청자무용단의 〈갈증〉 등 무용극으로 창작의 장르를 확대해 나갔다. 이후에 무용극 〈도미부인〉(1984년 국립무용단, LA 올림픽참가공연), 〈십장생도〉(1988년 홍정희발레단), 〈저 하늘 저 북소리〉(1990년 국립무용단), 〈고려애가〉(1991년 국립발레단), 〈꿈의 춘향〉(1992년 서울시립무용단), 〈파도〉(1995년 국립국악원 무용단), 〈오데로〉(1996년, 국립무용단) 등 여러 편의 무용극 대본을 창작했다.

1983년 차범석은 청주대학교의 요청에 의해 연극영화과 교수로 부임했다. 조용한 곳에서 창작의 기회를 가질 수 있다는 점이 그에게 매력적으로 다가왔고 학생들과의 생활이 연극판에서 지친 그에게 활력을 주었다. 그러나 그가 예술대학장직을 맡으면서 휴식은 끝나고 말았다. 당시는 학원민주화 운동이 번지고 있었을 때였다. 누구보다도 민주화를 열망해 왔던 그였지만 과격해진 학생들의 기물파괴 등의 파괴적인 행동은 받아들일 수 없었다. 목포 북교초등학교, 덕성여고에서 교사로 재직하고 있을 때 불의를 보면 참지 못하고 투쟁을 했던 그로서도 학생들의 그런 행동은 받아들일 수 없었고 결국 보직에서 물러났다.

그 때 '서울88예술단'이 조직되면서 차범석에게 단장을 맡아달라는 제의가 들어왔다. 단장직을 수락했지만 총체가무극이라는 것이 그가 생각했던 연극의 방향과 맞지 않았을 뿐만 아니라 관의 간섭이 싫었던 그는 창립공연으로 〈새불〉을 올리고 다시 대학으로 복귀했다. 생래적으로 구속을 싫어하고 자유를 추구했던 그로서는 이러한 상황이 견디기 어려웠을 것이다. 오죽했으면 목포북교 초등학교 시절 자신이 담당했던 학급의 급훈이 자유였을까.

대학으로 돌아간 그는 특정사회단체의 요청이기는 하지만 신채호를 다룬 〈식민지의 아침〉, 김대건 신부의 일대기를 그린 〈사막의 이슬〉 등 활발하게 창작활동을 이어갔다. 1989년 학교 측에서 총장으로 추대하려는 움직임이 보이자 교수직을 사퇴하고 이후 서울예술대학의 교수로 자리를 옮겨 창작에 몰두했다. 이 시기에 차범석은 창작방식에 있어 변화가 일어나 이전의 창작방식에서 벗어나 형식과 주제가 다양한 작품을 발표했다.

1992년 징용 노무자의 딸 야마네 마사코의 자전적 수기를 바탕으로

차범석의 생애와 예술

쓴 〈안네 프랑크의 장미〉는 '일본제국주의의 만행을 용서와 화해의 차원에서 접근' 하였으며, 〈통곡의 땅〉은 백범 김구의 삶을 작품화하면서 한국현대사에서 이념문제를, 〈나는 불섬으로 간다〉에서는 소작쟁의와 그로 인해 생긴 연좌제 문제를 제기하기도 했다. 작가적 연륜이 깊어가면서도 차범석의 의식은 언제나 날카롭게 깨어 있어 부당하거나 문제가 있는 것에 대해서는 비판적 태도를 취하는 스탠스만큼은 변함이 없었다. 이색적으로 〈바람 분다, 문 열어라〉에서는 여성들의 변화를, 〈그 여자의 작은 행복론〉에서는 어머니와 아들 간의 근친상간적 욕망을 그려내는 등 소재의 영역도 넓혀갔다.

차범석은 본래 대중예술과 고급예술을 경계 짓는 것에 대해 우려를 해왔다. 어떤 작가보다 사회의식이 있는 작품을 쓰면서도 대중성 또한 중요하게 생각했다. 노년의 차범석은 그 경계를 허물고 〈가거라 38선〉같은 악극의 대본을 쓰거나 의뢰를 받은 것이긴 하지만 뮤지컬 〈처용〉, 오페라 〈백록담〉, 〈연오랑 세오녀〉의 대본 등을 썼다. 그러면서도 〈옥단어!〉(2003년)와 같은 작품에서는 깊은 사유의 절정을 보여주었다. 이 작품은 '단순한 연극이 아닌 우리의 현대사와 그 아픔을 되돌아보자는 데에 그 의미를' 두고 있다. 차범석은 〈옥단어!〉에서 자신이 '평생 동안 삶의 방식으로 지켜온 자유정신을 투영'시켰으며 떠돌이 옥단이를 통해 인생의 허망함을 보여주면서 한국적 사실주의의 진전을 이루어 냈다는 평가를 받았다.

2006년 세상을 떠날 때까지 차범석은 다양한 장르를 경계 없이 넘나들며 많은 작품들을 발표했던 현역 작가였으며 연극인이었다. 자리에 욕심을 낸 적이 없었던 차범석이지만 한국연극협회 이사장, 한국문예진흥원장, 대한민국예술원회장 등을 지내 예술인으로서 영광도 누렸다.

차범석 전집 11

∎

차례

제1부

떠도는 산하 (山河)

* 이 자서전은 1997년 1월부터 16개월간 월간 「예향」에 연재되었던 것임.

제1장 꽃밭의 요람 시절

나는 1924년 11월 15일, 전라남도 목포시 북교동 184번지에서 태어났다. 아버지 차남진, 어머니 김남오 사이에서 3남 3녀 중 둘째아들로, 후일 내 아래로 남매가 태어났다. 우리 아버지는 할아버지 차성술 씨와 할머니 조 씨 사이에서 8남매 중 장남으로 태어났으니, 말하자면 문중의 종손이었다. 어려서부터 효심이 두텁고 향학열이 강하여 그 당시에 일본 메이지대학(明治大學) 법과를 마쳤던 사실 하나만으로도 짐작이 갈 만한 어른이었다.

3남 3녀 중 넷째로 태어난 나는 할아버지 얼굴을 기억 못 한다. 내가 태어나자 2주일 만에 세상을 뜨셨기 때문이다. 그날부터 날씨가 갑작스레 강추위로 변하더니 5일장을 치렀던 당일에는 철답지 않게 큰 눈이 퍼부어 산일 하는 데 적지 않은 지장이 있었다고 먼 훗날 전해 들었다. 어 머니께서는 산후조리도 제대로 못 한 채 종갓집 며느리 몫으로 일을 하느라 갓난아기에게 제때 젖꼭지를 물릴 겨를도 없었다. 그런데도 갓난아기는 보채지도 않고 골방 바람막이 병풍 그늘에서 잠만 잘 자더란다. 큰일을 다 치르고 나서야 어머니가 아기 목욕을 시키려는데 양 귀에 허옇게 파리가 알을 까서 구더기가 들끓었다니, 나는 천성이 그렇게 순했던 모양이다.

나의 할아버지는 전라남도 무안군 삼향면 용포리 513번지에서 중농(中農) 정도의 지주였다. 그러나 목포가 개항이 되어 상가가 차츰 활기를 띠게 되자 목포로 진출하셨다. 이를테면 반농반상(半農半商)으로 중

제1부 떠도는 산하(山河)

간층의 축재(蓄財)에 성공하신 셈이다. 그러나 할아버지께서 세상을 뜨셨을 때 어느 정도의 유산을 남기셨는지 소상하게 알 길은 없으나, 네 형제에게 고루 상속을 하셨으니 일본 유학 중이던 동생들의 교육이며 가사는 아버지께서 도맡아야 했다. 이를테면 호주(戶主)이자 보호자로서의 중책을 맡은 셈이다. 아버지는 유산의 관리에 정성을 다했을 뿐만 아니라 무안군 삼향면 중등포 일대에서 간척사업에 착수했다. 원둑을 막고 저수지를 파고 광활한 갯벌을 농토로 개척하였으니 남들은 우리 집을 가리켜 천석지기 부자라고 부러워했지만, 나는 정확한 숫자를 알 수 없었다.

그러나 우리 어머니는 사정이 좀 달랐다. 같은 무안군 내의 해창(속칭 주렁)에서 가난한 농민의 막내딸로 태어났다. 어느 날 할아버지께서 추수기에 곡수(穀數) 치러 가셨다가 우연히 열여섯 살 난 한 처자를 보시게 되자 즉시로 며느리감으로 작정을 하셨다. 하얀 살결, 검고 숱이 많은 머리 단에 시원스런 이마와 호수처럼 조용한 눈매를 한 처녀의 모습이 촌가시내치고는 제법 미인으로 보였을 것이다. 당시 가세는 넉넉지 못했지만 외할아버지도 한때는 넉넉한 살림이어서, 어머니는 그 밑에서 예의범절이며 살림하는 법을 익혔다. 뿐만 아니라 밭매고 목화 따서 길쌈하고 웃어른 공경하는 처신마저 자상하고도 조용했으니, 시집 어른들로부터 사랑과 귀여움을 듬뿍 받았노라고 어머니께서는 이따금 회고담을 들려주셨다.

"우리 주렁애기 얼굴 그슬리겄다…. 워따…. 그만하고 들어온나잉?"

시할머니께서 싸리문 사이로 밭일하는 손주며느리에게 던지는 소리가 넓은 용포 들에 쩌렁쩌렁 울려 퍼졌다. 주렁은 어머니의 고향 명칭이어서 중년까지도 주렁댁으로 통했다. 어머니는 정규 학교교육을 받질 못했다. 그러나 틈틈이 한글 읽기를 익혔기에 이야기책 읽는 데는 지장이 없었다.

아버지와 어머니의 그 균형을 잃은 부부의 맺음은 먼 훗날 나에게 문학적인 소재를 제공하는 데 적지 않게 영향을 미쳤던 것도 사실이다. 그것은 모성애라든가 한국적 여인상을 그리는 데는 영락없이 우리 어머니의 환상이 덮쳐오는 버릇이 있었기 때문이다. 그리고 내가 남자의 세계보다는 여인들에게 보다 동정과 관심을 가지게 되었던 것도 따지고 보면 어머니로 인하여 생겨난 제2의 천성이었는지도 모른다.

어머니는 소문난 부잣집 종가 며느리였지만 어려서부터 몸에 밴 근검절약과 부지런한 생활철학은 우직할 정도로 철저했다. 그것은 때때로 심한 잔소리와 간섭과 독선으로까지 번져 성장기의 나에게 반항심마저 불러일으키기도 했었다. 그중에서도 물건을 아껴 쓰는 버릇은 유난했다. 수돗물, 전등, 양식, 참기름, 설탕 등은 말할 것도 없고, 포장지며 헌 봉투까지도 접어두었다가 재활용하는 철저한 구두쇠 살림철학이었다. 뿐만 아니라 새 천을 말아 버선이나 속옷을 지어 입는 일은 극히 드물 정도였다.

"애껴 써라. 어쩌든지 살림은 애껴야 한다. 많이 벌려고 덤비지 말고 적게 쓰는 게 재산 모으는 법이닝께⋯. 그라고 젊은 것들이 성한 육신 가지고 왜 놀아? 어쩌든지 부지런히 땀 흘려사 쓴다 알것자?"

이와 같은 어머니의 쉴 새 없이 내뱉는 잔소리는 훗날 나의 생활철학과 맥을 같이하는 하나의 지표이자 처세훈으로 굳어버린 셈이다.

돌이 지나면서부터 나에게 색다른 버릇이 생겨났다. 음악에 대한 호기심이었다. 그 당시 우리 집에는 박스형 유성기(留聲器)가 있었다. 일본의 콜롬비아 레코드 회사의 제품이었다. 그런데 철도 들기 전인데 그 유성기에서 흘러나오는 유행가에 맞추어 손뼉을 치고 뭐라고 쫑알거리는 버릇이 있었다. 어른들은 그런 나의 재롱이 귀여워서 슬그머니 국악이나 만담 같은 판을 바꿔놓으면 어느새 알아차리고 나는 울음보를 터뜨렸노라고, 나를 업어 키워준 친척 할머니가 먼 훗날 들려주었다. 말하자면 음감(音感)에 예민했던 나의 일면을 쉽게 알아볼 수 있는 작은 일화이다. 뿐만 아니라 나의 두상(頭相)이 이른바 '또치*머리'인 데다가 유난히도 커서 별명이 '대갈보'로 통했다. 뒤통수가 불거져 나온 나의 머리를 쓰다듬어주는 사람마다 '그놈 머리 하나 잘났다' 하면, 나를 업어준 그 할머니는 마치 자기 자신이 칭찬을 받기라도 한 듯 집에 와서까지 자랑하시더란다.

그 대갈보가 다섯 살이 되자 아버지는 유치원에 보냈다. 우리 집에서 5, 6분 거리인 희성유치원(希聖幼稚園)이었다. 돌 때부터 노래를 좋아했던 내가 유치원 생활에 쉽게 적응하며 신나게 노래하고 춤췄을 광경을 상상하기란 그다지 어렵지 않은 일이리라. 그 후 희성유치원 건너편에 돌집이 한 채 들어섰다.

목포청년회관이었다. 이 건물은 기독교단체에서 세운, 이를테면 공회당(公會堂)이었다. 밤이면 청년들이 모여서 연설회, 강연회, 강습회, 그리고 어떤 때는 연극도 공연했었다. 먼 훗날에 가서야 알게 되었지만 그 청년회관은 사회주의 운동가며 반일 운동가들의 은밀한 집합소였다. 어린 나는 그 안에서 이루어졌던 집회 행사를 아이들 사이에 끼여 창너머로 들여다보는 일이 마냥 즐거웠다. 이와 같은 버릇은 먼 훗날 나의 일생을 좌우했던 '광대의 길'로 통하는 샛길이었을지도 몰랐다.

나의 아명은 평균(平均)이었다. 차평균(車平均). 어딘가 낯설고 흔하지 않은 그 이름의 풀이를 나는 아버지에게 한 번도 여쭈어보지 못한 채 보통학교에 입학을 했다. 목포제일보통학교였다. 그 당시 교육제도로 조선 아이가 다니는 학교는 보통학교(普通學校)이고 일본 아이들이 다니는 학교는 심상소학교(尋常小學校)라 불리었다.

담임선생님의 성함은 김수인(金垂仁) 선생님이셨다. 별명이 털보 선

---

* 이마가 튀어나온 사람을 가르키는 숙어. 전라도 사투리.

생이셔선지 하루만 면도를 안 해도 턱과 뺨에 수염이 돋아 솔꼭지처럼 거칠어 보였다. 꼭 일본 아이누족의 추장 얼굴을 연상케 하는 김 선생님은 짙은 눈썹과 콧수염을 기르신 게 얼핏 보기에도 무서운 분이었다. 노기를 품으시면 금세 얼굴이 확 붉어지며 회초리를 휘두르셨다. 약간 콧소리를 내시는 선생님의 목청은 낭랑하다기보다는 우렁차기까지 했다. 나중에 안 일이지만 선생님은 독실한 천주교 교인이셨는데, 그래서 목청이 그렇게 탁 트였을 것이라고 멋대로 상상을 하기도 했다.

그러나 그 무서운 선생님은 수업이 끝나면 곧잘 우리를 안아주고 머리를 쓰다듬어주셨다. 선생님의 뺨이 내 뺨을 부벼대면 그 솔꼭지같은 촉감에 금세 쓰려오고 아프기까지 했다. 그것은 선생님의 사랑의 표시였다. 선생님은 아이들이 수업에 흥미가 없어 보이면 교단 한구석에 놓인 풍금을 치셨다. 〈할미꽃〉이며 〈산토끼〉 노래였다. 아이들이 힘껏 노래를 부르고 분위기가 전환되면 다시 수업을 계속하는 그런 교육방법을 취하셨다. 엄하면서도 자상하고, 사랑을 바닥에 깔고 회초리를 드셨던 의미는, 먼 훗날 내가 교단에 서게 되었을 때 나에게 안겨준 교육애와 맥을 같이한 깨우침이었다.

한 해가 저물어가는 겨울 어느 날 학예회가 열렸다. 털보 선생님은 며칠 전부터 연습을 시키는데 제목은 〈산타클로스 할아버지〉였다. 주연인 산타 할아버지 역은 허극(許極)이라는 아이였다. 내심 나에게 주역이 돌아오기를 바랐었지만 용모로 보나 노래 솜씨로 보나 나보다는 허극이 적역이었다. 나는 선물을 받는 소년 역이었다.

"산타클로스 할아버지 오늘 밤에 빨강 모자 하얀 수염을 바람에 날리며 오시네."

이런 노래를 신나게 부르며 무대를 몇 바퀴 돌았던 나의 첫 무대의 추억은 지금도 어제 일처럼 선하다. 그리고 그 노래의 멜로디가 미국의 포스터의 곡에서 따왔고 가사는 털보 선생님이 붙이셨다는 사실은 중학교에 들어간 후에야 알아냈다.

내가 영화관에 드나들기 시작한 것은 보통학교 3, 4학년 무렵이 아닌가 싶다. 그 당시 목포에는 극장이 두 곳 있었다. 조선 사람이 경영하는 목포극장과 일본 사람이 주인인 평화관(平和館)이다. 그러나 목포극장은 서울에서 내려온 지방 순회 극단의 연극 공연과 미국영화가 대부분이었는 데 반해 평화관은 일본영화와 일본에서 순회공연차 나온 일본연극 공연이 많았다. 영화는 두 곳 다 한꺼번에 두 편을 상영하는 게 상례였다. 희극과 비극 각각 한 편씩이며, 으레 변사(辯士)가 붙게 되어 있었다. 일본영화의 경우는 일본 변사가 맡았지만 미국영화는 조선 사람 변사가 붙을 수밖에 없었다.

그 당시 목포극장에는 전속 변사로 김양춘과 김복만 두 분이 있었다. 전자는 비극 변사로, 후자는 희극 변사로 시민의 동경의 대상이기도 했었다. 특히 비극 전담인 김양춘은 머리를 올백으로 빗어 넘기고 서양 배우처럼 구레나룻을 길게 기르고 최신형 양복 차림으로 무대 한구석에 앉아 간드러진 목소리로 변사를 하여 관객의 눈물을 짜게 하는 데 유감 없이 실력을 발휘했다. 그래서 항상 그 주변에는 여성 팬이 따랐다더니, 결국은 비명(非命)에 갔다는 후문이다.

나는 프로가 바뀔 때마다 두 영화관을 드나들었다. 극장 정문 양쪽에 있는 유리 낀 차주 예고판에는 장면 사진이 내걸려 있었다. 평화관의 경우는 일본 칼싸움 장면이 많은 것일수록 구미가 당겼고, 목포극장에서는 권총을 쏘거나 모험 장면이 많은 서부활극이 단연 나의 호기심을 부채질했다.

우리는 대개 두세 사람이 함께 구경을 갔다. 그러나 수중에 돈이 없을 때는 이른바 도둑굿을 봐야 했으니 용기가 필요했다. 영화관 뒤쪽 화장실로 통하는 담을 넘기도 하고, 판자 울타리 틈새를 비집고 들어가기도 했다. 그러나 그것보다는 더 지능적으로 영화관에 들어가는 방법이 있었다. 일본말로 기도(木戶)라고 불리는 표 받는 아저씨에게 애걸하거나 깨엿이나 군고구마를 뇌물(?)로 바치는 일이다. 우리 가운데 누군가가 기도 아저씨에게 교섭을 나서야 했다.

표 받는 아저씨는 몇 사람이 교대 근무를 하는 경우가 있었다. 어쩌다 사람이 좋아 보이는 아저씨를 만났을 때는 눈을 깜박거리며 극장 안쪽으로 고갯짓하면 우리는 기다렸다는 듯 쏜살같이 검정 가리개 막을 젖히고 극장 안으로 들어가는 것이다. 그 순간의 형용하기 어려운 짜릿한 쾌감이 우리를 더욱 영화의 세계로 끌어들이곤 했다. 그중에는 극장 구경이 하고 싶어서 낮에 광고전단(삐라)을 뿌리는 일을 자원하는 아이도 있었고, 순회극단이 들어왔을 때는 가두선전할 때 극단 깃발을 들어주는 열성분자(?)도 주변에는 많았다.

나는 일주일에 두 번은 영화구경을 했다. 활극, 모험극, 인정비극, 시대극, 현대극…. 1930년대 전후의 영화란 영화는 거의 관람했던 나의 소년기는 극세계(劇世界)로 물들어가고 있었을 것이다. 그러나 한 가지 의아하게 생각되는 점이 있으니, 그런 내가 '왜 불량소년이나 악의 구렁에 빠져들지 않았던가'라는 점이다.

나는 학교에서나 가정에서 품행이 방정하고 학력이 우수한 아이로 평가받았다. 뿐만 아니라 글짓기, 그림 그리기, 노래 부르기 등 예능 면에서도 어느 정도의 자질을 인정받았다. 극장 가기를 좋아했다는 그 사실은 예능적 자질을 입증하는 잠재력이 있을 뿐이지 결코 사회악이나 문제아적 소인하고는 무관하다는 생각은 20대에 들어서 깨달은 사실이다. 그처럼 나의 소년기가 순탄했었던 이유를 굳이 든다면 나의 가정환경에서 비롯된다고 말할 수밖에 없을 것이다.

우리 집은 대지가 300평이 족히 넘는 터에 안채, 사랑채, 그리고 뜰아래채와 곳간이 들어섰으며 방만도 열세 개나 되는 제법 큰 집이었다. 내가 보통학교 다닐 때까지는 한식 건물이던 사랑채를 중학교 들어갈 무렵에 크게 개축을 했지만 기본구조는 별 변화가 없었다.

솟을대문 양쪽엔 작은 출입문이 있어 평상시는 대문을 별로 사용하지 않은 편이었다. 문을 들어서면 정원이고 안채와 사랑채 사이에 뜰아래 채와 중문과 담이 막아 서 있었다. 정원은 원형으로 되어 있고 동서로 판 연못과 작은 돌다리를 건너면 거기에 사랑채가 남쪽을 향해 들어앉아 있었다. 왕벚나무, 태산목, 치자나무, 동백, 옥향목, 은행나무, 목련, 감나무, 소나무 등 굵직굵직한 나무와 온갖 화초가, 제법 운치 있게 세워진 큰 정원석 사이에 심겨 있었다. 달밤에 술래잡기하는 데는 적절한 배치였다. 연못은 전체 모양을 우리나라 지형을 본떠서 팠으며, 비단잉어며 가물치가 수초 사이에 회유하는 게 운치 있어 보였다.

그 연못과 사랑채 사이에 공터가 있고, 그 공터 위에 함석지붕이 이어져 있어서 비와 눈이 들이칠 염려가 없었다. 그러기에 아버지가 출타 중이거나 명절날은 이 공간이 우리들의 놀이터가 되었다. 구슬치기, 양니치기, 돈치기며 땅뺏기까지도 할 수 있었다. 양니라는 어원은 지금도 불확실하나 원색 그림을 프린트한 크고 작은 원형 종이를 말한다. 해방 이후와 6.25를 거쳐 나오면서 그런 일본색이 짙은 놀이감은 자취를 감추고, 대신 종이를 이리저리 접어서 만든 걸로 딱지치기를 하는 어린이들을 볼 때마다 나는 소년 시절의 그 화려한 양니의 화상을 머리에 떠올렸다.

땅바닥에서 딱지치기도 하지만 당시에는 양니치기라는 더 정교한 놀이가 있었다. 같은 크기의 둥근 양니를 서너 장 포개서 절반으로 굽히면 반원형으로 줄어든다. 그 위에다 초 눈물을 골고루 입히면 한 덩어리로 굳어 마치 송편 모양의 덩어리로 변한다. 말하자면 초 눈물이 접착제 구실을 하여 여러 장의 양니를 한 묶음으로 모으게 한 셈이다. 그렇게 만든 양니 덩어리를 서너 명이서 갖고 노는 게 양니치기다. 그 방법은 돈치기를 할 때처럼 일정한 거리(1미터나 1미터 반)에 선을 그어 양니를 세워놓고, 엽전 아니면 큰 동전(구한말 때 발행한 직경 5, 6센티미터 크기)으로 얹혀 쓰러뜨린 사람이 그 양니를 차지하는 것이다.

이런 놀이가 소년 시절에 성행했던 이유는 그 초를 녹여 반들반들하게 광택을 낸 양니의 질감의 매력 때문이었다. 그리고 그것을 많이 가지면 가질수록 어린이 세계에서는 위상이 높아지고 세력권이 확산된다는 미묘한 권위의식이 작용했기 때문이다. 촛물 먹인 양니를 서랍 가득히 채워서 보란 듯이 내보이는 아이는 하나의 영웅이자 지배자가 되었다. 그리고 그렇게 차지한 것을 한두 개씩 나누어 줌으로써 주종(主從) 관계가 성립되어가는 소년 세계는 어쩌면 어른 세계를 넘어다보는 치열한 경쟁심까지 불러일으켰던 기억이 난다.

이와 같은 심리는 구슬치기에도 그대로 적용되었다. 우리는 구슬을 '비이 다마'라고 불렀다. 물론 일본 말에서 유래했다. 그리고 놀이는 '다마치기'라는 말로 통용됐다. 다마는 일본 말로 구슬[玉]을 뜻했다. 형형색색의 크고 작은 구슬이 굴러가는 그 영롱한 색채감과 주머니 속에서 짜랑짜랑 소리내는 그 매끄러운 촉감은 소년들에게 미묘한 성취감과 소유욕을 부채질했다. 구슬을 서랍이나 상자 가득히 소유하는 소년의 우월감과 영웅심리는 좀처럼 버릴 수 없는 꿈이자 동경의 대상이었다. 지주가 넓은 땅을 차지하면서 소작인 앞에서 오만을 떨거나 생색을 내는 어른들의 세계가 바로 우리들 소년들에게도 잠재하고 있었다.

나는 양니치기나 구슬치기에는 그다지 깊숙이 빠져들지 않았었다. 그런데 두 살 터울인 형과 내 아우는 그 소유욕과 경쟁심이 유별났다. 해가 지고 어둠이 깔려 시야가 어두워질 때까지도 사랑채 앞 공터에서 악동들하고 힘을 겨루는 데 시간 가는 줄 몰랐던 때가 있었다.

"그만들 하고 손 씻고 밥먹어사제? 느그들도 어서 집에 돌아가사제. 느그들 부모 생각도 못 하것냐, 잉?"

우리 어머니의 강도 높은 명령에도 아랑곳없다는 듯 구슬 굴러가는 소리와 양니 치는 소리가 안방에 있는 내 귀에까지 들려오곤 했었다.

같은 부모에서 태어났는데도 우리 3형제는 성격이 각기 딴판이었다. 형은 저돌적이고 외향적이며 공명심이 강한 것이, 이를테면 골목대장형이었다. 그러나 아우는 소유욕이 강하고 고집스럽고 우격다짐을 하는 성격이었다. 그런데 나는 그 둘 사이에서는 말수도 적고 자기 주장도 할 줄 몰랐다. 그러기에 형제들이 사랑채에서 놀고 있을 때 나는 안방에서 뒹굴며 책을 읽거나 아니면 부엌에 나가 어머니가 반찬을 만드시는 모습을 지켜보는 시간이 더 많았다. 그래서 나에게 '우렁각시'라는 별명이 붙게 된 것은 중학교에 들어가면서였다. 나는 이를테면 어머니 치맛자락만 붙들고 따라다닌 소년이었는지도 모른다. 그렇다고 해서 요즘말로 마마보이는 아니었다.

"평균아, 너는 친구도 없냐잉? 밖에 나가서 놀아라. 그렇게 아랫목에서 배 깔고 책만 보면 쓰것냐?"

어머니의 말씀에 나는 대답 대신 마른 코만 훌쩍이며 책장을 넘겼다. 어머니는 그런 내가 결코 싫으신 게 아니었다. 어느 부모치고 자기 가까이에 있는 자식이 싫을 리가 있겠는가. 학교에서 돌아와 어머니가 안방에 안 계시면 나는 주방으로 들어갔다. 주방에서 양념고기를 굽고 계시던 어머니는 내가 옆에서 마른침을 꿀꺽 삼키고 있노라면 말없이 한 점 뚝 떼어서 내 입에다 넣어주시곤 했다. 어머니의 음식 솜씨는 늘 입에 맞았다. 신식 공부를 한 것도 아니고 요리학원에 다닌 적도 없으니 양념을 치시는 것도 대강대강 하시는 것 같지만 맛은 있었다. 시장이 반찬이라고도 하고 한참 자라나는 시기라는 이유도 있었겠지만, 우리 어머니가 만든 음식은 다 맛있었다. 김치고, 나물이고, 생선회고, 고깃국이고 다 간이 맞았다. 그렇다고 양념을 듬뿍 치거나 과학적인 계산으로 조리한 것도 아니었다. 참기름을 치실 때도 기름병 마개를 뽑아 조심스럽게 따르고 나면 병 입가에 흘러내리는 기름방울을 냉큼 손끝으로 훑어서 무치던 나물에다 쓱 문지르는 버릇이 있었다.

"양념은 애껴 써야 한다."

그 당시엔 설탕이 귀한 시절이었지만 안방 다락에는 흰 유리 항아리에 설탕이 가득 채워져 있었다. 그런데도 어머니는 설탕을 아껴 쓰는 게 무슨 비방약 쓰시듯 조금씩 덜어다 쓰셨지, 좀처럼 병째로 쓰는 법이라곤 없었다.

나는 안방으로 들어와 읽다 덮어둔 책을 폈다. 이달에 나온 월간잡지 「소년 구락부(少年俱樂部)」였다. 나의 친구는 책이었다. 그러나 내가 책을 가까이할 수 있었던 직접적인 이유 가운데 하나는 우리 집에 전화가 가설되어 있었기 때문이다. 그 당시에 개인 가정에 전화를 가진 집은 그리 흔하지 않았다. 가격이 비싸서가 아니라, 그만큼 전화가 일반화되지 않았거나 일반 가정에서는 필요성이 별로 없었다는 게 이유라면 이유가 될 것이다. 그런데 우리 아버지는 사회적으로 하는 일이 많았다. 개인 사업으로 작은 양조장을 경영하기도 했지만 목포 부회의원(府會議員), 학교 기성회 회장, 상공회의소 의원, ○○자문위원, 번영회 회원 등 이른바 지역사회의 유지로서 공적인 업무를 겸하는 처지라 전화는 필요불가결한 생활무기였으리라.

우리 집 전화번호는 107번이었다. 벽에 부착된 수동식이어서 수화기와 송화기가 따로 있는 전화였다. 핸들을 돌려 전화국 교환수가 나오면 상대방 번호를 호출케 하는 케케묵은 방식의 전화였다. 그것도 아이들이 함부로 쓰지 못하도록 어른 키 높이쯤에다 가설을 했으니, 우리가 사용하려면 발판이나 낮은 의자를 대놓고 사용해야만 했다. 나는 그 전화로 책을 주문했다. 책방에서는 어김없이 배달을 해주었다. 이 얼마나 편리한 세상인가.

그 당시 목포에는 책가게가 두 곳 있었다. 삼일서원(三一書院)과 가등문성당(加藤文盛堂)이 그것이다. 전자는 조선 사람이, 후자는 일본 사람이 경영하는 책가게였다. 삼일서원은 훗날 광주의 전남방직회사와 일신방직을 경영한 김형남(金瑩楠) 씨 가족이 경영한 서점으로, 기독교 계통의 서적과 조선어로 발행된 소설이며 학습참고서 등을 취급하고 있었다. 거기에 비해서 문성당은 일본어로 발행된 월간잡지, 문학, 과학, 철학, 심지어 만화며 소년소녀 잡지까지 폭넓게 취급하고 있어서 가게의 외양부터가 판이했다. 어린 마음에도 어째서 조선 사람 책가게는 이렇게 초라한가 하고 생각을 가다듬어보았다. 그런데 난 해방이 되고 6.25를 겪고 나서야 책방 간판을 삼일서원이라고 작명했던 경영자에게 새삼 경의를 표하는 글을 쓴 일이 있다. 3.1운동과 그 정신을 표방한 데에 그 의도가 있었을 터인데, 용케도 일본 경찰이 눈치 못 차려 아슬아슬한 곡예를 보는 듯한 느낌이 들었던 기억이 난다. 그 후 3.1운동에서 분가하듯 역시 기독교계 인사가 책가게 문우사(文又社)를 개점한 것은 훨씬 후의 일이었고, 왕년의 권투계 챔피언이었던 강세철(康世哲)이 이 책방 종업원이었다는 인연도 기억할 만한 추억이다.

나는 월간 소년잡지 「소년 구락부」의 고정 구독자였다. 만화에서부터 소년소녀 소설, 토막상식 등이 가득 실린 데다가 계절마다 임시증간호(臨時增刊號)와 부록이 발행되어 우리 호기심을 더욱 부채질했다. 그 밖에 「적중횡단 삼백리」, 「환상의 성」, 「철가면」, 「아! 무정」, 「보이지 않는 비행기」 같은 모험과학소설에서부터 「길가의 돌」, 「외아들」, 「아, 옥배에 꽃잎 띄우고」 등 순정소설에 이르기까지 닥치는 대로 책을 탐독할 수 있었던 나의 소년기는 누가 뭐라 해도 행복한 요람 시대임엔 틀림없다.

그런 책과의 만남 속에서 아련하게나마 내 마음 깊숙한 골짜기에서는 문학에 대한 동경이 물안개처럼 번져나왔고, 또 그 의욕을 현실적으로 실현시켰던 일이 있다. 지금부터 61년 전인 1935년, 보통학교에서 발행된 교지 「목보학보(木普學報)」에 〈만추(晩秋)〉라는 나의 글이 실렸었

다. 담임선생님이나 주변 어른들로부터 보통학교 4학년 어린이의 글치
고는 예사롭지 않은 문재(文才)가 엿보인다는 말을 듣게 되자, 나는 혼
자서 이런 생각을 해보았다.

"나도 소설가나 될까?"

제2장 눈뜨는 소년

극장은 나에게 일종의 수수께끼 보따리 같은 곳이었다. 극장문 앞에 섰을 때부터 객석에 들어앉아 객석 불이 꺼지거나 막이 열리기를 기다리는 동안, 어린 가슴을 설레게 하는 그 미묘한 충동은 분명히 하나의 마력이었다. 비어 있던 좌석에 하나둘 손님이 들어앉고 물건팔이 소년이 "오징어 있어요, 캬라멜 사세요" 하며 스쳐 지나가고, 장내 마이크에서 유행가 가락이 흘러나오는 분위기는 어김없이 한 잔의 술처럼 어린 나를 취하게 했다.

당시 극장 좌석은 1층과 2층이 달랐다. 아래층은 딱딱한 나무로 된 3, 4인용 긴 의자였고, 2층은 일본식 '다다미' 바닥이었다. 따라서 2층에 오르려면 신발지기에게 신을 맡기고 그 대신 신표를 받아야 했다. 2층은 이른바 특석이어서 요금에도 차이가 있었다. 그러므로 집안 어른들을 따라갔을 때 말고는 좀처럼 2층 좌석에 앉을 처지는 못 되었다. 그러나 어쩌다가 2층에 오르게 되는 날의 그 흥분과 설렘은 배가 되는 것이었다. 위에 앉아서 아래 세계를 내려다보는 쾌감! 그것은 언제나 어디서나 사람이 누리는 특권이었다. 나는 더러는 비어 있을 자리에 어떤 손님이 앉을까 하는 엉뚱한 상상을 하는 버릇이 있었다. 그러면서도 개막 시간이 지루하리만큼 길게 느껴지면 극장 벽에 걸린 둥근 벽시계를 보고 또 보면서 조바심을 달래었다.

무대 전면 막에는 상품 선전이며 영업장소를 홍보하는 상업용 도안이 빽빽이 박혀 있었다. 영신환(靈神丸), 쌍화탕, 인단(仁丹), 중장탕(中將

湯), 멘소래담 등 가정상비약에서부터 대중식당, 카후에(카페의 일본식 발음), 여관, 각종 요릿집까지 다양한 직종들이 어지럽게 박혀 있는 그 막간판(?)을 몇 차례씩 되풀이 읽고 있노라면 어디선가 뇌성 소리 같기도 하고 바람 소리 같기도 한 징 소리가 울려오는 것이다. "조용히 해!", "그 아저씨, 좀 앉으란 말이오!" 하는 걸쭉한 목소리까지 섞이어 장내는 자못 흥분으로 부풀어 올랐다. 그러자 마지막 징 소리가 무대 중앙쯤에서 길게 울리면서 객석 불이 꺼지면 어둠 속에서 막이 삐걱삐걱 소리내며 오르는 것이다. 그 순간, 나는 이미 이 현실에서 머나먼 공상의 세계로 기나긴 여행을 떠나는 것이었다. 이러한 극장의 생리와 마력이 언제부터인가 어린 가슴속에 작은 우주로 자리 잡고 있었다.

그러나 보통학교 5학년으로 진급하면서부터 나의 주변에는 작은 변화가 불어닥치고 있었다. 나와 두 살 터울의 형이 상급학교에 입학한 것이다. 광주고등보통학교였다. 약칭 광주고보로 통하는 그 학교는 이를테면 서울의 제1고보(지금의 경기고등학교 전신)나 제2고보(지금의 경복고등학교 전신) 다음으로 손꼽히는 명문 학교였다. 물론 경성사범학교도 우리들의 동경의 대상이긴 했지만, 그 학교는 장래의 진로가 선생님으로 고정된 점과, 학력은 우수하나 가정형편이 어려운 특대생(特待生)만이 진학한다는 전례에서 대다수 어린이에게는 특수권에 있는 존재였다.

형이 광주고보에 합격하자 집안은 큰 경사가 난 듯 떠들썩했다. 아버지의 처지로서는 대를 이어갈 장남이 처음으로 상급학교에 합격했다는 게 대견하기도 했겠지만 실상인즉, 대사회적 과시 효과로도 한몫을 했을 자부심이 더 컸었다. 그 당시 전남도 내에서 인문계 중등학교라면 광주고보와 일본 학생과 공학(共學)인 광주중학교가 고작이었다. 그리고 실업학교로는 광주농업고등학교와 목포상업학교가 있을 뿐이었다. 그런데 형이 목포상업학교를 마다하고 객지인 광주고보를 선택한 데에는 당사자의 의지보다는 아버지의 포부가 크게 작용했다.

목포상업학교는 실업학교이니만큼 졸업 후 곧바로 직업 전선으로 나가야 하는, 이를테면 장래성에 하나의 한계가 있었다. 그 대신 인문계인 광주고보는 그 미래가 훨씬 넓고 개방되어 있었다. 즉 장차 고등학교(대학 예과와 같은 과정)를 거쳐 대학에도 갈 수 있고 전문학교에도 갈 수 있을 뿐만 아니라, 대학 생활 중에 잘만 하면 고등문관(高等文官) 고시에 합격해서 법관이나 군수가 될 수 있다는 가능성이 더 매력적이었기 때문이다.

자식을 낳으면 변호사, 군수, 그리고 의사로 키워야 한다는 건 그 시절 조선 사람들의 공통된 꿈이었다. 왜 하필이면 그래야만 했을까? 이유는 간단했다. 일본 사람들에게 멸시받지 않고 대등하게 처신할 수 있으면서 넉넉한 삶을 영위할 수 있는 유일한 길이었기 때문이다. 민족이 어떻고 독립이 어떻고 사회 현실이 어떻고 하는 따위는, 생각할 수도 없고 해서도 안 되는 세상이었다. 적극적인 투쟁이나 저항은 극히 일부의 지식인에게나 있었지 대부분은 우회적인 방법을 취하되 모가 나지 않게 살기를 원했으며, 평생 의식주에 불편이 없이 살아가는 길이란 바로 그 길뿐이라고 믿었기 때문이다.

그런 관점에서 형의 광주고보 합격은 우리 집안으로나 아버지의 대사회적 체면으로나 최초의 성과이자 자랑일 수 있었다. 더구나 그해에 목포에서 광주고보에 합격한 학생은 고작 다섯 사람으로, 김동수, 정형모, 김평옥, 정순열 그리고 형의 이름이 바로 그것이다. "망아지는 제주로 보내고 사람은 서울로 보내라"고 했던 속담 아닌 하나의 경구(警句)는 그 당시의 조선 사람이 살아남기 위한 수단이란 무엇이었던가를 현세적(現世的)이고도 단세포적인 사고로 뒷받침하는 말이었을지도 모른다.

그날 밤, 우리 집 안팎은 문자 그대로 잔칫집 분위기였다. 초저녁부터 인력거가 대문 앞에 들이닥치고 마당 수돗가며 정제간(주방)에는 전쟁 아닌 전쟁이었다. 형의 광주고보 합격을 자축하는 연회가 사랑방에서 열리고 있었다. 부윤(지금의 시장), 군수, 경찰서장은 물론이고 교육계며 지방 유지들이 줄이어 도착하고 있었다. 게다가 권번 기생도 몇 사람 불러오니 대문 밖에서는 그걸 구경하느라고 아이들이 몰려들고 있었다.

"평균아, 너는 현관에서 손님 신발 정리하거라. 알았냐?"

아버지가 나에게 내리신 분부이셨다. 나는 어린 마음에도 상급학교에 합격하는 일이 그토록 축복받는 일인가 하고 고개를 갸웃거렸지만, 많은 손님이 들이닥치는 일은 그다지 싫지가 않았다. 연회가 중반에 이르자 기생들의 노랫소리가 안채에까지 들려왔다. 정제에서는 일하던 대국댁이 밥주걱을 들고 춤을 추는가 하면, 우물가에서는 생선을 다루던 유달산하네(하나씨*)도 보릿대 춤을 추는 것이었다. 나는 현관에 앉아서 손님들의 구두며 갓신을 나란히 정리하고는 몇 번이고 수를 헤아리고 있는데,

"평균아. 늬 형 어디 갔냐?"

얼굴에 홍조를 띤 아버지께서 미닫이를 열고 얼굴을 내미셨다. 여느 때보다는 높은 자리 음성에다 말끝이 약간 굴러가는 듯한 게 거나하게 취하신 것 같았다. 안채에서 저녁을 먹다 말고 사랑채로 나온 형은 그날따라 의젓해 보였다. 육상경기 선수이기도 했던 형은 나보다도 훨씬 체격이 컸었다.

"아부지가 부르셔. 어서 들어가봐."

형은 미닫이 앞에서 두리번거리다 말고 방문을 열고 방안으로 들어갔다. 떠들썩하던 방안 분위기가 잠시 잠잠해졌다 싶더니 '와' 하는 환호성과 함께 박수 소리가 터져나왔다. 나는 전등불 아래서 유난히도 번들번들 광택이 나는 손님들 구두코를 내려다보고 있었다. 그 순간 나는 부러운 생각과 함께 저만치 떠밀려나간 듯한 서운함을 느꼈다. 질투나 시기

---

* 할아버지의 방언.

라기보다는 나와 형에 대한 아버지의 차별의식이 불쑥 고개를 내밀었다.

　평상시에도 아버지는 아들과 딸에 대한 생각이 다른 데다가 장남에 대한 관심이란 유별났었다. 이와 같은 고루한 사고방식은 먼 훗날까지 계속되었고 불행의 씨앗이 되기도 했다. 그렇다고 나에게 직접적인 차별대우를 한 것은 아니었다. 그만큼 내가 온순하고 착해빠졌으니까 오히려 무관심했을 수도 있었겠지만, 그날 밤 내가 경험했던 그 소외감은 언제나 내 머리 깊숙한 곳에서 사라지지 않았다.

　우리 집은 문자 그대로 대가족제도였다. 할머니를 위로 뜰아래채에 따로 사는 숙부 내외와 행랑채에서 얹혀사는 당숙모 모자(母子)에다 우리 직계식구, 그리고 사랑채와 행랑채 머슴방에는 기약도 없이 기식(寄食)하던 시골 친척이며 다니러 온 소작인까지 합하면 하루에 밥을 죽이는 입이 족히 20명은 넘었다. 게다가 안방에는 수시로 드나드는 방물장수며 동네 안 손님들이 서너 명은 있었으니, 끼니때 밥상 차리고 설거지하는 소리는 영락없는 전쟁터를 방불케 했다. 그것도 같은 시간에 함께 식사를 하는 게 아니었다. 방마다 다르고 시간마다 다른 상이었다. 사랑으로, 뜰아랫방으로, 안방에서 건넌방으로 드나드는 식모나 심부름꾼들의 버선은 언제나 반쯤 젖어 있거나 숯검정이 묻어 있었다.

　우리 집은 가을부터 이듬해 봄까지는 일주일이 멀다 하고 손님이 들끓었다. 추석 차례와 할아버지 제사를 시작으로 3대 조부모님 제사, 신정, 구정 차례, 대보름 차례, 아버지 어머니 생신 등, 가난한 집안에 제삿날이 잦다고 했지만 우리 집은 가난하지 않았는데도 제삿날, 생신날이 잦았다. 그런데 그럴 때마다 시내에 사는 숙부나 고모댁 가족은 물론이고 본적지인 용포를 위시해서 덕치·왕산·월암·해창·남악리 등지에 살고 있는 친척들이 모여들면 평상시엔 넓어 보였던 집이 에누리 없이 사람에 치어 죽을 장터로 변했다.

　그뿐만 아니라 제사 파젯날은 어김없이 터지는 승강이질이 가관이었다. 평상시에는 서로 떨어져 있던 친척들이라 그동안 마음속에 품고 있던 얘기를 털어놓다 보면 뜻밖의 방향으로 비화되기 일쑤였다. 아랫사람이 윗사람 몰라본다는 사소한 예절 문제부터 잘산다고 가난한 사람 깔보지 말라고 대드는 감정적인 비방은 예사였다.

그런가 하면 사랑방에서는 소작료를 탕감해달라고 아버지한테 사정하다가 된통 얻어터진 육촌이 안방으로 건너와서 어머니한테 눈물 콧물 훌쩍이는 일도 흔했다. 그 밖에도 고부간의 갈등, 자식 취직 문제, 결혼 문제… 저마다 한 건씩 안고 와서는 어머니 앞에서 원정(原情)하는 것이었다.

나는 안방 아랫목에서 처녀 이불*을 똘똘 말아 가슴까지 덮고는 그들 얘기를 듣는 게 하나의 즐거움이었다. 시어머니 흉보는 며느리, 며느리를 몰아붙이는 시어머니에서부터, 술 안 마실 때는 처녀 같은데 술만 들어갔다 하면 망나니로 변해버리는 당숙 부부간의 언쟁 아닌 언쟁은 연극처럼 신났다. 그 연극은 비극에서 희극으로 돌변하는 이벤트이기도 했다. 사람 사는 곳에 사건이 있고 사건이 있으면 결말이 나게 마련이건만, 파젯날 우리 집 안방에서 전개되던 그 갖가지 인생 문양은 5년이 가도 그것이고, 10년이 지나도 꼭 같은 꼴이었다. 그것이 사람 사는 세상이 아니겠는가 하고 나름대로 생각을 굳히게 된 것은 세월이 많이 흘러간 훗날 일이었다.

그러나 안방에서 이루어진 게 반드시 슬프고 어두운 일만은 아니었다. 설거지가 끝나면 모두가 안방으로 모여들었다. 20명 정도는 족히 들어앉을 큰 방이 좁아지면 주방으로 통하는 마루와 앞마루의 미닫이를 툭 텄다. 30여 명이 꽉 들어찬 놀이마당이 시작되는 것이었다. 자청 타청으로 노래도 부르고 춤도 추는 놀이판은 언제나 즐거웠다.

---

* 작은 누비 이불.

"평균이 너도 노래 불러라."

넷째 숙모가 나를 추천하자 어머니가 맨 먼저 찬동을 하시는 것이었다. 어머니는 평소에도 내 노래 듣기를 좋아하셨다. 목욕탕에 들어앉아서 내가 노래를 부르면 어머니는 마루를 훔치면서 '좋다' 하고 추임새를 아끼지 않으셨다. 내가 잘 부르는 노래는 가수 강홍식(姜弘植)이 불러 히트했던 〈처녀총각〉과 민요 〈사발가〉였다. 나는 어머니 등 뒤에 얼굴을 파묻고 처음에는 내숭을 떨다가는 큰 결심이라도 한 듯 방 한가운데 나섰다. 모두가 치는 박수 소리가 가라앉기를 기다렸다가 이윽고 노래를 시작하는 것이었다.

봄이 왔네 봄이 와
숫처녀의 가슴에도
봄은 찾아왔다고
아장아장 걸어가네
산들산들 부는 바람에
아리랑타령이 절로 나네
흠… 흠…

내가 어느새 흥에 겨워 어깨를 으쓱거리며 노래를 부를라치면 방 안이 떠나갈 정도로 환호의 웃음이 터져나왔다.

"워따 저 자석! 어디서 저런 신명이 날까잉? 우리 문중에 사당패가 있었던가?"

고모가 칭찬 반 핀잔 반으로 말문을 열면 좌중은 다시 한번 웃음바다가 되곤 했었다. 그러나 그 누구보다도 흡족해하신 분은 어머니셨다. 그래서 어머니는 제멋에 일어나 춤을 추시는 것이었다. 실눈을 아래로 내리깔고 곱다랗게 손끝을 접었다 폈다 하시면서 춤추는 태깔은 내가 보기에도 멋이 있고 아름다워 보였다. 그러고 보니 어머니의 체내에 잠재해 있던 그 '끼'가 내 몸속에서 이미 싹트고 있었는지도 모를 일이다.

그러자 난데없이 한 얼굴이 불쑥 고개를 내밀었다.

"나도 한 곡조 뽑아볼랑만그랴!"

옥단(玉丹)이었다.

"그려, 그려! 이런 자리에 우리 옥단이가 빠져사 쓰것냐?"

"옥단아, 하모니카 불면서 궁둥이춤도 춰라잉?"

"우리 옥단이 춤 잘 추면 술상 차려주제!"

옥단은 불룩 불거진 젖가슴 품에서 낡은 하모니카를 꺼내어 두어 번 소리를 조정하더니 한 손으로 하모니카를 불고 다른 한 손과 엉덩이를 이리저리 흔들고 돌리면서 춤을 추는 것이었다. 곡이 러시아의 코팍댄스를 출 때 부르는 멜로디였다는 사실은 먼 훗날 알게 되었지만, 아무튼 옥단의 춤은 괴상하고도 유머가 있고 단순하면서 신명이 나는 육체운동이었다.

옥단은 목포 사람들에게 전설적인 인물이었다. 그 여자의 출생이나 고향이나 가족관계에 대해서 정확히 아는 사람은 아무도 없었다. 다만 그녀의 말씨가 전라북도나 충청도 말에 가까운 점으로 미루어 목포사람이 아니라는 것만은 확실했다. 그러나 나이도 결혼 경력도 알 수가 없고 일정한 주거지가 있는 것도 아니었다. 옥단은 큰 잔치나 장례가 있는 집을 찾아다니면서 허드렛일을 해주고 구석방에서 자거나 어디론가 사라지는 것이었다.

"옥단아, 우리 집 물항아리 비었다. 물 좀 질러줄라냐?"

"야, 그러지라우."

길을 가던 아줌마의 청탁에 옥단은 언제나 흔쾌히 대답을 했다. 보수는 주는 대로 받지만 담배와 술은 꼭 따라붙어야 했다. 엉성하고 기름기 없는 불그레한 머리에 붉은 댕기를 물려 쪽을 틀고 싸구려 비녀를 꽂은 태깔로는 어엿한 여성임에는 틀림이 없었다. 그러나 얼굴이 잘생기지도 못하고 자라목에다가 궁둥이가 팡파짐하고 걸친 옷은 후줄근하니, 여성적인 아름다움이란 찾아볼 수가 없었다.

그런데도 옥단은 가는 곳마다 인기가 있었다. 여자로서가 아니라 그 풋풋한 마음씨 때문이었다. 약간 쉰 듯한 목소리에 반쯤 내리깐 듯한 눈초리와 입가에 품은 미소는 어쩌면 지능지수가 낮은 얼간이에 속한 인물인데도 불구하고 옥단은 목포 사람의 화제에 오르고 있었다. 그래서 잔칫집에 옥단이 나타나는 일은 예사롭기도 하거니와 그녀가 나타나야만이 좌흥(座興)이 무르익는다는 묘한 인생이었다.

옥단은 해방이 되고 내가 서울로 올라온 다음에도 목포에 살고 있었다. 그러나 6.25가 나기 전 어느 추운 겨울날 길거리에서 동사(凍死)했다는 사실을 알게 된 것은 먼 훗날 일이다. 옥단을 모델로 희곡을 써야겠다고 구상을 시작한 게 최근 일이다. 가진 것도 없고 배운 것도 없고 의지할 곳도 없는 외로운 옥단. 그러나 목포사람의 사랑을 받으며 전설 속의 주인공처럼 입에 오르내리는 옥단의 삶에서 나는 뭔가 따스한 체온을 느끼게 된 것이다.

내가 6학년이 되자 아버지는 나를 위하여 가정교사를 집으로 영입했다. 송치강(宋致康) 선생님이시다. 제일보통학교에 현직으로 계셨지만 일주일에 두 번 밤 시간에 개인 교수하는 조건이었다. 내년에 상급학교에 진학하려면 거기에 대비하여 학력을 길러야 한다는 게 아버지의 뜻이었을 것이다. 그러나 말이 가정교사이지 낮에는 학교에서 가르치시는 선생님이 따로 가정교사로서 나를 가르친다는 게 어린 나로서는 거북스럽고 부자유스러운 처사 같았다. 그렇다고 아버지의 지시에 정면으로 반대할 용기는 없었다.

"너도 네 형처럼 광주고보에 합격해사제! 그럴라면 실력이 있어사 쓰제. 안 그러냐?"

아버지의 말씀은 너무나 당연한 훈계이자 명령이었다. 그러면서도 왜 나는 한마디도 내 의견을 내보이지 못했을까? 아니다. 나는 지금까지 아버지와 아들의 자격으로 마주 앉아서 오순도순 대화를 나누었던 기억이라곤 없다. 아버지의 지시와 교훈은 절대적이었고, 자식은 아버지에게 복종하는 것이라는 고정관념 앞에서는 한 발자국도 앞서 나가지 못한 채 소년기와 청년기를 거쳐 나왔다.

어쩌다가 식구가 모여 앉으면 숙부나 숙모는 우리에게 장래의 포부를 물었던 기억이 난다. 형은 법관이 되겠다 했고 아우는 과학자가 되겠다고 대답을 했는데, 나는 웬일인지 대답을 할 수가 없었다.

"우리 평균이는 성질이 참하니까 의사가 되는 게 좋을걸. 그렇지?"

숙부의 의견이다.

"아니에요. 글도 잘 짓고 노래랑 그림도 잘하니 그 방면으로 가거라."

여학교 다니는 누나의 조언이었다. 그래도 나는 대답을 안 했다. 아버지는 잠자코 계시더니 불쑥 말을 내뱉으셨다.

"그래, 의사공부를 해. 너희 둘째 숙부처럼 의사가 되어야지."

하시고는 사랑채로 건너가셨다.

나는 장차 문학가가 되겠노라고 마음먹었으면서도 방바닥에 손가락 끝으로 그림만 그렸을 뿐 확실한 대답을 못 하는 겁 많은 소년이었다.

제3장 새장을 떠나는 소년

송치강(宋致康) 선생은 나의 아우의 담임선생님이셨다. 얼굴이 희고 이마가 시원스러운 외모는 얼핏 보기에는 유순해 보이지만, 실상은 강직하고 엄한 어른이셨다. 그 당시 우리 학교에는 일본인 교사가 절반은 넘었었다. 나의 담임은 나스 시게오(那須繁雄)라는 일본 사람이었다. 그런데 아버지께서 무슨 이유로 나의 담임을 제쳐놓고 송 선생님한테 나의 개인 지도를 맡기셨는지 그 마음을 짚을 길이 없었다. 다만 먼 훗날에 가서야 마음에 짚이는 점은, 그 당시 학교 기성회 회장을 맡고 있던 아버지 밑에서 송 선생님이 기성회 일을 맡았던 인연이 아니었나 싶었다.

송 선생님은 일주일에 이틀, 저녁 시간에 사랑방에서 개인 학습 지도를 해주셨다. 키는 그다지 크지 않으셨지만 운동으로 단련된 어깨며 허벅다리의 근육은 얼핏 보기에도 체육선수를 연상케 했다. 해마다 교내 운동회가 열리는 가을날, 송 선생님의 활동은 단연 눈에 띄었다. 교사들끼리의 릴레이 경주 때는 언제나 마지막 주자로 나서서 우승컵을 안고 파안대소하실 때의 모습은 천진스럽기까지 했었다.

그러나 학습 시간에는 전혀 다른 분위기였다. 특히 산술(算術) 문제를 설명하실 때 그 강도 높은 음성으로 조리 있게 설명하시는 긴박감은 나를 압도하고 말았다. 말하자면 놀 때는 놀되 공부할 때는 철저하게 집중력을 요구하는 타입이셨다. 그러므로 선생님이 오시는 날은 저절로 정신을 가다듬게 되고, 30분쯤 미리 공부방을 정리하는 게 하나의 습관처럼 되어 있었다. 형의 뒤를 이어 내년 봄에 상급학교에 합격을 하려면 그 정도의 강압적인 교육 방법도 무방하다는 아버지의 의지도 의지려니와, 일단 마음을 먹었으면 한 치의 빈틈이나 느슨함이 있어서는 안 된다는 송 선생님의 지도 정신이 어린 나에게도 어렴풋이 전해오는 것 같았다. 그러므로 6학년이 되면서부터는 활동사진 구경도 뜸해질 수밖에 없었지만, 송 선생님이 안 오시는 날은 극장을 찾는 일이 일과였다.

그러던 초가을 어느 날, 나에게 하나의 작은 충동이 일어났다. 그것은 하나의 사건이라고 해도 무방할 일이었다. 다름 아닌 무용가 최승희(崔承喜)의 무대를 처음으로 보았다는 사실이다.

내가 최승희라는 이름을 익히게 된 것은 별채에서 따로 살림을 하고 있던 막내 숙모를 통해서였다. 숙모는 최승희와 숙명여학교 동창이며 세계적인 무용가라는 사실을 누누이 강조하셨다. 그 당시 숙명여학교 출신이라면 지식층에 속한 데다가 숙모님의 청산유수 격인 달변에는 모두가 압도당할 수밖에 없었다. 그러기에 무용가가 무엇인지, 최승희가 누구인지 전혀 아는 바 없는 열세 살 소년에게 최승희라는 이름은 막연할 뿐이었다. 그러나 최승희의 목포 공연은 화제가 될 수밖에 없었다.

식구들은 여느 때보다 일찍 저녁을 끝내고 공연장인 평화관(平和館)으로 몰려가느라 법석을 떨고 있었다. 그러나 나는 사정이 달랐다. 송 선생님께서 오실 날이었으니 가고 싶어도 갈 수 없는 처지였다. 집 안에는 심부름하는 사람들과 나만 남게 되자 새삼스럽게 집 안이 텅 비어 허전하기까지 했었다. 나는 마치 따돌림당한 듯한 소외감과 외로움에 마음이 개운치 않았지만, 송 선생님이 오실 동안 잡지라도 읽어야겠다며 사랑채로 건너갔다. 바로 그때 전화벨이 울려왔다.

그것은 송 선생님의 카랑카랑한 목소리였다. 사연인즉, 공교롭게도 학교 숙직이라서 오늘 밤 과외 수업은 쉬겠으니 그렇게 알고 밖에 나가지 말고 복습하라는 것이었다.

나는 전화 끊기가 무섭게 밖으로 뛰쳐나갔다. 최승희의 무용 공연이

　　　　　　　　　　　　제1부 떠도는 산하(山河)

열릴 평화관으로 가기 위해서였다. 평화관은 일본인 시모조(下條) 씨가 경영하는 영화관이었지만 때때로 연극 공연도 하곤 했었다. 무용은 좀처럼 보기가 힘든 일이라 극장 밖은 관객들로 혼잡을 이루고 있었다. 원래 이 극장에서는 영화를 주로 상영하고 있었다. 신코우 키네마, 다이토 영화, 히가츠 영화, 쇼오지쿠 영화 등 일본의 유수한 영화사의 제작 작품이 사흘이 멀다 하고 상영되었고, 그 관객도 대개는 일본 사람들이었다. 최승희의 무용을 보려고 몰려든 관객은 조선 사람보다도 일본 사람이 더 눈에 띄었다. 먼 훗날에 가서 알게 된 일이지만, 그 당시 최승희는 조선 사람이라기보다는 일본 정부가 국제 무대에서도 자랑으로 내세웠던 대표적 예술가 가운데 한 사람이었다.

'세기(世紀)의 무희(舞姬) 최승희(崔承喜)' 포스터에 박힌 선전문은 일본이 패망한 1945년까지도 대대적으로 사용되었다. 다시 말해서 그 당시 조선 사람으로부터 나라말과 이름까지도 빼앗던 그 악독한 제국주의의 원흉들이 어째서 '최승희'라는 이름만은 빼앗아가지 않았을까. 최승희가 그것을 원치 않았다고 해서 그 간청을 순순히 들어줄 그들은 아니었다. 그것은 역으로 해석해서 그들의 창씨개명(創氏改名) 정책은 어디까지나 조선 사람들의 자의(自意)에 의한 요망이지 결코 강압적인 강요나 억압은 아니었노라고 은근히 선전하려는 속셈이었을지도 모를 일이다. 어떻든 '조선이 낳은 세계적 무용가 최승희'의 이미지는 개막 전부터 관객들 마음속에 깊숙이 새겨진 것은 사실이다.

이윽고 객석 불이 꺼지고 음악이 흘러나오면서 스포트라이트가 무대 우측에 원형으로 투영되자 그 안에 한 여인이 생긋 웃으면서 들어선다. 여학생 같은 단발머리에 짤막한 검은 스커트 밑으로 뻗은 암사슴의 두 다리는 팔등신의 미인이다. 반라의 풍만한 상체와 상아처럼 쭉 뻗은 두 팔이 허공에 바람을 일으키며 나비보다 더 가볍게 떠오르는 포즈는, 아직 무용이 무엇인지도 모르던 관중들을 한동안 어리둥절하게 만들었다.

단순한 의상과 대담하게 노출된 육체는 아름답다는 미의식(美意識)에 앞서서 의외감과 당혹감으로 받아들여졌기 때문이다. 최승희의 춤에 대한 개안(開眼)이 일본 현대무용의 개척자인 이시이 바쿠(石井漠)에서부터라는 내력을 감안한다면 최승희의 그 대담한 노출은 쉽게 공감이 갔을 것이다.

그러나 1937년의 조선 동포들에게는 동양 여성의 평균치를 훨씬 웃도는 그 신체적 조건과 균형미는 한마디로 압도감을 주는 데 충분했었다. 최승희의 춤 종목이 차례로 바뀌면서 술렁거리는 관객석의 반응은 신선함과 생동감, 그리고 토속적인 것과 외래적인 것의 조화에서 얻어지는 경이감과 황홀감에 차츰 도취되어가는 분위기였다. 〈초립동(草笠童)〉의 즉흥적인 감미로움, 〈보살춤〉에서의 종교적 단아함과 정중동(靜中動)의 고담미(枯淡美), 그것은 단순한 형식상의 다양성만이 아닌 동양적 정서의 결정이며, 어찌 보면 억압당하는 사람의 자유를 향한 갈구가 율(律)을 타고 읽어내는 정신력의 분출이다. 그리고 예(藝)를 향한 강력한 수도혼(修道魂)이라 해도 과언은 아니었으리라.

나에게 걷잡을 수 없는 충동질로 다가왔던 최승희의 모든 것은 나를 사로잡았다. 다만 흑요석 같은 그의 눈이, 그 어깨춤의 간드러진 파동이 전류처럼 짜릿하게 전해오는 신비감에 넋을 잃고 있었다. 그리고 무대 위를 종횡무진 넘나드는 단 한 사람의 여인이 수많은 관객을 사로잡을 수 있었던 그 마력의 정체는 어디에서 오는 힘인지 알 길이 없었다.

나는 좀처럼 잠을 청할 수가 없었다. 극장에서 돌아온 어른들이 넓은 대청마루에 앉아서 저마다 얘기로 꽃을 피우고 있을 때 나는 저만치 떨어진 끝에 걸터앉아 밤하늘을 쳐다보며 그 흥분의 되새김질을 하고 있었다. 우리는 흥이 나면 노래하고 신명이 나면 춤을 춘다. 그것은 인간적인 정서이자 본능이다. 그런데도 우리는 언제부터인가 흥과 신명을 업신여기게 되었고 그것을 감춰왔으며, 그래야 정상이라는 그릇된 관념 속에서 길들여져 왔다. 그래서 글쟁이, 환쟁이, 풍각쟁이라는 멸시를 받아왔었다. 그러나 나이 열세 살 난 소년은 새삼 흥과 신명의 충동에서 한동안 벗어나지 못했다.

학교에서 돌아온 나는 안방 벽에 걸린 커다란 체경(體鏡) 앞에 서 있었다. 다음 순간 엊그제 보았던 최승희의 춤사위를 흉내 내고 싶은 충동을 느끼자 어머니의 치마를 허리에 감고 수건으로 머리를 두른 다음 조용히 팔과 다리를 놀리기 시작했다. 장단이 있는 것도 아니고 관객이 있는 것도 아닌 텅 빈 방 안에서 거울 속에 비친 또 다른 하나의 나를 향하여 웃음을 지어 보이자 또 다른 나도 웃고 있었다. 그것은 누구의 지시에서가 아닌, 내 스스로 내부에서 솟아나온 힘에 의한 움직임이자 욕구였다. 누구에게 보이기 위해서가 아니라, 스스로의 눈뜸과 생각과 행위를 어떤 구체적이고도 가시적인 형태로 나타내고 싶어 하는 원초적인 욕구가 드디어 내 영혼의 일각에서 흐물흐물 요동치는 것이었다. 바로 그때 미닫이가 열리더니 어머니가 놀란 표정으로 나를 쏘아보고 계신 게 아닌가.

"너 지금 뭔 짓거리하고 있냐, 응? 초랭이패 될란갑다! 어서 치마 못 벗겠어?"

나는 후다닥 치마와 수건을 벗어던지고는 사랑방으로 도망쳐 나왔다.

몇 해 후 광주서중학교 3학년 때부터 혼자서 하숙 생활을 하게 되자 나는 환경 정리를 하는 뜻에서 최승희의 무용 사진을 서너 장 벽에다 붙여 놓았다. 그맘때의 소년 소녀들은 대개 자기가 좋아하는 영화 스타들의 사진(브로마이드라고 하던가)을 사다가 책상머리를 장식하는 버릇이 있었다. 클라크 게이블, 게리 쿠퍼, 로널드 콜먼, 프레드 애스테어, 타이론 파워, 로버트 테일러, 샤를 브아예 등 남배우가 아니면, 그레타 가르보, 클로데트 콜베르, 진 아서, 마를레네 디트리히, 시몬 시몽, 진저 로저스 등 여배우의 사진을 한두 장쯤 장식하는 게 하숙방 풍속이었다. 그런데 유독 나는 최승희라는 무용가의 브로마이드를 간직하고 었었다. 이와 같은 나의 이상한 버릇은 1944년 광주사범학교 강습과를 다니던 시절의 양림동 하숙 생활까지 지속되었다.

최승희는 나에게 무대라는 세계, 막이 객석과 무대를 갈라놓은 공간, 보여주는 자와 보아주는 자 사이의 공존의 의미를 깨우쳐준 첫 번째 예술가였다. 막연한 동경심이나 모방심이 아니라, 그 세계에 들어서면 뭔가 깜짝 놀라게 하는 힘이 꿈틀거리고 있을 것 같은 설렘과 기대감을 직감케 한 예술가였다. 먼 훗날 연극에 눈을 뜨는 것과 거의 때를 같이하여 정식으로 무용연구소의 문을 두드리게끔 한 잠재력이 이미 이때부터 나의 내부 어디엔가에 숨어 숨쉬고 있었을 것이다.

6학년 겨울방학은 상급학교 진학이라는 현실적인 문제 때문에 더 맵고 추웠다. 지망 학교 결정을 놓고 학부모들이 담임과 면담을 해야 하고, 학급에 따라서는 자발적인 과외 수업도 했었다. 그것은 오늘날처럼 학부형들의 억척스러움이나 학교 당국의 상행위(商行爲)에서가 아니라, 학급의 명예를 걸고 해야만 하는 자발적인 학구심이었다.

내가 적을 둔 16학급은 다른 네 학급(그중의 하나는 여학생 학급이었다)에 비하여 비교적 학력 수준이며 가정환경이 넉넉한 편이었다. 학교 측의 의도적인 우열반 학급편성법에 의한 것은 아니었겠지만, 결과적으로 상급학교 진학 성적이 돋보였다. 급장을 맡았던 김용문(金龍文)이 경성제2고등보통학교(후일의 경복고교)에 합격한 것을 필두로 60명 가운데 절반 가까운 학생이 상급학교에 진학하고, 남은 학생은 가사에 종사하거나 직장을 찾아 나섰다. 진학한 30명 가운데 절반 정도는 목포상업학교에 진학했고, 광주고등보통학교에 진학한 사람은 우리 학급에서 김철한(金哲漢), 박희양(朴熙陽), 그리고 나를 합한 세 사람이었고, 다른 학급에서는 한덕수(韓德洙), 김갑자남(金甲子男) 두 사람이 끼여 있었다.

그런데 입학시험이 다가오는 어느 날 아버지께서 우리 형제들에게 '이

름을 새로 지었으니 이제부터는 새 이름을 쓰도록 하라'면서 호적등본을
펴 보이셨다. 우리 3형제는 문석(文錫), 범석(凡錫) 그리고 재석(載錫)
으로 개명이 되어 있었다. 차범석? 차범석? 몇 번이고 되뇌면서 불러보
았지만 어려서부터 불리어온 차평균(車平均)이라는 이름만 못한 느낌이
들었다. 이름이 바뀐다고 해서 별다른 일은 아니겠지만, 그래도 헌옷을
버리고 새 옷으로 갈아입는 것하고는 뭔가 다른 느낌 같았다. 내 인생에
서 이름이 바뀌었다는 작은 파동은 나보다도 친구들에게 더 화제가 되었다.
　"범석? 그것이 무슨 뜻이다냐?"
하고 정색으로 묻는 친구에게 '무릇 범', '주석 석'이라고만 말했을 뿐,
그 이상의 의미나 내력은 나도 모르는 일이었다. 나는 새 이름의 의미가
무엇인가를 아버지에게 여쭈어봐야 옳을 일이었지만 웬일인지 그렇게
질문하고 싶은 의욕을 느끼지 못했다. 다만 부모님께서 지어주신 이름이
니 그렇게 알고 있으면 되겠거니 하는 수동적인 눈으로만 보고 있었다.
　우리 집 사랑채에는 손님이 많았다. 그 가운데는 사주 잘 보고 묏자리
보는 지관(地官)으로서도 일가견을 지닌 장 풍수(張風水)라는 아저씨가
한 분 계셨다. 풍채도 의젓하거니와 식견도 높아서 풍수로는 제법 알려
진 분이었다. 선산에 묏자리 쓰는 일이며 제각(祭閣) 짓는 일이 생길
때면 뻔질나게 사랑방을 드나들던 낯이 익은 분이었다. 어느 날 나는
그 장 풍수 아저씨에게 이름에 대해서 그 뜻을 물었다. 그러나 장 풍수
아저씨는 나의 머리를 두어 번 쓱쓱 문지르면서 이렇게 대답했다.
　"이름 한번 좋다. 장차 성공할 것이다. 그렇게 알고만 있어."
　장 풍수 아저씨의 대답은 나의 궁금증을 풀어주기에 미흡했다. 이런
경우 다른 아이 같으면 아버지에게 질문을 하련만 나는 어머니에게만
반불평 비슷하게 털어놓았다. 나의 불평은 형의 이름과 나의 이름이 일
본 말로 발음했을 경우 분간하기가 힘들다는 점이다. 다시 말해서 문석
(文錫)은 '분샤쿠'로 발음하는데 범석(凡錫)은 '본샤쿠'로 발음해야 하니,

'분'과 '본'은 혼동할 여지가 있다는 게 나의 주장이었다.

이제 광주로 가게 되면 학교나 하숙에서 함께 생활을 하게 될 텐데 그 점이 나로서는 못마땅할 수밖에 없었다. 이와 같은 나의 불평은 곧바로 아버지의 귀에 들어갔다. 저녁상을 물리시고 난 다음 아버지는 나에게 이렇게 말씀하셨다.

"분샤쿠건 본샤쿠건 네 할 일이나 열심히 하면 된다. 그것이 뭔 걱정이냐?"

아버지의 말투는 냉담했었다. 굳이 설명을 붙이자면 어른들이 어련히 알아서 한 일인데 네놈이 무슨 불평이냐는 식의, 이를테면 권위의식에서 나온 일방통행성 주장이었을 것이다. 부모가 자식 장래를 생각해서 하는 일에 무슨 반대냐는 괘씸스런 생각도 그 바닥에는 깔려 있었을 것이다. 그러나 나는 뒷맛이 개운치가 않았다. 이왕에 이름을 지으려면 남의 이름과 혼동이 없어야 한다는 게 나의 생각이었다. 나는 형제간의 이름일지라도 그런 식으로 분명치 못한 게 싫었다. 내게는 그런 고집스런 면이 있었다. 그렇다고 그 고집을 아버지 앞에서 정면으로 들이대는 용기는 없는, 연약한 성격이었다. 싫으면 싫다고 똑 부러지게 말해야 옳았는데도 그 경지까지 밀고 들어갈 적극적인 성격이 아니었다는 걸 어렴풋이나마 알고 있었던 나의 소년 시절이었다.

1937년 4월 3일 입학식이 있던 날, 우리는 보통학교 시절에 입었던 옷 대신 학교에서 내준 제복을 입었다. 봄부터 여름까지는 회색 양복이고 가을부터 겨울까지는 검은색 제복이었다. 그 대신 모자는 두 줄의 백선이 둘린 데다가 금빛도 찬란한 모표가 빛났었다. 신은 가죽구두로 발목까지 잠기는 이른바 편상화(編上靴)였다. 난생 처음으로 가죽구두를 신어본다는 그 야릇한 감촉과 들뜬 기분에 나는 마냥 꿈을 꾸는 기분이었다. 게다가 책가방(오른쪽 어깨에서 멜빵으로 흘러내리듯 매는 검은 가방이었다) 가득히 담긴 학과별 교과서며 실험기구 등의 무게는 하루아침에 나를 어른으로 성장 촉진시켜주는 것만 같았다.

그러나 무엇보다도 나의 생활의식에 큰 변화를 가져오게 한 것은 하숙이었다. 이 세상에 태어나서 부모 곁을 떠나본 적이라고는 보통학교 5학년 때 2박 3일로 전주, 군산을 돌아본 수학여행과, 6학년 때 3박 4일의 서울 수학여행뿐이던 내가 오늘부터는 남의 집 방을 빌려서 기거를 한다는 게 신기하기만 했다. 하숙집은 광주시 내 누문동에 있었다. 공교롭게도 학교 기숙사 후면 쪽을 마주 보는 위치에 있었다. 주변에는 보리밭이며 시금치밭이 있었다. 실개천에 걸린 좁은 판자 다리를 건너야 하는 조그만 민가였다. 그 집은 이미 형이 하숙을 하고 있어서 나와 내 사촌형인 김철한(金哲漢) 셋이서 한방을 쓰게 되었다.

집주인은 김기태(金基台) 씨로 사법서사를 하시는 분이었다. 항상 한복 차림에 말쑥하고 시원스런 눈매에는 인자한 빛이 감돌면서도, 어딘지 가까이 갈 수 없는 기품 같은 것을 간직한 어른이었다. 그러나 그 어른의 외아들인 김문상(金汶常)은 이미 5학년 재학 중인 대선배였다. 한 하숙집에 네 사람의 고보생(高普生)이 기거하는 셈이어서 활기를 띠었다. 하숙 생활! 왜 하필이면 '하숙(下宿)'일까. '상숙(上宿)'이면 더 좋았을 터인데 하는 엉뚱한 생각에 잠기면서도 나는 뭔가 허공에 붕 떠 있는 것 같은 무중력감의 나날을 보냈다.

제4장 반항의 계절

  나의 하숙 생활은 부모의 슬하를 떠났으니 어찌 보면 자유로움을 체감할 수 있다는 점과 남의 간섭 없이 모든 일을 내 스스로의 판단과 절제로 이뤄야 한다는 책임감이 피부에 와닿는 생활이었다. 이제부터는 침구도 내 손으로 깔고 챙겨야 한다, 간단한 속옷이며 양말 빨래는 내 손으로 한다, 예습 복습도 혼자서 하되 경쟁의식을 잊어서는 안 된다는 불문율의 제약이 어느 틈엔가 나에게 하나의 짐을 지웠다.

  4월이 다 가는 어느 날 점심시간이었다. 훈육부에서 면회인이 왔으니 정문 앞으로 나가보라는 전갈이 왔다. 객지에서 처음으로 면회할 사람이 누구일까 하는 사실보다는, 면회도 허가를 받아야 한다는 사실이 학교 이상의 어떤 제약된 구속감이 나를 불안스럽게 뒤흔들어놓았다. 내가 교문 쪽으로 나가자 해묵은 전나무 아래서 누군가가 손짓을 하는 것이었다. 뜻밖에도 자형 김중갑(金重甲) 씨였다. 그 당시 장성군 삼계면 사창(社倉)에 있는 금융조합(지금의 농협) 이사로 재직 중인 자형이 광주 출장길에 들르셨다면서 그 큼직한 손바닥으로 내 뺨을 어루만지자 나는 나도 모르게 울컥 울음이 복받치는 것이었다.

  "중학생 된 기분이 어때? 좋지?"

  반농담처럼 들리는 자형의 음성은 내가 부잣집 아들로 태어나 세상물정 모르게 자라왔지만 이제부터는 그렇게 안일하게 생각해서는 안 된다는 훈계로 들려왔다. 얼마 안 있어 사촌 형인 철한이 헐레벌떡 뛰어나왔다. 자형은 우리들의 첫 대면을 기념으로 남기자면서 가지고 온 카메라를 꺼냈다.

입학한 지 3개월이 되자 처음으로 귀성(歸省) 허가가 내려졌다. 귀성은 주말에 한해서 객지 학생에게 주어지는, 이를테면 외박 여행이었다. 그것도 한 달에 한 번으로 제한이 되어 있어서 그 이상의 귀성 여행은 좀처럼 어려운 일이었다. 그러나 머리가 잘 돌아가는 학생은 집에서 급한 전보를 치게 하거나 인편으로 쪽지를 보내게 하여 급한 사연을 위장하면서 주말마다 고향에 내려가는 비상한 재주를 보이기도 했었다. 그렇지만 나는 서두를 필요가 없었다. 그런저런 일은 형이 다 알아서 챙겨주니 나는 그저 따라가기만 하면 되는 셈이었다. 그리고 귀성할 때는 학생할인권을 발급받게 되었으니 학생들은 그만큼 우대받는 신분이라는 것도 유쾌한 일이었다.

그러나 나는 한 달에 한 번 집에 다니러 간다는 게 그다지 즐겁다는 생각이 안 들었다. 그런데 형은 여간 서두르는 게 아니었다. 그동안 처박아둔 빨래를 싸가지고 가서 밤중에 빨래를 하게 하는가 하면, 으레 돌아오는 날 점심은 전화로 중국요리를 시켜 먹느라 법석이었다. 그 덕분에 나는 별로 참견하지 않고도 맛있는 음식을 즐길 수 있었지만 그게 썩 잘된 일 같지가 않았다. 그건 낭비라는 쪽이 더 마음에 걸리는 속물근성의 소유자였다. 그래서인지 어쩌다가 형하고 가벼운 충돌이라도 일어날 때면 형은 나를 두고 간사스러운 녀석이라고 윽박질렀다. 이유는 간단했다. 자기는 필요하다고 생각되는 일은 적극적으로 챙기는 편인데 나는 가만히 굿만 보고 있다가 덤으로 덕을 보는 게 얄밉다는 주장이었다.

그것은 형의 주장이 옳았다. 나와 형의 성격은 근본적으로 달랐다. 적극적이냐 소극적이냐 하는 문제가 아니다. 자기 중심인가 아닌가 하는 차이였을 것이다. 형은 필요하다고 생각되면 언제고 우체국까지 가서 시외전화로 학비 송금을 재촉하는가 하면, 그럴싸하게 이유를 둘러대서 많은 돈을 얻어내는 편이었다. 그런데 나는 어떻게 생겨먹었는지 부모에게 정해진 학비 이상의 돈을 청구하는 일이라곤 없었다.

1937년 7월 7일, 이른바 일지전쟁(日支戰爭)이 터졌다. 만주와 중국 국경지대인 노구교(盧構橋)에서 일본군과 중국군의 정면충돌이 대전으로 확산된 전쟁이었다. 이 전쟁이 확대되면서 급기야 1941년 12월 8일 태평양전쟁으로 확산되어 대미 선전포고가 나왔다. 시국은 급격한 변혁을 가져왔다. 1938년 내가 2학년에 진급하면서부터 조선어(朝鮮語) 과목이 폐지되고, 민족동화정책의 일환으로 교육제도가 전면 개편되어 학교 명칭이 고등보통학교에서 중학교로 개칭되었다. 뿐만 아니라 조선 청년들도 군문(軍門)에 입대할 수 있는 특별지원병제도가 선포되더니, 이윽고 조선인과 일본인은 동조동근(同祖同根)이라는 날조된 국사관(國史觀) 아래 창씨개명 제도까지 실시하게 되었는가 하면, 일본 천황은 「청소년 학도에게 내리신 칙어(勅語)」를 선포함으로써 학교는 무기 없는 병영(兵營)으로 탈바꿈하는 데 안간힘을 쓰고 있었다.

광주고등보통학교에 입학할 때까지 나는 그 학교의 역사에 관해서는 별로 아는 바가 없었다. 세칭 광주학생사건에 관한 예비지식이 별로 없는 상태에서 입학을 한 셈이다.

그러나 거리에서나 가게에 가면 고보생이라고 친절과 믿음으로 대해 주는 경우를 가끔 대하기도 했다. 그 당시만 해도 교육 수준이나 상급학교 진학률은 매우 낮은 상태였으니, 제모 제복 차림에 가죽구두를 신고 거리를 활보하는 고보생은 이를테면 시민들의 선망의 대상이라고 해도 과언이 아니었다.

그런데 학교 생활이 시작되면서 어린 소년에게 와닿는 첫인상은, 한마디로 전체주의적 조직사회라는 점이 흡사 병영(兵營)을 학원화한 것 같은 착각에서 자신도 모르게 하나의 강박관념에 사로잡히는 느낌이었다. 모든 규율엔 무조건 복종하는 것만이 교육의 전부이자 지상명령으로 받아들여진 셈이었다.

모자 쓰는 법, 각반 치는 법, 경례와 보행(步行)과 응답법, 심지어 교실 출입법에 이르기까지 군인교육을 그대로 옮겨놓은 실정이니, 고등보통학교란 결국 또 하나의 병영이라는 인상이 들었다. 그런 가운데서도 월요일 아침의 조회는 모든 절차며 형식이 엄격히 규격화된 군대식이라서, 그 상황에서는 일체의 잡담이나 사담은 허용될 수 없었다. 오직 전체를 위하여 개인은 죽어야 하고, 대아(大我)를 위하여는 소아(小我)를 버려야 옳다는 제국군인정신에 바탕을 둔 훈화를 귀가 따갑도록 들어야만 했다.

그런데 시간이 흐르는 동안 한 가지 이상한 습성을 발견하게 되었다. 선배들의 대화 가운데서 스승의 이름을 우리말식 한자음으로, 그것도 함부로 내뱉는 일이다.

"어제 '복중'이한테 일기 안 냈다고 한방 터졌제."

"나는 어젯밤에 야간외출했다가 하마터면 '향천'이한테 혼쭐날 뻔했다, 이 자석아!"

"그런 점에선 '소지'가 비교적 무던해. 왜놈들도 사람 나름이지 별것 있다냐?"

이런 대화 가운데 나오는 복중은 후쿠시게(福重)요, 향천은 가가와(香川)를, 소지는 고이케(小池)를 지칭하는 말들이었다. 어린 나는 '왜 그런 식으로 호칭하는가'라는 이유를 처음에는 짐작할 수가 없었다. 그러나 얼마 후 그것이 곧 광주고보생 특유의 저항의식에서 나온 방법론 가운데 하나임을 알게 되었다. 1929년 11월 3일에 일어났던 광주학생사건은 그 당시 학생들의 반일운동의 도화선이 되었고 총독부의 비위를 적지 않게 건드렸다.

그러나 조선총독부나 일본 정부는 그와 같은 사실을 일체 금기조항으로 규정짓고 입 밖에 내지 못하게 했다. 만약에 그런 얘기를 뻥긋만 해도 그 학생은 '요시찰(要視察)인 리스트'에 오르며 그 배후 관계까지도 샅샅이 내사했다. 그래서 가끔씩 경찰에 불려 가는 일이 있노라고 선배들이 설명해주었다. 조선 학생이니 일본 학생들이니라는 말 자체를 써도 의심을 사게 되는 판국에 학생사건이라는 말이나 그 내력에 관한 얘기는 망각의 피안에 꽁꽁 묻혀버린 지가 어언 10년이었다. 알면서도 말을 할 수 없는 금기(禁忌)를 깨트리기에는 약한 학생들인지라, 일본 교사의 호칭은 조선말로 대신한다는 발상이 그 누구의 입에서부터 흘러나왔을 것이다. 뿐만 아니라 어떠한 경우일지라도 변명을 하거나 논리적으로 빠지는 일을 엄금한 상태에서 고보생들이 취할 수 있는 일종의 저항은 바로 그런 식뿐이었다.

세월이 흘러가고 군사교육(그때는 교련(敎鍊)이라고 불렀대)이 극심해지면서 우리들의 저항 방법은 한술 더 떠서 노골적으로 나타났다. 그것은 '우' 작전이었다. '우'는 학생들의 입에서 뱉어지는 신음이자 조소요, 야유이자 항변이었다.

"오늘 분열식은 절도가 모자랐다. 그런 의미에서 전체가 연대기합이다. 지금부터 운동장을 세 바퀴 돈다. 알겠나?"

배속장교 이나다(稻田) 소위가 지휘도를 어깨에 메고 이렇게 호령하자 다른 때 같으면 각 학년별로 행동 개시를 했음직도 한데 그날따라 전체가 미동도 안 한 채 서 있었다.

"내 말 안 들리는가?"

배속장교의 유난히 큰 콧구멍이 벌렁거리더니 눈엔 핏발이 서고 목소리가 떨린 듯 울려퍼졌다. 다음 순간 어디선가 '우' 하고 신음하는 소리가 들리는가 싶더니 그것은 어느덧 전체 학생들 사이로 들불처럼 번지는 것이었다.

"우… 우… 우…."

당황한 일본 교사들이 어느 놈의 소행인가를 밝히려고 여기저기 돌아보았다. 그러나 모두가 입을 꼭 다문 상태에서 '우' 하고 소리만 내니

이를 어찌 다스리겠는가.

"어느 놈이냐? 할 얘기가 있으면 앞으로 나와서 당당하게 말하란 말이다!"

그러나 여전히 '우…' 하는 소리는 마치 밀물처럼 울려 퍼지니 선생들은 안타깝고 괘씸하고 분해서,

"어느 놈이냐? 나오지 못하겠어?"

하고 눈알을 위아래로 굴렸지만 학생들의 표정은 무표정했다.

"조선 놈은 그게 틀렸어! 왜 정정당당하게 의사 표시를 하지 않고 그런 식으로 비겁하게 구는 게냐?"

그러나 넓은 운동장은 바다 밑처럼 적막하기만 했다.

그것이 바로 광주고보 학생의 기질이었다. 그들 말대로 정정당당하지도 못하고 비겁하게 보일지 모르지만, 그런 식의 저항 방법을 낳게 한 게 어느 편이었는가를 그들은 모르고 있었다.

그런 점에서는 나도 예외가 아니었다. 질문을 잘못 했다가는 사상이 의심스럽다고 점을 찍히거나 가정환경이나 배후 관계까지도 탐색작전을 펴는 판국이라 누가 진실을 말하려고 하겠는가. 목전에서는 복종을 맹세하면서도 마음속으로는 또 다른 하나의 이유를 준비하게 되었던 씁쓸한 일상생활 속에서 나는 차츰 세상에 눈을 뜨기 시작했다.

그러나 일본 사람의 교육 방법은 치밀하고도 철저했다. 일단 물고 늘어지면 끝장을 보고 마는 기질이 세계에서 일등 가는 경찰국가라는 별칭을 받게 되었다는 얘기도 그 무렵에 알게 된 상식이었다. 그러나 그들은 학생들에게 강압적으로만 나오는 게 아니었다. 표면상은 평화롭고 친절함을 보이되 실상은 비밀 탐지의 눈을 번득거렸으니 그 좋은 예가 일기 쓰기였다.

우리는 매 학년 초에 '학생일기'를 구입하는 게 정례였다. 그리고 날마다 기입한 일기는 매주 토요일에 급장이 거둬들여 담임에게 제출하면

담임은 다음 주 초에 검열을 하고 돌려주는 제도였다.

"일기란 자기 마음을 솔직하게 쓰는 데 생명이 있다. 거짓이 아닌 진실의 토로라야 한다. 날마다 일기를 쓰는 일에 소홀하지 말라."

담임선생의 설명은 어느 것 하나 틀린 점이 없었다. 그래서 세계적인 철학가나 대문호들이 남긴 일기는 후세까지도 길이 남는다는 얘기까지도 빼놓지 않고 부언해주었다.

나는 어린 마음에 적지 않게 감동을 받았다. 국어 시간이면 읽기나 말하기에서 뒤지지 않는 나는 일기를 쓰는 일에도 신경을 써야겠다고 혼자서 마음을 굳히기도 했다.

그런데 학생들에게 일기 쓰기를 권장하는 학교 측의 속셈은 그게 아니었다. 학생들의 의사 표시를 그 일기를 통하여 염탐하자는 데 있었고, 실제로 그런 사건이 종종 일어나기도 했다. 심지어는 경찰의 신세를 지는 일도 있었다.

"여기 K라는 게 누구냐?"

"먼 친척뻘 되는 형입니다."

"먼 친척이라니, 구체적으로 말해."

"6촌… 아니 5촌…."

"이 자식아 5촌 형이 어디 있어!"

"예… 저… 잘못 썼습니다."

"그래 K는 뭘 하는데?"

"시골서 농사짓고 있습니다."

"일본 유학생이라면서?"

"예. 유학 중에 몸이 아파서… 고향에서…."

"몸이 아파? 도쿄 유학생이 농사를 짓는다 이거니?"

"예… 그런 것 같습니다."

"같습니다가 뭐냐? 분명히 말해! 너희들 대답은 왜 그렇게 뜨뜻미지근하냐? 사나이답게 말할 수 없니? 응?"

매사를 이런 식으로 추궁해 들어가다 보면 꼬투리를 잡히게 되어 예상치도 못한 방향으로 확대된 예가 비일비재했었다.

일기는 솔직하게 쓰는 일이라는 덕목을 역이용해서 학생들의 동향, 특히 사상 동향을 탐지하려는 데 쓰여진 수단이었다. 그러니 누가 진실을 쓰려고 하겠으며 솔직한 마음의 고백을 쓰겠는가. 그러나 나는 비교적 착실하게 일기를 썼으나 날마다 꼬박꼬박 써서 정해진 날에 바치기란 힘들었다. 그래서 한꺼번에 며칠분을 써 내기도 하고, 아니면 단순히 공란을 메우기 위해 짤막한 가사며 와카(和歌)라는 일본식 정형시(定型詩)를 써 넣기도 했었다.

이와 같은 이중구조의 생활 속에서 나는 혼자서 생각하는 시간이 더 마음에 들었다. 뿐만 아니라 어떤 억압 상태에서의 해방감이 절실하게 갈구되곤 했었다.

1학년을 마치고 2학년 때부터 나는 하숙을 누문정에서 북정(北町)으로 옮겼다. 그 집 주인은 문(文)씨로만 기억된다. 솟을대문에 널따란 마당과 안채와 사랑채, 그리고 행랑채를 갖춘 부잣집이었다. 같은 반 친구 가운데 문훈회(文熏會)라고 있었는데, 같은 종씨라는 인연에서 그 친구 따라 하숙을 옮기게 되어 나와 철한도 덤으로 간 셈이었다. 이때 형은 가벼운 늑막염 증상이 있어 휴학을 하게 되었기에 우리 세 사람만 한방을 쓰게 되었다.

그런데 막상 짐을 옮기고 나니 그 집 안주인은 보통학교 동기생인 정명균의 누님이었다. 남편인 문 씨는 동경 유학을 마쳤다는 잘생긴 청년이고 그 부인도 미인이었다. 우리는 하숙으로서는 고급 하숙에 든 셈이었다.

나는 비로소 어떤 구속에서 벗어난 것 같은 해방감을 실감할 수가 있었다. 지금까지는 형이 보호자처럼 옆에 있었지만 이제는 자유롭게 혼자서 통학한다는 게 그렇게 마음이 편할 수가 없었다.

문훈회의 부친은 진도군수였다. 그와 내가 쉽게 친구가 될 수 있었던 이유 가운데 하나는 문학에 대한 관심도가 비슷하다는 점이었다. 소년 소녀를 위한 순정소설이며 모험소설은 거의 독파한 데다가 동요며 유행가를 곧잘 따라 부를 수 있었던 것도 닮은꼴의 하나였다.

그러나 이제는 좀 더 독서 경향도 바꿔야겠다는 자각이 일어났다. 나는 책방에 들러 하이네 시집이며 바이런 시집을 사오곤 했다. 물론 일본 말 번역본이었지만 낭만주의 문학사상을 이해하기에는 아직도 거리가 멀었다. 그러나 운동경기를 하거나 능동적인 취미보다는 조용히 책 속에 빠져들어가려는 취향에서 나와 친구 훈회는 매우 비슷한 내성적인 성격이었다.

어느 날 훈회는 자기 신상에 관한 얘기를 들려주었다. 어머니는 진작 병으로 세상을 뜨셨고 지금 어머니는 계모라는 점과 손위의 누님이 한분 있는데 그 누님이 엄마처럼 느껴질 뿐 계모는 왠지 정이 안 간다는 얘기였다.

나는 눈물이 글썽해진 훈회의 얼굴을 찬찬히 들여다보았다. 갸름한 얼굴에서도 눈이 유난히도 커 보인 데다가 주근깨가 섞인 흰 피부는 도자기의 표면같이 차갑고 을씨년스러웠다. 나는 그가 왜 그렇게 늘 혼자 있고 싶어 하고 조용히 몸을 사리는 성격인가를 비로소 알 것 같았다. 저세상으로 떠나신 어머니에 대한 모정(慕情)이었으리라. 이와 같은 나의 짐작은 틀림이 없었다.

먼 훗날까지 우리의 우정이 지속되었을 때 그는 어머니를 못 잊어하고 때로는 눈물도 보인 적이 한두 번이 아니었다.

그런 친구에 비하면 나는 여간 행복한 게 아니었다. 나를 낳아 키워주신 부모님이 건재하시고 3남 3녀가 건강하게 자라고, 특히 아버지가 지방 유지로서 지내시니 누가 봐도 나는 행복을 타고난 행운아임에는 틀림이 없었다. 그런 나의 주변에 어느 날 회오리바람이 불어닥쳤다.

주말을 이용하여 1박 2일의 귀성길에 올랐었다. 그동안 쌓인 빨랫감이며 침구 시트를 뜯어 토요일 오후 차로 목포엘 내려갔었다. 그런데 여느 때 같으면 역까지 마중 나와 있어야 할 아우의 모습은 없고 원희(元熙) 삼촌만이 목책 밖에서 손을 흔들어 보이고 있었다. 원희 삼촌은 먼 친척뻘로 사랑채의 청소며 아버지 심부름을 맡고 있는, 굳이 말하자면 서생(書生) 격이었다. 나이가 나보다 네댓 살 위였으나 농촌에서 자라서인지 말수가 없고 부지런하여 집안에서는 원희 삼촌으로 통했었다.

"재석이가 왜 안 나왔어요?"

내가 먼저 물었다. 내 가방을 들고 말없이 앞장을 서 가던 원희 삼촌은

"지금 아파서 뉘 있어야."

조용하게 실눈을 내리깔듯 말했다.

"어디가 아픈디요?"

"글쎄… 병원 의사가 다녀갔고… 제주한의원 원장도 다녀갔는디…."

원희 삼촌의 말꼬리는 흐렸다.

나는 예삿일이 아니라는 예감이 들었지만 그 이상 캐물을 수가 없었다.

동생의 병은 급성 관절염이었다. 그것도 골반과 대퇴부가 연결되는 부분이라서 꼼짝도 못 하고 누워 있어야만 했다. 처음에는 신열이 높기에 감기인 줄만 알고 있었는데 그게 아니더라고 어머니께서 조용히 설명해 주셨다. 나는 자리에 반듯하게 누워서 천장만을 쳐다보는 아우에게 뭐라고 한마디 해야 할 텐데도 말문이 열리지 않았다. 소설이나 영화의 한 장면처럼 아우의 여윈 손을 꼭 쥐어주면서 "걱정할 것 없어! 넌 곧 일어날 텐데 염려 마! 어서 일어나서 네가 좋아하는 글라이더도 만들고 기선도 만들어야지. 여름방학 숙제가 그것이라면서? 응?"이라고 웃는 얼굴로 말해줄 법도 했었는데 나는 그저 꿀 먹은 벙어리처럼 아우의 얼굴을 내려다보고만 있었다. 아직도 열이 있어 보이는 그 커다란 눈에는 엷은 분홍빛 기운이 감돌고 있었다.

평상시에는 그처럼 밝고 고집스럽고 그래서 때로는 망나니 같은 소년이 이렇게 입을 꼭 다물고 누워 있다는 게 나는 좀체로 믿어지지가 않았다.

그날 밤 나는 사랑방에서 자기로 했다. 원희 삼촌하고 나란히 자리를 펴고 이야기를 하다가 잠이 들었다.

나는 잠결에 뭔가 무거운 것이 몸에 와닿는 것을 느꼈다. 눈을 떠보니 원희 삼촌의 얼굴이 바로 내 코앞에 있었다. 다음 순간 어둠 속에서 원희 삼촌의 하얀 이빨이 가지런히 드러나 보였다. 나도 무심결에 비시시 웃었다. 그러자 원희 삼촌이 내 손을 쥐더니 자기 아랫배로 가져갔다. 그 순간 내 손아귀에 뭔가 뭉클하게 잡혔다. 내가 반사적으로 손을 뿌리치려 하자 원희 삼촌의 굵직한 손이 내 손등을 가볍게 다독거리는 것이었다. 시골서 일만 하던 손이라 촉감이 거칠었다. 그러나 억센 힘을 느낄 수가 있었다. 뿐만 아니라 내 손 안에서 살아 있는 생명체가 꿈틀거리듯 느껴지는 것이 아닌가.

나는 문득 보통학교 6학년 때 교실에서 있었던 일이 생각났다. 나의 짝꿍 C는 중간에 섬학교에서 전학 온 학생이었다. 나이는 나보다 두 살 위인 데다가 키도 크고 코밑에 수염이 돋아나 있었다.

어느 날 그 친구가 수업 시간에 내 손을 끌어다 자기 사타구니에다가 대는 것이 아닌가. 나는 깜짝 놀라며 반사적으로 손을 털어버렸던 기억이 번개처럼 뇌리를 스쳐갔다.

그런데 나는 지금 그때처럼 놀라거나 겁이 나는 게 아니었다. 내 손아귀에서 꿈틀하는 그 생명체가 오히려 궁금해지는 것이었다.

원희 삼촌이 내 손과 함께 쥐고 서서히 위아래로 흔들기 시작했다. 나는 그것이 무슨 짓인지 전혀 예비지식이 없었던 터라 원희 삼촌이 시키는 대로 반복작용을 할 뿐이었다. 그러자 원희 삼촌의 뜨거운 입김이 내 귓전에 들려왔다. 그리고 뭐라고 속삭이는 소리가 들렸지만 무슨 뜻인지 알아들을 수가 없었다.

원희 삼촌의 손이 이번에는 내 배를 슬슬 쓰다듬어 내려가는 것이다. 다른 때 같으면 놀라서 벌떡 일어나야 했을 나였는데 나는 그저 손을 놓은 채 원희 삼촌의 그 행위를 감수만 하고 있었다. 아… 그것은 이미 내가 어린아이가 아니라는 것을 무언으로 설명하는 순간이었다. 그렇게 해서 너도 나도 어른이 되는 거라고 일깨워주기라도 하듯 성숙한 사내의 손은 나를 설득시키려고 숨가쁘게 움직이고 있었다.

다음 날 저녁때 나는 목포역으로 나갔다. 역시 원희 삼촌이 양손에 가방과 과일과 떡을 싼 보따리를 들고 따라오고 있었다. 그러나 우리는 한마디도 오고 가는 말이 없었다. 아니 어쩌면 내가 그걸 피했는지도 몰랐다. 원희 삼촌의 얼굴을 마주 보기가 어쩐지 겁이 나기도 했고, 내가 못할 짓을 한 것 같은 죄책감에 공연히 발걸음만 빨라지는 것이었다.

원희 삼촌은 기차칸 선반 위에다가 짐을 올려놓고는 나를 내려다보았다. 역시 그 하얀 이를 내보였다.

"언제 또 올 거냐?"

나는 비식 웃었다.

"여름방학 때는 오것지야?"

"응….."

나의 대답은 간단했다.

"그럼 조심해라잉?"

하며 손을 내밀었다. 나는 반사적으로 그의 손에다 내 손을 맡겼다. 굵고 거칠고 따뜻한 손의 체온이 전류처럼 전신으로 번지는 것이었다.

나는 황혼이 깔리는 들판을 내다보고 있었다. 하루 사이에 일어난 두 가지 사건이 번갈아가며 뇌리를 스쳐갔다. 얼마 전까지만 해도 그토록 건강하고 5월의 은어처럼 뛰놀던 동생이 꼼짝도 못 한 채 천장만 쳐다보게 되다니…. 그러나 다음 순간 내 전신을 뒤흔들어놓은 듯 짜릿하게 움츠리게 한 원희 삼촌의 손의 촉감이 또다시 엄습해오는 것이 아닌가.

아… 정말 그런 세계가 있었던 모양이다. 누구나 한 번은 지나간다지 만 첫 경험의 허상과 실상은 있는 모양이다.

제5장 영화의 유혹

나는 어려서부터 혼자서 있는 시간이 많았다. 친구네 집에 놀러 가는 경우보다는 그들이 찾아오는 편이었다. 이를테면 소극적인 성격이었다.

이러한 습성은 광주고보에 입학한 후에도 별다른 변화라고는 없었다. 그러므로 늘 혼자 있는 시간에 무엇을 할 것이며, 어떤 상념에 빠져들어 갈 것인가는 전적으로 내 스스로 결정지을 수밖에 없었다. 어려운 문제가 생겼을 때는 선생님을 찾거나 선배나 친구와 의논하는 게 예사인데도 나는 그걸 해내지 못했다. 가야 할 길을 가르쳐줄 사람도 없었거니와 내가 부러 찾아 나서는 적극적인 성격도 못 되었던 외롭고 무능한 소년이었다.

나에게는 호기심이 많았었다. 미지의 세계를 향한 동경심도 동경심이거니와, 색다른 세계 속으로 몸을 내던지는 데는 엉뚱할 만큼 대담하게 감행하는 일면도 있고 보면 아무래도 나는 모순된 성격의 소유자였던 것 같았다.

그러한 나의 생활 가운데서 혼자만의 시간을 가장 만족스럽게 보내는 때는 일요일 오후였다. 점심을 먹고 나면 비누갑과 수건을 챙기고 갈아입을 속옷을 똘똘 말아 목욕용 쌈지주머니에 넣어 들고 하숙집을 나왔다. 대중목욕탕엘 찾아가는 것이다. 내가 대중목욕탕을 알게 된 것도 하숙 생활에서 처음으로 배운 생활습관이었다. 그리고 외출할 때일지라도 반드시 정모와 제복을 입어야 한다는 교칙인데도, 이날만은 사복(私服) 차림에 고무신이나 운동화를 질질 끌며 본정통(本町通)을 활보하는 게 그렇게 즐거울 수가 없었다. 그것은 나만의 자유를 만끽할 수 있었던 소중한 시간이자 하나의 작은 반란이었을지도 모른다.

목욕탕 안에서 턱밑까지 잠긴 따뜻한 탕물을 손바닥으로 가볍게 떠올렸다가는 흘려보내는 단순한 행위를 되풀이하고 있노라면 수증기로 벌겋게 상기된 얼굴엔 어느새 땀이 흘러내렸다. 더운 탕 속의 온도는 이윽고 나를 나른한 졸음으로 끌고 가곤 했었다. 그러다가 문득 우윳빛 증기가 가득 찬 탕 안을 오가는 성인들의 성숙한 남성의 심벌을 힐끗 훔쳐볼 때의 그 짜릿한 충동은 사춘기 소년의 호기심을 충족시켜주는 데 충분했었다. 성(性)에 눈을 뜨기 시작한 그 또래의 아이들은 자신의 육체적 변화를 어른들 앞에서 드러낼 수 없어 죄라도 지은 듯이 구석 자리만을 찾는 것도 나에게는 이상스럽게만 느껴졌다. 아이가 어른이 되어가는 생리적 변화에 대해서 왜 수치심을 느끼는가. 건장한 어른들도 우리처럼 어린 시절을 거쳐 나왔음에도 불구하고 왜 알몸이 된 어른은 당당해야 하고 소년들은 쥐구멍을 찾는 것일까. 이와 같은 엉뚱한 회의와 반발심은 대중목욕탕에 갈 때마다 나를 엄습하는 이상한 버릇 가운데 하나였다.

나의 목욕 시간은 한 시간도 넘게 끌었다. 그도 그럴 것이 사람의 눈을 피해가며 양말짝이며 팬티를 빨아야 하는 하숙생의 고충이 따르기 때문이다. 아니, 기왕에 요금을 지불했으니 목욕도 하고 빨래도 함으로써 본전을 뽑자는 약은 잔꾀에서 비롯된 하숙생의 생활풍속의 단면이라는 편이 보다 타당성을 지닌 해명일는지도 모른다.

벌겋게 홍조를 띤 얼굴을 거울 속에 비춰 보는 나는 마냥 행복하기만 했다. 한 시간 동안 그 누구하고 말할 필요도 없이 혼자만의 시간 속에서 왕자가 될 수 있었기 때문일 게다.

그러나 진정 행복을 만끽하는 시간은 목욕탕을 나와 으슥한 골목 안에 있는 '우구히스차야'를 찾는 일이었다. '우구히스'란 우리말로 '꾀꼬리'고, '차야'는 한자로 '차옥(茶屋)'이다. 이를테면 휴게소라는 뜻이다. 휴게

소라지만 그다지 넓지도 않고 장식도 허름한 일종의 대중식당이었다. 그런데 이 식당이 학생들에게 인기가 있었던 이유는 두 가지였다. 그 하나는 이 식당의 특제품인 다이가쿠이모라는 고구마튀김이요, 다른 하나는 여학생들이 자주 드나드는 집이었기 때문이다. 그 당시 학생들의 식당 출입은 금지되어 있었지만 우구히스차야에는 학생들이 출입했었다. 모르면 몰라도 식사며 술을 파는 집이 아니라 단팥죽, 감주, 우동, 그리고 다이가쿠이모 등 이를테면 간식류를 주로 파는 영업소라는 데서 비공식적으로 묵인을 해줬는지도 모른다.

우구히스 차야는 광주우체국을 끼고 돌다가 오른쪽 골목으로 들어선 곳쯤이니, 나의 기억력이 틀림없다면 현재의 광주학생회관 골목 입구쯤에 있었던 걸로 짐작이 된다. 이 집에 드나드는 학생들은 그 집의 특제품인 다이가쿠이모라는 고구마과자를 즐겨 찾았다. 다이가쿠이모의 어원이 어디에서 유래되었는지 알 길이 없었지만, 얼마 전 일본에서 그것을 먹을 기회가 있었던 걸로 보면 일본 사람들의 전래 식품이 틀림없다.

고구마 껍질을 벗긴 다음 깍두기보다는 더 큼직하게 숭숭 토막을 낸 다음 소금을 뿌린 후 콩기름에 튀긴다. 그리고 설탕을 녹여서 만든 꿀을 듬뿍 끼얹고 그 위에다가 검은 통깨를 뿌려서 접시에 담아내는 아주 단순한 음식이었다. 그러나 튀김냄비에서 갓 건져낸 고구마의 부드럽고 고소한 맛과 입에 쩍쩍 붙는 설탕꿀의 진한 단맛과 그리고 이따금 씹히는 검은 통깨의 고소함이 어우러진 그 맛은 그 무엇과도 바꿀 수 없는 별미였다.

우구히스 차야의 다이가쿠이모. 그것은 내가 먼 훗날에도 가끔 생각나는 향수 어린 맛이다. 아니, 그 당시의 학생들이면 누구나 인상에 남을 추억의 미각이라 해도 과언은 아니다.

나는 다이가쿠이모를 먹고 나면 책방에 들르는 게 빼놓을 수 없는 일과였다. 책방에 가는 것은, 물론 책을 사는 경우도 있지만 대개는 책장 앞에 서서 책을 읽는그걸 입독(立讀)이라고 표현했다 재미에서였다.

광주우체국을 지나 10여 미터쯤 가노라면 그 당시 광주에서 가장 큰 책가게가 있었다. 그 상호는 잊었지만 일본 사람이 경영하는 책가게였다. 삼면 벽과 널따란 토방 위에 놓인 진열대에는 온갖 책이 가득 채워져 있었다. 어려서부터 책하고 친숙했던 내가 이 집을 찾는 일은 어찌 보면 일상생활의 연장에 불과했다. 어려서부터 읽고 싶은 책은 일정한 기준도 없이 난독을 했던 나였다. 그러나 사춘기 고개를 넘는 나이에 만화나 소년소녀 소설을 읽을 수는 없다는 자각은 있었다. 그래서 나는 이른바 연애소설을 닥치는 대로 읽기 시작했다. 그것도 조선말 소설보다 일본 소설을 더 많이 읽게 되었다. 그것은 결코 애국심이나 민족감정하고는 관계없이, 그저 손쉽게 손에 넣을 수 있었다는 게 이유라면 이유였지 별다른 동기란 없었다. 그 당시 교육제도가 바뀌자 2학년 때부터는 조선어 시간이 폐지되었다. 교복도 카키색(그 당시는 국방색이라고 했다) 옷 감에다 모자도 전투모로 바뀌었다. 그리고 책가방도 등에 지는 란도셀이고 보니 아침에 하숙집을 나올 때의 우리는 군인이 중무장을 하고 병영을 향해 뛰어가는 모습과 흡사했다. 1938년 일이다.

그런 상황에서 조선어로 쓴 책과 일본어로 쓴 책을 구별해가며 책을 선택할 판단이나 능력이란 나에게 없었다. 세상이 일방적으로 그렇게 변해가는 시대의 조류에 몸을 내맡기고 있다는 게 솔직한 심정이었다. 왜 조선말로 쓴 책을 마다하고 일본말 책을 선택했던가 라고 그 누가 지금 질문을 해온다면 나의 대답은 난처해질 뿐이다. 그 시대적 상황 속에서 장차 문학을 하겠다는 사실만이 중하게 느껴졌을 뿐 그 이상의 변명도 항변도 있을 수가 없다. 나의 의식은 아직도 그 정도밖에 안 되었다는 게 솔직한 답일 게다. 그러나 만약에 그 당시 내 주변에서 그것을 올바르게 인도해주고 깨우쳐준 스승이나 선배나 동료가 있었던들, 나는 조선 역사책이며 조선 문학작품을 더 읽었을 것이다. 그리고 지금은 비록 왜놈의 통치하에 있지만 언젠가는 민족 해방과 조국 광복의 날이 올 테니 그때까지 기다리자는 이야기를 들었던들, 나는 아마도 우리 글과 역사에 대해서 열광적으로 덤비는 나날을 보냈을 것이다.

그러나 조선말로 된 책을 읽는다는 사실 자체가 학교나 경찰 당국의 감시의 대상이었다. 만약에 학생일기에 "나는 이광수의 소설과 현진건의 소설을 읽었다. 흥미진진했었다"라고 썼다면 그다음 날로 나는 어김없이 훈육실로 불려 가고 경찰서로 끌려갔을 것이다. 내 주변에는 그런 책을 읽었다는 사실로 인하여 경찰에 불려 다닌 일이 실제로 있었다. 사상이 불온하며 그 배후에는 어떤 마수가 뻗치고 있다는 판단에서였다.

나는 아직 그런 문제에는 눈을 뜰 처지가 못 되었다. 나에게 국가관이나 민족사관에 대해서 물었다면 나는 제대로 된 대답이라고는 할 수가 없었다. 다른 아이들은 어려서부터 태극기를 보았다고도 하고, 김일성 장군 얘기를 알고 있었다고 했지만, 솔직히 말해서 나는 전혀 아는 바도 없거니와 적극적으로 캐 들어갈 수도 없었다. 보통학교에 입학했던 1학년 때만 제하고는 5년 동안 일본 사람 담임선생 밑에서 일본말로 교육을 받았다. 고지마(小島), 기타(木多), 나수(那須)는 모두가 열성으로 가르쳐주고 인도해준 좋은 스승이었다. 그 스승 밑에서 민족교육을 받을 수도 없거니와 그것이 교육의 과제가 될 수 없었던 것도 부인 못 할 사실이었다.

어린 시절을 이렇게 지내온 내가 일본말 책에 관심이 쏠린다는 것은 자연스러운 일이었다. 뿐만 아니라 그 나이 또래에서 민족과 국가를 논의하기에는 나는 어리고 철없는 소년이었음을 솔직하게 고백 안 할 수가 없다. 일본의 총독정치와 식민지정책이 침략이자 제국주의의 노략질이라는 사실을 똑바로 알고 말할 수 있었던 건 나이 20이 다 되어서였으니, 나라는 인간은 너무도 어리석고 줏대라고는 없는 소년임에 틀림이 없었다. 그러면서도 마음 한구석에는 또 다른 목소리가 있었다.

광주고보(光州高普)에서 광주서중(光州西中)으로 교명이 바뀌면서 미묘한 사건이 일어났던 기억이 난다. 교가(校歌)였다. 원래 교가 가사는 일본의 명문 사학인 와세다대학(早稻田大學) 교가 가사를 거의 그대로 베껴온 것이었다. 고유명사만 우리 실정에 맞게 바꾸었으니 반도(半島), 무등(無等), 그리고 고보(高普)의 건아(建兒)라는 말만 달라진 것뿐이었다. 그러나 이제 교가에서 '고보'라는 낱말 대신 '서중(西中)'이라고 고쳐 부를 수밖에 없었다.

조회가 끝나면 으레 교가 제창이 있었다. 음악 담당인 이나다 선생이 앞서 '고보' 대신 '서중'으로 고쳐 부르기를 지시하였다. 장내가 약간 웅성거렸지만 이나다 선생의 지휘봉에 따라 피아노 전주가 시작되었고, 이윽고 교가 합창이 강당 안에 우렁차게 울려 퍼졌다.

반도 남단, 무등의 기슭,
치솟은 기와집은 우리들의 모교.
배움의 젊음들이사 드나들지라도
우러러보는 곳은 오직 이상의 빛.
찬란한 우리들의 미래를 보라,
어서 부지런히 배우세, 고보의 건아들아.

'서중의 건아'라고 부르도록 사전 주의가 있었음에도 불구하고 전교 600명 건아들은 마치 약속이나 한 듯이 종전대로 '고보의 건아'라고 노래했던 것이다. 교장 이하 선생들의 표정은 당혹과 노기와 증오로 범벅이 되어 금세 범인을 잡아낼 듯 학생들 대열 속으로 헤집고 들어서는 것이 아닌가.

"어느 놈이냐? 응? 당장 나오지 못하겠니?"

배속장교가 눈을 위아래로 굴리며 노려보았지만 아무도 대답을 안 했다. 아니, 대답을 할 사람은 전체 학생이었지 어떤 개인이 아니었으니 그 질문은 우문(愚問)일 수밖에 없었다. 학생들 사이에서는 터져나오려는 웃음을 억지로 참느라고 어금니를 작신작신 깨물기도 했었다.

의당 교명이 바뀌었으니 교가도 달리 불러야 옳을 일이었다. 어제까지는 '고보'였지만 오늘부터는 '서중'이라야 옳았다. 그런데 왜 우리는 한사코 '고보'를 고집했을까. '서중'과 '고보' 사이에 무슨 거리가 있고 차이가 있는 것일까. 그것은 이유 있는 반항이었다. 광주고보가 광주서중으로 바뀐다는 그 배경에 대한 인식을 철저하게 파악하고 있었던 몇몇 의식 있는 선배들의 머리와 심장에서 빚어진 저항의 노래였다. 고등보통학교는 조선 사람 학교이며 중학교는 왜놈들 학교라는 하나의 고정관념이 좀체로 지워지지 않았던 증거였을 게다.

그것이 바로 고보 학생의 기질이고 아집이라면 아집이었다. 누가 먼저 나서지 않더라도 이심전심으로 뭉쳐지는 어떤 결집력이라고 해도 무방할 것이다. 민심이란 누가 소리 높게 외치거나 앞장서서 선전한다고 해서 번져나가는 것은 아니었다. 참된 민심이란, 때가 오고 익어갔을 때는 시키지 않아도 하나로 뭉쳐지는 것이다. 그것이 광주학생독립운동의 정신이자 먼 훗날의 5.18 광주항쟁의 기폭제가 아닐는지 모르겠다. 때가 되었을 때 봇물이 터져 대지를 적셔주듯 우리의 삶도 그 때를 포착하는 데 묘미가 있는 법일진대, 내가 문학에 뜻을 두고 작품을 읽는 것 자체가 독립운동이나 민족정기와는 별개의 문제라고 항변한다면 나의 지나친 단견(短見)일까?

내가 서중을 다니면서 이른바 예술이라는 세계에 한 걸음 접근할 수 있었던 원인은 영화를 빼놓고 생각할 수가 없을 것이다. 내가 어린 시절부터 영화구경을 남달리 즐겼다는 얘기는 이미 여러 차례 한 바 있다. 그러나 그것은 아무런 비판력이나 가치기준도 없이 피상적으로 보는 측의 시각일 뿐 어떤 기준이나 평가 대상의 분석하고는 전혀 무관한 즉흥적인 하나의 놀이에 불과했었다.

그런데 중학교에 입학하자 수업의 연장이라는 표방 아래 학생들에게 가끔 좋은 영화를 감상시키는 기회가 주어지고 있었다. 그 이유를 굳이 설명하자면 학생들의 정서(情緒) 도야(陶冶)와 예능 교육의 일환에서 나온 의도적인 발상이었다. 그것이 한 달에 한 번인지 두 달에 한 번인지 소상하게 기억할 수 없으나, 내가 5년 동안에 감상했던 영화는 아마도 40~50편은 될 것이다. 약 60년 세월이 흘러간 지금도 그 기억이 생생할 뿐만 아니라, 예술성이 뛰어난 작품도 적지 않았다는 점에서 새삼 일본 사람들의 교육제도를 되돌아보게 되었던 것도 사실이다.

내가 광주서중 재학 중에 학교 측에 의해 단체관람한 영화 가운데 인상에 남은 작품을 들자면 미국영화로는 〈오케스트라의 소녀〉(주연: 디애나 더빈), 〈소년의 거리〉(주연: 스펜서 트레이시, 미키 루니), 〈마르코 폴로의 모험〉(주연: 게리 쿠퍼), 〈모험왕 타잔〉(주연: 조니 와이즈뮬러), 〈은반의 여왕〉(주연: 소냐 헤니) 등이 생각난다. 그리고 일본영화로는 〈글짓기 교실〉(주연: 다카미네 히데코), 〈흙〉(주연: 고스기 이사무), 〈새로운 땅〉(주연: 하라 세쓰코), 〈길가의 돌〉(주연: 기다야마 아키히코), 〈말〉(주연: 다카미네 히데코), 〈지도자 이야기〉(주연: 후지타 스스무), 〈하와이, 마레이 해전(海戰)〉(주연: 오코치 덴지로), 〈손오공〉(주연: 에노모토 겐이치) 등이고, 조선영화로는 〈수업료〉(주연: 김일해), 〈집 없는 천사〉(주연: 김신재) 등 지금 기억에 남는 작품 수만도 20편 가깝다. 이 가운데는 일본의 군국주의를 찬양하는 이른바 국책영화나 오락영화도 포함되어 있긴 하나, 대부분이 영화예술로 뛰어난 명작들이었다. 물론 1941년 태평양전쟁이 발발하면서부터는 영국영화나 미국영화는 전면 상영금지된 대신 삼국방공협정(三國防共協定) 동맹국인 독일, 이탈리아를 비롯하여 프랑스며 스웨덴 등 중립주의 영화가 선을 보이기도 했다.

나는 어려서부터 영화에 익숙했던 탓도 있겠지만 영화 감상에는 넋을 잃을 정도였다. 그러나 농어촌 출신의 학우들은 그때만 해도 영화를 접촉할 기회가 없었던지 그다지 흥미도 못 느끼는 눈치였다. 그러나 교칙상 영화관 출입은 금지되고 만약 발각되었을 때는 정학처분이라는 엄벌주의라 가고 싶어도 못 가는 안타까운 실정이었다. 그런 처지에서 영화 관람하는 날의 나는 마치 물을 만난 물고기처럼 생기가 돌고 들떠 있었다. 특히 〈오케스트라의 소녀〉를 보고 난 밤 나는 거의 뜬눈으로 밤을 밝혔다. 주연을 맡은 디애나 더빈의 그 청순하고도 깜찍한 재치와 미모가 잘 조화된 장면이 좀체로 뇌리에서 사라지지 않았기 때문이다. 불과 16세 밖에 안 되는 디애나 더빈의 매력! 천부적인 음악성과 천사 같은 미모가 빚어내는 연기가 나를 잠 못 이루게 했던 것이다. 뿐만 아니라 실제로 명성 높은 오케스트라 지휘자로 알려진 백발의 레오폴드 스토코프스키의 지휘봉 없이 맨손으로 지휘하는 그 독특한 지휘법, 황홀하고도 정열적인 연기에 나는 최면술에 걸린 사람마냥 잠자리에서 지휘법을 흉내 내기도 했었다.

영화! 그것은 분명히 마력이었다. 일찍이 내 마음속 깊은 곳에 뿌려진 씨앗에서 꽃이 피는 마술함이었다. 그것이 먼 훗날 비록 연극의 길로 진로 변경은 있었지만, 어찌 되었건 '극(劇)'의 세계라는 점에서는 연극과 영화는 뿌리가 같은 예술임은 그 누구도 부인 못 할 것이다. 꾸며진 세계, 허구의 세계 속에서 나를 마구 뒤흔들어 깨우며 영화관을 드나들게 했던 막연함이 이제는 새로운 시각으로 영화에 대한 호기심을 부채질하는 것이었다.

나는 그때부터 영화잡지를 사 보았다. 「영화의 벗(映畵の友)」이라는 월간지로, 영화에 관한 상식, 정보, 광고, 그리고 현란한 사진들이 가득 찬 그 책을 보고 있노라면 나는 어느덧 꿈나라에서 살고 있는 느낌이었다.

이와 같은 나의 호기심은 어느 날 돌이킬 수 없는 하나의 과오를 저지르게 했다. 그 당시 한창 선전하던 화제작 〈니이즈마 가가미(新妻鏡)〉

라는 영화를 혼자서 구경하기 위해 제국관(帝國館)엘 찾아간 것이다. 광주시 내에는 광주극장과 제국관이 있었는데 그 제국관은 오늘의 무등극장의 전신이었다.

나는 저녁을 먹고 난 다음 잠깐 친구 집에 다녀오겠노라는 말만 남기고 제국관으로 향하였다. 목이 긴 스웨터를 걸치고 토끼털로 된 방한모에 흰 마스크를 쓴 변장이었다. 그 영화는 베스트셀러인 대중소설을 영화화한 것으로, 주인공은 남자 다카다 미노루(高田稔)와 여자 야마다 이스즈(山田五十鈴)였다. 이 작품은 지금까지 주로 시대극(時代劇)에서만 주연을 해오던 인기 스타 야마다가 처음으로 현대극에 출연한다는 것과, 공기총 사고로 두 눈이 실명된 아름다운 새댁의 비극이라는 점을 대대적으로 선전하고 나섰다. 갸름한 얼굴에 오똑한 코와 야무진 입모습, 청초미와 요염미를 겸한 미녀 배우 야마다가 현대극에 출연한다는 사실이 어린 영화소년의 호기심을 유발하기엔 충분했다. 더구나 그 영화의 주제가 역시 레코드로 시판되어 나도 곧잘 부르던 처지이니 어찌 보고 싶지 않았겠는가.

극장 안은 초만원이었다. 여기저기서 흐느끼는 소리며 하얀 손수건이 어둠 속에서 박꽃처럼 떠오르고 있었다. 나도 울었다.

이윽고 영화가 끝나자 나는 다시 흰 마스크를 잽싸게 꺼내 입을 가린 채 관객들 틈에 끼어 출구로 나갔다. 초만원의 관객이 빠져나가는 데는 시간이 걸렸다. 나는 혹시나 교외지도원에게 적발될까 봐서 두근거리는 가슴을 달래며 현관 쪽으로 나오는 순간 현관 유리문 옆에서 나를 쏘아보는 시선과 마주친 것이다. 아뿔싸! 이창업(李昌業) 선생님이셨다. 검실검실한 큰 눈과 짙은 눈썹, 프랑스 배우 장 가뱅의 입모습처럼 야무진 입을 가진 이창업 선생님은 그때 우리 학교에 계셨던 세 분의 조선 사람 선생님 가운데 한 분이셨다. 동양역사를 가르치셨는데, 진시황(秦始皇) 얘기를 자주 한 연유로 별명이 진시황이셨다. 경성제국대학 출신의 엘리트이지만 조선 사람이었기 때문에 빛을 못 본 분이라는 선배들의 얘기였다. 나는 인사를 할까 말까 망설이고 있는데 걸걸하고도 차가운 음성이 터져나온 것이다.

"빨리 돌아가, 이놈아!"

한마디만 남기고는 어둠 속으로 사라지시는 것이었다. 나는 멍청히 밤하늘만 쳐다보았다. 아까까지 영화에 도취되었던 그 감흥은 간 곳 없고, "이 일을 어쩌면 좋겠는가" 하는 당면 문제가 태산 같았다. 야간 외출에, 극장 출입에, 변장까지 했으니 나의 죄는 3중죄가 틀림없다. 정학이 아닌 퇴학 처분일 거라고 애만 태웠다.

나는 밤새 사후 대책에 고심하다가 날이 밝자 누문동에 있는 이창업 선생 댁을 찾아갔다. 대문을 열어주신 사모님은 예상보다 젊고 얼굴이 둥그스름해 보였다. 결혼한 지 오래되었지만 아직 아이가 없으신데도 두 분 금실이 좋으시다는 얘기도 선배들한테서 들은 적이 있었다. 사모님께서 안으로 들어가시더니 이윽고 이 선생님이 대청마루에 나오셨다. 나는 땅바닥에 무릎을 꿇었다.

"왜 왔어?"

"…."

"얌전한 줄 알았더니만 이놈이…."

"한 번만 용서해주십시오."

"네 아버지 체면도 생각해봐!"

"한 번만 용서…."

"그만 돌아가!"

"용서해주십시오. 한 번만…."

"글쎄 돌아가래도…."

"다시는… 안 하겠으니… 한번만…."

"알았으니 돌아가!"

그날 나는 하루 종일 가시방석에 앉아 있는 듯 불안 속에서도 훈육실에서 호출이 나오면 어떻게 대응해야겠다는 극본을 짜는 걸 잊지 않는 엉뚱한 소년이었다. 그러나 방과 후까지도 아무런 기별이 없었다. 아니, 내가 서중을 졸업할 때까지도 이창업 선생님은 그 얘기를 입 밖에 내시지 않았다. 왜 그랬을까. 나도 그 이유는 모르겠다.

먼 훗날 해방이 되자 이창업 선생님께서 광주교육대학 학장으로 취임하셨다는 소식을 들었을 때 언제고 약주라도 대접해 올리면서 영화 〈니이즈마 가가미〉를 훔쳐 본 죄를 왜 학교 당국에 알리지 않았는지 밝혀야겠다고 마음먹었었는데 선생님은 지금 이 세상에 아니 계신다. 나의 가슴 한구석에는 그 일이 지울 수 없는 회한(悔恨)으로 남아 있을 뿐이다.

제6장 첫사랑의 파문

1939년 이른 봄, 나는 하숙을 옮겼다. 북정(北町)의 문 씨 댁 사정이 여의치 못하였는지 하숙을 옮겨달라는 전갈을 받고 우리 세 사람은 의논 끝에 각각 하숙을 찾기로 했다. 때마침 형과 동기이자 나보다 2년 선배 인 박용우(朴用雨) 형 집에 빈 방이 있다는 정보를 입수했다. 그러나 지금까지 한솥밥을 먹어왔던 김철한(金哲漢)과 문훈회(文熏會)와 함께 들어갈 처지가 못 되어 못내 아쉬웠다. 두 사람은 서정(西町)에 위치한, 하숙을 전문으로 하는 집으로 옮기고, 우리 형제만 따로 갈라서기로 했다.

새 하숙은 수기옥정(須奇屋町)에 있는 박영만(朴永晩) 건축사무소의 안채였다. 주인 어른은 광주 일원에서도 유지인 데다가 아버지하고도 친분이 있으셨던 관계로 얘기는 수월하게 이루어진 셈이었다. 하숙업을 전문으로 한다기보다는 빈 방이 있어 객지 생활하는 학생들에게 편의를 제공한다는 부모 같은 고마움이 더 컸던 것으로 기억된다.

대문을 들어서면 반투명 유리 출입문 옆에 '박영만 건축사무소'라고 쓴 간판이 걸린 양옥 사무실이 앞을 막아선 게 주택이라는 느낌은 없었 다. 그러나 우측으로 잘 가꾸어진 정원으로 들어서면 해묵은 석류나무 가 있고 몸채와 뜰아래채가 기역자형으로 위풍스럽게 버틴 큰 기와집이 었다. 게다가 조부모님, 부모님 그리고 3남 1녀가 함께 생활하는 대가족 제도의 가정이라 첫눈에도 어떤 위압감을 주는 분위기였다.

환경이 그러하고 보니 그저 식대나 치르고 기거하는 보통 하숙하고는 분위기부터가 달랐다. 나는 짐을 풀고 방 안 정리를 하면서 이렇게 안정된 환경이라면 공부에도 좋은 영향을 끼치리라는 조짐 같은 게 뇌리를 스쳐갔었다.

그러나 내가 이 집에서 얻었던 가장 소중한 추억은 용우 형에 관한 일들이다. 용우 형은 박영만 님의 장남이었다. 그러나 첫눈에 보기에도 병약한 체질이었다. 핏기 없는 하얀 얼굴, 여자처럼 가늘고 긴 목 등은 어느 것 하나 건장한 중학 5학년 학생으로는 보이지 않았다. 그러나 넓은 이마와, 웃을 때면 실눈으로 보이다가도 사색에 잠겼을 때의 그 해맑은 눈빛은 뭔가 강한 광채를 띠고 있었다. 그리고 무엇보다도 굵고 부드러운 바리톤 음성은 어딘지 범할 수 없는 뚝심을 느끼게 했다.

나의 예측이 그다지 틀리지 않았다는 사실은 얼마 후 선배들 얘기로 입증되었다. 용우 형은 광주고보 개교 이래 처음 배출한 수재로 알려졌었다. 1학년부터 내리 학년 성적이 수석이며 학년 평균점이 언제나 98점인가 99점이었다는 얘기는 학생들 사이에서 하나의 신화이기도 하고 우상 같기도 했다.

나는 조석으로 용우 형을 가까이서 바라보는 가운데 이른바 수재형(秀才型)이란 바로 이런 인물이라고 점을 찍게 되었으니, 그는 언제부터인가 나의 선망의 대상이기도 했다. 용우 형은 오래전부터 늑막염을 앓고 있었다. 그래서 그의 표정은 항상 창백하고 우수에 차 있었다. 그러나 노래 부르기를 좋아하며 시를 암송할 때의 그의 표정은 청순한 미풍이며 개울물 소리 같았다. 학력이 그토록 뛰어나고 성품이 온순하면서도 의지가 강했던 용우 형, 겉으로는 연약해 보이지만 심지가 곧았던 용우 형. 조용한 것 같으면서도 천진난만하고 미래를 향한 이상을 바라보던 용우 형의 실상은 언제부터인가 나의 가슴속에 인화(印畵)된 한 화상이기도 했다. 음악이 좋아 합창반에도 들어갔고, 그림이 좋아 미술반원이 되기도 하고, 책이 좋아 교내 도서실에서 부원(部員)으로도 적을 두었던 나의 중학 생활은 내 가까이 있는 한 수재(秀才)에게서 받은 영향이었을지도 모른다.

용우 형은 공부에 지치면 노래를 자주 부르는 버릇이 있었다. 〈돌아오라 소렌토로〉와 일본의 가곡인 〈요이 마치구사(宵待草)〉가 용우 형의 애창곡이었다. 나는 그의 노래를 따라 부르면서도 나 같은 사람도 저런 수재가 될 수 있을까 하고 갈매빛 무등산을 아스라이 바라보기도 했었다. 그러나 그가 약관 20대 중반으로 아깝게 요절했다는 소식을 알게 된 것은 해방 후의 일이다. 가인(佳人) 박명이 아닌, 수재(秀才)는 단명한 것일까.

그런 가운데서도 나의 문학을 향한 탐구욕은 더욱 왕성해갔다. 톨스토이, 헤르만 헤세, 바이런, 하이네, 도스토옙스키 등 서구의 근대문학과 이시카와 다쓰조(石川達三), 하야시 후미코(林芙美子), 후나하시 세이치(舟橋聖一), 니와 후미오(丹羽文雄), 이시자카 요지로(石坂洋二郎) 등 일본 소화문학(昭和文學)의 대표 작가 작품들을 탐독하던 나는 마치 식욕 왕성한 잡식동물을 방불케 했었다.

그런 나의 생활에 자극을 준 한 가지 요인은 우리 집 사랑방에 있었던 작은 서고(書庫)였다. 서고라고 해봤자 두어 평 넓이의 북향의 골방이었다. 그 방 안에는 아버지를 비롯한 세 분의 숙부들이 대학 유학 시절에 읽었던 서적이 제법 쌓여 있었다. 뿌옇게 먼지를 뒤집어쓴 대부분의 책들은 어린 나하고는 거리가 먼 책들이었다. 세계사상전집, 경제학전집, 법학론, 경제사, 유전학 등 표지에 금박으로 찍힌 활자가 어둠 속에서도 권위를 자랑하듯 버티고 있었다. 그러나 나의 시야에 들어온 책이란 「세계문학전집」(신조사 발행)과 「근대희곡대계」를 비롯한 수필, 시, 그리고 소설책들이었다. 모르긴 해도 아버지 4형제는 각각 그 전공은 달랐지만 그 당시 대학 시절에 교양서적으로는 그 정도의 책들은 독파하는 게 기초교양이었을 것이다.

나는 방학 때 집에 내려가면 그 골방에서 지내는 시간이 많았다. 나는 잘 이해가 되지 않는 책일지라도 무턱대고 책장을 펼쳤다. 하나의 허영심에서였을 것이다. 그런 난삽하고도 무거운 책을 읽고 있다는 것을 주위 사람들에게 무언중에 과시함으로써 나의 존재를 알리려는 허영심이 크게 작용했을 것이 분명했다. 뭔가 색다른 빛깔로 꾸며서 남 앞에 내보이고 싶어하는 욕구가 어쩌면 그 시절부터 나의 몸 안에서 고개를 쳐들고 있었던 게 분명했다. 개성의 표현이니 자기 세계의 확립이니 하는 거창한 논법에서라기보다 뭔가 색다른 세계 속으로 뛰어들고 싶은 작은 모험심이었을지도 모른다.

방학 때 집에 내려가 있을 때면 으레 나를 찾아온 보통학교 시절부터의 친구가 한 사람 있었다. 사용섭(史用燮)이었다. 그는 목포상업학교에 재학 중으로, 성격이 매우 쾌활하며 활동적인 점에서는 나하고는 정반대되는 타입이었다. 그다지 큰 체격은 아니지만 어깨가 넓고, 알통이 나오고, 팔다리 근육이 잘 발달된 모습은 보디빌딩으로 다져진 것 같은 체격의 소유자처럼 느껴졌다. 그의 특기는 수영이었다. 수영 중에서도 다이빙 묘기를 터득한 점에서는 단연 우리 친구 중에서 두각을 나타낸 소년이었다.

나는 그의 권유로 자주 해수욕장을 찾았다. 그 당시 목포에는 두 곳의 수영장이 있었다. 하나는 대반동에 있는 해수욕장이고, 다른 하나는 송도점에 있는 속칭 '똥섬'이었다. 똥섬이란 동쪽섬이라는 말이 된소리로 와전된 것으로, 썰물 때가 되면 널따란 개펄이 평야처럼 드러난 곳이라 악동들의 놀이터로는 안성맞춤이었다.

용섭은 새빨간 천으로 된 수영복을 착용했다. 그러나 말이 수영복이지 일본 사람들이 착용하는 이른바 '훈도시'로 국부와 항문만을 가렸을 뿐 알몸이 그대로 노출된 모습이었다. 그는 정착 중인 발동선이나 범선의 돛대며 기관실 지붕 위에 올라서서 잠시 먼 하늘을 바라보다가 길게 숨을 들이마시며 양팔을 펴는가 했더니 숨을 내뱉음과 동시에 바다 위로 몸을 내던지는 것이다. 그가 떨어진 곳에서 하얀 물거품과 물보라가 여름의 태양 아래서 꽃판처럼 피었다가 사라지면 그의 검은 머리통이 불쑥 수면으로 떠오르는 것이다. 우리는 환성을 올렸다.

나는 그의 묘기에 가까운 다이빙에 매료된 채 멍청하게 입만 벌리고 있을 뿐이었다. 잘 발달된 알몸으로 거침없이 바다 위로 몸을 던질 수 있는 용섭의 용기는 나에게 또 하나의 선망이기도 했었다. 그렇게 대담하고 과단성 있게 행동으로 나타낼 줄 아는 그의 성격이 나는 마냥 부럽기만 했다.

그런데 용섭은 또 다른 성격의 일면이 있었다. 노래 부르기를 좋아하고 여학생처럼 수줍음을 타는 일면은 나와 어떤 동질성이 있어 보였다. 그는 곧잘 우리 집에서 함께 밤을 보내곤 했었다. 좀체로 남의 집을 찾지 않는 나로서는 그처럼 친구 집에서 잠도 잘 수 있는 용섭이가 부러웠다.

아버지는 그런 우리를 걱정스럽게 넘어다보셨다.

"범석아, 밤이 늦었다. 그만 돌아가라고 해."

"예. 곧 갈 거예요."

그러나 우리는 말소리를 낮추며 얘기를 나누었다. 아버지께서 걱정하시는 게 무엇인지 나는 알고 있었다. 그러나 나는 용섭이가 내 곁에서 떠나기를 바라지 않았다. 그의 건장한 피부에 연약한 나의 피부가 맞닿았을 때의 촉감이 나는 좋았다. 우리는 낮은 소리로 노래를 불렀다. 유행가도 불렀고 명곡도 불렀다. 〈이태리의 정원〉, 〈집시의 달〉 등 센티멘털한 노래였다. 그것은 스스로를 잠재우는 자장가였다. 꿈 많은 소년들이 미래에 거는 꿈의 구름다리가 거기 걸려 있었던 사실을 먼 훗날 깨닫게 되었다.

사람에게는 저마다 개성이 있게 마련이다. 그러나 얼핏 보기에는 정반대되는 것 같으면서도 잘 어우러지는 것은 무엇일까. 남자와 여자가 만나는 것도 매한가지일 게다. 그 둘 사이에는 서로 이어지는 어떤 공통적인 노끈이 있기 때문일 게다. 각각 다른 것처럼 보이지만 궁극적으로는 하나로 통할 수 있는 실오라기 같은 게 나와 용섭 사이에도 있었던 것 같았다.

여름방학이 끝난 지 얼마 안 된 어느 날 나에게 작은 사건 아닌 파문이 일어났다. 내가 그것을 굳이 사건이 아닌 파문이라고 표현하는 것은 내 마음의 호수 속에 한 개의 돌이 던져지면서 소리 없이 번져갔던 나 혼자만이 간직한 일이었기 때문이다.

그해 가을 오후였다. 대중목욕탕에서 목욕을 한 다음 언제나 하던 습관대로 책방에 들러 책을 읽다가 황혼녘에 하숙에 돌아와보니 책상 위에 한 통의 편지가 나를 기다리고 있었다. 발신인의 주소나 이름도 생소해서 도무지 갈피를 잡을 수가 없었다. 나는 봉투를 집어 편지를 꺼냈다. 연초록 편지지에서 향긋한 향기가 풍겨나는 게 순간적으로 이상한 긴장감마저 느끼게 했다.

욱고녀(旭高女) 2학년인 이(李) 양으로부터의 편지였다. 편지 사연은 그저 가까이 사귀고 싶다면서, 자기는 나의 하숙집에 들른 적도 있고 나를 먼발치로나마 본 적이 있다는 그런 내용이었다. 나는 전신이 화끈거리고 가슴이 뛰었다. 무슨 몹쓸 짓을 하다가 들킨 사람마냥 주변을 두리번거렸다.

'내 하숙집에는 왜 왔으며 나를 언제 보았단 말인가.'

예견치 못한 수수께끼 같은 문제를 놓고 혼자서 자문자답을 하느라 밤잠을 설치고 말았으니, 그건 진정 15세 소년에게 밀어닥친 작은 파문임에는 틀림이 없었다.

훨씬 시간이 지나서야 알게 된 사실이지만 이 양은 평소에 S 언니로 따르던 선배 A를 따라 나의 하숙집에 왔었는데 그 선배 A가 용우 형을 찾아왔었다는 것이다.

그러나 나에게 중요한 일은 일면식도 없는 여학생으로부터 편지를 받왔고, 앞으로 가까이 사귀고 싶다는 한마디로 농축된 충동질이었다. 이 세상 어딘가에 나를 알아보는 사람이 실존한다는 그 한 가지 사실만이 나에게는 자부로 느껴졌다. 사귐과 사랑은 분명히 다른 말이다. 우정과 애정이 다르고 친구와 애인은 전혀 별개의 개념이란 것쯤은 나도 알고 있었다. 남달리 책을 좋아한 나는 그때 우리 사이에서 유행어처럼 번지기도 했고 읊어대던 치기 어린 말들도 줄줄이 기억하고 있었다. 이를테면,

"사랑이란 아낌없이 주고 아낌없이 빼앗는 것이다."

"결혼은 인생의 무덤이다."

"사랑을 위하여 왕관도 버린 금세기 최고의 사랑의 찬가."

더러는 염세적이기도 하고 더러는 연애지상주의적이기도 한 말들이었다. 그러나 사랑의 요술 앞에서 나는 실제로 사랑이 무엇인가 하는 인식도 체험도 없는 풋내기였다. 책이나 영화를 통해서는 사랑을 간접체험이나 대리체험으로 받아들일 수 있었을지언정, 나는 아직 사랑의 정체를 알기에는 철부지 나이였다.

그러기에 나는 그 편지에서 '가까이서 사귀고 싶다'는 그 말은 단순한 친구로서의 친근감이라고 받아들였을 뿐이다. 친구가 되고 싶다는 의사 표시는 그 이상도 그 이하도 아닌 순수한 우정일 뿐이라는 게 나의 풀이였다. 그러나 솔직히 말하자면 그것은 나의 행위를 정당화시키고 합리화시키려는 억지였을지도 모를 일이다.

나는 답장을 쓸 것인가 아니면 그대로 없었던 일로 뭉개버릴 것인가를 놓고 혼자서 벙어리 냉가슴 앓는 꼴이었다. 그런 가운데 문득 한 가지 생각이 떠올랐다. 그것은 이 하숙에 그대로 머물러 있는 한 언젠가는 이 비밀이 탄로 날지도 모른다는 불안감이었다.

용우 형을 좋아한다는 그 선배 A라는 여학생은 성격도 활달하고 미모도 갖추고 있다는 소문이었다. 따라서 언제고 다시 용우 형을 만나러 올 때는 이 양도 오게 될 것이라는 억측이 앞섰다. 게다가 미지의 여학생

으로부터 편지만 받았을 뿐 그 이상의 적극적인 행동을 취하기에는 너무나 어리고 겁 많은 소년이었다. 더구나 여기서 답장을 쓰면 다시 그 답장이 올 테고, 그렇게 되어가다가는 궁극적으로 꼬리를 잡힐지도 모른다는 불안감이 나를 더욱 위축시키는 꼴이 되고 말았다.

그런데 내가 그 여학생을 직접 만나게 될 찬스가 드디어 온 것이다. 광주신사(光州神社)에서는 해마다 가을철이 되면 광장에다 가설무대를 설치하고 추계봉납축전(秋季奉納祝典)이라는 연례행사를 개최했다.

시내 남녀 중학교 학생들이 음악과 무용 등으로 짜는 일종의 종합예술제였다.

그날은 일본 명치 천황의 탄생을 기념하는 명치절(明治節)인 11월 3일이었다. 공휴일이라 낮부터 초저녁까지 광주신사 안팎은 인파로 붐비는 게 예사였다. 나는 바람도 쐴 겸 그 예술제를 구경하기 위해 하숙집을 나섰다.

프로는 이미 시작되고 있었다. 확성기를 통하여 흘러나온 음악은 거의 소음에 가까울 정도로 조잡했다. 그런데 다음 프로를 예고하는 사회자의 음성이 마이크에서 흘러나왔다.

"다음은 욱고녀(旭高女) 무용반의 무용 〈황성(荒城)의 달〉입니다. 출연은 김 아무개, 최 아무개, 임 아무개, 그리고 이 아무개입니다."

다음 순간 나는 그 이 아무개라는 이름이 바로 이 양이라는 걸 알 수 있었다. 나는 군중을 비집고 중간쯤에서 발꿈치를 세워 무대 쪽을 직시했다. 이윽고 하얀 드레스에 머리엔 역시 하얀 리본을 예쁘게 단 네 여학생이 사뿐거리며 춤을 추기 시작했다. 확성기를 통해 흘러나오는 음악은 바이올린과 피아노가 합주한 〈황성(荒城)의 달〉이었다. 이 곡은 일본의 대표적인 가곡이었다. 서정적이면서도 애상적인 음악에 맞추어 유연하게 스텝을 밟으며, 어둠이 깔리기 시작한 허공을 향해 팔을 벌리는 네 여학생이 흡사 흰 나비 같다고 여겨졌다. 청순하고도 환상적인 나비의 몸짓이 내 망막에 선명하게 새겨지는 것을 의식할 수가 있었다. 그런 상념에 취하고 있을 때 나는 나름대로의 꿈을 꾸고 있었다.

"한 마리 나비가 나의 주변 가까이 날아와 어깨건 머리건 나의 그 어딘가에 사뿐히 내려 앉아 날갯짓을 멈추었다. 그 순간 나는 그 나비를 어떻게 할 것인가를 망설인다. 행여 다른 곳으로 날아갈까 봐서 숨을 멈춘 채 눈길만을 쏟아 지켜볼 것인가. 아니면 엄지손가락과 인지손가락 사이에 그 가냘픈 날개를 조심스럽게 집어서 표본상자 안에다 핀으로 꽂아둘 것인가. 그도 저도 아닐 바엔 제멋대로 날아가게 내버려둘 것인가…"

그러나 어느 것 하나 명쾌한 답을 얻지 못한 채 무대는 어두워지고 있었다.

겨울방학이 끝나면 두 달 후엔 짧은 봄방학이 이어지는 게 그 당시의 학제였다. 그러면 나는 4학년으로 진급하게 된다. 그 당시는 4학년 수료생도 상급학교에 진학할 길이 열려 있어서 4학년이 되면 입학시험 준비에 몰두한 학생이 나오곤 했었다.

나의 형은 아버지의 지시에 따라 경성법학전문학교에 진학하였다. 형이 없게 되자 나는 혼자 지내게 되었다.

나는 혼자라는 말에 묘한 뉘앙스를 부여하고 있었다. 그것은 그 누구의 구속이나 간섭을 받지 않는다는 절대적 자유이자 동시에 무한한 가능성도 의미한다고 생각했다. 사실상 나는 지금까지 알게 모르게 하나의 구속 속에서 자라나온 셈이다. 그것은 어찌 보면 제한된 자유였다. 그러나 나의 마음 한구석에는 언제나 혼자 되고 싶어 하는 욕구가 끊임없이 고개를 쳐들고 있었다.

나는 겨울방학에 고향으로 내려가자 사랑방으로 건너갔다. 아버지와 대좌한 적이라고는 없는 내가 자진해서 아버지 방으로 찾아간다는 것은 아버지도 의아하게 여길 만큼 매우 드문 일이었다.

아버지는 보료 위에 앉아 골패를 떼고 계셨다. 잘 손질이 된 놋화로에
는 숯불이 석류처럼 잿속에 묻혀 있었다.

"뭔 일 있었냐?"

아버지의 말투는 언제나 그런 식으로 무뚝뚝했었다.

마음속으로는 다독거리고 싶은 애정이 있으시면서도 내뱉는 말투는
어딘지 냉담하고 무표정했다. 나는 화로 앞에 앉자마자,

"하숙 옮길라는디요…."

"하숙을? 지금 있는 하숙 괜찮던디…."

"그게 아니고요…."

"박영만 씨 좋은 분이시니라."

"알아요."

"그런디 왜 난데없이 하숙을 옮긴다냐?"

아버지가 골패를 섞으시며 물으셨다. 나는 부젓가락으로 재를 쿡쿡
쑤셔대면서

"저… 내년에… 고등학교 시험 추리겄어라우."

"시험을?"

아버지가 비로소 의아한 시선으로 나를 돌아보시는 것이었다. 그것은
의외성과 놀라움과 그리고 대견함이 범벅된 복잡한 표정이었다.

나는 지금 있는 하숙은 식구가 많은 데다 사람들 출입이 잦아서 공부
하는 데 지장이 있다고 설명을 했다. 그건 사실이었다. 가문이 좋고 번창
해서인지 드나드는 친척이 많았다. 그 가운데는 박영만 씨의 친 계씨*인
박영종(朴永鍾) 씨도 있었다. 와세다대학 재학 중인 그는 준수한 용모와
쾌활한 성격에다 언변에 능통한 진취적인 현대 청년이었다. 그는 우리
들 앞에서 곧잘 영국의 정치가 체임벌린이며 나치스의 히틀러 얘기를

---

* 동생.

들려주곤 했다. 해방 후 국회의원이 되어 의사당에서도 장시간 연설 기록 보유자로 알려졌지만 그 학생 시절부터의 재능과 노력이 영락없이 열매를 맺은 모델 케이스이기도 했다. 그의 세련된 제스처와 달변과 용모는 외국의 영화배우를 방불케 했다.

아버지는 상급학교 입시 준비를 위하여 환경이 조용한 하숙을 원한다는 아들의 의견에 반대할 이유가 없었다. 특히 아버지로서는 자식들의 교육 문제만은 무조건 뒷받침을 아끼지 않는 분이셨으니 반대할 까닭이 없었다.

나는 방학 중인데도 광주로 올라와 하숙을 옮겼다. 사정(社町)에 있는 양파정(楊波亭) 바로 아래쯤이었다. 주변에는 대밭이며 채소밭이 있어 새가 울고 바람에 대나무가 술렁대는 소리가 시골의 어느 한적한 귀퉁이를 옮겨놓은 듯한 조용한 동네였다. 주인은 인근 지방 군청에 근무하는 공무원이라 주말에만 다녀갔다. 집안 살림은 남매를 둔 부인과 노모가 끌어나가는 평화로운 가정이었다. 수기옥정에서 사정으로 하숙방을 옮기자 나는 벽에다 방을 써붙였다. '突破'(돌파)라고 붓글씨로 쓴 방 네 모서리에 붉은 테이프로 선을 두르고 압정을 꽂았다. 그것은 1년 후에 어쩌면 고등학교에 합격할지도 모른다는 나의 소원과 환상이 결합된 하나의 상징물이기도 했다.

나는 진정 그렇게 되기를 간절하게 소망하고 있었다. 선배들 얘기로는 1년이나 2년 정도의 재수 생활은 약과라고들 했다. 어떤 선배는 깔고 앉은 방석이 닳고 닳아서 솜이 터져 나올 때까지 공부했다는 얘기며, 영어 콘사이스의 단어를 암기하고 나면 한 장씩 깨물어 먹었다는 수험담(受驗談)을 들었을 때 나는 나름대로의 꿈과 결의로 뭔가 앞이 훤히 트이는 것만 같았다.

나는 형이 물려준 오노게이지로(小野圭二郎)의 영어 참고서며 문제집과 책방에서 사 온 〈기하학의 철저적 연구(幾何學の徹底的 硏究)〉니

〈현대문 해석법〉이니 〈고대문연구(古代文硏究)〉 등 입학시험에 필요한 참고서를 모조리 사다가 책장에 꽂았다. 그것은 마치 출전을 앞둔 무사가 무기를 손질하는 심정처럼 자못 진지하고도 긴장된 순간이기도 했다. 집에서 마음 놓고 놀 수 있는 겨울방학에 홀로 차가운 하숙방에 틀어박혀 시험공부에 전념하겠다는 나의 굳건한 결의에 어쩌면 부모님들도 대견하게 여겼으리라.

나는 일과표를 작성했다. 아침 6시 기상, 8시 아침식사, 9시부터 12시까지 학습… 그것은 초인적인 노력을 전제로 한 강행군이자 군사훈련과 같은 일과였다. 때로는 머리에 띠를 질끈 동여매고, 담요로 창문을 가린 다음 촛불을 켜놓고 공부에 몰두하는 날도 있었다.

그런데 사흘이 가고 일주일이 지나면서부터 마음 한 귀퉁이가 조금씩 풀리는 게 마치 모래섬이 바닷물에 씻기어 조금씩 흘러내리는 기분이었다.

외로움이었다. 외로움이 단순한 공허감이나 허전함을 넘어서서 그 무엇인가에 의지하고 싶고 함께 있고 싶어지는 철부지의 어리광 같기도 하고 짜증 같기도 했다.

어느 날 밤. 문득 이 양의 편지 생각이 났다. 그것은 오랫동안 내 마음속 깊은 곳에서 잠자고 있는 하나의 잠재력이었을지도 모른다. 나는 편지를 꺼내서 다시 읽었다. 내가 지금 느끼는 그 외로움이란 이 양이 말하는 '가까이 사귀고 싶다'는 그 감정일 거라고 멋대로 단정했다.

나는 답장을 쓰기로 결심을 했다. 이튿날 문방구점에서 연초록색 편지용지와 연분홍색 봉투를 샀다. 그러나 막상 책상머리에 앉았으나 첫머리를 어떻게 쓸 것인지 도무지 생각이 떠오르지 않았다. '사랑하는…' 이런 식은 너무 야하고 쑥스러운 서두 같고, 그렇다고 '시하(時下) 엄동설한의…'는 너무 형식적인 것 같아서 마음이 안 내켰다. 그러나 나는 단도직입적으로 쓰기로 결심했다. '나의 영원한 마음의 등불!'이라고.

제7장 고독 연습

　빨간 우체통 앞에 서는 순간 나는 내가 지금 하려는 일이 얼마나 엉뚱한 일인가라는 생각이 번개처럼 머리를 스쳐갔다. 일면식도 없는 여학생에게 편지를 띄운다는 일은 그 당시의 나로서는 마치 폭탄을 안고 있는 심정 같았다. 그렇다고 편지 사연이 열화 같은 사랑의 고백이나 착잡한 인생의 오뇌 따위로 가득 실린 것도 아니었다. 그저 낙서 같은 글이었음이 분명했다. 실제로 나는 사랑이라는 낱말에서 어떤 실감이나 흥분 같은 것을 찾아내기에는 설익은 나이였다. 다만 한 가지 매력이라면 미지의 여학생에게 편지를 쓸 수 있다는 모험심과 그 성취감이었다. 그것은 누구나 쉽게 해낼 수 있는 일이 아니었다. 선배들 얘기로는 여학생과의 문통(文通)*이 곧 사랑의 전조라고들 했지만, 그때의 나에게는 그것도 저것도 아닌 매우 단순하고도 저돌적인 행위에 불과했다.

　편지를 부치고 난 다음 날부터 나는 웬일인지 불안하기만 했다. 그 편지가 어김없이 이 양 손에 쥐어질 것인가라는 점과, 그 편지를 읽다가 실소를 하거나 나의 치기를 비웃을지도 모른다는 막연한 불안감이 앞섰다. 나는 불기 없는 하숙방 바닥에 벌렁 누웠다가는 단 오 분도 못 견디고 몸을 되일으켰다. 비껴가는 석양이 여닫이문 위에 노리끼리한 빛을 반사하고 있었다. 나는 벽에 붙은 방을 쳐다보았다. '突破(돌파)라는 두 글자가 유난히도 선명하게 시야 속으로 들어왔다. 그것은 나를 비웃는

---

* 편지를 주고받는 행위의 일본어 표현.

말 같기도 했다.

상급학교 진학 공부를 한답시고 방학인데도 하숙방을 지키겠다던 내 자신의 흉악한 음모가 발가벗겨지는 것 같은 수치감에 부르르 몸을 떨었다.

그러자 내 마음의 한구석에서 이런 소리가 울려왔다.

'새빨간 거짓말을 한 거야. 방학을 하숙집에서 보내려는 데는 다른 꿍꿍이속에서였지. 그것은 어디까지나 위장이요 가면일 뿐이다! 너 혼자만의 세계에서 네 의사에 따라 마음껏 행동하고 싶었던 거야! 어떤 굴레에서 벗어나고 싶었던 몸부림이었겠지. 상급학교 진학 준비라는 미명 아래 자유를 만끽하고 싶어서 꾸민 수작이지 뭐냐! 그건 기만이야. 너에게는 어려서부터 그런 속성이 깊숙한 곳에 도사리고 있었어. 겉으로는 나타내 보이지 않으려는 응큼한 잔꾀 말이다! 자신을 속일 순 없지 않은가. 하늘이 알고 땅이 알고 그리고 네 자신이 알고 있는데 뭘 감추려는 거냐?'

나는 그러한 내 마음의 소리를 지워버리려고 억지로 책상 앞에 앉았다. 정신통일을 위해서 잡념을 떨쳐버리려고 촛불을 켜서 책상 한 귀퉁이에 세우기도 했다. 그리고 오노 게이지로(小野圭二郎)가 저술한 수험 참고서를 그렇게 지칭했다. 「영문해석법」을 펴 들었다. 유난히 빨간 책 표지가 촛불 아래에서는 선지핏빛으로 변하여 섬찟하기만 했다. 그러고는 한 소녀의 환영이 나비처럼 날아와서는 책장 위에 사뿐히 앉곤 했었다.

나는 상쾌한 바깥바람이라도 쐬야겠다는 생각에서 하숙방을 나섰다. 대문 밖은 채소밭이고 그 저쪽으로는 대밭이었다. 겨울의 오후지만 봄날처럼 따뜻한 햇살을 받은 대나무 숲은 죽은 듯이 말이 없었다.

대밭을 끼고 약간 언덕진 길로 올라서면 공원으로 통하는 산책길이 있고, 그 길보다 한 계단 높은 동산에는 정각(亭閣)이 서 있었다. 양파정(楊波亭)이다. 주변은 해묵은 벗나무로 에워싸여 봄에는 상춘객이 줄을 잇고 여름에는 더위를 피해 나온 노인들이 즐겨 찾는 광주시민의 휴식처로 알려진 곳이다.

양파정에 올라서면 바로 눈 아래 광주천이 흘러내리고 우거진 대나무 숲은 천 년의 꿈을 안은 듯 한낮에도 귀기(鬼氣)가 감돌았다. 그러나 무엇보다도 우람하고도 너그러운 무등산의 위용이 눈앞에 있어 자식에게 팔을 벌리며 맞아주는 어머니의 모습을 볼 수 있어서 더욱 좋았다.

그러나 내가 양파정을 찾는 까닭은 다른 데 있었다. 그곳에서 내려다보면 멀리 화순으로 뻗어가는 철로와 큰길이 보이고 그 중간쯤 남광주역이 자리하고 있는데, 그 여학생의 아버지는 광주 유지의 한 분으로 큰 양조장을 경영한다는 소문이 있었다. 그러나 나는 한 번도 그 집 앞을 가 본 적이라고는 없었다. 그저 먼발치로 그 환상을 쫓을 뿐이었다.

나는 무료함을 삭이기 위해 훈회(熏會)와 철한(哲漢)의 하숙집을 찾아갔다. 하숙집 근처에는 무슨 향교 같기도 하고 제각 같은 낡은 건물이 서있는 서정(西町)의 골목 안이었다. 그 집은 이른바 직업적인 하숙집이었다. 서너 개의 방을 두 사람 또는 세 사람이 함께 기거하는 처지라 대문 안에 들어서면 여기저기서 웃음소리가 터져나오기도 하고 때로는 언쟁하는 소리도 드높아서 제법 활기가 도는 게 나의 하숙집하고는 매우 대조적인 분위기였다.

원래 나는 그렇게 떠들썩하고 흥청거리는 분위기에는 좀체로 어우러지는 성격이 못 되었다. 친구들은 트럼프 놀이며 화투치기를 하느라 열을 올릴 때면 나는 어느덧 소외당한 사람처럼 저만치 떠밀려나가는 편이었다. 나는 자리에서 일어나 황혼이 깔리는 골목길을 빠져나와 잔솔나무가 우거진 공원길을 거닐기도 했었다.

그 하숙집에는 여러 학생이 기거하고 있었다. 먼 훗날 법관으로 이름을 떨친 김종선(金宗善)이며 목포경찰서장과 도경찰국장을 지내기도 했던 양재철(梁在鐵)도 한 식구였다.

양재철은 나보다 나이가 두 살인가 위였다. 그래서인지 동급생이면서도 훨씬 어른스럽고 숙성한 편이었다. 그와 단짝인 임기철(林琪澈)도 정구선수로 알려진 짝이며 나와 가까운 사이였다. 양재철은 형 같은 친구였다. 테니스로 다져진 건장한 체격과 유난히도 굵은 그의 손은 흡사 묵직한 목침(木枕) 같은 촉감이었다. 환경이 전혀 다를 뿐 아니라 성격이며 지능 발달도 훨씬 어른스러웠던 그는 여러모로 나를 보살펴주는 따스한 우정을 베풀어주었다. 그 당시 우리들은 유별나게 나이 차이를 두고 서로 형이니 아우니 하고 따지는 습성이 있었다. 그런 경향은 광주나 목포 같은 소도시보다는 시골 출신 아이들이 더 유난스러웠다.

　"이놈아, 형님 보고 인사도 안 할거냐?"

　"에끼 놈! 옛날 같으면 내 발밑 근처에도 못 올 놈이 큰소리냐?"

　"어허… 이 호로새끼 좀 보게! 내가 갑자생이고 너는 을축생인디 어디다 대고 큰소리냐! 잔소리 말고 앞으로는 나를 형님으로 모셔라!"

　이런 투의 반농담 같은 승강이는 친구 사이에서는 흔했었다. 그러나 양재철은 내게 대해서 한 번도 그런 식의 강요나 위협적인 언행을 쓰지 않았다. 그의 검실검실하고 시원스런 눈매와 오똑 선 콧날은 한마디로 미남형이었다. 게다가 어쩌다가 그의 굵직한 손이 내 어깨에 닿았을 때의 중량감은 어떤 신뢰감마저 느끼게 했다. 그런 우리의 우정은 먼 훗날까지 이어졌다. 먼 훗날 어떤 사건으로 인해 위기에 놓인 나를 헤쳐나게 했던 일화는 다음 기회에 소개하겠거니와, 그는 잊을 수 없는 친구 가운데 한 사람임에 틀림없었다.

　그해 겨울방학은 유난히 짧았던 것 같았다. 기다리던 편지의 답장이 없었던 실망감도 그 한 가지 이유라면 이유였을 것이다. 그러나 겁 없이 상급학교 진학을 꿈꾸었던 그 열정에 비해서 나의 일상은 너무나 공허한 것이었다는 데도 그 원인이 있었다. 남 듣기에는 그럴 법한 조기진학 시험 준비를 위한 나의 겨울방학은 몽상과 망상의 반복이었을 뿐 무엇

하나 얻은 게 없었다. 어른도 아이도 아닌 어정쩡한 과도기의 내게는 그 공허감을 삭혀낼 능력이라고는 없었기 때문이다.

방학이 끝나고 첫 등교하던 날이었다. 간단한 시업식에 이어 대청소를 하느라 마룻바닥을 기름걸레질하고 있는데 사환 아이가 나를 찾았다. 훈육실에서 부른다는 전갈이었다. 훈육실이라는 존재는 학생들 사이에서는 언제나 껄끄러운 곳인지라 나는 반사적으로 불안이 앞섰다. 그러나 이렇다 할 잘못이라곤 없었기 때문에 나는 담담하게 훈육실을 찾아갔다.

"3학년 2반 도쿠야마범석(창씨명이 德山이었다), 오가와 선생님께 용무가 있어서 왔습니다!"

나는 부동자세에 거수경례를 하며 최대한의 성량과 박력 있는 어조로 신고를 했다. 따스한 초봄의 햇살이 담뿍 내려앉은 훈육실 안에는 오가와 다케오(小川武夫) 선생이 책상에 마주 앉아 서류를 정리 중이었다. 오가와 선생은 내가 신고를 하는 동안 내게 시선조차 돌리지 않은 채 하던 일을 계속할 뿐이었다. 국방색 국민복(國民服) 차림에 짧게 깎은 넓은 이마만이 내 시야에 들어왔다. 그 순간 뭔가 불안하고 불길한 예감 같은 것이 뇌리를 스쳐갔다.

오가와 선생은 영어 담당의 실력 있는 교사였다. 일본 히로시마(廣島) 고등사범학교 영어영문과 출신으로, 영문법 강의는 타의 추종을 불허하는 실력파 교사였다. 일본 사람 특유의 그 어색한 영어 발음도 없을뿐더러 과학적이며 분석적인 다이어그램식 영문법 강의는 우리들에게 큰 도움을 주기도 했었다.

나는 침묵을 지키다가 마른침을 꿀꺽 삼킨 다음 간신히 입을 열었다.

"선생님…."

다음 순간 오가와 선생은 나를 힐끗 쳐다보았다.

유난히 검고 짙은 두 눈썹이 역팔자(逆八字)로 서며 날카로운 눈이 나를 꿰뚫어보는 게 흡사 일본 사무라이 표정처럼 보였다.

"가까이 와!"

나는 서너 발 오가와 선생 앞으로 다가섰다. 그러나 얼마 동안 또 침묵이 흘렀다. 나의 궁금증은 초조감으로 변해가고 있었다. 무슨 일이 있었기에 이토록 뜸을 들이는지 짚을 길이 없었다. 다음 순간 오가와 선생은 회전의자에서 벌떡 일어나더니 가죽 슬리퍼 소리를 내며 창가로 가는 것이었다. 청소가 끝나가는지 책상과 걸상을 옮겨놓는 소리가 천장을 울리며 들려왔다.

"너… 겨울방학 동안에… 무슨 짓을 했는가 말해봐. 하나도 빠뜨리지 말고…."

어조는 평온했지만 어딘가 명령조였다.

"예?"

나는 무슨 뜻인지 몰라서가 아니라 무슨 얘기부터 털어놓는 게 좋을지 망설여졌다.

"방학 동안 광주에 있었다면서?"

"예."

"무슨 일로…."

"내년에 있을 고등학교 수험 준비를…."

"그래 공부가 잘 되던?"

비아냥거리는 말투였다. 나는 말문이 막혔다. 그러자 오가와 선생은 비로소 이쪽으로 얼굴을 돌렸다. 그의 날카로운 눈빛이 섬찟하게 느껴지자 나는 눈을 내리깔았다.

"겨울방학인데도 불구하고 수험공부를 하다니 갸륵하구나…. 그건 그렇고 그동안 네가 한 일 가운데 잘못된 일… 즉 교칙에 위반한 일이 있으면 말해봐. 물론 너는 없다고 잡아뗄지 모르지만 나는 다 알고 있어서 하는 말이다. 하나도 빠뜨리지 말고 말해봐! 알았나?"

하며 오가와 선생은 의자에 다시 앉았다. 나는 오가와 선생의 일방적이고도 강압적인 태도에 이미 겁을 먹은 상태였다. 그러면서도 교칙에 위반한 사실이 있었는지를 스스로 돌이켜보는 데 정신을 집중시키고 있었다. 오가와 선생 말대로라면, 이미 교칙에 위반한 사실을 죄다 알고 있다는 전제조건인 이상은 내가 숨기고 자시고 할 여지는 없는 상태였다.

"식당에 갔었습니다."

"식당엘?"

"예. 우동을 사 먹었습니다."

"혼자서? 아니면 친구하고?"

"예. 훈회하고 같이…."

"그래… 다음은?"

"예?"

"또 있지?"

"영화관에 갔습니다."

"혼자는 아니었을 텐데…."

"정면진과 김평중하고…."

"영화 제목은?"

"〈헤비히메사마(蛇姬樣)〉였습니다."

오가와 선생은 수첩에다 치부(置簿)를 하고 나서는 나의 얼굴을 정면으로 응시하더니,

"또 있지?"

하며 다그치듯 물었다.

"없습니다!"

"없어? 있을 텐데…."

"정말입니다. 없습니다. 하느님께 맹세하겠습니다! 선생님, 정말입니다!"

나의 말끝은 울먹거릴 만큼 떨리고 있었다. 그러나 오가와 선생의 입

가에는 이지러진 미소가 피어오르고 있었다.

"있을 텐데…. 정직하게 말하는 게 신상에도 좋을 게다. 응?"

"아닙니다, 정말입니다! 선생님, 믿어주십시오! 예?"

나는 필사적으로 애걸하듯 매달렸다. 그러자 오가와 선생은 말없이 책상 서랍을 열더니 한 통의 편지를 꺼내 내 앞에 내미는 게 아닌가.

"이 편지… 생각나지?"

나는 반사적으로 그 편지를 들여다보았다. 다음 순간 나의 필적으로 쓰인 수신인의 주소와 이름 석 자가 탄환처럼 눈 안으로 뛰어들었다. 아뿔싸! 그것은 벼락이요 천둥소리였다. 눈앞이 캄캄해지며 가벼운 현기증이 일어나는 게 마치 깊은 나락으로 떨어지는 것 같은 절망감에 나는 잠시 말을 잊고 있었다.

내가 쓴 편지는 여학생의 아버지가 먼저 받아보았고, 그것은 곧바로 학교 측으로 전달된 엄연한 증거물이 되고 만 셈이었다.

오가와 선생의 태도는 표변하였다. 지금까지의 가장된 평온한 표정은 간 곳이 없고 그 대신 분노와 힐책으로 붉게 물든 안색과 어조는 금속성으로 떨리고 있었다.

"평상시에는 벌레 한 마리 못 죽일 것같이 얌전한 녀석이 연애편지를 써? 이놈아! 뒤꼭지에 피도 안 마른 주제에 여학생에게 편지를 써? 지금이 어느 때인 줄 몰라? 일억(一億) 국민이 총동원되어 성전(聖戰)을 다짐하는 초비상시국(超非常時局)이라는 걸 몰라? 게다가 네 아버지의 사회적 체면도 생각 못 했어? 전라남도 도회의원(道會議員)이라는 걸 알았던들 이런 파렴치한 짓은 못 했을 게 아니야? 응? 이 못된 녀석 같으니!" 하는 찰나 오가와 선생의 손바닥이 나의 뺨을 두 차례나 후려치는 것이었다. 나는 단 한마디도 말을 못 한 채 고개만 떨구고 서 있었다. 그런데 이상스럽게도 자꾸만 슬픈 생각이 들었다. 그것이 왜 슬픈 일이며 왜 내가 눈물을 흘려야만 되는 일인지 미처 생각하기도 전에 그저 나는 땅

속으로 깊숙이 함몰해가는 느낌이었다.

이 사건은 나 한 사람에게만 해당되는 게 아니었다. 고구마 덩굴을 끌어올리듯 연루자의 명단이 줄줄이 드러난 데다가, 심지어는 욱고녀(旭高女) 학생들에게까지도 파급되었다. 순진한 학생들이 선생의 유도심문에 걸려든 나머지 저마다 실토한 탓으로 엉뚱한 여죄(餘罪)까지 드러난 웃지 못할 희극적인 파문이었다.

나는 교칙에 따라 무기정학 처분을 받게 되었다. 고향에 내려가서 근신하되 일주일에 한 번씩 반성문을 써 내라는 조건부였다. 나는 나 때문에 엉뚱한 연루자가 된 친구들의 이름도 미처 알아보지도 못한 채 몇 권의 책을 챙겨 싸 들고 목포행 완행열차에 몸을 실었다.

그러나 줄곧 머리에서 떠나지 않은 또 하나의 고민이 짓궂게 엉키고 있었다. 부모님한테 뭐라고 설명할 것이며 내 행위를 정당화시킬 구실이 무엇인가가 문제였다.

오가와 선생의 말대로라면 아버지의 사회적 체면이나 자존심으로 봐서는 나는 당장에 대문 밖으로 쫓겨날 것이다. 나의 양심을 속인 게 아니라 부모님이나 스승의 기대를 배반한 결과이고 보면 입이 열 개라도 할 말이 없는 꼴이었다. 나는 시골 친척 집으로 숨어버릴까도 생각해보았다. 그러나 그것도 하루 이틀이지 말도 안 되는 궁색한 꾀라는 생각이 들자 더욱 앞날이 막막하기만 했다. 모르면 몰라도 아버지의 성격상 나의 면상에 재떨이를 내던지며 당장 꺼지라고 노발대발하실 일이 명약관화한 기정사실이었다.

어둠이 깔릴 무렵 내가 대문 안에 들어서자 사랑에서 심부름하는 삼재가 나를 알아보고는 큰 소리로 대청마루를 향해 소리를 질렀다.

"범석 학생이 오셨구먼이라우!"

나는 사랑방으로 건너가서 아버지 앞에 무릎을 꿇었다. 아버지는 사전에 학교로부터 전화 연락을 받으셨는지 나에게는 아무 말씀도 안 하시

고 골패만 떼고 계셨다. 그리고는 하시는 말씀이,

"네 일은 네가 알아서 해. 자식이 나이를 먹어가면서는 부모도 못 말리는 일이니께, 네가 네 신상을 알아서 하는 것뿐이니라. 알았냐?"

뜻밖의 말씀에 나는 아버지의 얼굴을 훔쳐보듯 쳐다보았다. 담담한 표정이었다. 아무 일도 없었다는 듯 골패짝만 보료 위에서 뒤섞고 계시는 아버지의 표정이 그렇게 엄하고 무섭게 보인 적이라곤 없었다.

나는 먼 훗날에도 "네 일은 네가 알아서 해라"라는 그 가르침에서 크고 작은 뜻과 지혜를 배우게 되었다. 스스로 생각하고 깨우치고 그리고 스스로 실천하는 일은 어디까지나 자립자영(自立自營)과 책임완수라는 인생 항로의 길잡이로 받아들인 셈이다.

무기정학. 그것은 생각하기에 따라서는 창피스럽고 남부끄러운 일이 아닐 수가 없다. 그것도 여학생에게 편지를 썼다가 발각이 났으니 떳떳치 못한 일이라는 건 삼척동자도 알 수 있는 일이다. 그런데 이상스럽게도 시간이 흘러감에 따라 나에게는 그 죄책감이나 수치심 대신 하나의 반감이 고개를 쳐들고 있었다. 내가 한 일이 어째서 무기정학 처분을 받아야만 되는가라는 반발심이었다. 내가 쓰고 싶어서 쓴 편지일 뿐이다. 그리고 편지 사연도 언제까지나 꺼지지 않는 마음의 등불이 되어주기를 바란다는 간절한 소망이었을 뿐, 어느 것 하나 반도덕적이거나 반사회적인 구절은 없었다. 하물며 불온한 사상에 오염된 것도 아닐진대 그 편지 하나로 무기정학을 내린 학교 측 처사에 대해서 저항감과 반발심이 고개를 쳐드는 것을 억제할 수가 없었다.

나는 하루 종일 사랑에 있는 골방에 앉아 책과 벗을 했다. 전에 읽다가 만 세계문학전집이며 수필집을 닥치는 대로 읽기 시작했다. 톨스토이의 「부활」이나 도스토옙스키의 「죄와 벌」을 읽다 말고는 제정러시아 시대의 잘못된 사회제도나 인습에 대한 비판과 반항심은 언제나 어느 나라에나 있는 것이라고 느끼기도 했다. 그런가 하면 일본의 아쿠타가와 류노스케(芥川龍之介)며 아리시마 다케오(有島武郎)의 소설에서 풍겨 나오는 휴머니즘에서 나도 모르게 공감대가 느껴지는 게 하나의 낙이라면 낙이었다.

그러나 이 제한된 시간 속에서 얻어낼 수 있었던 또 하나의 보람은 내 아우와의 끈끈한 정이었다. 내 아우 재석(載錫)은 2년 동안 관절염과의 투병 끝에 가까스로 보행을 할 수 있을 정도로 회복은 되었지만 여전히 바깥출입이며 신체 운동의 자유는 박탈당한 상태였다. 유달리 재기가 발랄하고 활동적인 성격을 지닌 막내아들이 졸지에 불구의 몸이 되자 부모님의 애처로움과 사랑은 더욱 짙어졌다. 그래서 집안에서 여가를 보낼 수 있고 취미 생활을 할 수 있는 일은 무엇이든 청을 들어주었다. 더구나 의사인 숙부의 모교이기도 한 일본 규슈대학 부속병원까지 가서 치료를 받았지만 별 효험을 못 보게 되자 부모님의 낙담과 비통은 오히려 사랑을 더 응고시킨 셈이었다.

나 역시 그렇게 집 안에서만 시간을 보내는 아우의 모습이 측은하다 못해 처참하게까지 느껴졌다. 남달리 수려한 용모와 재치를 지녔던 소년이 하루아침에 외부와의 단절된 생활권에서 살아가야만 했던 처지에 동정 이상의 보다 적극적인 동반자 구실을 해주고 싶었다.

재석은 손재주가 놀라웠다. 글라이더, 모형비행기, 모형기선 등 공작에서부터 그림 그리기, 붓글씨 같은 미술적인 창조력도 눈에 띄었다. 그것은 조물주가 내 아우로 하여금 절망의 늪에서 구해내기 위하여 내리신 최후의 수단일 거라고 나는 자위했다.

나는 동생과 함께 그림을 그렸다. 단순한 정물화보다는 영화잡지에 실린 외국 배우들의 인상화를 그리는 데 취미를 붙였다. 그런데 이상한 일은 내 아우는 일본의 사무라이나 서부활극에 등장하는 남성 스타들의 인상을 즐겨 그리는 데 반해서 나는 여자 배우 얼굴을 그리기를 좋아했는데, 이것도 나와 동생의 성격적 차이였다. 게다가 아버지께서 바둑 손님들과 자주 바둑을 두는 걸 옆에서 지켜보던 내 아우는 어느새 바둑책을 구해다가 혼자서 바둑을 배우는 연구심까지 발휘하는 것이었다.

나는 그런 아우의 말 없는 노력을 지켜보면서 다시 내 자신을 되돌아보았다. 같은 부모한테 태어난 형제일지라도 그렇게 성격이며 취향이 다를진대 전혀 관계가 없는 사람들이 모여 사는 사회생활 속에서 하나의 가치관이나 잣대로 남을 평가하는 일이란 얼마나 어렵고도 부당한 일인가라고 생각했다. 내가 여학생에게 편지를 쓴 한 가지 사실만 두고도 그렇다. 사람이 사람을 좋아한다는 심정의 표현은 거의 본능이자 순수일 뿐이다. 그런데도 그것을 죄악시하고 죄인 취급하는 그 평가의 기준이란 무엇인가. 저마다 개성이 있고 능력이 다른데, 그 행위가 타인에게 피해를 입히지 않는 한 그 누구도 탓할 권리와 자격은 없지 않은가. 그런데도 나는 지금 유죄 언도를 받은 죄수이자 장차는 그 죄목으로 인하여 전과자가 될 수밖에 없지 않은가.

생각이 여기까지 미치자 나는 아랫배에서부터 끓어오르는 분노와 반항심이 용트림을 하는 것이었다. 학칙이 나를 죄인으로 만들었을 뿐 내가 한 짓은 죄가 될 수 없다는 고집스러운 생각에 나도 모르게 가슴을 쳤다.

나는 3형제 가운데서 유별나게 내성적이었지만 사실은 음성에 가까운 반항심의 소유자였다. 형이나 아우가 외향적이며 남성적인 양성이었다면 나는 안으로만 숨어들며 좀체로 내 의견을 표출하지 않는 음성적인 성격이라는 것을 이때부터 자각하고 있었다. 그리고 그 자각심은 알게 모르게 반항 기질로 변질되어가고 있다는 것도 깨닫게 되었다.

　　　　　　　　　제1부 떠도는 산하(山河)

제8장 나의 회색 노트

사람의 성격은 유아기에 이미 그 틀을 잡는다는 심리학자들의 주장이 있다. 그러나 나의 경우는 광주서중학교 시절에 하나의 골격을 이루었다고 생각된다. 온순, 과묵, 비사교성 등의 음성적인 면과, 그와는 정반대로 회의적이고 반항적이면서 한편으로는 미지의 세계에 대한 도전성과 공격성까지도 갖추고 있었다. 그것은 매우 모순되고 비논리적인 성향임에 틀림이 없었다. 나의 마음속에는 언제나 그 상반되는 양면성이 도사리고 있었고, 그것은 어찌 보면 인간적인 것과 동물적인 것이 범벅된 매우 혼탁한 상태였을지도 모른다.

그러나 그 후자의 성향이 두드러지게 고개를 쳐들며 때로는 자기과시적이며 외형적인 면으로까지 치닫게 된 것은 일본 동경에서 보냈던 약 2년 동안의 재수 생활 때가 아닌가 싶다.

1942년 2월 광주서중을 졸업하자 나는 일본의 중부지방에 있는 히메지고등학교(姬路高等學校) 입학시험에 도전을 했다. 그러나 보기 좋게 낙방이었다. 그런데도 나는 심한 낙망도 좌절도 느끼지 않았다. 어찌 보면 그게 당연한 결과였으리라는 체념이 더 컸다. 그러고는 내년 봄의 재도전을 위한다는 명목 아래 동경에 머물기로 작정을 했다.

아버지는 그것이 네 참뜻이라면 군이 말리지 않겠다면서 쉽게 허가를 내렸다. 그 대신 나를 보호해줄 사람을 딸려 붙였다. 조맹윤(趙孟允). 그는 그 당시 일본 척식대학(拓殖大學)에 재학 중인 매우 건실한 청년이었다. 아버지가 그 형에게 나를 부탁한 데는 그럴 만한 까닭이 있었다.

나이 열아홉이라지만 온실에서만 자라온 아들을 무턱대고 타관에 혼자 떠나보낼 수 없었던 부성애의 발로였으리라.

내가 동경에 가서 처음 기거한 집은 나카노구(中野區) 에코다정(江古田町)에 있는 오키야마(沖山) 아파트였다. 조맹윤 형이 세 들고 있었으나 알고 보니 동경물리학교(東京物理學校)에 다니는 이주현(李珠鉉)과 중앙대학에 다니는 하재석(河在錫) 세 사람의 합숙소였다. 그 사이에 나까지 곱사리끼듯 했으니 한마디로 사내 냄새가 진동할 것 같은 생활 풍경이었다. 그러나 모두가 목포 출신에다 선후배 관계이고 나에게는 극진하게 대해주니, 타관 생활에서 오는 서먹하거나 떨떠름한 분위기는 전혀 없었다. 도리어 집에서 보내온 고추장이며 묵은 짠지 등으로 오랜만에 고향의 맛과 향을 즐기느라 시간 가는 줄을 몰랐다.

나는 오차노미즈(お茶の水)에 있는 쓰루가다이(駿河台) 예비교(豫備校)에 학적을 두었다. 예비교란 이를테면 재수생을 위한 학원이었다. 그러나 그 예비교도 시험을 거쳐 선발되는 규칙이라 벌써 그 과정부터가 하나의 중압감을 느끼게 했다.

아침 식사가 끝나면 세 사람은 바삐 등교를 하고 나만 남게 되었다. 예비교 수업은 오후반이었다. 처음 얼마 동안은 난생 처음의 아파트 생활이라는 이질적인 환경이 흥미로웠다. 오전 시간엔 근처의 숲이며 공원길을 산책하는 데서 하나의 정신적인 여유와 안정감을 느낄 수도 있었다. 그러나 날이 갈수록 엄습해오는 소외감과 고독감은 어린 나를 몸살 나게 했다. 다른 사람들은 사각모자에 제복을 입고 책가방을 들고 보란 듯이 대로를 활보하는데, 나는 낮시간이 되어서야 학교 아닌 학교를 찾아가야만 했던 자신이 약간은 옹졸하고 비참하게 느껴질 때도 있었다. 나는 그때의 심정을 낱낱이 일기에다 기록했다. 나의 일기 제목을 '회색(灰色) 노트'라고 붙였다. 사실 동경에서의 2년 동안은 한마디로 말해서 잿빛으로 칠한 음산한 생활이었다. 그러나 그것이 절망이나 좌절이었다면 '흑색(黑色) 노트'라고 썼겠지만 다행히도 회색으로 표현될 수 있었던 것은 아직도 마음 한구석에 빛이 있었고 희망의 등불이 꺼지지 않았다는 증거일지도 모른다.

동경은 자유로운 도시여서 좋았다. 지난 5년 동안의 군국주의적 규율과 감시와 억압으로 얼룩진 중학 생활의 틀에서 벗어났다는 해방감만으로도 나는 즐거웠다. 비록 지금은 예비교에 다니는 재수생이지만 내게도 미래가 있다는 자격지심과 자부심은 아직도 살아 있었다. 미래가 있다는 자각 자체가 삶이 아니겠는가. 그 자리에 주저앉아버린 채 두 손을 털어버린 상태가 아니라는 게 그 얼마나 다행한 일인가. 그리고 이제는 그 누구도 나의 행동에 대해서 간섭도 감시도 없으니 얼마나 당당한가. 난생처음으로 부모 곁을 떠나 내 의사에 따라 행동할 수 있는 그 무한한 자유가 한동안 나를 들뜨게 했다. 재수 생활이라고 하면 누구나 우중충한 늦가을의 석양 때를 연상하겠지만 나는 마냥 봄날 같았다. 그 지긋지긋했던 교련(군사훈련)도, 하루에도 몇 번씩 하는 동방요배(東方遙拜)도, 야간 외출과 식당, 극장 출입 금지도 없다. 그리고 사복(私服)도 이제는 자유가 아닌가. 게다가 여학생에게 편지를 썼다는 이유만으로 나를 전과자(?)로 몰아대던 에노모토 교장 선생의 그 일그러진 얼굴도 과거라는 물결을 타고 멀리멀리 사라지고 있다는 현실 앞에서 나는 어쩌면 하나의 작은 승리의 개가를 부르고 있었는지도 모른다.

자유! 그것이 얼마나 멋있고 힘있고 그래서 무한한 공상의 세계로 날개를 펴는 원동력인가를 조금씩 알게 된 것도 이 '회색의 시절'이었다.

그러나 나에게 더 큰 영향을 준 일은 극장 출입이었다. 극장은 원래가 연극을 공연하는 장소지만 영화관을 뜻하는 말로 와전된 것인데, 이것도 사실은 일제의 찌꺼기 유산 가운데 하나다. 어려서부터 유달리 영화를 좋아했던 내가 그 연애편지 사건 이후로는 엄두도 낼 수 없는 금지구역으로 멀어진 지도 어언 2년이 흘렀다. 그러나 이 동경 하늘 아래서 그 누가 나에게 눈을 부라리며 참견을 할 수 있단 말인가. 죄 아닌 죄 때문에 감옥 생활을 한 무고한 죄인의 복수심 같은 것이 나의 마음속에서 고개를 쳐들고 있었을지도 모른다. 비록 그때는 한마디 대꾸도 못 한 채 일방적으로 당하고만 있었지만, 지금은 그 누구도 나에게 간섭할 사람이 없는 절대자유의 소유자임을 스스로 확인하려는 나의 작은 반란이 일어난 것도 바로 이 시기였다.

동경 번화가의 하나인 신주쿠(新宿)에 이세탄(伊勢丹)이라는 큰 백화점이 있다. 그 백화점 맞은편에 5층 건물이 있었는데 그 3, 4층에 고온자(光音座)라는 아주 작은 영화관이 있었다. '빛과 소리'라는 표현은 곧 영상과 음향으로 구성된 영화를 의미하는 말이라는 자체부터가 신선하게 들렸다. 그 영화관은 날마다 두 편의 영화를 동시상영하는 싸구려 영화관이었다. 그러나 영화관 안은 항상 손님이 많았다. 이유는 간단했다. 그곳에 가면 언제든지 흘러간 명화(名畵)를 저렴한 관람료로 볼 수 있었기 때문이다. 학생, 회사원, 문학청년, 그리고 영화를 꿈꾸는 송사리 떼들이 모여들었다. 그것도 1941년 12월 8일 이른바 태평양전쟁이 발발한 이후부터는 미국, 영국 등 영어권 영화는 상영 금지가 되었지만, 그 대신 프랑스, 독일, 이탈리아, 스웨덴 등 일본과 우호 관계에 있는 나라의 영화들이 꼬리를 물고 상영되었으니 외국 작품에 굶주린 지식인이나 학생들에게 이 영화관은 하나의 문화적, 예술적 갈증을 풀어주는 오아시스이기도 했다. 그러한 고온자는 나의 예술적인 호기심에다 불을 붙인 하나의 매체이자 기폭제였다. 영화개론, 영상론, 드라마트루기, 감독론 등을 책으로 읽은 적이라고는 없었던 나에게 직접적으로 '드라마'가 무엇인가를 암시하고 시사하고 터득해준 교실이 바로 고온자였다.

나는 학원을 마치기가 무섭게 국철을 타고 신주쿠 3정목에서 내려 고온자로 직행했다. 일주일마다 상영 영화가 바뀌기 때문이다. 여기서 몇 번이고 되풀이 보았던 영화는 모두가 먼 훗날 우리 후배들이 말로만 듣고 글로만 읽었던 명작들이었다. 고전적인 명작을 직접 보지도 못하고 영화감독이요 영화평론가로 자처하는 요즘의 젊은이들에게는 엄두도 못 낼 일이었다. 비록 필름은 낡았고 선명치 않은 흑백영화였지만 그것을 대할 때마다 가슴에 와닿는 감동은 새롭고 깊었다.

잠시 기억을 더듬어 그 고전적 영화를 헤아려보자.

〈우리에게 자유를〉, 〈파리제〉, 〈무도회의 수첩〉, 〈뻬뻬르 모코〉, 〈몽 파르나스의 밤은 깊어〉, 〈모로코〉, 〈배신〉, 〈창살 없는 감옥〉, 〈죄와 벌〉, 〈미모자관〉, 〈외인부대〉, 〈처녀의 호수〉, 〈전원교향악〉, 〈미완성교향악〉, 〈회의는 춤춘다〉, 〈보아전쟁〉, 〈고향〉, 〈밤의 탱고〉…. 내가 그 초라한 영화교실에서 배웠던 상식은 '극(劇)'의 묘미였다. 꾸며진 얘기, 꾸며진 연기, 그리고 꾸며진 구도 속에서 전개되는 상황이 보는 사람을 꼭 붙들고야 마는 그 마력은 도대체 어디서 오는 것일까. 시나 그림이나 음악하고는 다른 그 '극'의 세계란 도대체 어디에서 비롯되는 생명체인가. 어둠 속에서 숨을 죽이고 화면 속으로 빨려들어가는 마음의 세계란 말로써 형용키 어려운 독특한 매력을 지닌 또 다른 세계였다. 모르면 몰라도 그것은 사람과 사람 사이에서 맺어지는 교감(交感)이자 관객에게 전해지는 보이지 않는 충격이요 충동일진대, 그것을 어디서 찾아낼 수가 있단 말인가.

이와 같은 아리송하고도 관념적인 질문 앞에서 지금까지의 문학에 대한 막연한 동경이 조금은 구체화되어가는 것 같은 조짐을 보이기 시작한 것도 바로 이 '회색의 시절'이었다.

그러나 나에게는 또 다른 문제가 마음 가운데 도사리고 있었다. 그것은 하나의 자존심이라고 볼 수도 있고 남에게 지기 싫어하는 고집이었으리라. 남들은 버젓하게 사각모를 쓰고 다니는 정규 대학생인데도 나는 아직도 재수생이라는 열등감에서 헤어나지 못하는 현실이었다. 찻집이나 식당에 가도 사각모자를 쓴 대학생을 상대하지, 나 같은 둥근 빵모자를 쓴 사람은 아예 어린애 취급을 하는 게 매우 비위에 거슬리기도 했다. 같은 사람인데도 불평등하게 대해주는 데 대한 반발이자 분노였다.

나는 어느 날 백화점에 들렀다. 그리고 베레모를 하나 사 쓰고는 거울 앞에 섰다. 검은 학생복에 검은 베레모가 제법 어울린다고 여자 점원이 침이 마르게 칭찬하는 게 나로서는 결코 싫지는 않았다. 나는 재수생이 아닌 또 다른 차원의 사람임을 과시하고 싶은 객기와 저항심에서 비싼 베레모를 샀다.

내가 왜 그런 엉뚱한 발상을 했는지 그 진의를 짚을 길은 없지만 동경이라는 대도시 가운데서 내가 학생모자를 쓰건 베레모를 쓰건 그 누구도 간섭을 안 할 거라는 게 나의 최대한의 변명이었을지도 모른다. 베레모는 으레 화가나 소설가들의 전용물이자 성숙한 어른들이 써야 마땅했다. 그런데도 내가 굳이 그것을 내 머리에 쓰고 태연자약했던 독선과 오만은 나도 잘 알 수 없는 비정상적인 자기과시의 증거임에 틀림이 없다.

'그 누구의 눈치를 보기가 싫을 뿐이다. 나는 내 식대로 살아갈 뿐이다. 남에게 폐가 되지 않는 일이라면 무슨 일이든 못 하겠는가. 나는 내가 가고 싶은 길을 갈 뿐이다. 남들의 눈에 그게 어떻게 비쳐지건 그건 내가 알 바가 아니다!'

나의 이와 같은 일방적인 고집은 결국은 자기합리화이자 허세(虛勢)임에 틀림없었다. 재수생이라는 실격 인생을 굳이 변명하려는 하나의 허영심이었다. 그러면서도 그것을 감히 하고 말았던 그 베레모의 추억은 먼 훗날까지도 나의 인생 항로를 짚어 나가는 데 길잡이가 되기도 했다.

겉으로는 천연스럽게 행동하지만 그 내면에 도사리고 있는 어떤 음흉(?)스러운 계략이랄까 자기 계산이 나의 내부에서 조금씩 자라고 있었다.

나는 이 시기에 일본의 연극도 자주 보았다. 가부키(歌舞伎)나 노(能)는 전혀 관심 밖인 데다가 그것을 이해할 만한 지식을 갖추지 못했기에 주로 신극(新劇), 신파(新派), 레뷰(revue), 대중연극 등이 고작이었다.

그러나 당시의 일본연극은 단말마적인 안간힘 속에서 허덕이고 있었다. 태평양전쟁의 선전포고를 했던 초반에는 제법 파죽지세(破竹之勢)로 동남아권을 석권한 듯했으나 시간이 흐름에 따라 전세는 기울어지고, 그것은 비상시국(非常時局)을 실감케 하는 긴축 생활로 변하고 있었다. 따라서 모든 면에서 소비적이고 사치성을 띤 생활양식은 추방되어가는 시류 속에서 영화는 물론 연극도 자의와 타의에 의해 자중을 할 수밖에 없었다. 더구나 한때 일본연극의 주도권을 쥐고 있던 사회주의나 무정부주의 그리고 계급주의에 바탕을 둔 연극은 모두가 지하로 숨거나 해산을 한 대신 오락성이나 계몽성을 내세운 경연극(輕演劇)만이 겨우 살아남아 명맥을 이어가고 있었다. 에노켄, 롯파 등 희극배우가 이끄는 상업주의 연극 아니면 소녀가극단(少女歌劇團)이나 계몽극단만이 숨쉬고 있었다.

나는 그런 환경 속에서 관객의 지지를 받고 있는 일본의 연극을 제법 구경할 수가 있었다. 그 예술적, 문학적 가치에서는 보잘것없지만 동시대 관객의 지지를 받는 이유는 무엇일까. 전시하의 궁핍한 일상생활 속에서도 가는 곳마다 초만원을 이루는 그들의 국민성은 무엇인가. 연극이나 영화를 보다가도 공습경보가 울리면 질서정연하게 대피하는 그들은 누구인가. 그런가 하면 오락적인 레뷰나 소녀가극의 공연 중에도 자기가 좋아하는 스타가 등장할 때마다 괴성을 지르고 열광하는 그 기질은 어디에서 비롯되는 것일까. 내일을 알 수 없는 절망의 나락에 서서 그냥 순간을 즐기려는 찰나주의만은 아닌 것 같았다. 그렇다고 그들이 자기네 무대예술을 지켜나간다는 의식이 뚜렷한 것도 아니었을 것이다. 문제는 삶의 위협을 피부로 느끼는 절박한 상황 속에서 무대를 향하여 박수와 환호성을 보낼 줄 안다는 그 기질이 어린 나에게는 수수께끼같이 느껴지는 것이었다.

일본의 영화도 국방부나 정보국이 후원 제작하는 국책영화 이외는 제작 자체가 어려울 정도였다. 따라서 개봉관을 제외하고는 흘러간 영화만을 돌리는 추세 속에 있었으니, 전쟁은 심각한 국면이 다가오고 있음을 예견하는 것 같았다.

나는 1943년 2월. 고등학교 수험에 재도전하였다. 대상은 규슈의 남단 가고시마(鹿兒島)에 있는 제7고등학교였다. 왜 그런 구석진 곳까지 가게 되었는지 기억은 확실치 않지만 두 가지 이유는 생각이 난다. 즉 규슈 남단에 있다는 그 지리적인 환경조건과 그 고장은 도쿄이나 오사카처럼 조선 학생이 흔하지 않으니 희소가치도 있고 경쟁률도 낮을지 모른다는 나름대로의 계산에서였다. 지금 생각하면 어처구니없는 일이었지만 그 당시의 나로서는 그런 점까지 유의할 수밖에 없었다.

규슈(九州)는 아름다운 풍광을 자랑하는 지역이었다. 특히 가고시마는 태평양을 면한 지방도시인 데다가 그 지방인의 기질(氣質)과 자연풍광의 아름다움에서 손꼽히는 곳이었다. 상급학교를 진학하는데 자연환경까지도 염두에 둬야 할 만큼 내가 낭만적인 기질이었는지 알 길은 없으나, 다만 흔한 것보다는 귀한 것이 더 값져 보인다는 나의 취향은 부인할 수가 없었다.

그러나 제7고등학교도 불합격이었다. 나는 기차에 흔들리며 곧바로 고향으로 갈 것인가 아니면 다시 동경으로 되돌아갈 것인가를 두고 자문자답을 되풀이했다. 가고시마에서 후쿠오카(福岡)까지의 해안선은 유난히도 아름다웠다. 아리아케가이(有明海)의 그림 같은 풍경은 흡사 내 고향 서해안의 갯벌을 연상케 하는 평화로운 정경이었다. 나는 동경으로 되돌아가기로 했다. 다시 1년 와신상담을 각오하고 권토중래를 기할 수밖에 없다고 작정했다. 이제는 갈 때까지 가보자는 억지스러움이 앞섰다. 칠전팔기는 못 되어도 삼전사기쯤은 해볼 수 있는 모험이자 도박판이라는 생각이 들었다. 그쯤 되고 보니 오히려 배포가 커지고 뻔뻔스러워지는 게 감정적인 충격이나 소심성은 없어지는 것 같았다.

나는 동경에 다시 짐을 풀고 예비교에 재입학을 했다. 그리고 숙소도 아파트에서 하숙으로 옮겼다. 여러 사람이 합숙하는 번거로움이 두렵다기보다는 그들로부터 벗어나기 위해서였다. 도양관이라는 전문적인 하숙집이었다.

하숙에서는 취사의 번거로움이 없어서 훨씬 편하고 시간 여유가 있었다. 나는 재기(再起)를 다짐하며 한동안 학업에만 몰두하고 있었다.

그러나 운명의 날은 오고야 말았다. 4월 15일. 미군 폭격기가 동경을 폭격한 것이다. 소이탄이 투하된 공장지대는 도심에서 멀리 떨어진 곳이었지만 동경시민의 불안과 공포는 바로 피부로 느끼게 하는 직격탄과도 같았다.

신문과 방송은 일제히 동경공습을 대대적으로 보도하고 시민들의 지방 소개(疏開)를 강요하고 나섰다. 그렇지 않아도 식량 부족과 일상생활의 궁핍 때문에 전전긍긍해오던 시민들은 더욱 깊은 수렁으로 함몰되어가고 있었다.

어느 날 내게 한 장의 전보가 날아왔다. 아버지한테서였다. "즉시 귀국. 부(父)"가 전문의 전부였다. 글이 짧다는 것은 그만큼 긴박하고 결연한 아버지의 의지를 나타내는 데 충분했다. 생명의 위협을 느끼면서까지 입시 공부를 해야 할 이유가 무엇인가가 아버지의 결심이었을 것이다.

나는 며칠 동안 생각에 잠겼다. 그러나 이렇다 할 묘안이 있을 리가 없었다. 나는 집으로 전보를 쳤다.

"귀국하겠음. 아들."

나의 꿈은 또 한 번 산산조각이 났다. 자유스런 동경 생활에서 집으로 돌아왔다는 환경의 변화는 나를 유난히 왜소하고도 천덕스럽게 만들었다. 부모님들의 위로와 반김은 나에게 아무런 효험이라고는 없었다.

그런데 얼마 후 또 하나의 날벼락이 떨어졌다. 징병제도 실시에 따라 조선 청년도 만 20세가 되면 징병의 의무가 부여된다는 법령이 공포된 것이다. 그것도 나부터 해당이 되는 일이고 보면 눈앞이 아찔해질 수밖에 없었다.

예부터 '묻지 말라 갑자생(甲子生)'이라더니 바로 내가 그 갑자생이구나 하는 자학과 실의는 모든 갑자생 청년 사이에 돌림병처럼 번져갔다. 그리고 고등학교 및 대학교에서 이과(理科)는 빼고 문과(文科)는 병역면제의 특전이 폐지된다는 고시까지 나붙었다.

그것은 곧 나의 장래를 위협하는 총성이었다. 장차 문학을 전공하려는 나에게 상급학교 진학을 포기할 수밖에 없다는 포고와도 같았다.

'어디로 갈까? 무엇을 할 것인가?'는 우리들의 공통된 고민이자 물음표였다. 조선 청년이 징병제도 실시로 군대에 간다면 누구를 위해 싸우라는 말인가? 나라를 위해 목숨을 바쳐야 할 이유가 무엇인가? 뒤늦게 동조동근(同祖同根)과 내선일체(內鮮一體)를 내세워 조선 사람의 황국신민화를 주장하지만, 그것은 어디까지나 일본측의 야욕이지 우리하고는 아무런 관계가 없는 노릇이 아닌가?

이와 같은 자문자답이 계속되는 동안 정국은 악화되어 우리나라 상공에도 미군 폭격기가 모습을 나타내는 위기에 도달했다.

나는 궁리 끝에 고등학교 진학을 포기하기로 했다. 그 대신 사범학교 강습과로 진학하기로 했다. 일본인 교사가 소집되어 그 절대수가 부족하자 강습과는 병역면제의 특전을 주기로 법령화되었기 때문이다. 1년 과정의 강습과를 마치면 곧바로 일선 교사로 근무하게 되며, 병역이 면제된다면 그 이상 가는 현실도피책은 없었기 때문이다.

1944년 봄, 나는 본의 아니게 관립광주사범학교 강습과에 입학을 했다. 일본 청년들도 절반 이상이나 되었다. 그리고 지금까지 사회생활이나 직장생활을 해오다가 그만두고 입학을 한 사람도 수두룩했으며, 30세가 넘는 노학생도 적지가 않았다. 그러나 속사정은 다 마찬가지였다. 병역을 면제받기 위해서라는 점에서는 일본 학생도 예외가 아니었다.

나의 새로운 현실도피 생활이 시작되었다. 교사의 자질도 교육의 이념도 없이 뛰어든 나의 생활이 얼마나 무궤도했던가는 물을 필요도 없을 것이다.

그런데 우리 동기 가운데 공교롭게도 갑자생이 있음을 알게 되자 우리는 모임을 갖게 되었다. 모두가 열세 명으로 모임 이름은 '전우회(戰友會)'라 명명하였다. 전쟁터에 가기 전부터 전우임을 자청했던 우리는 과연 애국심이 있어서였을까? 그건 아니었다. 강습과 재학 중에는 병역 면제가 되겠지만 일선 교사로 진출하고 나면 언젠가는 나라와 민족을 위해 목숨을 바쳐야 할 그 공통적 운명론자들이 아닌가. 그러므로 이 한정된 자유의 시간을 요령껏 즐기고 가자는 자포자기적이며 염세적이며 향락적인 발상에서 모인 친목회였다.

나는 우리 모임을 외인부대라고 불렀다. 고국에서 범죄를 저지르거나 실의에 빠진 끝에 아프리카 대륙으로 건너온 프랑스 외인부대에서 따온 이름이다. 나는 지난날 동경 고온자(光音座)에서 봤던 게리 쿠퍼와 마를레네 디트리히가 주연한 영화 〈외인부대〉의 장면을 뇌리에 떠올렸다.

우리는 한 달에 한 번씩 돌아가며 술판을 벌였다. 회비제로 하되 각자의 집이나 하숙방에 모였다. 술이 귀한 시절이라 밀주를 찾아다니는 것도 큰 부담이었다. 그러나 우리는 즐거웠다. 내가 술을 배우게 된 것은 이때부터였다. 이제는 가질 것도 없고, 기다릴 것도 없고, 돌아갈 곳도 없는 허무주의자들의 집단일 뿐이다. 우리는 그 허무(虛無)를 술로 삭이고 노래로 토하고 주먹질로 부쉈다. 아! 그 허탈감과 비탄의 심정을 그 누가 알아주겠는가. 열세 명의 전우 아닌 전우들이 모여 스스로 전우회라고 지칭했던 그 허구와 허세와 허무는 먼 훗날까지 나에게 적지 않게 영향을 끼치고 있었다.

그러나 그것도 잠깐이었다. 강습과 학생에게 베풀겠다는 병역 면제의 은전도 취소가 되면서 우리는 또 한 번 뒤통수를 얻어맞은 꼴이 되었다.

그리고 얼마 안 있어 한 전우가 일장기를 어깨에 두르고 '천황 폐하'를 위하여 전선으로 떠나는 날 우리는 밤새도록 목이 터져라 노래를 불렀다.

"이기고 돌아오라! 이기고 돌아오라!"

제9장 제2의 인생

나의 스무 살은 기약 없는 시간이었다. 언제 소집영장이 날아들지 모른다는 불안과, 누구를 위하여 무엇 때문에 생명을 바치는가 하는 회의와, 그리고 미래가 안 보이는 절망감은 나를 방황의 길로 떠나게 했다. 전쟁터로 끌려가는 그날까지 내가 할 수 있는 최대의 향락은 술과 그리고 여행이었다. 그러므로 무계출(無屆出) 결석도 두려워하지 않았다. 일본 군대에 끌려간다는 것은 곧 죽음을 뜻하는 말로 통했던 1944년. 나는 무전여행도 마다하지 않았다. 남원, 운봉, 구례, 노고단… 버스표가 손에 들어오면 차를 탔지만 대부분 걸어서 떠나는 방황이었다. 하늘에 구름 가듯 나 역시 떠돌다가 언젠가는 죽음을 당할 수밖에 없다는 체념과 절망감 앞에선 아무런 두려움도 없었다.

지리산 중턱 노고단(老姑壇) 근처에 남아 있던 외국인 선교사들의 별장들은 주인을 잃은 채 안개 속에 버려져 있었다. 흡사 고사목(枯死木)의 신세와 다를 바 없었다. 그리고 그것은 머지않아 내 앞에 들이닥칠 운명과도 상통한다는 생각이 들자 나는 발악하듯 허공을 향하여 고함을 질렀다.

"이 새끼들아!"

아스라한 운해(雲海)를 타고 나의 갈라진 목소리는 메아리도 없이 사라지고 있었다.

그런데 그해가 가고 1945년이 밝아왔는데도 소집영장은 날아들지 않았다. 친구들은 나더러 운이 좋은 놈이라고도 하고, 혹시 아버지의 입김이 세서 그런 게 아니냐고 비아냥거리기도 했다. 그러나 내가 알고 있는 아버지는 그런 일에는 수동적이었다. 사회적으로 지명도가 있는 사람일수록 관(官)이 하는 일에는 협력을 할 수밖에 없었던 시대였다. 그러기에 나의 형이 학병(學兵)으로 끌려갔을 때도 아버지는 아무런 대책을 세운 것 같지가 않았다. 오히려 '나라를 위하여 아들을 바친 가정'으로 칭송받기를 원했을지도 몰랐다.

1945년 3월. 광주사범강습과를 수료하자 곧바로 발령을 받았다. 공교롭게도 나의 모교인 목포북교초등학교였다. 남들은 산간벽지가 아니면 도서지방 학교로 발령이 났는데 나는 고향이자 그것도 모교로 발령이 났으니 천우신조가 아닐 수 없었다. 그러나 확실한 근거는 없지만 아버지의 체면과 로비 활동의 덕택이었을지도 모른다는 생각을 하게 된 것은 훨씬 후의 일이었다.

나는 하루아침에 어엿한 이종훈도(二種訓導)가 된 것이다. 훈도란 지금의 교사라는 칭호이니, 생각지도 않게 교육자로 변신을 한 셈이다. 아침 조회 때 사카모토(版本) 교장이 전교생 앞에서 나를 소개, 인사했을 때, 나는 어쩌면 앞으로 교육자로 살아남을지도 모르겠다는 엉뚱한 꿈을 꾸고 있었다. 그러나 그 꿈은 3개월 만에 깨졌다. 5월 23일 붉은 소집영장이 날아온 것이다.

"나라를 위하여, 천황 폐하를 위하여 이 한 목숨을 바치게 된 이 영광을…"

나는 환송회 석상에서 눈썹 하나 까딱하지 않고 답사를 했다. 그것이 진심에서인지 아닌지 알 바가 아니다. 다만 지난 22년간 그렇게 말을 할 수 있도록 길들여진 가엾은 우리들이었다. 이판사판이라는 절박한 체념에서가 아니라 그런 자리에서는 으레 그렇게 인사말을 하는 게 자연스럽고도 당연하게끔 길들여진 나는 누구인가? 애국심, 충효사상, 멸사봉공, 내선일체, 대동아공영권(大東亞共榮圈), 오족협화(五族協和) 등 일본 군국주의가 꽹과리 치고 염불 외우듯 내뱉은 그 숱한 말들을 고스란히 외우고 그대로 내뱉었던 나는 누구인가.

　나는 하나의 허수아비였거나 아니면 개조된 인간이었을 것이다. 그네들의 말을 고스란히 받아들이고 곧이곧대로 믿었던 맹신(盲信)의 잔재였다.

　학교 동료 직원이며 친구들이 베풀어준 환송회에 날마다 끌려다니던 나는 겁도 없이 술을 마구 퍼 마셨다. 어찌 생각하면 괴로움에서 벗어나고 싶었고, 내 자신으로부터 망각의 저편에 안주하고 싶었을지도 모른다. 그래서 노래하고 춤추고 박장대소로 시간 가는 줄 몰랐다. 그러나 그러한 우리들의 무궤도한 행동을 탓할 사람은 없었다.

　"아까운 내 새끼들! 죽는 놈만 불쌍하제. 쓸 만한 놈은 다 끌려가니…."

　출정 전날 밤, 술에 취해 밤늦게 집에 돌아오자 마루 끝에 앉아 계시던 어머니가 버선발로 내려와 나를 부축해주셨다.

　"워따 이 자석아, 먹을 줄 모르는 술은 왜 이렇게…."

하시면서 마루 끝에다 나를 앉히고는 금세 꿀물 그릇을 내밀었다. 나는 쓰다 달다 말 한마디 없이 어머니의 작은 손등만 내려다보고 있었다.

　"이것이 뭔 시상이라냐. 늬 성이 학병으로 끌려간 지가 엊그제인디 인자 또 너까지… 한집에서 두 자식을 군대에 보내게 되었응께 나라에서 훈장 타게 되었제! 아이고 썩을 놈들!"

　어머니는 좀체로 남 앞에서 눈물을 흘리신 적이라곤 없었다. 언제나 낮은 목소리로 얘기하시던 어머니가 그렇게 슬픈 표정으로 말씀하신 적이라곤 없었다. 어머니는 내 어깨를 몇 번이고 다독거리시면서도 별로 말씀이 없으셨다.

　목포부두에서 수송선으로 실려 나갈 때까지도 우리는 목적지가 어딘지 모르고 있었다. 아니 어쩌면 알려고도 하지 않았을 것이다. 왜냐면 그 당시 모든 수송선은 갔다 하면 남양지방이었고, 떴다 하면 예외 없이 미군 어뢰(魚雷)나 기총소사로 침몰되는 판국이었다. 그러니 우리가 가는 곳은 죽음의 나라일 거라고 이심전심으로 눈치를 채고 있었다. 그런데 소안도(所安島) 근처에서 하루를 쉬고 사흘 만에 닻을 내린 곳은 뜻밖에도 제주도 한림(翰林)이었다.

죽음을 기다리는 남양(南洋) 군도가 아니라 제주도라는 사실을 확인했을 때 나는 그렇게 마음이 홀가분할 수가 없었다. 아직도 고향의 품안에 있다는 소박한 감상주의적인 안도감이 실감났다. 그러나 나를 더 기쁘게 한 사실은 내가 장교 당번으로 임명받았던 일이다.

내가 모셔야 할 상사는 호리우치 오사무 조장(曹長)으로, 그는 중대본부의 내부반장이었다. 나의 소속 부대는 아카쓰키(曉)라는 작업부대였다. 제주도 해변에다 굴을 파는 게 우리 부대의 임무였다. 지금도 제주도 곳곳에 굴이 남아 있는데 그것은 자연굴이 아니라 52년 전 우리들의 피와 땀으로 판 것으로, 상륙용(上陸用) 선박을 감추기 위한 작전시설들이다.

호리우치는 이해심과 잔정이 많은 일본 사람이었다. 그는 조선 청년들에 대해서 전혀 차별의식이라곤 없었다. 경성공업고등학교를 나와 토건업을 하다가 소집되었고, 문학과 영화에 각별한 취미를 가지고 있던 인텔리였다. 그는 나의 가정환경에 관해서 이미 알고 있었던 모양이다. 대부분의 사병들이 농어촌 출신이라 일본말의 해득도 제대로 못 하는 무리 속에서 초등학교 교사 출신인 나를 당번으로 발탁(?)한 것은 극히 자연스러운 처사였을 것이다.

호리우치는 자기가 사물(私物)로 가지고 온 문학서적을 내게 내주는가 하면, 한가한 시간에는 나의 문학수업에 관한 조언도 아끼지 않았다. 뿐만 아니라 가지고 있던 원고지를 나눠주며 글을 써보라고 권했다. 나는 시, 수필을 써서 그에게 보여주기도 했다. 전쟁터에서 윗사람을 잘 만났다는 한 가지 사실은 나의 평생에서 잊을 수 없는 한 은인을 얻은 것이었다고 해도 과언은 아니리라. 사람과 사람의 만남이란 으레 우연에서 시작되지만 그것이 영원히 끊기지 않은 하나의 인연으로까지 이어진다는 것은 그렇게 흔하지도 속되지도 않은 일이라는 것을 그에게서 배웠고, 지금까지도 소중하게 그 추억을 키워 왔다.

내가 해방의 소식을 들은 것은 1945년 8월 16일 밤이었다. 그러니까 남들보다 하루 늦게 알게 된 셈이다.

그날 밤 호리우치는 나를 해변가 절벽으로 불러냈다. 자정이 훨씬 지난 시각이었다. 하늘엔 만월(滿月)이 걸려 있어 한낮처럼 훤했다. 용암에 부서지는 파도 소리와 수없이 부서지는 포말이 달빛 아래서도 뚜렷이 보였다. 오랜 침묵이 흐르는 동안 그는 담배만 물고 있었다. 나는 불안해지기 시작했다.

'무슨 사고라도 났단 말인가?'

나는 마음속으로 몇 번이고 뇌까리며 그의 단아한 옆얼굴을 훔쳐보았다. 그가 무겁게 입을 열었다.

"전쟁은 끝났다."

"예?"

"일본은 졌어!"

"…?"

"역사가 바뀌었단 말이다. 너희 나라는 독립을 찾게 되었다. 축하한다."

"…."

"너는 장차 조국에 돌아가면 할 일이 많을 게다. 몸조심해. 그리고 그동안 썼던 원고는 없애버려. 그런 걸 가지고 있다간 무슨 화근이 될지도 모르니까. 그동안 내 심부름 하느라 수고 많았다. 자 그만 돌아가자!"

그는 나의 어깨를 탁 치며 내게 손을 내밀었다. 나는 말없이 그 손을 쥐었다. 따스하고 폭신한 손이 금방 목욕탕에서 나온 사람의 손 같았다.

다음 날 나는 그 원고를 불사르려던 순간 문득 어떤 미련과 애착심이 불쑥 솟았다. 설혹 그것이 일본말로 씌었을지언정 그 글 속에는 나의 젊은 날의 추억이 고스란히 스며있을진대 누가 뭐라 해도 버릴 수는 없다는 생각이 샘솟았다. 그런 경우 어떤 사람은 나의 민족의식을 의심할 것이다. 그리고 자존심도 없는가 하고 공박할 것이다. 그러나 나는 누구에게 강요당한 것도 아니다. 자발적으로 마음의 소리를 기록했다는 점에서 아무런 부끄러움도 뉘우침도 없다고 우길 것이다. 나는 그 원고를 신문지와 함께 말아들고 해방된 고향으로 돌아왔다.

전쟁이 끝났다. 우리는 목선을 빌려 타고 목포로 되돌아왔다. 일본에게는 패망이자 조선 사람에겐 자유해방을 맞은 지 20일쯤 후의 일이다.

무장해제를 당한 조선 청년들은 저마다 가족 품으로 돌아갔다. 그러나 일본 군인은 사정이 달랐다. 목포는 낯선 타향이자 적지(敵地)였다. 엊그제까지는 서슬 퍼렇게 위세를 부리던 그들이었지만 지금은 누구 한 사람 맞아줄 사람도 배웅해줄 사람도 없는 버림받은 패잔병들이었다.

호리우치는 서울 청엽정(靑葉町, 지금의 청파동)에 부인과 두 아들이 기다리고 있었다.

그러나 서울행 열차를 타려면 하룻밤을 기다려야 했다.

"저희 집으로 가시죠."

"그래도 되겠어?"

"어때요. 가시죠. 빈 방은 있을 거예요."

"그렇지만…."

"싫으세요? 저희 집이…."

"그게 아니라… 자네한테 폐를 끼치는 것 같아서 말일세. 왜놈을 데리고 왔다고 주변 사람들한테 따돌림당한다면 내 본의가 아니고…."

호리우치는 사랑방에서 하룻밤을 묵고 다음 날 아침 차로 떠났다. 자기는 앞으로 서울에 눌러살 것이라고 하면서 내 손을 굳게 쥐고 흔들었다.

"이제 조선은 독립국가가 되었으니 자네는 할 일이 많을 거야. 분투를 비네. 그리고 나도 주변 정리가 되면 한번 내려오겠네. 나는 고향인 히로시마에는 안 갈 거야. 조선 땅에서 살 거야. 꼭 만나게 되기를 빌겠네. 그럼 부디…"

호리우치와 나는 그렇게 헤어졌다. 그러나 우리는 두 번 다시 만날 수가 없었다. 불과 4개월 동안의 군대 생활이었지만 나로 하여금 굶주림에서 벗어나게 하고, 국경을 넘어선 깊은 이해와 사랑으로 용기를 주고, 문학에 대한 집념을 더 굳게 가지라고 격려해줬던 호리우치 오사무. 일본 군국주의는 미워도 그 사람은 밉지 않았던 호리우치 오사무.

나는 세월이 흘러갈수록 그의 소식이 궁금했다. 그리고 그가 준 원고지에 썼던 감상적인 글을 이따끔 꺼내 읽노라면 나의 젊은 날의 초상이 생생하게 되살아나기도 했다.

나는 1966년부터 해외 여행이 자유로워지자 그를 찾아야겠다고 마음을 먹고 백방으로 수소문을 했다. 그러나 빈약한 자료만으로는 엄두도 낼 수가 없었다. 나는 그가 내게 남기고 간 한 장의 사진을 가지고 있을 뿐이다. 그렇다고 그걸 들고 신문사나 방송국을 찾아갈 만큼 적극적인 것은 못 되었다.

1987년 여름, 평소에 친분이 있던 주한일본대사관의 일등서기관 이시즈키 히로시(石附弘)의 도움으로 드디어 호리우치의 주소와 전화번호를 알아낼 수가 있었다. 히로시마였다. (082)291-8660. 나는 떨리는 손으로 다이얼을 돌렸다. 전화를 받는 목소리는 여자 목소리였다. 나이가 든 부인의 목소리였다. 나는 장황하게 자기 소개를 하고 나서 호리우치 씨의 안부를 물었다. 그러나 대답은 짧고도 메마른 목소리였다.

"주인은 작년 4월에 세상을 떴어요."

해방은 세상을 불처럼 달구고 있었다. 가는 곳마다 태극기요, 만세 소리요, 집회와 행진이었다. 자유와 독립과 광복의 열기가 용광로 안처럼 들끓고 있었다.

나는 일단 전에 근무했던 북교초등학교를 찾아갔다. 교문 바로 앞에 있던 봉안전(奉安殿)이 반쯤 허물어진 채 서 있었다. 일본 천황의 사진과 교육칙서(敎育勅書)를 모셔놓은 사당으로, 일본 사람들에게는 하나의 성역(聖域)이기도 했던 봉안전. 그 처참한 잔해는 바로 시대와 역사의 변혁을 가장 구체적으로 실감케 했다. 일본은 망한 것이다. 그리고 나의 조국은 해방된 것이다. 우리가 찾은 것은 태극기와 말과 글과 노래였다. 그것부터 어린이들에게 가르쳐야만 했다. 그리고 학교의 조직과 기구도 개편되어야 하고, 일본 교사들이 물러난 다음이라 임시 교사들도 대거 채용해야 했다. 그러고 보니 사범학교 강습과 수료의 경력을 가진 나는 일약 중견교사(?)로 대우를 받게 되었다.

조선 사람 교사 가운데 가장 연장자이셨던 김동신(金東信) 선생이 교장 자리에 앉고, 박찬대, 손남석, 김하룡, 김남술, 노일섭, 그리고 나는 고참 교사의 서열에 들어갔다.

나는 고등과 1학년반 담임이었다. 고등과란 일제시대부터 있었던 제도로, 초등학교 6년 과정을 마치고도 상급학교에 진학 못 한 아이들에게 2년 과정으로 교습하는 특수학급이었다. 따라서 얼굴엔 여드름이 더덕더덕 난 데다가 겨드랑이엔 검은 숲이 우거진 늙은 소년들도 적지 않았다.

우리가 우선 해야 할 일은 환경 정리였다. 학교 안팎에 누룽지처럼 남아 있는 일본색과 일본 냄새를 말끔히 씻어내고, 새 시대 새 역사의 고동 소리가 우렁차게 퍼져나가는 환경을 만드는 일이었다.

나는 급훈을 '자유(自由)'라고 정했다. 즉흥적인 발상이기는 했지만 내가 그 나이가 될 때까지 가장 굶주리며 살아온 게 '자유'였기 때문이다. 과거 일본의 혹독한 군국주의의 총칼 밑에서 억압받았던 그 역사의 증언은 곧 자유를 박탈당했던 한 가지 사실만으로도 충분하다고 나는 믿고 있었다. 이제는 그 누구의 눈치도 볼 필요가 없다. 그리고 마음먹은 대로 쭉쭉 하늘을 향하여 뻗어나가는 소년의 꿈이 거기 있어야 한다고 나는 아이들에게 제법 웅변조로 역설했다. 그것은 어쩌면 나 자신을 향한 반성이자 자격지심이었을지도 모른다. 이제는 무겁고 낡은 누더기 옷을 벗어던지고 새로운 역사와 희망을 앞세워 새로운 삶을 시작해야 한다고 나는 주먹을 쥐었다.

그러나 학원이 사회현실과 격리된 이른바 무풍지대로 남아 있을 수는 없었다. 정치적인 혼란과 대립의 물결은 곧바로 학원으로까지 파급되었다. 특히 삼상회의(三相會議)에서 결의된 신탁통치 문제를 사이에 두고 찬탁(贊託)과 반탁(反託)은 교사 간에도 하나의 경계선을 긋게 하였다. 그리고 그것은 학교 행정의 실권을 쥔 교장을 놓고 교장파, 교감파, 보수세력, 혁신세력, 재래파, 신참파 등으로 갈라서게 되니, 학교는 교육의 도량이라기보다 이데올로기의 대립에서 비롯되는 반목과 투쟁의 장으로 변해가고 있었다.

그때 나는 그 어느 편도 아닌 중도파에 속해 있었다. 그것은 모르면 몰라도 자유를 신봉하는 나에게 어느 한 파에 소속된다는 자체가 이미 자유를 짓밟는 행위라고, 씨도 먹히지 않는 궤변을 내세우고 있었다.

나는 아이들과 시간을 보내는 데 재미를 붙였다. 글짓기, 그림 그리기, 노래 부르기, 사진 찍기 그리고 간단한 영어 회화와 영어 노래를 가르치기도 했다. 아이들은 나를 잘 따라주었다. 강정수(姜正秀), 윤창현(尹昌鉉), 구창룡(具昌龍), 전기채(全基彩), 심진열(沈鎭烈), 박창희(朴昌熙)….

그 초롱초롱한 눈동자로 나를 쳐다보던 소년들의 얼굴이 지금도 망막에 어른거리는 까닭은 무엇인가. 아마 살았다면 65세 안팎의 노인이 되었을 그들의 환영 속에서 나는 그 시절의 청순했던 자신의 꿈을 되돌아보는 것이다.

그러나 무엇보다도 가슴속 깊이 남아 있는 추억은 여교사 S와의 짧고도 순수했던 사랑의 기록이다. 여교사 S는 전부터 안면이 있었을 뿐만 아니라 나의 친구였던 최경산의 조카이며 집안 내력도 서로 알고 있었던 처지였다. S는 해방이 되자 교사가 부족한 틈을 타서 채용된 임시 교사였다. 날씬한 몸매에 수준을 웃도는 미모가 결코 예사로운 인상은 아니었다.

가을이 되자 학예회를 개최하기로 하고 학년마다 프로를 준비하기로 했다. S가 자연스럽게 내게 무엇을 했으면 좋겠는가라고 문의를 해 오자 나는 여학생들이니 무용(그때는 유희라고 했었다)을 하는 게 좋겠다고 조언을 했더니, S는 대뜸 나더러 안무를 해달라는 것이었다. 어려서부터 노래와 춤을 즐겨온 나의 성벽을 알고 있는 눈치였다. 나는 승낙을 했다. 그리고 홍난파 작곡 〈봉선화〉를 춤으로 만들어보자고 제안을 했다.

울 밑에 선 봉선화야
네 모양이 처량하다…

내가 몇 해 전 무전여행을 하다가 우연히 배우게 된 노래였다. 금지곡이라서 좀체로 부를 수 없는 노래였지만 해방된 지금이니 마음 놓고 불러보자는 속셈이었다.

춤은 한 소녀가 마룻바닥에 엎드린 자세에서 솔로로 시작했다. 그리고 다시 쓰러지면 두 소녀가 등장하여 어우러지며 끝이 나는 춤사위였다. 나는 춤보다도 그 노래가 지닌 애절한 감정과 에스프리에 더 심취했을 것이다. 그러기에 그 소녀들에게 손발을 놀리는 것도 중요하지만 감정 표현이 더 중요하다고 역설했다. 노랫말과 멜로디에 상응하는 표정이 살아야 한다는 게 나의 주장이었다. 그러한 나의 주장을 초등학교 4학년인 소녀들이 제대로 이해할 리가 없었겠지만 나는 진솔하게 지도를 했다. 물론 피아노 반주는 S의 몫이었다.

방과 후 늦게까지 연습을 마치고 나면 유달산의 짙은 산그림자가 드리운 운동장에는 으레 두 개의 그림자가 나란히 가고 있었다. 그러나 방과 후의 연습만으로는 부족해 일요일 오후도 연습을 강행했다. 널따란 강당에서 연습을 하고 나면 S는 미리 가지고 온 과일이랑 과자를 펴놓곤 했다. 자기반 학생을 위해서 애쓰는 나에 대한 마음의 표시였을 게다. 그러나 시간이 가면서 우리만의 만남은 그 빛깔을 달리하고 있었다.

연습이 끝나면 곧바로 헤어지기가 싫어서 뒷개며 농사시험장 근처의 호젓한 들판을 거닐기도 했다. 그렇다고 이렇다 할 내용의 얘기가 오가는 것도 아니었다. 시원한 가을바람에 물결치는 벼이삭들의 와삭거리는 소리며 참새 떼들의 지저귐을 들으면서 장다리꽃이 흐드러진 시골길을 마냥 걷고 있었다.

학예회는 성공적이었다. 〈봉선화〉의 애절한 멜로디에 맞추어 넘나드는 소녀들의 가련한 손놀림과 애상적인 표정 표출은 제법 감동적이었다. 그러나 그 춤을 통해서 얻어낸 또 하나의 열매는 나와 S와의 정분이었다.

말로는 표현 못 했지만 눈과 눈으로 전해지는 감정의 교류는 분명히 가슴을 출렁거리게 했다. 좁은 고장이라 두 사람이 자주 나들이한다는 소문이 금세 번져가는 걸 나는 알고 있었다. 그러면서도 우리들의 관계는 그저 우정일 뿐 그 이상도 이하도 아니라고 얼버무리려는 나의 소극적인 버릇은 여전히 따라다니고 있었다.

조국 광복이 되던 날부터 아버지는 바깥 출입을 안 하셨다. 내가 군에서 제대하고 집으로 돌아왔을 때도 아버지의 표정은 어딘지 그늘져 보였다. 원래가 감정 표현을 억제하며 이른바 선비다운 중용지도를 견지해 나온 아버지로서는 그럴 법하다고 생각이 들었다. 그러나 그 당시 아버지는 심각한 번민 속에 시달림을 받고 있었다. 다름 아닌 이른바 친일파로 지목된 사람들 가운데 엄연히 끼어 있었기 때문이다. 목포 부회의원(지금의 시의원), 전남 도회의원, 그리고 중추원 참의라는 벼슬 아닌 벼슬까지 지낸 신분이고 보면 어느 모로 보나 친일파 명단에 끼어들고도 남음이 있었다. 뿐만 아니라 대지주이자 지역사회 번영회를 위시하여

124

갖가지 공직 사회에서는 일본 사람들과 나란히 언제나 첫 번 줄에 끼었던 경력을 지니고 있었던 것도 숨길 수 없는 사실이었다. 아버지는 사랑방에서 혼자서 골패를 떼거나 친구분들과 바둑이나 화투로 소일을 할 뿐 바깥출입을 삼가는 자중의 나날이 계속되었다.

그러나 항간에 떠도는 소문은 머지않아 미군정은 친일파, 민족반역자의 숙청 작업에 착수할 것이라는 사연이었다. 일본의 군국주의 세력에 아부하거나 밀착하여 조선 동포를 괴롭혔거나 사리사욕을 취한 사람에게 단죄의 날이 오리라는 것은 너무나 당연한 일이었다. 특히 경찰이나 헌병의 주구 노릇을 하면서 애국 인사를 괴롭혔던 사람은 이미 민간인들에게 몰매를 맞았거나 야간도주했다는 사건도 심심찮게 일어나곤 했었다. 자기 스스로 속죄하고 자수하거나 스스로 목숨을 끊은 일도 없지 않았다. 이러한 상황에서 자식의 눈에 비친 아버지의 초상이란 무엇인가. 그러한 아버지에게 아들은 어떻게 대해야 옳은가. 본의였건 아니건 간에 일본 군대에서 군복무를 했다면 그 아들도 궁극적으로는 친일 행위를 한 꼴이니 과연 그 아들이 그 아버지에게 무슨 말을 할 자격이 있단 말인가.

그런 가운데 1년은 눈 깜짝할 사이에 흘러갔다. 나는 지금 이대로 초등학교 교사로 썩을 수가 없다는 생각에 스스로의 진로에 대해서 생각을 하게 되었다. 내가 애당초 품고 있었던 연극에 대한 꿈이 아주 사라진 것은 아니었다. 나는 아버지에게 대학 진학의 뜻을 말씀드리자, 아버지는 네 뜻이 그렇다면 말리지 않겠다는 반응이었다. 나는 연희전문학교 문과를 예정했다. 이렇다 할 지침이 있어서가 아니라 다만 문학공부를 하려면 연희전문학교가 다른 학교에 비해서 전통과 역사가 있다는 아주 초보적인 판단에서였다.

그 당시 교육계는 일본식 교육제도에서 탈피하기 위하여 미국식 학제를 도입하고 신학기도 가을로 변경되었다. 나는 내 주변에 누구 한 사람,

인생 문제나 장래의 진로에 관해서 의논을 할 사람이 없었다. 아니 사람을 찾으면 있었겠지만 그런 일을 낱낱이 의논하거나 의견 교환을 하는 일에는 매우 소극적이고 아둔한 철부지였다. 그러기에 모든 일은 나 혼자 생각하고 결정짓는 버릇이 오래 전부터 내 몸에 밴 셈이다.

연희전문학교. 파란 담쟁이로 반쯤 옷을 입은 고색창연한 석축 건물. 모악산 기슭 소나무, 자작나무, 미류나무의 숲속에 흡사 고성(古城)처럼 서 있는 교정의 풍경 앞에서 나의 제2의 인생은 시작되었다. 내 나이 23세의 늦깎이 대학 생활의 막은 올랐다.

해방 직후의 대학은 어딘가 어수선했다. 38선을 넘어온 실향민 학생은 미군 담요를 외투 대신 걸치고 다니는가 하면, 마카오 신사로 불릴 만큼 사치를 하는 학생도 있었다. 그리고 학련(學聯)이라 불리던 우익학생운동 단체가 있는가 하면 민청련(民靑聯)이라 불리는 좌익학생 단체도 있어 두 단체 간의 갈등과 충돌이 심심찮게 이어지는 시절이었다. 그 가운데서 이른바 '국립서울대학교 설치안'을 놓고 세칭 '국대안(國大案)' 반대 투쟁운동이 대학가의 커다란 이슈로 부상하고 있었다. 노천극장에서는 날마다 찬성파와 반대파가 번갈아 집회를 가지면서 저마다의 세력확장에 혈안이 되어 있었다.

나는 그때 연극서클을 조직하기로 마음을 굳혔다. 이미 있었던 '연희 연극부'가 유진 오닐의 희곡 〈지평선 너머〉를 공연한 직후 내부의 알력과 반목으로 해산 상태에 있었다. 나는 그 연극을 명동에 있는 시공관(市公館)에서 관람하면서 나름대로의 비판적인 견해를 털어놓았다. 그 첫째는 대학극 또는 학생극은 어디까지나 실험정신에 바탕을 두고 학구적인 태도로 접근해야 한다는 주장이었다. 그러나 당시의 연극의 실체는 외부에서 연출가나 연기자를 끌어들이는가 하면 불충분한 연습 과정을 거쳐 대극장 진출 공연으로 자기만족을 한다는 폐단이 있었다. 뿐만 아니라 제작비를 둘러싼 갖가지 추문은 대학극이 지니는 도리가 아니라고 생각되자 새로운 연극부의 창설을 서둘렀다. 나의 이와 같은 주장에 적극적으로 호응하는 동지(?)가 나타났다. 신태민, 장운강, 구선모, 김병규, 모개수, 박상필 등이었다. 그들은 이미 연희연극부에 소속되어 있었고 대학극의 치부를 모두 들여다본 경험이 있었기에 나의 주장에 민감하게 동조했을지도 모른다. 나는 서클 명칭부터 조금은 아카데믹하면서 겸손함을 나타내 보이자는 뜻에서 '연희극예술연구회'를 제안했다. 모두가 찬동이었다. 특히 '연구회'라는 표현에는 학생극이 흥행을 노리는 기성연극하고는 구별지어져야 한다는 의도가 명백히 나타나 있었기 때문이다. 그때 지도교수는 동양사를 담당하신 민영규(閔泳珪) 교수였다.

우리는 그 대학연극의 구체적인 징표로 우선 단막극부터 접근하기로 했다. 그리고 그것은 세계적인 명작이라서가 아니라 연극사적 접근을 토대로 해야 한다는 주장 아래 러시아의 문호이자 근대연극의 큰 기둥인 안톤 체호프의 〈결혼 신청〉을 레퍼토리로 정했다. 그러나 우리말로 된 희곡이 있을 리가 없었던 상황이라 내가 일본말로 된 희곡을 번역하고 연출까지 맡았다. 교내에 극장이 없으니 강당을 빌릴 수밖에 없었다. 그런데 교무처에서 '사용불가'라는 회답이 왔다. 그 강당은 교내 교회로 매주 예배가 열리는 신성한(?) 자리인데 연극 공연이란 어불성설이라는 설명이었다. 나는 교무처장이신 서두수(徐斗銖) 교수를 찾아가서 탄원을 했다. 국문학자이시며 문화예술 방면에도 밝으신 그분은 찝찔한 표정으로 결재를 했다. 이렇게 해서 나의 연극인생은 조심스럽게 막이 오르게 되었다. 그러나 세상은 긴박하게 돌아갔다.

나는 외부의 그런 소용돌이 소리를 들으면서도 내가 가야 할 길은 문학과 연극이라는 신념에는 변동이 없었다. 그래서 연극부 활동 이외에 문학서클에도 적을 두었다. 시, 소설, 희곡을 전공하는 학생들의 모임으로 '새마을회'가 공식 명칭이었다. 이때 나는 영문학부로 진급했었다.

제10장 늦깎이 대학생활

23세의 늦깎이 대학생인 나는 마냥 즐겁고 신바람이 났었다. 대학이란 장래의 꿈을 성숙시키기 위한 기초적 기반을 철저하게 조성하는 곳이라는 원칙 아래 경마장 말처럼 뛰었다. 그것은 지금까지의 공백 기간을 4년간의 대학생활로 메우려는 작은 야심이었을 것이다. 통속적인 말로 대학은 인생의 꽃이자 청춘을 구가하는 유일한 과정이라는 생각보다는, 이 시기를 놓치면 나의 인생 자체가 실기(失機)의 비운을 맞게 되리라는 절박감 때문이었다. 지난 20여 년간 일본의 교육, 일본식 사고방식, 일본식 정서 함양에만 길들여진 나 자신으로부터의 탈출이 곧 나의 생활신조였다. 동급생의 3분의 2가량은 이제 갓 고등학교를 졸업한 18세나 19세쯤 되는 풋내기들이었다. 그 가운데는 이렇다 할 목표나 소신도 없이 그저 교문을 들어선 친구들도 적지 않았다. 그러기에 요즘의 대학 풍속처럼 어느 대학이고 간에 붙는 게 상책이고 장래의 전공분야하고는 상관없이 그저 경쟁률이 낮은 학과만을 찾아 나선 그런 학생이 없었던 것도 아니었다. 그러나 그렇게 들어온 학생들이란 예외 없이 날라리들이었다. 멋진 옷차림에 머릿기름으로 범벅된 머리에 사각모자를 얹어 쓰고 여자 대학생과 어울려 다니는 게 곧 대학 생활의 꽃이라고 생각했다.

그러가 하면 이른바 월남 동포나 전재민(戰災民)의 자제들은 미군 담요나 군복을 뒤집어쓰고 청량리나 왕십리에서 신촌까지 걸어서 통학하는 학생들도 있었다. 게다가 일제 말기에 제대로 된 학교 교육보다는 강제적 근로 동원 등으로 정서가 고갈된 학생도 많았다. 그러므로 문학이 무엇이고 예술이 무엇인지는 아랑곳없이 시계추처럼 드나들거나 친구에게 대리출석을 부탁하며 간신히 학점을 따내는 철없는 학생도 많았다.

이러한 현실을 피부로 느끼고 눈으로 직접 보는 가운데 나의 마음속에서는 또 하나의 목소리가 고개를 내밀었다. 그것은 바로 나 자신에 대한 확인이었다. 나라는 존재에 관한 재인식이었다.

나는 지금까지 무엇 하나 탓할 것이라곤 없는 넉넉한 환경 속에서 순풍에 돛 단 듯이 자라온 사실을 부인하지 못했다. 그것은 전적으로 아버지의 음덕이요 부의 그늘이었음을 의심할 여지가 없으리라. 그러나 조국이 해방되자 젊은 인텔리층이나 의식 있는 계층 사이에서 일기 시작한 자각 증상이 나에게도 표면화되었다. 그리고 그것은 하나의 정치적 이념과 결합했으니, 그것은 다름 아닌 '과거와의 청산'이 우선되어야 한다는 주장이었다. 우리 민족에게 과거란 무엇인가. 그것은 곧 일본 식민지 시대를 지칭하는 것이며, 우리 민족의 생활과 의식 속에 깊숙이 박힌 일본식 뿌리를 뽑아버리자는 주장이었다. '일제잔재(日帝殘滓)와 친일파, 민족반역자 추방', '노동자 농민 등 무산계급의 해방'은 바로 그 주장을 구체화시킨 시대적인 욕구이자 민족적인 청산 과제의 대표적인 이슈였다. 지금까지 일본 제국주의자의 주구(走狗) 노릇을 하면서 민족을 팔아먹은 민족반역자와 친일파를 우리 주변에서 몰아내야 한다는 그 외침은 나의 심장을 향해 사정없이 날아오는 총탄과도 같았다. 그것은 바로 나의 아버지의 행적을 두고 나 자신이 겪었던 치열한 갈등이자 고뇌이기도 했다. 그러나 사(私)와 공(公)을 갈라놓고 보았을 때 과거와의 청산은 백번 옳은 주장이라고 나는 다짐을 했다.

내가 해방 직후 일본군에서 풀려 나와 집으로 돌아왔을 때 집안 분위기는 오히려 스산하고 암울했었다. 남들은 조국의 광복과 자유해방을 절규하고 광분하고 있을 때 우리 집은 납덩이를 삼킨 듯 무겁게 가라앉았던 기억이 되살아났다. 목포 부회의원(府會議員), 전남도회의원, 그리고 중추원참의원(中樞院參議員)이라는 명예까지 지녔던 아버지의 행적은 아무리 봐도 떳떳한 일은 못 된다. 일제 치하에서 살다보니 그렇게 될 수밖에 없었다고 변명할 수가 있었을 것이다. 그러나 본의이건 아니건 결과적으로는 민족반역자로 낙인찍히는 데는 입이 열 개 있어도 변명할 여지가 없었다. 그런데 며칠이 지나서 지금까지 썰렁했던 사랑채에 사람들이 드나들기 시작했다. 처음에는 바둑 손님이겠거니 생각했다. 그러나 주안상이 들어가고 담화 소리가 차츰 높아지면서 밖으로까지 흘러나오는 말소리에 나는 미묘한 심정을 느낄 수 있었다.

"차 영감이 언제 일본 놈들에게 아첨한 적이 있었습디여? 즈그들이 차 영감의 실세와 지방 유지로서의 확고한 기반을 인정했기 땀세 차 영감을 이용한 것이지라우! 차 영감께서 지역을 위해 공헌한 사실은 천하가 다 아는 사실이 아니겠소? 그러니 너무 상심 마십시오. 들리는 말로는 반민특위(反民特委)가 조직되어 합법적으로 재판을 하게 될 거라니 두고 봅시다. 너무 마음 쓰실 것 없어라우! 우리가 탄원서도 쓰고 연판장을 낼라요. 그동안에 차 영감께서 목포 발전과 시민을 위해 남긴 공덕이 어디로 가겠소? 암요! 세상이 다 아는 사실잉께 조금도 염려 마싯쇼!"

그렇게 말하는 사람들의 진솔한 위로와 격려는 고맙기 한량없었다. 그리고 궁지에 몰렸을 때 다독거리는 이웃이 있다는 것은 아버지에게도 큰 도움이요 위안이었을 것이다. 그러나 아버지는 좀체로 당신의 마음을 털어놓는 것 같지가 않았다. 막말로 친일 행각을 했다면 그 죗값을 받을 수밖에 없지 않겠는가라는 죄의식과 속죄감에서 굳이 변명 같은 것도 없이 두문불출의 나날을 보내고 있었다.

그리고 나 역시 자식이면서 아버지의 행적이나 신변에 대해서는 일언반구의 변명이나 항변도 못 하는 머저리였다.

그러던 어느 겨울밤. 밤늦게 대문을 두드리는 소리가 적막을 깰 듯이 크게 들려왔다. 아버지는 사랑방에서 골패를 뒤적거리시다 잠이 드셨고,

나는 건넌방에서 책을 읽고 있었다. 해방이 되었다지만 밤이 되면 주위가 어수선해서 경계를 하는 게 당시의 사회 분위기였다. 나는 윗도리를 입으면서 현관문 고리를 딴 다음 정원을 지나서 큰 대문까지 걸어 나갔다. 인기척이 있었다.

"누구십니까?"

"문 열어."

그것은 사뭇 명령조였다.

"어디서 오셨어요?"

"차 영감 계시지? 나 광주에서 내려온 이창업이라는 사람이야."

이창업? 그분은 바로 서중학교 때 역사 선생님이셨고 언젠가 영화구경 갔다가 발각되어 혼구멍을 내주셨던 그 어른이 아닌가. 철대문 빗장을 뽑고 대문을 열자 두 사람이 성큼 들어섰다. 이창업 선생은 나를 금세 알아보시더니,

"오… 범석 군 아닌가? 그렇지? 헛허….."

술냄새가 풍겼다. 그리고 그 웃음소리는 어딘지 오만하며 승자(勝者)가 과시하려는 허세 같은 느낌마저 들었다.

아버지와 이 선생은 대청마루 의자에 마주 앉아 있었다. 나는 내 방에서 책을 읽는 척하며 두 사람의 담화에 애써 귀를 기울였다. 그러나 좀체로 알아들을 수 없을 정도로 낮은 목소리였다. 그만큼 비밀스럽고 신중한 말이 오고 갔음이 분명했다. 그러자 느닷없이 이 선생의 그 걸걸하고도 가시가 돋힌 듯한 바리톤 목소리가 높은 자리 소리로 울렸다.

"그럼 차 영감은 누구를 지지하시겠단 말이오?"

"이승만 박사요!"

"이승만 박사를 지지하신다고?"

"그렇소. 민족과 독립을 위하여 오랜 망명 생활을 해오신 그 어른을 존경하오! 누가 뭐라 해도 나는….."

"이승만이를 존경해? 그렇다면 이 이상 얘기할 필요 없어요! 이만 실례하겠소."

나는 두 사람의 대화 내용을 소상히는 알 길이 없었다. 그러나 이 선생이 왜 아버지가 존경한다는 이승만 박사의 반대편에 서 있었던가는 내가 서울에 가서야 뒤늦게 알게 된 하나의 숙제였다.

민족반역자, 친일파를 몰아내고 일본 제국주의 잔재를 말끔히 씻어냄으로써 깨끗이 과거를 청산해야 한다는 진보세력들의 주장은 결코 부당한 것은 아니었다. 백번 옳은 역사적 필연성과 자주독립정신의 발로에서라고 나는 느꼈다. 그런데 망명에서 돌아온 이승만 박사는 잽싸게 과거의 대지주나 자본가, 그것도 대부분의 친일세력들과 손을 잡고 독립촉성회(獨立促成會)를 조직하더니 마침내 한민당을 창당한 것은 하나의 이율배반이자 모순임을 알게 되었다.

나의 이와 같은 사회적으로나 정치적으로의 때늦은 개안(開眼)은 바로 늦깎이 대학 생활에서 비롯되었다. 중국 근대사에서 큰 몫을 한 5.4운동이나 손문(孫文)이 주동한 신해혁명으로 잠자는 늙은 사자라는 중국 민중을 일깨운 것도 그 하나였다. 동학혁명 정신이 곧 광주학생독립운동이나 3.1운동 정신과도 맥을 같이한다는 맥(脈) 찾기도 결코 우연은 아니었다. 그리고 그동안 단순한 회사로만 알고 있었던 동양척식회사(東洋拓殖會社)가 신한공사(新韓公社)로 간판만 바꾸었을 뿐 여전히 농민들 착취 기관으로 건재했던 수치스러운 우리 현실에의 관심도 바로 그때 내가 뒤늦게 눈을 뜬 역사의식의 재확인이자 자아의 각성이 아닐 수가 없었다.

그런 와중에서 나는 문학이나 연극에 대한 인식도 자연히 달라질 수밖에 없었다. 나는 일제시대에 발간되었다가 일제 말기에 폐간된 순문학지 「문장(文章)」 한 질을 사서 처음부터 다시 문학 공부를 했다. 순수문학이니 현실참여문학이니 하고 떠들어대지만 그 뿌리는 하나일 뿐.

정치적인 좌(左)와 우(右)의 이분주의가 문학예술에까지 파급되는 현실 속에서 참다운 뿌리 찾기가 앞서야 한다는 자기 각성이었다.

그리고 시대조류며 역사적 현실 속에서 변해가는 우리를 알기 위해서는 현장에서 뛰고 있는 스승과 선배들의 의견에도 귀를 기울일 필요가 있다고 생각했다. 김기림, 이인수, 염상섭, 이무영, 유치진, 김동석, 설정식, 최재서, 권중휘, 윤태웅, 이호근 등은 내가 대학 캠퍼스에서 배웠던 스승들이었다. 그런가 하면 직업극단의 공연은 물론 그 연습장까지도 찾아다니면서 연극의 창조 과정에 몸소 뛰어들기도 했다. 안영일, 이서향, 허집, 조영출, 김선영, 남궁련, 고설봉, 김승호, 강정애, 오화섭, 박노경 등 연출가나 배우와 만남으로써 나의 연극 개안을 꾀하고 엑스트라로 무대에 서기를 마다하지 않은 것도, 내가 지닌 선천적 재능에서가 아니라 뒤늦게 무대예술을 향한 나의 후천적인 의욕과 정열에서였다.

그러나 정치적 판도에 변화가 오자 문화예술계에도 두 개의 산맥이 맞서게 되었으니 ○○동맹(同盟)과 ○○연합회(聯合會)라는 호칭의 대립이었다. 전자는 이른바 좌경단체요 후자는 민족진영의 지칭이다. 그것은 마침내 피비린내 나는 대결과 투쟁의 양상으로까지 몰고 갔다. 예술과 정치는 전혀 별개의 것이라는 의견과 그것은 같은 뿌리에서 나온 두 개의 몸짓일 뿐 결코 분리될 수 없다는 의견의 대립은 쉽게 무너질 성질의 것이 아니었다. 따라서 테러리즘에도 적색테러와 백색테러가 있어, 번갈아가면서 상대편의 진영을 무너뜨리는 데 혈안이 되었다. 예술인의 집회는 물론 공연장에까지 폭력이 난무하는 지경에 이르러서는, 이 땅에서는 예술도 궁극적으로는 투쟁일 수밖에 없는 거라는 현실을 직시하면서 나는 대학 생활에 익숙해져갔다. 그리고 나의 문학관이나 연극관도 조금씩 틀을 잡아가고 있었다.

"우리가 처해 있는 현실을 있는 그대로 거울 속에 비춰보고 싶다. 추하다고 미화시키지 말고 글렀다고 숨기지도 말고, 못생겼다고 부끄럼

타지 말고, 가난하다고 꾸밀 것도 없는 우리의 실상을 있는 그대로 표출하는 수밖에 없잖은가! 이와 같은 나의 소박한 리얼리즘론은 이때부터 옷을 입기 시작했다. 부정, 불의, 모순, 기만, 가식의 옷을 모조리 벗기게 하고, 알몸과 알몸으로 솔직하게 끌어안을 수 있는 연극이 있어야 한다. 미국도 아니고, 일본도 아니고, 소련도 아닌 한국은 한국일 수밖에 없는 명징한 연극이 있어야 한다."

라고 주먹을 쥐곤 했다. 그것은 어떤 목적의식이나 계산된 수단에서가 아니다. 그것은 종속되거나 추종하는 노예근성에서가 아니라 스스로 주인임을 당당하게 외치는 일이다. 남에게 붙어먹거나 아부하지 않는 떳떳한 가난이라면 결코 부끄럽게 생각하지 않는 시대가 와야 한다고 다짐했다.

이와 같은 나의 적극적인 의지는 가끔 가다가 엉뚱한 일을 저질렀다. 1947년 가을 나는 명동 YWCA에 있는 함귀봉(咸貴奉) 조선교육무용연구소의 문을 두드렸다. 함귀봉은 요즘으로 말하자면 현대무용에 기치를 둔 소장파 무용가였다. 내가 입소용지를 내밀자 그는 연극 지망생이 웬 무용소를 찾느냐고 빈정거리는 눈치였다.

"연극과 무용은 따지고 보면 그 뿌리도 하나 아닙니까? 좋은 연극무대를 만들기 위해서는 무용도 필수적 요소라고 생각합니다."

나의 당돌한 반론에 다소 당혹감을 느낀 듯하더니 다음 주부터 나오라고 즉석에서 허가를 내리는 것이었다.

강의는 일주일에 4일이며 오후 5시부터 3시간의 실기에다 이론시간도 끼어 있었다. 실기는 함귀봉 씨가, 이론은 문철민(文哲民) 씨가 맡았다. 초등학교 6학년 때 처음 보았던 세계적 무희 최승희(崔承喜)의 춤에 넋을 잃었던 내가 12년 만에 직접 춤을 배우겠다고 윗도리를 벗고 나섰으니, 나도 어지간히 돈키호테 기질이 있었던 것 같다.

춤은 결코 노리개가 아니다. 육체를 통하여 사람의 감정, 사상, 심리를 미적(美的)으로 표현하되 그것은 하나의 과학적인 분석과 사고력에서 출발한 예술이라고 강조하는 문철민 씨의 열변은 나를 또 한 번 놀랍게 했다. 뿐만 아니라 과거에 양반들의 위안용으로 추던 기생춤은 이미 사라졌다. 그리고 특권층의 애완용으로 통용되었던 클래식 발레는 이제 발붙일 곳이 없어졌다. 미래는 현대무용의 시대가 도래한다. 그것은 곧 고루한 양식미(樣式美)를 파기한 이사도라 덩컨이나 마리 비그만과 같은 춤이 나와야 한다. 격식에서 벗어나 생명력과 창조력으로 민중들에게 힘과 희망을 주어 살아남을 춤의 시대가 오리라고 역설하는 문철민 씨의 잘생긴 얼굴에 나는 한동안 넋을 잃기도 했다.

그리고 무용도 연극 못지않게 창조적 예술이자 정신문화의 소산임을 깨닫게 되었다. 그것은 먼 훗날 내가 무용계와 인연을 맺게 된 청신한 자극제 구실을 한 셈이다. 뿐만 아니라 동기생 가운데 최창봉(전 MBC 사장), 조동화(무용평론가), 김경옥(극작가) 등이 끼여 있어서 먼 훗날 제작극회(制作劇會) 창당 동인이 된 기연(奇緣)도 이때 맺어진 셈이다.

대학에 입학한 후 첫 겨울방학인 1947년 겨울. 내게 놀랍고도 충격적인 사건이 발생했다. 결혼을 한 것이다. 내 나이 겨우 24세의 대학생인 나에게 결혼을 강요한 사람은 아버지였다. 청천벽력 같은 아버지의 말에 나는 한동안 실감도 반응도 없었다. 공연히 한번 내비쳐보는 말씀이겠거니 하고 나는 피식피식 웃고만 있었다. 그러나 커다란 청동화로를 품듯이 앉아 계신 아버지의 표정은 심각하다기보다는 사뭇 처절했다. 그것은 단순한 결혼 권유라기보다는 유언장(遺言狀)을 읽어 내려가는 듯 심각하고도 엄숙한 분위기였다.

"너도 장차 자식을 낳고 키워보면 알게 되겠지만… 부모로서 자식에게 해줄 의무란 게 있느니라. 그걸 다 해놓아야 비로소 편하게 눈을 감게 되느니라. 요즘 내 건강이 별로 좋지 않다는 거 너도 알것제? 위장병이 더 도지는 것 같고… 게다가…"

여기서 길게 숨을 몰아쉬는 순간 아버지의 입김에 화로 안의 하얀 재가 연기처럼 피어올랐다. 그러고는 아버지의 콧등에 잔물결 같은 경련이 일더니 아버지는 금세 조끼 주머니에서 흰 명주수건을 꺼내 벌건 코를 탱 푸시는 게 아닌가. 아버지는 울음을 참고 계셨다. 나는 이상한 중력감에 머리가 띵하니 저려왔다. 지금까지 그러한 아버지의 표정이라곤 본 적이 없었다. 얼핏 보기엔 굳어버린 표정이라, 좀체로 감정 표출을 안 하시는 어른이라 가족들은 물론 일가 친척들도 아버지의 근엄한 표정 앞에서는 늘 주눅이 드는 편이었다. 그러한 아버지가 아들 앞에서 울먹거리다니 그것은 분명 충격이 아닐 수 없었다.

"네 성이 제정신을 차리고 집안에만 있어준다면 이 애비는 덜 속상하 것는디… 어떻든 늬가 장가가야지 늬 동생들도 결혼시키고… 그래야 마음 놓고 두 눈 감게 되겠는디 지금 심정 같아선…. 농장도 토지개혁령에 따라 지가증권(地價證券) 받고 넘기고 나면 수중에 남는 것도 뻔한 일 아니냐? 그런디 네 성 놈은 밤낮…."

아버지는 다시 코를 탱 풀고는 자리에서 벌떡 일어나시더니 사뭇 명령조로 최후통첩을 내리셨다.

"두말 말고 애비 시키는 대로 해라! 이게 다 자식 잘되라고 하는 소리닝께… 알것지야? 안에 가서 네 엄마헌테 이야기 들어봐. 이미 혼담이 오가고 있으니…."

자식의 장래를 위한 부모의 깊은 뜻을 그 누가 모를까마는 당사자의 의견도 듣지 않고 일방적으로 혼담이 오고 가고 있다는 말에 나는 다시 한번 놀라움을 금치 못했다.

그날 밤. 나는 밤늦도록 깨어 있었다. 평소에 결혼에 대해서 한 번이라도 생각해본 일도 없거니와 오직 문학과 연극에만 미쳐 날뛰는 나로서는 도저히 받아들일 수 없는 일이었다. 그러나 곰곰이 생각하자니 아버지의 그런 결심이 나오게 된 원인은 바로 형 때문이라는 데 생각이 미치자,

나는 평소에도 그다지 부드럽지 못한 형과의 관계가 새삼 떠올랐다.

어려서부터 나와 형은 남들의 눈에는 이복형제라고 여길 만큼 성격이며 행동이 대조적이었다. 개방적이고 활동적인 형에 비해 나는 내성적이고 소극적인 점도 그러했거니와, 성인이 된 이후의 형의 생활은 한마디로 낭비와 방탕이 그 주축을 이루었다. 돈 씀씀이 헤프고 마작이나 화투를 즐기는 일이 일과이고 보면 나로서는 형에 대한 존경보다는 경멸이 더 컸다. 그런데 주위 사람들은 그런 형을 가리켜 남성적이고 호탕하고, 그래서 스케일이 큰 사나이 중의 사나이라고 평하는 것이었다. 그래서 형 주변에는 늘 친구가 따라다녔고, 그들에게는 아낌없이 술과 밥을 사주니 형은 의협심이 강한 사나이로 평가되기도 했다.

언젠가 이런 일이 있었다. 1946년 2월 초순이었다. 사랑방에서 아버지가 급하게 안채로 건너오셨다. 학병으로 끌려간 채 아직 생사 소식이 없던 형한테서 기별이 온 것이다. 그 당시는 장거리 전화며 전보통신이 여의치 않았던 때라 인편으로 편지가 전달되었다. 사연은, 지금 동래온천장에 도착했으며, 함께 학병으로 갔던 친구들과 투숙 중이니 여비와 숙박비를 빨리 보내달라는 것이었다.

집안은 난데없는 희소식에 활기를 띠었고 의논 끝에 내가 그 심부름을 맡게 되었다. 죽은 줄로만 알았던 아들이 살아서 돌아온다는 엄청난 충격 앞에서 어느 부모 형제인들 감동과 기쁨을 실감치 않겠는가. 더구나 우리 아버지에게 장남이라는 존재는 절대적이었다. 종전 직전 광복군으로 편입되어 상해(上海)에서 고생하다가 구사일생으로 귀국선을 타고 돌아온 아들에게 돈을 보내주고 싶었던 부정(父情)을 그 누가 탓할 것인가.

나는 주소가 적힌 약도와 돈뭉치를 가방에 챙겨들고 부산으로 떠났다. 나는 신이 우리 가문을 지켜주는 은총이라고 감사했다. 더구나 해방 후 친일파로 낙인이 찍힌 채 첩거 생활을 하다시피 한 아버지에게 장남의 생환 소식은 바로 희망이자 부활이었을 게다.

형이 묵고 있는 여관은 동래관이라는 큰 여관이었다. 일본식 건축양식과 정원이 제법 호화로운 느낌이었다.

나는 현관에 들어서 종업원에게 뜻을 밝히자 금세 희색이 만면하며 2층으로 올라가라며 빨간 슬리퍼를 가지런히 놓고 갔다. 나는 반은 호기심이요 반은 위압감에서 조심스럽게 층계를 올라 어두운 복도를 지나 맨 끝쯤 되는 방 앞에 섰다. 일본식 객실이었다. 내가 조심스럽게 노크를 하자 나른한 남자 목소리가 들려 왔다.

"들어와!"

나는 일본식 미닫이를 열었다. 아침 햇살이 반쯤 젖혀진 커튼 사이로 방 안에 흘러들어서 방 안 광경이 한눈 안으로 들어왔다. 그런데 널따란 다다미 방에는 네 사람의 장정이 저마다 여자 한 사람을 품은 채 기다랗게 누워 있는 것이었다. 그들은 잠에 취한 듯이 내가 한동안 서 있는데도 일어날 줄 모르고 잠에 취해 있었다.

나는 그 순간 머리가 띵해지고 숨이 가빠졌다. 학병으로 중국 땅에서 고생 끝에 구사일생으로 돌아왔으니 당분간의 휴식을 겸한 안락한 생활을 이해할 수도 있었다. 그러나 이미 처자가 있으며 대갓집의 장손이라는 체통과 책임을 느낀다면 그 생활은 벌써부터 규율이 있고 절도가 따라야 옳았다. 그러나 형의 사고방식은 그게 아니었다.

"성복아, 오늘도 그 짓인갑다. 어서 가봐라. 미친놈들!"

아버지와 어머니가 심부름하는 아이에게 마작판에 박혀 있을 형을 데려오라는 불호령이었다.

아버지는 대학교육까지 마쳤음에도 불구하고 사고방식은 구태의연한 반봉건적이며 보수적인 색깔이 짙었다. 특히 같은 자식인데도 남녀차별이 심한 데다가, 장남 위주의 일방적인 편애주의는 집안에서도 널리 알려진 사실이었다. 따라서 형에 대한 아버지의 사랑과 기대는 절대적인 우선주의였다. 법학을 전공했으니 장차 판검사 아니면 군수라도 되어 문중을 이끌어 가리라고 믿고 또 믿었으리라. 그러나 학병으로 끌려간 그 공백기는 제쳐놓고, 해방된 조국에 뒤늦게 돌아온 후의 안일무사한 생활 태도에 아버지도 분노와 배신감마저 느끼게 되었으리라. 문중을 이끌어 갈 장손으로서의 권위도 긍지도 책임도 없다면야 부모가 그 이상 무엇을 바랄 수 있겠는가. 게다가 지난날의 영광은 간 곳 없고, 친일파라는 낙인이 찍힌 주변의 가시 돋친 눈길을 피해 거의 두문분출의 칩거 생활에 지쳤을 아버지를 생각하니 오히려 가엾은 생각이 들기까지 했다. 그리고 형이 좀 더 절제 있는 생활을 했던들 나의 결혼 문제 따위는 내비치지도 않았으리라는 생각이 들자 새삼 형에 대한 원망이 더 커지는 것이었다.

며칠이 지난 후 자형(姉兄)이 저녁을 함께 먹게 나오라는 전갈이 왔다. 자형은 일제 때 경성고등상업학교(현 서울대학교 상과대학의 전신)를 마치고 금융조합(현 농협) 이사를 지낸 경력으로 그때 목포에서 남일운수(南一運輸)의 전무로 재직 중이었다. 자형은 매우 이해심이 많고, 특히 내가 문학과 연극을 공부하고 있다는 데 대해서는 누구보다도 지지와 격려를 아끼지 않는 후원자였다. 아버지는 내가 이른바 예술 분야에 눈을 뜨고 있다는 사실에 대해서 탐탁지 않게 여기고 있었지만 자형은 나의 기질과 재능을 인정하고는 장인에게 이렇게 말했다.

"아들 3형제 가운데 한 사람쯤 예술가가 있어도 좋지요. 안 그렇습니까? 장인 어른!"

그러나 아버지는 초랭이패가 무슨 예술가냐고 일언지하에 튕겨버리곤 했었다.

자형이 나를 만나자고 제안한 건 모르면 몰라도 아버지와 어머니의 사주를 받아서 나를 결혼하도록 설득시키자는 데 속셈이 있었을 것이다.

"범석아, 결혼에 대해서 신중하게 생각하려는 네가 지금은 그 시기가 아니라고 우기는 의견엔 나도 찬성한다. 그러나 언제고 한 번은 해야 할 결혼 아니냐? 너처럼 그렇게 심각하게 생각하고 원리원칙을 따진다고 해서 꼭 만족한 결혼이 되리라는 보장도 없다. 지금 아버지가 어떤 처지에 계신지 너도 알지? 아버지는 외롭고 허무하고 기댈 곳이라곤 없으신 거야. 그러니 아버지 마음의 짐을 조금이라도 덜어드려. 효(孝)란 별거 아니야. 부모의 마음 부담을 덜어드리는 일이야. 그리고 사람과 사람의 만남이란 꼭 이론적으로 성립되는 게 아니다. 내가 알기로는 저쪽 규수 측에서는 우리 가문이며 너에 대해서는 샅샅이 다 알고 있으니 네 대답 하나로 내일이라도 식을 올릴 수 있단다. 범석아. 서로의 집안 사정을 잘 알고 있고 믿음이 가는 상대라면 그 이상 바랄 게 뭐냐? 누가 이런 말을 했단다. 사람의 만남은 이층에서 바나나를 먹다가 그 껍질을 무심 코 내던졌더니 지나가는 어떤 사람의 어깨에 떨어지는 것과 같다고."

자형의 담담하고도 유머 감각이 있는 설교 아닌 설교는 나에게 매우 자연스럽게 와닿는 것 같았다. 결혼이 공부에 지장을 준다면 식을 올린 다음 졸업할 때까지 떨어져 있다가 분가하는 방법도 있으며, 그동안 신 부는 시부모 밑에서 살림도 배우고 부도(婦道)를 닦는 것도 결코 무의미 하지는 않을 거라면서 맞선부터 보라는 의견을 제시했다. 그리고 맞선 을 보고 나서 정 마음에 안 들 때는 거절할 수도 있지 않는가라는 단서까 지 붙이는 것이었다.

나는 맞선이라는 말에 문득 호기심을 느꼈다. 우리 부모들 시대에는 상대방 코빼기도 못 본 채 부모 시키는 대로 혼인식을 올린 다음 첫날밤 에 가서야 비로소 신부 얼굴을 보았다는데, 맞선을 보고 나서도 마음이 내키지 않으면 거절할 수 있다면야 밑져야 본전이 아닌가. 그리고 맞선 을 보는 그 순간의 짜릿하고도 아기자기한 긴장감과 설렘을 체험한다는 것도 결코 무의미하지 않다는 엉뚱한 생각이 들었다. 드디어 나는 맞선 을 보기로 작정했다.

규수 집은 광주 양림동에 있었다. 제법 큰 한식(韓式) 와가(瓦家)에 축산업을 하는 박씨 집안이었다. 그리고 이 혼담을 맨 먼저 거론한 사람은 양림동에서 차(車) 고약 집으로 알려진 차씨 집인 데다, 둘째 사위가 규수의 큰 오빠이고 둘째 오빠가 나의 중학 선배이고 보니 전혀 남남끼리는 아닌 묘한 인연으로 얽힌 사이였다.

　어머니께서 맞선을 보고 돌아온 나더러 어디가 마음에 들었느냐고 물으셨을 때 나는 이렇게 대답했다.

　"살결이 희고 곱게 빗어 넘긴 광택 나는 머리가 파마 머리가 아닌 생머리이고, 반듯하게 갈라진 가르마의 하얀 선이 인상적이었다"라고.

제11장 대학극회와 신혼생활

나의 신혼 생활은 비정상적인 셈이었다. 결혼 10일 만에 신부만 남겨 둔 채 나만 서울로 올라오고 말았으니 다음 여름방학까지는 어쩔 수 없이 별거 생활을 할 수밖에 없었다. 그것이 누구의 발상인지 소상하게는 기억이 안 나지만 부모와 내가 반반 책임을 져야 할 일임에는 틀림이 없었다. 부모의 욕심은, 새로 맞은 며느리는 얼마 동안이고 거느리고 있어야만이 체통이 서고, 또 그것이 재래식으로 부덕을 닦는 도리로 여기고 있었을 것이다. 더구나 그때만 해도 젊은 여성들은 머리에 퍼머넌트를 하는 게 유행이었는데도 나의 아내는 고지식하게도 얌전하게 쪽을 진 데다가 음식 솜씨며 바느질 솜씨가 수준을 넘는다는 중평이고 보면 이웃에게 자랑하고 싶었을 공산도 컸을 것이다.

그리고 맏며느리와 둘째 며느리를 나란히 거느리고 가사를 꾸려나가는 건 시부모의 눈으로는 대견하고도 또한 자랑스러운 일이 아니겠는가 하고 내심으로는 회심의 미소를 지었을 것이다. 그러나 나는 원래가 자의에 의한 결혼이 아닌 데다가 겨울방학 동안에 도둑장가 들더니 신부를 서울까지 대동하고 나타났는가 하는 주변 사람의 시선에 거부감을 느꼈기 때문이다. 아직도 면학(勉學) 도상에 있는 몸인데 뭐가 바빠서 결혼부터 했는가라는 주위의 시선이 적지 않게 마음에 걸렸다. 뿐만 아니라 연극 관계로 주변에 남녀 대학생과 자주 생활하는 처지이고 보면 내 딴에는 생각지도 않게 조혼(早婚)한 이유를 낱낱이 설명해야 할 번거로움도 결코 배제할 수가 없었다. 그래서 당분간은 비밀에 붙이기로 했다.

그렇다고 그러한 미묘한 사연을 신부에게 자상하게 설명할 만큼 나는 도량이 넓은 편도 아니었다. 그것은 사랑하고 있다든가 아니라든가 하는 해명이 아니다.

나는 결혼했다는 사실을 당분간은 아무에게도 알리고 싶지 않았던 게 솔직한 심정이었다. 그렇다고 그러한 심리적 배경까지 알고 있을 리 없는 신부의 마음을 상하게 할 수도 없었던 것도 또한 나의 솔직한 심정이었다. 나는 그러한 신부의 마음을 손상시키지 않는 방법을 생각했다. 신부를 실망시키거나 의심을 사게 할 수는 없었기 때문이다. 나로서는 여러 가지로 복잡하고도 미묘한 갈등을 느끼는 가운데 결혼식은 올렸지만 여자 측에는 그런 것까지 알릴 필요는 없다는 게 나의 진심이었다.

그러므로 신부로 하여금 신뢰감과 기대감을 저버리지 않는 수단을 생각해내야겠다는 게 나의 절실한 심정이었다.

서울로 떠나기 전날 밤. 나는 아내에게 손가락에 끼고 있던 황금 쌍가락지를 뽑으라고 했다. 아내는 그때까지만 해도 좀체로 내 눈을 정시 못 할 만큼 수줍음을 타던 처지인데도 그날 그 순간 처음으로 나를 쳐다보는 것이었다. 전등불 아래서인지 그 검고 큰 두 눈이 유난히 촉촉하게 젖어 있어 보였다.

그것은 무언중에도,

"무슨 뜻이에요? 왜 가락지를 빼라는 거예요?"

라고 반문하는 눈치 같았다.

나는 쌍가락지 중 한 개는 다시 신부의 손가락에 끼워주고 남은 한 개를 나의 손가락에 낀 다음 보란 듯이 손을 내밀었다. 나는 장난기가 서린 웃음을 지어 보였다.

"여름방학에 다시 만날 때까지 이렇게 각각 나눠 끼자구… 응?"

무슨 연극의 한 장면 같다고 여겼을지도 모른다. 그러나 다행스럽게도 내가 그 이상의 설명을 안 해도 될 정도로 아내의 표정은 온화하고 안정된 빛이었다. 그것이 무엇을 의미하는 행위인지 다 알고 있으며 자기도 반대하지 않겠다는 듯 가락지를 낀 손가락을 폈다 오므렸다 하는 것이었다. 그것은 무언의 승낙이자 순종의 몸짓이었으리라.

나의 학교 생활은 여전히 바쁘고 부지런했다. 전문부 문과(文科)에서 학부 영문학과(英文學科)로 월반해서 전과를 했으니 전문부에서 정들었던 학우들하고는 어쩌다가 만날 뿐이었다. 그러나 연극부 친구들하고는 자주 만났고, 나는 영문과에 적을 두었으되 교내 연극 발표회와 기성극단의 연극 공연에는 빠짐없이 구경을 다니면서 즐겁게 보냈다.

그러나 이 과정에서 나의 연극인생에 결정적인 계기가 될 작은 모험을 했었다. 1949년 10월 한국연극학회(韓國演劇學會)가 주최하는 제1회 전국남녀대학 연극경연대회가 바로 그것이다. 연극학회는 극작가 유치진(柳致眞) 선생이 대표로 있으면서 극작가인 오영진(吳泳鎭)과 이광래(李光來)가 실무위원으로 일하는 학술단체였다. 이 단체는 오래전부터 이 땅의 연극을 진흥시키기 위해서는 때묻지 않은 학생들을 연극계로 끌어들여 새로운 시대에 걸맞은 새로운 연극인의 양성밖에 없다고 주창해왔다. 나중에 가서 안 일이지만 이러한 주장은 유치진 선생이 주도했던 극예술연구회가 1930년대부터 주장해오던 이상이자 숙원이었다. 바꿔 말해서 그 당시의 기성 연극계는 저속한 신파극에 찌들어 있었고 연극인의 자질도 예술인으로서는 수준 미달인 보잘것없는 상태라고 내다보고 있었다. 따라서 진정한 의미에서의 민족연극 수립은 바로 신선하고 진지한 대학생들 가운데서 인재를 골라 교육시켜야 한다는 간절한 소망이었다. 그래서 극예술연구회 시절에도 실험무대를 창설하여 신인 양성에 힘을 쏟았던 실적이 연극사에도 명기되어 있다.

나는 그와 같은 유치진 선생의 꿈과 이상에 전적으로 공감을 했었다. 질 높은 연극은 인격을 갖춘 연극인의 몫이며, 그렇게 하기 위해서는 지적(知的)인 연극인이 많이 나와야 한다고 공감했다. 지난날의 신파(新

派)가 멸시당하는 이유 가운데 하나는 그 연극인들의 인격과 지적 수준의 결함이었다. 빈곤과 무지에서 오는 파렴치하고도 비인격적인 사생활은 마약 중독과 성풍속의 문란으로 찌들고, 신의와 교양이라고는 없는 연극 세계는 소외와 경멸의 대상에서 헤어날 수 없는 실정이었다. 게다가 정치적 대립은 연극계를 분열시켜놓은 실정이었다.

유치진 선생이 로맹 롤랑의 「민중연극론」이라는 책에서 자극을 받아 연극에 눈뜨게 되었다는 일화는 바로 나에게도 그대로 적용되는 생생한 교훈이었다. 연극을 통하여 인성(人性)을 고양시키고, 사회를 개혁하고, 그래서 연극이 단순한 놀이나 오락에서 벗어나서 하나의 예술로 승화되는 날이 하루 속히 와야 한다는 원칙적이고도 소박한 염원은 바로 나를 충동질하는 원동력 가운데 하나였다.

나는 연극경연대회에 참가하기 위해서 구체적으로 유치진 선생에게 의논을 드렸다. 무엇보다도 작품 선택이 난관이었다. 유 선생의 말씀은

"학생연극은 상업성이나 흥행성을 도외시하고 순수하게 학술적이며 실험적인 데 그 생명이 있다. 그러니 우리나라에서는 아직 한 번도 공연되지 않은 희랍극을 한번 무대에 올리는 게 어떻겠는가."

하고 조언을 해주셨다. 말하자면 연극의 불모지대에서 체계적으로 연극을 공부하려는 겸손이 앞서야 한다는 뜻이었으리라.

나는 일본어로 된 희랍극 선집을 구하여 읽었다. 그 당시는 아직도 우리글 번역판이란 꿈도 못 꾸었을 뿐만 아니라 일본어로 된 작품은 본정통(지금의 충무로) 책가게에서는 헐값으로 구할 수가 있었다. 그 가운데서 선정한 게 소포클레스의 대표작 〈오이디프스왕〉이라는 비극이었다. 나는 밤을 새워가며 번역을 시작했다. 일제시대에 일본문학에 심취되었던 그 저력이 이렇게 소중하게 실용가치를 나타낼 줄은 꿈에도 몰랐다. 그러나 연출까지 내가 맡게 되니 장치, 의상, 음악, 소품 심지어는 신발까지도 연극 도서에서 찾아내야 했다. 이때 나에게 큰 도움을 주신

145   제1부 떠도는 산하(山河)

분은 무대미술가로서 제1인자이신 김정환(金貞桓) 선생과 소장연출가 허집(許執) 두 분이었다. 난생 처음으로 희랍 연극을 한다는 열기에 우리는 공중에 붕 떠 있는 풍선 꼴이었다. 그러나 학교 측에서는 교외 행사에 참가하는 일을 달갑게 여기지 않는 눈치였다. 나는 교무처장이신 정석해(鄭錫海) 교수를 면담했다. 그러나 자기로서는 뭐라고 말할 수 없다면서 백낙준(白樂濬) 총장의 허락을 맡으라고 책임을 회피하는 것이었다. 학생 신분으로 총장을 만난다는 게 왜 그렇게 두렵고 떨리는지 지금 생각해도 이해가 안 되는 불가사의였다. 백 총장은 학생들의 열망이 그렇다면 참가는 반대 않겠으나 학도호국단(學徒護國團)이나 학교 측에서 예산 지원은 할 수 없으니 그렇게 알고 있으라는 결론을 내렸다. 나는 결재를 받아내는 게 급한 일이라 소요 경비는 우리가 염출하겠다면서 가까스로 사인을 받아내는 데 성공을 거두었다.

그러나 난관은 목전에 다가왔다. 주최측에서 제작 보조금이 나왔지만 그건 장치 제작비에도 못 미치니 의상, 가발 등은 어떻게 충당할 것인가. 나는 궁리 끝에 고향에 있는 아내에게 편지를 썼다. 시집 올 때 가지고 온 이불과 요의 홑청과 이불보를 뜯어서 보내라고. 희랍 시대의 의상은 어깨에서 아래로 흘러내리게 입는 의상이니 우선 널따란 천만 있으면 어떻게 해결이 나지 않겠는가라는 나의 졸속과 무모한 판단에서였다. 며칠 후 차질 없이 여러 장의 이불보가 소포로 배달되었다. 나는 그때 나의 아내가 어떤 심정으로 이불 홑청을 뜯었을까 하는 엉뚱한 생각이 떠오르자 혼자서 씨익 웃었다.

이처럼 우리들의 열성이 감천(感天)되었는지 호국단 간부들이 적극적으로 후원에 나섰다. 정치과 학생이기도 한 호국단 단장 장순덕(張淳德) 형은 스스로 학교 측과 교섭하여 제작비의 일부를 따내 오기도 하고 여학생들은 간식을 마련하기도 했다. 우리들도 호주머니를 털어내기도 했으니, 그것은 곧 무(無)에서 유(有)를 만들어내는 창조정신이요 기성 극단에서는 좀체로 볼 수 없는 순수하고도 헌신적인 실험정신의 발로였다. 나는 이때의 체험에서 얻어낸 교훈을 먼 훗날 동인제 극단을 운영하면서도 늘 머리 가운데 떠올리고 가슴으로 느끼곤 했다.

제1회 전국남녀대학 연극경연대회는 1949년 10월 초순 명동에 자리하는 시공관에서 10일 동안 이루어졌다. 서울대학교, 연희대학, 고려대학, 숙명여대, 중앙대학, 정치대학(후일의 건국대학), 동국대학, 치과대학, 국학대학 등에서 참가하였다. 이 경연대회를 통하여 후일의 연극, 영화인이 배출되었으니, 배우로는 최무룡(중앙대), 극작가로 김경옥(고려대), 차범석(연희대), 박현숙(중앙대), 영화감독 김기영(서울대), 언론인 신태민(연희대) 등의 이름을 찾아볼 수 있었던 것은 매우 의미 있는 일이었다.

경연대회 결과는 우수상(단체상)에 연출상, 개인 연기상까지 차지하는 경사였다. 처음에는 돌아보지도 않던 교수들까지도 수상식에는 얼굴을 보이며 뜨거운 격려와 박수를 보냈다. 정석해, 민영규, 염은현(廉殷鉉), 조의설(趙義卨) 교수님과 학도호국단 간부, 그리고 유치진, 허집 외 연극계 여러 인사들이 찾아와서 칭찬과 격려를 아끼지 않았다.

우리나라에서 처음으로 희랍극을 공연했다는 자긍심, 학교 측의 무관심을 유관심으로 진로변경시킨 자부심, 그리고 공동체의식에서 싹튼 동지애와 협동정신의 발견은 곧 나로 하여금 연극의 길이 아니면 아무것도 못 하겠다는 결심을 품게 했다. 그 너무나도 드라마틱한 감동은 영원히 내 주변에서 떠나지 않는 '인간승리'가 된 셈이다.

연극경연대회가 가져다준 열기가 아직 식지도 않은 11월 초순, 고려대학교 연극부에서 만나자는 전갈이 왔다. 고려대학교 연극부는 그때 피란델로의 대표작 〈천치(天痴)〉로 최우수작품상을 수상한 실력파였다. 그쪽에서 김경옥(金京鈺), 최창봉(崔彰鳳)이, 그리고 우리 측에서 나와 국문과의 김병규(金炳圭)가 참석했다.

애기는 이 기회에 각 대학교 연극부가 하나로 뭉쳐 대학극회를 창립하자는 제안이었다. 반대할 여지가 있을 리 없었다.

대학생들이 모여 이 땅의 연극계에 새바람을 일으켜야 한다는 다소는 저돌적이고 소영웅주의적인 발상이었지만 동지를 규합하는 데는 별로 어려움이라곤 없었다. 그 명단을 소개하자면 김경옥, 최창봉, 김지숙(이상 고려대), 차범석, 김병규, 구선모(이상 연세대), 조성하, 김효경(이상 동국대), 조동화, 김화숙(이상 서울약대), 이인선, 김혜경(이상 숙대), 김민애, 백봉기(이상 정치대) 등이었다. 우리는 연극 공연 위주에서 탈피하여 작품 분석이나 희곡 낭독 등 기초적이며 연구적인 접근방법에서부터 시작하기로 하고, 장소는 을지로 입구에 있었던 미문화원 소강당을 본거지로 하였다. 이때 작품은, 최초의 희곡낭독회로 헨리크 입센의 만년 작품 〈우리들 죽음에서 깨어나는 날〉이었고, 이어서 T. C. 머리 작 〈장남의 권리〉와 유진 필롯 작 〈기갈(飢渴)〉 등 모두 세 편이었다. 나는 작품 번역과 연출을 맡았다.

여기서 나의 평생을 통하여 잊을 수 없는 한 여성을 만나게 되었다는 사실은 내가 두고두고 감춰온 비밀스러운 일 가운데 하나이기도 하다. 이인선(李仁善)은 숙명여자대학 국문과 학생이었다. 그는 〈춘향전〉에서 월매(月梅) 역을 대담하리만큼 굵직한 연기로 소화시켜 화제가 되기도 했다. 우리는 연습장에서 오고 가면서 눈길만 스쳐 갔을 뿐 별다른 사귐이라곤 없었다. 그런데 대학극회에 참가해줄 것을 제의하자 찬동의 의사를 보이면서도 당분간은 표면에 나서서 출연하는 일은 삼가겠노라는 단서를 붙인 의사표시였다. 나는 여성으로서 있을 수 있는 수줍음과 겸손으로 받아들이기로 했다. 그러나 나중에 알게 된 일이지만, 그녀의 집안은 명문이며 그런 사실이 부모님 귀에 들어가게 되면 난처하기 때문이라면서 당분간은 막후의 협력자라는 입장으로 만족했었다.

그녀와 나는 가끔 차를 마시거나 밤길을 거닐었다. 밤이 늦은 시간이면 그녀가 살고 있는 이화동 골목 근처까지만 배웅을 하고 돌아서는 그런 맹물 같고 밤안개 같은 교제였다. 그러면서도 나는 이미 결혼한 처지라는 사실을 입 밖에 내지를 않았다. 왜 그랬을까?

20여 년이 지난 먼 훗날, 우리는 재회를 했다. 그때는 서로가 가정을 가지고 있는 중년이 되어 있었다. 그때 그녀가 처음으로 실토했던 애기로는, 사실은 나하고의 결혼까지도 생각했었고 나의 가정환경 뒷조사를 했더니 이미 유부남이라는 사실이 드러났을 때의 쇼크는 지금도 잊을 수 없노라고 웃으면서 말했다. 나는 연극쟁이였기에 쥐도 새도 모르게 감쪽같이 남을 속이는 기술이 있었던 것일까? 아니면 다른 두려움이 마음 한구석에 도사리고 있었기 때문에 사실대로 고백을 못 했을까?

아무튼 우리는 그런 사귐 속에서 세월을 보냈고 6.25가 나는 바람에 서로의 소식이 끊긴 채로 6년이란 세월이 흘러갔다. 그때 나는 피난차 내려왔던 고향에서 교편을 잡고 있을 때였다. 어느 날 한 통의 편지가 날아들었다. 봉투 변두리가 붉은색과 파란색으로 선을 두른 항공우편이었다. 동료 교사였던 김영복 선생이 서무실에서 가지고 왔다면서 이 편지의 발송인이 누구인지 밝히기 전에는 편지를 내줄 수 없다고 마구 놀려댔다. 나는 퇴근길에 술 한잔 사기로 하고 간신히 편지를 받았다. 그녀가 보낸 편지였다. 그녀는 지금 일본 동경에서 결혼 생활을 하고 있다는 것과 그동안 나의 거처를 수소문 끝에 가까스로 알아냈다는 그런 잔잔한 사연이었다. 어언 45년 전 일이다.

그 후 우리는 서울과 동경에서 여러 차례 만났다. 그리고 그녀는 우리 아이들에게 만화책도 선물로 보냈고 내게도 연극 도서를 수시로 보내주었다. 음으로 양으로 나에게 도움을 준 고마움은 평생을 두고 못 잊을 추억으로 남을 일임에는 틀림없으리라. 그렇다고 내 아내나 자식들에게 애인이라고 말하기에는 너무 멀고 친구라고 하기엔 너무나 가까웠던 그 미묘하고도 흐리멍텅한 환영이 평생을 두고 따라다닌 셈이다. 학교 시절로 거슬러 올라가자면 우리는 약 50년 가까이 사귀어온 셈이니 우정치 고는 골이 깊은 사귐임에는 틀림이 없다.

방학이 되면 나는 더욱 바빴다. 고향에서 아마추어 연극운동을 벌이 기도 하고 근처의 시골이나 섬지방으로 여행을 다니는 일이 잦았다. 극 작가가 되기 위해서는 세상을 알아야 하고 사람이 살아가는 모습을 두루 봐야겠다는 나름대로의 설계가 있었기 때문이다. 그 가운데서도 즐겨 찾는 곳이 섬이었고, 흑산도(黑山島)나 홍도(紅島)는 해마다 찾아가는 섬이었다. 지금은 쾌속정이 왕래하기에 별 어려움이 없지만 50년 전은 거의 원시의 삶이 거기 있어서 좋았다. 아침에 출항하면 해 질 녘에야 진리(鎭里)에 닻을 내리던 불편한 시절. 그래도 그곳에는 시가 있고 사 상이 있고, 그래서 드라마가 무수히 숨쉬고 있었다. 그때의 체험이 모태 가 되어 훗날 나의 데뷔작인 〈밀주(密酒)〉나 〈귀향(歸鄕)〉을 잉태시키 고 분만케 한 것도 결코 우연은 아니었으리라.

그런데 나의 아내는 불평이 조금씩 자라나고 있었다. 나에게 직접 대 고 말은 하지는 않았지만 눈빛으로 금세 알 수가 있었다. 남편은 한양 천 리 밖에 두고 시집살이하는 것도 고된 일인데, 방학 때 내려와서는 연극이다 여행이다 동창회다 하고 밖으로만 싸다니니 결국 '나는 누구인 가?'라는 자문을 하게 되었을 것이다. 시집올 때는 남편 보고 왔지 시집 식구 보고 왔는가라고 내게 대들었는데, 나는 입이 열 개라도 변명할 여지가 없었으리라. 그런데 들리는 얘기로는 처가 쪽 식구들의 불평불 만이 제법 세게 일고 있었던 모양이다. 장남도 아닌 차남인데 서울에다 집이라도 한 채 사서 새살림을 차리게 할 일이지 무슨 조화인가라고 핏 대를 올렸음 직도 한 일이었다. 그렇다고 정작 사돈 되는 사람한테 직접 담판하거나 항의할 만큼 억척스런 사람은 아니고 보면, 눈치만 보고 처 분만 기다릴 수밖에 없었으리라.

1950년 정월 어느 날. 나는 용기를 내어 아버지와 어머니 앞에서 태도 표명을 했다. 서울로 함께 가게 해달라고. 이제 졸업도 1년밖에 안 남았으니 서울로 가야겠다고. 그런데 부모들의 반응은 전혀 다른 각도에서 표면화되었다. 시집살이하기 싫어서 제 신랑을 사주한 수작일 거라는 투의 반응이었다. 더구나 그때 형은 다니던 은행도 그만두고 육군사관학교에 입학하여 단기교육을 받더니 대위로 임관하자 의정부 부대로 발령을 받아 식구들도 함께 가고 없었다. 그러므로 둘째 며느리까지 서울로 가버리면 집안이 허전해지리라는 의견도 작용했을 것이다. 그러나 나는 양보할 수가 없었다. 3년 동안 시부모 밑에서 교육을 받았으니 이제는 독립할 만도 하다는 나의 주장을 그 누군들 말릴 수가 있었으랴.

부모의 마음과 자식의 마음이 저마다 이기주의의 테두리에서 못 벗어날 때는 비극일 수도 있다. 그러나 서로의 처지를 이해의 눈길로 바라본다면 그건 수월하게 극복될 수 있는 일이다. 그것은 부부의 관계에도 그대로 적용된다. 상대방의 처지를 이해하려 드는 노력이 있을 때는 쉽사리 해결의 실마리를 얻게 된다는 이치를 가끔 잊어버리는 꼴이 인간의 약점일지도 모른다.

우리는 결혼 3년 만에 비로소 두 사람만의 보금자리를 꾸렸다. 서대문구 송월동 33의 1. 그곳은 지금까지 내가 자취하면서 살아온 두 칸짜리 상하방이었다.

그런데 우리의 그 실질적인 첫날밤은 매우 이색적이었다. 2월 말 아침차로 목포를 떠나 서울역에 도착한 우리 부부가 서대문 집에 도착했을 때는 밤 8시가 훨씬 지난 시각이었다. 겨울철의 밤 8시는 한밤중이나 다를 바가 없었다. 옷가지와 침구와 그리고 당분간 먹을 수 있는 밑반찬만을 꾸려서 가지고 온 우리 부부를 기다리고 있는 것은 얼음장처럼 굳어버린 온돌방이었다. 2월의 매서운 밤바람에 아내의 양 볼은 붉다 못해 자줏빛으로 얼어 있었다. 무엇보다도 방에 군불부터 지펴야 했다. 나는 옷을 벗어 부치고 아궁이에다 신문지를 놓고 그 위에다 숯가마니를 잘라

　　　　　　　　　　　제1부 떠도는 산하(山河)

쏘시개로 놓고 그 위에다 장작을 얹어 불을 붙였다. 그러나 오랫동안 버려진 장작은 습기를 머금고 있어서 좀체로 불이 붙지 않은 채 매운 연기만이 땅바닥을 기어 퍼질 뿐이었다. 나는 빳빳한 상자 뚜껑을 뜯어 부채질을 했으나 불은 좀체로 붙질 않았다. 나는 신경질부터 났다. 그러자 풍로에다 밥을 안치고 나온 아내가 나더러 방으로 들어가라고 밀쳤다.

"당신이 언제 아궁이에 불 지펴봤소?"

그것은 경멸에서가 아닌 나의 편했던 팔자를 부러워서 하는 말이었다. 아내는 목포 집에서 날마다 대여섯 개나 되는 아궁이에 불을 지피는 게 일과 중의 하나였다. 부자가 망해도 3년은 견딘다는 말대로 우리 집안은 이른바 몰락지주였지만 살림의 규모는 옛날과 별로 다를 바가 없었다. 심부름하는 머슴도 있고 정제 가시내도 있지만, 그들을 통솔하며 살림을 꾸리는 실질적인 사령관은 나의 아내였다. 그러니 아궁이 불 지피는 기술이야 나하고는 비할 바가 아니었다.

서울 방은 벼락온돌이라 빨리 달아오르고 빨리 식는다는데 그날따라 방은 냉돌이었다. 나는 가마니를 밑바닥에 깔고 그 위에 텐트를 깔고 그 위에다가 푹신한 요와 이불을 깔았다. 이제부터 험난할 수도 있고 깨가 쏟아질 수 있는 새 출발의 밤이다. 사랑이니 행복이니 낭만이니 하는 어휘는 이미 실감을 잃어버린 화석 같은 단어다. 부부가 한방에서 몸을 비비고 섞고 그리고 다음 날은 아무 일도 없다는 듯 일어나서 각각 자기 일을 하는 게 바로 현실일진대, 그것이 고래등 같은 방이면 어떻고 가마니 깔고 텐트를 깐들 어떠랴. 이제부터 진짜 우리의 신접살림이 시작된다는데 그 이상 무엇이 부럽겠는가. 나는 힘껏 아내를 안았다. 아내는 울고 있었다. 소리 없이 흐느끼고 있었다.

다음 날 아침, 집주인 아주머니가 김칫독에서 갓 꺼낸 김치폭을 대접에 담아 들고 건너왔다.

"학생은 저렇게 얌전하고 예쁜 색시를 두고도 그 동안 혼자 고생했구

랴. 에그… 세상에! 에그 얌전도 해라!"

　순 서울 말씨로 아내를 칭찬하는 주인 아주머니의 표정은 결코 꾸며 대는 것이 아니었다. 다만 내가 그동안 시골집에 아내를 숨겨두었다는 생각에 야속한 마음이 들었던 모양이다.

　그러나 새로운 고민이 생겼다. 내가 신접살림을 차렸다는 소문이 퍼지자 연극부 학생이며 대학극회 친구들이 때도 시도 없이 드나들게 되었다. 먹성이 좋기로 이름난 김경옥은 어딜 가나 먹는 데는 선수였다.

　"호남 갑부의 아들인데 뭐가 겁나갔어. 야, 술 받아 오구 안주도 내오려마. 티깝게 굴면 대학극회에서 제명시키갔어! 핫하…."

　그의 호걸 타입의 웃음이 터져 나오는 동안 아내는 관청에 잡아다 놓은 촌닭 격이었다. 나는 아내를 데리고 극장엘 자주 갔다. 최초의 오페라 〈라트라비아타〉에 이어 〈카르멘〉 공연 때 나와 김경옥은 무대 뒷일을 도왔다. 이인선, 김혜란, 김복희, 김석순, 오현명, 송진혁 등 쟁쟁한 성악가와 지휘자 임원식 선생을 만나게 된 것도 바로 그해 이른 봄이었다. 난생처음으로 오페라를 구경했다는 아내는 시종 감탄의 빛이었다. 우리 두 사람은 명동예술극장을 나와 조선호텔과 덕수궁을 지나, 정동 골목을 빠져나와 서대문까지 마냥 걸었다. 그것은 먼 길이 아니라 화려한 미래의 길이었다. 앞으로 내가 가야 할 연극의 길도 그렇게 화려하기를 비는 마음이 있었기 때문이다.

　꿈같은 신혼 생활이 지나갔다. 4개월 동안의 새살림은 그런대로 즐거웠다. 그리고 결혼한 학생에서 어른으로 성숙해가는 나의 안목은 연극을 보는 눈에도 변화를 가져오고 있었다. 우리나라 최초의 국립극장이 개관을 하고 〈원술랑〉에 이어 〈뇌우(雷雨)〉가 공전의 히트를 하자 한국 연극은 긴 잠에서 깨어나 마음껏 기지개를 켜는 6월이었다. 국립극장에는 다음에 공연될 발레 〈인어공주〉와 창극 〈만리장성〉과 연극 사르트르의 〈붉은 장갑〉의 예고 간판이 광화문 네거리를 내려다보고 있었다. 그 당시 국립극장에는 전속 극단으로 '극단 신협(新協)'을 두었고 연구단원제를 신설했다. 극장장인 유치진 선생의 지론인 새로운 연극문화를 위해서는 새로운 대학생 연극인을 양성해야 한다는 주장에서였다. 김경옥, 김정섭, 차범석도 그중 한 사람으로 공연 때마다 스태프 조수로 뛰었다. 나는 연극 〈뇌우〉 공연 때 무대 뒤에서 철판을 걸어놓고 뇌송* 소리를 내는 효과를 담당했다. 뿐만 아니라 신태민을 발탁하는 데 유치진 선생에게 건의했던 것도 모두가 그런 인연에서였다. 그런데 역사는 밤에 이루어진다던가. 6월 25일의 아침이 밝아오고 있었다.

---

* '뇌성'의 전북 방언.

제12장 6.25와 습작기

1950년 6월 25일은 일요일이었다. 학교에 나가랴, 연극 연습하랴, 남의 공연 구경 다니랴, 눈코 뜰 새 없이 바쁘게 지내는 나의 일과와는 반대로 나의 새댁은 온종일 집을 지켜야만 했던 지루한 나날 속에서 누구보다도 일요일이 기다려졌다. 우리는 서울에 신혼살림을 차린 이래 일요일을 일요일답게 보낸 일이라곤 없었다. 게다가 아내는 얼마 전부터 임신의 증세로 입덧이 나타났는지 냉면이 먹고 싶다는 것이었다. 나는 오랜만에 영화를 한 편 보고 나서 충무로에 있는 '오림픽회관'에서 냉면을 먹기로 계획을 세웠다. 그날은 상경 이래 가장 행복한 날이었을지도 모른다.

수도극장(지금의 스카라극장)에선 〈크리스마스 휴가〉라는 영화가 상영 중이었다. 내가 중학교 때 봤던 미국영화 〈오케스트라의 소녀〉의 주인공을 맡았던 천재 소녀 디애나 더번이 이제는 성숙한 여인으로 성장한 모습을 보인 멜로드라마였다.

영화가 끝나자 극장 밖으로 나오는데 군용 지프차가 확성기를 통하여 자못 경직된 음성으로 거리를 울리며 지나가고 있었다.

"국군 장병들은 즉시 소속부대로 귀대하라! 국군 장병에게 알린다…"
지나가는 시민들은 군사훈련이라도 있겠거니 하고 별다른 반응을 보이지 않았다. 우리 부부 역시 별다른 생각 없이 충무로의 혼잡한 거리를 누비며 오림픽회관에 들러 냉면을 맛있게 먹었다. 상큼한 초맛과 겨자의 아릿한 자극이 초여름의 더위를 금방 가시게 했다. 아내는 모처럼의

외식에 무한한 행복감이라도 느낀 듯 양 볼이 홍조를 띠고 있었다. 그런데 거리를 달리는 지프의 확성기에서는 여전히 국군 장병의 귀대를 재촉하는 방송이 끊이지 않고 있었다. 그것이 곧 인민군의 남침이라는 사실을 알게 된 것은 그다음 날 새벽이었다.

태평양전쟁 때 일본군에 징집되어 약 4개월의 군복무 경험이 있는 나였지만, 북한의 전차부대가 그렇게 쉽게 38선을 넘어 서울시 내로 쳐들어오리라고는 상상도 못 했다. 그리고 시민들에게는 끝까지 서울을 지키라고 방송망을 통해 입이 마르게 외쳐대던 이승만 정권의 요인들은 이미 서울에서 자취를 감추었다는 사실을 알게 된 것도 이틀 후였다. 시민들은 앞을 다투어 남쪽으로 피난을 가기 위해 한강으로 몰려들었다. 그러나 한강 다리는 국군에 의해 이미 끊겼다는 소식을 들었을 때 나는 분노와 배신감에서 전신을 떨었다. 그런데도 라디오에서는 여류 시인 모윤숙의 애국시가 여전히 흘러나오고, 밖에는 밤새 비만 내리고 있었다. 6월 27일이었다.

내가 서울을 떠나야겠다고 결심한 것은 서울이 함락된 지 약 한 달 후였다. 그것도 아내가 우기지 않았던들 나는 어쩌면 의용군으로 나갔을지도 몰랐다. 왜냐면 의용군으로 가게 되면 식량배급을 받을 수가 있었기 때문이다. 얘기가 과거로 좀 거슬러 올라가지만, 38선이 터지자 난데없이 우리 집에 네 식구가 밀려들었다. 의정부에서 군복무 중이던 형의 가족이 알몸으로 피난을 온 것이다. 육군 대위인 형은 전선으로 나갔으니 의지할 곳은 나밖에 없었다. 우리 부부와 아우 세 식구가 살던 상하단칸방에 네 식구가 더 들어서니 무엇보다도 식량 사정이 급했다. 생활비는 매달 고향에서 송금해 오던 처지에 이미 길은 막히고 고향 소식도 끊긴 지 한 달이 지난 터였다. 아내는 결혼 때 가지고 온 재봉틀, 금비녀, 금가락지, 그리고 몇 벌의 옷가지를 식량과 바꿔서 일곱 명의 목숨을 이어가기에 급급했다.

감미롭고 황홀했던 신혼의 꿈은 깨어지고 지금은 오직 '무엇으로 끼니를 때우느냐'라는 절박한 문제 앞에서 살아남을 길은 고향으로 내려가는 수밖에 없었다. 나는 불가능하다고 잡아뗐다. 어린 조카들에다가 보행이 불편한 아우까지 낀 상태에서 목포까지 무슨 재주로 걸어서 갈 수 있겠는가라고 나는 반대했다. 그러나 아내는 집요하게 서울을 떠나자고 우겼다. 지금까지 아내의 표정에서 그런 고집스러운 면을 찾아볼 수가 없었다. 그날 밤 나는 처음으로 아내에게 손찌검을 했다. 그러나 결론은 아내 쪽으로 기울어지고 말았다.

　양순하고 과묵하고 인종(忍從)만을 미덕으로 여기던 아내의 어디에 그런 고집이 숨어 있었던가. 나는 꺼칠한 얼굴에 여기저기 기미마저 낀 임신 4개월의 아내의 얼굴에 울음을 삼켰다. 그러고는 살아남는 길은 아내 말대로 고향으로 가는 수밖에 없다고 체념했다. 우리 일곱 식구는 기약할 수 없는 고향길을 향해 서울을 벗어났다. 1950년 7월 26일 아침이었다. 우리는 서울을 떠나기로 결심을 했다. 아니 떠나는 게 아니라 버린다는 표현이 옳았을 것이다. 한강 다리는 이미 끊어지고 길이 막힌 후였다. 뚝섬 쪽으로 나가 나룻배를 타고 강을 건너가면서 우리는 비로소 눈물을 흘렸다. 병든 서울! 용광로 같은 서울! 나를 쫓아낸 서울! 내가 버린 서울…. 눈물 속에 아른아른 멀어지는 서울의 원경은 금세 황혼 속에 잠기면서 그것은 어느 먼 나라의 먼 도시로 변해가고 있었다. 그리고 우리는 걸어서 남쪽 끝까지 가야만 했다. 등에 업고 배 안에 담고, 문둥이패처럼 떠났다. 논두렁, 밭두렁을 지나 신작로길, 철둑길을 따라 남쪽 끝까지 가는 걸인 생활을 하면서 고향을 찾아 나섰다. 우리는 광주 처가에서 하루를 쉬고 목포에 도착하기까지 꼭 열이레가 걸렸다. 다리가 성한 사람 같으면 닷새면 족하다는 노정이지만 아이와 불구자까지 낀 우리 일행의 귀향길은 그야말로 멀고 험하고 눈물겨운 인생길이었다. 그러기에 먼 훗날, 나는 문전걸식도 해왔던 그 시절의 체험을 하나의 생활교훈으로 삼기도 했다.

그러나 고향집에서 우리를 기다리는 것은 평화도 안식도 아니었다. 암울하고 비통한 현실의 벽이 가로막고 있었다. 우리가 살던 집을 인민위원회에서 사용하게 되었으니 내일까지 명도(明渡)하라는 통첩에 가족들은 망연자실하고 있었다. 거지꼴을 한 우리 일행이 대문 안에 들어서자 대청마루 끝에 앉아 계시던 어머니는 버선발로 우루루 내려오시더니 내 손목을 쥐었다.

"왔냐… 살아왔어? 시상에… 워따…."

눈물과 콧물이 범벅이 된 어머니는 제대로 말을 잇지 못하고 서럽게 울기만 했다.

다음 날 집을 비워주고 알몸으로 쫓겨 나오려는데 사랑방에서 아버지가 아직도 안 나오시는 것이다.

"늬 아부지 뭣 하신다냐? 가봐라잉?"

어머니는 슬픔 대신 성이 가신 짜증스러운 말투였다.

나중에 알게 된 일이지만 아버지는 목포시 인민위원회에 수차례 불려나가 취조를 받았었다. 일단 그 이름이 친일파 민족반역자의 리스트에 올라 있는 이상 언제고 한 번은 소환되리라고 아버지도 체념은 했었다. 한편 인민위원회 측에서도 여러 각도에서 진상 조사와 주변 사람들의 증언을 취합했다. 그러나 이른바 '악질(惡質)'에는 해당이 안 되었는지 다음 날로 풀려난 이후는 두문불출 상태에 있었다. 해방 직후부터 5년 동안 역사의 심판 앞에서 오직 침묵과 회한으로 나날을 보내야만 했을 아버지의 심정을 추정한다면 결코 부정적인 것만도 아니었다. 그러나 세상이 붉게 바뀌어진 이 과도기의 시점에서는 지난 대한민국 정권 때보다는 몇 갑절 살벌하고 준엄한 의법처단(依法處斷)이 있으리라고 각오를 하고 있었다. 그런데 이렇게 막상 추방당하는 아버지의 심사는 곧 죽음까지도 생각했을 것이다. 그것이 곧 깨끗하게 생을 마무리지을 길이라고 작심했을 것이 분명했다.

아버지는 방 한가운데 우두커니 서 계셨다. 모시 적삼과 바지 너머로 아버지의 야윈 허벅지와 정강이가 실루엣처럼 드러나 보였다.

나는 무엇인가 일을 해야겠다고 생각했다. 단순히 가족을 위해서라기 보다 이 숨막히는 현실 속에서 벗어나는 길이 있어야겠다고 마음먹었다. 그러던 차에 연극동맹에서 나오라는 연락이 왔다. 내가 서울에서 연극 공부를 하고 있다는 사실은 이미 알려져 있었다. 그리고 나의 누이는 대학 보육과 출신이라 무용에 소질이 있었으니 무용동맹에 가입하라는 기별이 왔다. 말이 동맹이지 시골 도시에 제대로 된 시설이나 인재가 있을 리가 없었다. 다만 정해진 시간에 나가 기초 훈련을 하면서 무슨 행사가 있을 때면 계몽극이나 짤막한 무용을 하기 위하여 미리 준비를 한다는 게 고작이었다. 그런데 나는 서울에 있을 때 무용연구소에 다녔 다는 경력상 연극과 무용 두 동맹에 나가게 되었으니 어쩌면 다재다능한 (?) 인재로 인정받은 예술가였다. 웃기는 일이었다. 전국은 시시각각으 로 급해지고 민심은 흉흉해진 가운데 어느 날 상부로부터 지시가 내렸 다. '인민군 위안의 밤'을 개최하게 되었으니 각 동맹에서는 공연작품을 준비하여 의무적으로 참가하라는 시달이었다. 음악, 시 낭송, 무용, 연극 등 이른바 종합예술제를 열기로 결정이 났다. 나는 소인극(素人劇)을 연습하면서 한편으로는 군무(群舞)를 안무하기에 바빴다. 우리 남매가 날마다 연습장에 나가는 모습을 부모들은 언짢아하셨지만 숨막히는 현 실을 극복하는 길이란 그 길밖에 없었다. 희곡은 이북에서 발행한 소인 극집에서 신고송(申鼓頌)의 작품을 택했다. 제목은 잊었지만 이승만 대 통령을 희화적으로 풍자한 작품이었다.

그런데 한 가지 잊을 수 없는 일이 있었다. 무용동맹에서 연습을 시작 한 지 며칠째 되던 날 까까머리 중학생(그때는 5년제였다)이 나타났다. 몸이 마른 편이고 눈은 검실검실한데 말써며 몸놀림이 영락없는 계집아이 같았다. 이름은 이규태이며 공업고등학교 학생이라고 했다. 그는 며칠 연습에 나오더니 어느 날 종적을 감추어버렸다. 먼 훗날 알게 된 사실이지만 그가 바로 오늘의 명무(名舞)인 이매방(李海芳)의 소년 시절이었으니, 사람의 만남은 정말 알 수 없는 일이었다.

예정된 행사는 무사히 마쳤다. 그러나 미군의 공습을 피하기 위하여 한여름인데도 극장 문을 꼭꼭 닫고 공연하자니 비 오듯 쏟아지는 땀으로 한증막 신세가 되기도 했다. 그러나 그것이 바로 인민을 위한 투쟁이라고 우리는 교육을 받았다.

8월 하순경이었을까. 목포에 한 예술가가 나타났다. 무용가 최승희의 딸 안성희(安星姬)가 온 것이다. 인민군 위문공연차 온 것이다. 나는 어린 시절 그녀의 어머니 최승희에 쏟았던 동경심이 불현듯 되살아났다. 20세도 채 못 되는 나이에 모스크바와 프라하의 국제무용콩쿠르에서 우승했다는 그녀의 경력은 문자 그대로 모전여전(母傳女傳)의 표본이었다. 그러나 그녀가 다녀간 지 얼마 후 UN군의 인천상륙작전이 이루어진 점으로 보아 안성희는 후퇴의 행로에서 나름대로의 고행을 면치 못했을 것이다.

하루아침에 세상이 다시 뒤집히자 인민군과 그들을 추종하는 세력들은 야밤을 이용하여 후퇴를 하기 시작했다. 그러나 대부분의 사람들은 이른바 작전상의 일시적 후퇴일 뿐 결코 패배가 아니라고 믿고 있었다. 최후의 승리는 반드시 인민군에게 돌아오리라고 믿었기 때문이다. 그러기에 우선 가까운 산악지대로 임시 피난을 갈 뿐이라고 선동하며 동행을 강요했다. 월출산, 백운산, 무등산, 유치산… 전남 일대의 산이란 산은 그렇게 입산하는 사람들로 붐비고 있었다.

그러나 나는 그들을 따라갈 의사도, 용기도 없었다. 부모형제가 있고 집이 있어서라기보다는 지금까지 내가 거쳐온 비틀거리는 걸음걸이에 대한 회의가 더 컸을지도 모를 일이었다.

"뭣 때문에 사는가? 누구를 위하여 살아야 하는가?"

나는 며칠 동안 우울한 생각에 두문불출하고 있었다.

며칠 후 국군이 진주하고 경찰이 들어오자 치안 유지와 함께 강행한 최초의 업무는 지난 3개월 동안 인민군에게 협력한 이른바 부역자(附逆者)들의 색출 소탕 작전이었다. 그러자 지금까지 그늘에서 숨죽여 살아야만 했던 아버지로서는 다시 햇빛을 보게 되었다. 민족 진영 인사로서 음지가 양지로 바뀌는 실감나는 세상이었다. 아버지는 구국총연맹(救國總聯盟) 목포 지부장이라는 감투를 쓰고 있었다. 아버지는 우리 남매에게 경찰에서 출두 명령이 나오기 전에 자수(自首)하는 형식을 취하라고 권유했다. 나와 누이는 아버지의 의견을 따르기로 했다. 그리하여 약 열흘 동안의 유치장 생활 끝에 풀려 나왔다. 나는 난생처음으로 체험한 유치장에서 느끼고 보고 했던 일들이 언제고 작품 창작하는 데 이용할 충분한 가치가 있을 것이라는 엉뚱한 생각을 하고 있었다.

1950년 11월 10일 나는 목포중학교 교사로 채용이 되었다. 아버지의 후광 덕분이었지만 조정두(趙正斗) 교장의 각별한 배려가 더 컸다. 그러나 나의 전공은 영문과였는데 맡은 과목은 국어였다. 영어과에는 결원이 없으니, 문학을 한다니 국어도 맡을 수 있지 않겠는가라는 조 교장의 의견이었다.

나는 고등학교 2학년 현대문과 중학교 3학년 국어를 맡게 되었다. 그 당시 두 학교는 같은 구내에 있었다. 3개월의 붉은 악몽에서 깨어난 나는 이를테면 갱생(更生)의 문턱에 선 전과자 같은 신세였다. 그러므로 나에게 주어진 일은 성의를 다하되, 내가 앞으로 나아갈 문학의 길이 거기 있었으니 불행 중 다행이 아닐 수가 없었다. 다만 대학 졸업장이 없으니 정교사 자격증은 받을 수가 없었다. 나는 정교사건 준교사건 학교에서 학생들과 함께 생활한다는 그 사실만으로 나의 허무와 회의와 절망에 가득 찬 젊음을 이겨내는 길밖에 없었다.

나는 지금까지 직장이라고는 교편 생활과 방송국에서 일했던 경험뿐이다. 그 교편 생활도 국민학교에서 보낸 1년을 제하면 중고등학교에서 11년을 근무했는데, 그 가운데서 6년을 보낸 곳이 바로 목포중학교이다. 그것도 세속적인 표현을 빌리자면 첫사랑 같은 것이어서 나의 청춘을 고스란히 바친 곳이 바로 목중(木中)이었다고 해도 과언은 아니다.

아직도 사회 주변은 살기와 혼돈과 불안이 매캐한 연기처럼 가라앉았던 시절이라, 학생들은 피난길에서 아직 돌아오지 않았고 고급 학년 학생 가운데는 군복을 입고 완장을 차고 교문 안팎을 드나들던 살벌한 시기였다. 나는 조심스럽게, 그러나 호기심과 의무감을 간직한 채 교실에 들어섰다. 3학년 국어를 맡게 되었다. 대학에서는 영문학 전공이었으나 내가 극작가 지망생이라는 점을 알고 있던 학교 측에서는 국어를 맡으라는 것이었다.

그 당시 목중(木中)의 교사진은 쟁쟁했다. 그 쟁쟁하다는 표현은 세월을 얼마쯤 흘려보낸 다음에야 알게 된 일이지만, 이가형, 정무동, 노지숙, 양병우, 이범훈, 김인환, 오창환, 김방한 등 후일 학계에서 뚜렷한 자리를 굳힌 분들이 그 당시의 목중(木中)에 집결되어 있어서 나는 여러 가지로 배운 바가 있었다. 그러나 교사뿐만이 아니라 학생들의 우수성도 마찬가지였다. 학년의 차는 있었지만 오늘날 이 나라의 여러 계층에서 활약하고 있는 중견의 이름들이 그 당시 목중의 요람에서 보았던 얼굴이라는 점에서 나는 새삼 목중의 우수한 두뇌를 자랑하지 않을 수가 없다. 차인석, 최종수, 신상현, 최인훈, 천승세, 김은국, 최영철, 강대진, 김성옥, 이억순, 강대선 등 지금 학계, 정계, 언론계, 예술계에서 명성을 떨치고 있는 사람들의 얼굴이 바로 목중에서 자랐다는 점을 나는 지금도 자랑스럽게 생각한다.

그러나 나는 목중과 목고(木高)가 학제 변경에 의해 분리되면서 목중에 남게 되었다. 아직 대학 졸업장이 없었기 때문이었다. 영문과 졸업한 학기를 앞두고 피난 나와 그대로 눌러앉게 되었으니 할 말은 없었다. 교사 자격증을 얻기 전에는 여전히 중학교 준교사일 수밖에 없었다.

그러나 나는 한 번도 고등학교가 중학교보다 높은 자리라는 생각을 해본 적은 없었다. 아니, 한 울타리 안에 있으니 목중(木中)과 목고(木高)는 큰집과 작은집이라는 그런 친밀감이나 동질성으로 유대감을 지닌 처지였다. 따라서 내가 가르친 중학생이 고등학교로 진급했고 그 진급한 학생들은 여전히 나를 따르고 함께 어울리기를 즐겨했으니, 나에게 목중과 목고는 하나의 요람이지 두 개의 침대라고는 생각지 않았다. 나는 학생들에게 매질 잘하기로 이름이 나 있었다. 그것은 나의 성격적인 결함에도 원인이 있었지만 사실은 남에게 지기 싫어하는 고집 때문이었는지도 모른다. 그 당시 전국학술경시대회라는 제도가 있었다. 내가 담임했던 학생 가운데서 이상묵, 박태영, 그리고 이해석이 당당 1등의 영예를 차지하고 돌아왔을 때 나의 긍지는 꽤나 높았던 기억이 난다.

나는 교육이란 이를테면 스파르타식이라야 된다는 쪽이었다. 그러나 그것이 어떤 형식에 의한 제도적인 훈련이 아니라, 자각과 자아의식의 각성을 바탕으로 한 학습이요 자유스런 행동의 근원으로서의 훈련이기를 바랐다. 억지로 시키는 것이 아닌, 학생 스스로 눈을 뜨게 하는 일이 더 중요했다. 그래서 나는 수업 중에 곧잘 문학, 연극, 영화 얘기를 들려주었고 때로는 영어로 부를 수 있는 노래도 가르쳐주었다. 전쟁으로 인해 멍들고 굳어버린 어린 영혼을 훈훈하게 녹여주자는 속셈이었다. 학생들은 즐거워했다. 그것은 사춘기 소년의 마음에 자유를 동경하고 미의식을 인지하게 하자는 내 나름대로의 의식적인 행위였다. 그러나 나는 한 번도 딱딱한 교육논리나 교육자적 권위주의를 따르려 하지는 않았다. 학생들이 자연스럽게 자라서 무엇이 진실이고 부정인가를 식별할 줄 아는 진정한 시민정신의 함양이 중요하다고 느꼈기 때문이다. 그래서 나는 차별의식이라든가 권위주의라든가를 싫어했다. 그것은 내가 '목중예술제(木中藝術祭)'를 시작하여 연극반을 지도하면서부터 더해갔다. 장차 극작가가 되기 위하여 습작을 했던 내가 어린 중학생들과 어울려 연극을 했을 때 목중의 이미지는 또 다른 면을 학부형들에게 보여준 셈이다. 음악은 이영기(李永基) 선생이 지도했고 연극은 내가 맡았지만, 중학생답지 않은 그 실력은 역시 목중의 전통이자 '목포 사람'의 기질에서 온 것 같았다. 〈저주〉, 〈백의(白衣)〉, 〈월출(月出)〉, 〈내 고향으로 나를 보내주오〉 이렇게 네 편의 연극공연을 마치고 목중과 작별하던 날 학생들에게 이임사를 통하여 이렇게 타일렀다.

"사람은 소신이 있어야 한다. 비굴하게 살지 말자. 주인이 던져준 고기뼈 몇 개에 혹하여 꼬리 치는 개가 되지 말자."라고. 나는 지금도 최소한 인생을 추하게 살고 싶지 않다는 생각뿐이다. 비굴하지 않고 남에게 끌려다니지 않고 자기 길을 가면 좋겠다. 그것이 멋이 아니겠는가.

내가 6년 동안 근무했던 목포중학교 교사 시절은 나의 일생에서 가장 소중한 시기였다. 왜냐면 내가 극작가로서 등단하기 위한 습작품이 모두 이 시기에 씌어졌고, 연극운동을 하기 위한 연출 수업도 이 시기에 이루어졌기 때문이다. 스승도 선배도 없는 연극의 황무지에서 나름대로의 뜻과 꿈을 살려가며 희곡을 써나가겠다는 외로운 삶이 없었던들, 나는 지금 결코 극작가도 연극인도 되지 못했을 것이다.

그 누가 나에게 이 길을 가라고 권했던가. 누가 이 길만이 살아남는 자리라고 타일렀던가. 누가 자신의 뒤를 따르라고 나를 인도하였던가. 대답이라고는 어느 것 하나 발견 못 한 채로 혼신의 힘을 쏟을 수밖에 없었다. 이 땅엔 시인도 많고 소설가도 많았다. 그러나 극작가라고는 유치진, 오영진, 이광태, 그리고 김진수 등 너덧 분이 고작이던 시절이었다. 그것도 내가 서울이나 부산에 있었던들 그분들을 따라다니면서 지도를 받을 수가 있었을 것이다. 그러나 이 땅의 맨 끝에 버려지듯 남겨진 목포에서 무슨 힘을 믿고 의지했기에 하필이면 희곡을 쓰겠노라 고집했을까. 시인이나 소설가가 되었던들 유명해지고 원고료라도 받을 수 있었을 테지만, 극작가라는 존재는 아직도 캄캄한 어둠이자 싹도 자라지 않은 터에 어쩌자고 한사코 희곡을 쓰려고 바둥거렸는지 지금 생각하면 소쿠리로 바람 잡는 격이었다.

그러나 무엇보다도 목포중학 재직 6년 동안에 내가 얻은 것은 수많은 제자와의 만남, 그리고 나의 끊임없는 희곡 습작을 들지 않을 수가 없다. 지금은 대부분이 60 전후의 중노년기에 있고 사회 각층에서 대성을 한 제자들이 어디선가 내 작품을 읽거나 무대나 영상을 보고 있으리라는 한 가지 사실만으로도 보람이 크다. 게다가 이름도 까맣게 잊어버린 제자와의 우연한 만남에서는 진정한 인생 항로가 결코 헛되지 않았다는 감회도 또한 배제할 수가 없다.

1951년 봄 목포문화협회(예총지부의 전신)가 주최하여 종합예술제를 개최했다. 연극은 나의 처녀작 〈별은 밤마다〉(2막)이며 내가 연출을 겸하고 주연까지 맡은 작품이었다. 이 연극에서 오늘날 정진 배우로 자리를 굳힌 19세의 김길호(金吉浩)를 발견한 것은 나에게도 사람을 보는 안목이 있었다는 증거가 될지도 모를 일이다.

나는 학생극을 올리면서 그때마다 적당한 텍스트가 없다는 장벽에 부딪혔다. 물론 나는 그 장벽을 넘어서기 위하여 여러 편의 단막 희곡을 썼지만 좀 더 정확하고 정통적인 시각에서 학생들을 위한 희곡이 있어야겠다고 마음을 굳힌 끝에 출판한 게 「근대 1막극선」이었다. 버나드 쇼, 유진 오닐, 그리고 존 밀링턴 싱의 단막극을 번역한 책이다. 이런 책이 그 시대에 햇빛을 볼 수 있었던 것은 내 아우(차재석)가 관계했던 항도출판사의 덕이다. 나에게는 첫 번째로 낸 희곡집이다. 다만 그것이 창작집이 아니라는 점에서 뭔가 시원찮은 생각이 들었다.

그러나 나는 단 하루도 희곡 창작을 향한 집념을 저버린 적이라곤 없었다. 〈닭〉, 〈제4의 벽〉, 〈전야(前夜)〉, 〈풍랑(風浪)〉 등 습작을 한 것도 이 시기였다. 그러기에 1955년 1월 1일 나에게 행운이 돌아온 것이다. 조선일보 신춘문예 희곡 부문에서 희곡 〈밀주(密酒)〉가 가작 입선된 것이다.

이 소식이 전해지자 좁은 목포 바닥은 떠들썩했다. 그때 나는 걸맞지 않게 필명을 '범석(凡石)'이라고 자칭했다. 학교 시절에 유치진 선생께서 무심코 일러주신 말이었다. 나는 신문사 문화부로부터 연락을 받고는 어찌할 바를 몰랐다. 그것은 진정 꿈만 같았다. 그러나 나의 기쁨을 함께 나누어주려고 애쓴 지역 문학인과 연극인들의 열의는 더욱 뜨거웠다. 〈밀주〉 입선 축하의 밤을 열기도 하고 희곡 낭독회도 열었다.

그런데 나에게는 또 하나의 오기가 생겼다. 나는 가작이라는 사실에 불만이었다. 나는 당선작인 임희재(任熙宰) 작 〈기류지(寄留地)〉가 신문에 게재된 것을 읽고 나서야 주먹을 불끈 쥐었다.

"이왕이면 다홍치마다. 데뷔할 바엔 당선을 따야지. 가작은 양에도 안 찬다!"

나는 다음 해에 재도전을 했다. 〈귀향(歸鄕)〉이라는 단막극이었다. 심사위원은 작년과 마찬가지로 유치진, 오영진 두 분이 맡으셨다. 그런데 뜻밖에도 당선이었다. 신문사 문화부 기자로 일하던 친구이자 평론가인 최일수 형으로부터 당선 통고의 전화를 받고 나서야 나는 새삼 유치진 선생님께 감사하다는 생각이 들었다. 내 나이 32세의 늦깎이 등단이었다.

시상식 전날 나는 생전복을 사다가 대바구니에다 숯덩어리를 물려서 담았다. 숯을 끼면 오래 산다고 했다. 나는 밤차를 타고 다음 날 새벽 5시 반에 서울역에 내렸다. 유 선생님 댁은 역 가까운 동자동 주택가에 있었다. 아침이 밝기를 기다렸다가 7시가 좀 지나서야 대문을 두들겼다. 잠자리에서 갓 일어나신 유 선생님이 눈을 비비면서 응접실로 나타나시자 나는 전복 바구니를 내밀었다.

"제가 인사품으로 가져왔습니다. 아직 살아 있을 겁니다. 회로 잡수십시오."

유 선생님의 가늘고 유연한 눈웃음이 그날따라 환해 보였다.

나는 유 선생님의 심사를 연이어 두 번 받은 셈이니 그 어른은 나의 은사임에 틀림이 없다.

동랑(東朗) 유치진 선생을 처음 뵙게 된 것은 연세대학교 재학 시절인 1947년이었다. 그때 선생께서는 국문과에 희곡론(戱曲論)을 강의하시기 위해 한 학기 동안 나오셨다. 나는 영문과에 적을 두고 있었지만 장차 극작을 공부하겠다는 목표가 서 있는 데다가 학교 연극부를 이끌어나가던 처지에 있었던 까닭으로 희곡론을 선택 과목으로 수강신청했었다.

동랑 선생은 등이 약간 굽은 듯하셨지만 6척 장신의 거구이고 보면, 나로서는 그 지명도가 아니라도 우러러봐야 할 만큼 높은 자리에 계신 분이었다. 목요일 오후 3시부터 내리 세 시간을 강의하시던 선생의 첫인상은 한 치의 빈틈이나 흐트러짐이라고는 찾아볼 수 없었던 열기에 가득 찬 강의였다.

전문적인 교수가 아닌, 극작가이자 연출가로서는 누가 뭐라고 해도 당대의 제1인자이고 보면 그분에 대한 동경심과 외경감은 거의 무조건이었다고 해도 과언이 아니었다. 게다가 극작에 관한 이론 서적이 출판된 것도 없고, 고작해야 일어 서적을 읽었던 나는, 선생의 강의가 하나의 금과옥조와도 같았다. 그것은 내가 극작가로서 눈을 뜰 수 있도록 만든 결정적인 계기였다고 해도 결코 지나친 말이 아니었다.

동랑 선생의 어조는 그 체구에 걸맞지 않게 가늘고 높은 음색이어서 여성적이었다. 그러나 열과 성을 다하여 말씀하시는 그 말끝은 약간의 경상도 사투리가 섞여 있으면서도 분명하게 가슴 깊숙이 새겨지는 것이었다.

"극이란 갈등이다."

제1부 떠도는 산하(山河)

"연극이란 들려주는 것이 아니라 보여주는 예술이다."

"희곡은 우선 문학으로서 정립되어야 하며, 연극은 학교 교육을 통하여 이루어져야만이 민족 연극으로 뿌리를 내린다."

이와 같은 말씀은 그 당시의 나에게는 하나의 광맥을 짚어낸 기쁨이기도 하였거니와 먼 훗날까지 변함없이 되풀이되어온 하나의 신념이자 문학관으로 자리잡기도 했다.

연극을 한낱 오락이나 대중문화의 잔재로 보거나 아니면 저급하고 비생산적인 향락적 수단으로밖에 안 보던 사회 환경과 반문화적 인식 속에서, 연극을 하나의 고급예술로 정착시키기 위해 바쳐온 선생의 험난한 반생은 문자 그대로 '이 나라 신연극사의 개척자이자 산증인'이라는 점에 그 누구도 부인을 못 할 것이다.

그러나 내가 동랑 선생에게서 얻은 또 하나의 충격은 '이 땅에서 왜 연극운동이 있어야만 했던가'에 대한 신념이었다. 선생은 원래 가난한 가정에서 태어났고 고학으로 대학 교육을 받아야 했던 역경에 놓여 있었다. 그러므로 젊은 시절에는 저항 정신과 허무주의적인 사색의 심연에서 헤어나지 못했다. 선생의 작품세계가 아일랜드 연극, 특히 숀 오케이시의 영향을 많이 받았으며 로망 롤랑의 민중연극론에 심취되었다는 자전적 고백은 나에게 적지 않은 충격을 주었다.

왜 연극을 하는가?라는 물음에 대해 일제의 압정(壓政) 밑에서 신음하고 억압당한 민족의 비애를 깨뜨리고, 나아가 잠든 민중의 의식을 눈뜨게 하는 길은 오직 연극밖에 없다고 믿었던 사실이다. 그러기에 선생은 처음에 시를 쓰기도 하고 멀리 만주 대륙까지 방랑의 길을 떠돌며 삶에 대한 패배와 회의 속에서 젊음을 불사르기도 했다.

그러나 진정한 연극이야말로 조선 민족의 눈을 뜨게 하는 길로 통한다는 결론에 이르렀을 때 선생의 연극과 인생은 불이요 폭풍이었고, 그 인생 역정은 젊은 나에게 적지 않은 감동과 충격을 주었다. 선생의 초기 작품인 〈버드나무 선 동리의 풍경〉, 〈토막〉, 그리고 〈소〉 등은 일제하의 조선 농민의 비애와 몰락해가는 농촌의 참상을 그려냄으로써 하나의 민족적 양심을 일깨웠고, 일제에 대한 간접적인 저항 운동까지도 서슴지 않았다. 그러나 1941년 현대극장 창단을 계기로 친일 연극에 앞장섰던 씻지 못할 오욕의 역사는 어쩌면 당시의 이 땅의 문학, 예술인이 갈 수밖에 없었던 치욕과 배리(背理)의 발자취가 되고 말았다.

이 무렵 나의 인생에 획기적인 항로 수정에 해당되는 사건이 벌어졌다. 나는 분가(分家)를 결행했다. 한 지붕 아래 20여 명이 함께 살아가는 대가족제도로부터의 탈출이었다. 차남이기 때문에 음으로 양으로 감수해야 할 부당한 처우, 게다가 장남이라는 특권이 가져다주는 편파적인 굴레에서 벗어나는 일이었다. 얄팍한 월급봉투일망정 그것으로 세 식구가 독립된 생활을 갖는 권리와 자유는 그 누구도 막을 수 없다고 생각되었다. 때마침 학교 사택이 한 채 비었다는 정보를 입수하자 나는 드디어 분가를 선언했다. 열 평 남짓한 허술한 일본식 연립주택으로, 네 가구가 들어선 일자집의 맨 갓집이었다.

나는 그 분가로 인하여 부모님과 갈등의 골이 더 깊어졌다. 내 생각 같아서는 장성한 아들이니 집이라도 한 채 마련해서 당당하게 분가를 시켜줄 만한데도 분가 자체를 부정적 시각으로 바라볼 뿐이었다. 게다가 그것은 시집살이가 싫어진 며느리의 충동질에 내가 넘어간 것이라고 얕보는 시각이었다.

모두가 틀린 답이었다. 나는 자유를 갈구했다. 그 누구의 눈치를 볼 필요도 없고, 얽매여 살기가 싫었다. 가난하면 가난한 대로 자신의 힘으로 견디어나가는 자립정신을 신봉했고 실천했을 따름이다.

그런데 주변의 친척들은 부모님하고는 반대로 우리의 분가 선언을 당연하게 받아들였다. 그리고 장남과 차남을 차별하는 부모의 처사를 비판적으로 보면서 은근히 우리를 격려하고 위로하는 것이었다.

부잣집 둘째 아들이 분가하는 날. 짐이라고는 리어카 하나로 두 번 져 나르면 족했다. 그리고 우선 먹을 양식으로 각각 석유통으로 쌀, 보리 한 통씩과 냄비, 솥, 수저, 그리고 몇 개의 그릇이 고작이었다. 그러나 나는 즐거웠다. 닳고 헤어져 바닥이 들여다보이는 일본식 다다미방과 잇대어 있는 한 평 반 정도의 온돌방에 마주 앉은 우리 식구는 후련한 기분이었다. 자유롭다는 것, 그것 하나만으로도 우리 부부는 배가 불렀다. 부모에게 이것저것 요구하려고 마음만 먹었던들 나에게 돌아올 물건은 있었을 것이다. 집도, 곡식가마니도, 세간도 실어낼 수가 있었을 것이다. 그런데 이상하리만큼 나는 부모님 앞에서 손 내미는 일에는 소질이 없었다. 차려준 밥상도 마다하는 나의 졸장부 같은 좁은 소견머리는 내가 생각해도 겁 많고 어리석고 자기 권리 행사도 못 하는 얼간이었다. 나를 교육시켜주고 결혼시켜준 그것으로 족하다고 나는 억지를 썼다. 그것은 나의 반항이자 무언의 역습이었을지도 모른다. 자식을 차별 대우하는 고루한 의식에 대한 항거이자 항변이었다. 나는 그 시절부터 마음속 깊숙이 묻어온 불씨가 되었다.

"나 자신의 힘으로 산다."

나는 그렇게 시작한 생활의식에서인지 그 후에도 사회생활하면서도 가진 자나 권력을 차지한 자들에게 단 한 번도 찾아 나서거나 아첨하지 않으려고 애를 썼다. 동향, 동창, 동성동본을 저마다 찾아 나서며 입신출세에 혈안이 되는 속물들에게 나는 언제나 냉소를 퍼부었다. 내 스스로의 힘으로 살아가기만을 고집했기 때문이다.

새로운 삶터에서 아내는 삯바느질을 시작했다. 부잣집 둘째 며느리가 학생들 여름교복이며 속바지를 만들어 판다는 게 잘못이라고 볼 사람은 봐도 무방할 일이었다. 그러나 우리는 부정부당한 수단이 아니면 무엇이든 할 수 있고 또 해도 된다고 마음을 굳게 먹었다. 그것이 생활신조였다.

한편 부모님 생각은 너희들이 편히 살고 싶어 일시적으로 독립생활을 원했겠지만 한두 달 후면 다시 부모 그늘로 기어들 것으로 내다보았던 모양이었다. 그러나 사태는 그것이 아닌 정반대 방향으로 나가고 있음을 알자 부모님의 생각에도 뭔가 흔들림이 엿보였다. 어머니는 둘째에게 작은 집이라도 한 채 마련해주자는 의견이었다. 그러나 무슨 까닭인지 아버지는 응답이 없었다.

"농지개혁으로 농토도 다 날렸는데 그런 돈이 어디 있어. 이제 먹고살기도 힘들게 되었단 말이여!"

나는 간접적으로 그런 얘기를 전해 들었지만 단 한 번도 아버지의 무관심을 탓하거나 항변을 안 했다. 그것은 아버지의 재산이지 나의 것은 아니니 당연한 일이 아닌가. 상속을 주면 받되 안 주면 그것으로 끝장이었다. 그 이상을 내가 요구할 수도 없지 않은가.

나는 학교에서 돌아오면 희곡을 썼다. 그리고 단막극을 번역했다. 그것은 언젠가는 내가 극작가로 대성할 날에 대비하는 기초공작이었다. 내가 지금 중학교 교사를 감수하고 있는 것은 하나의 과정일 뿐, 나의 목적은 극작가가 되어 넓은 바닥에 나가 연극운동을 하는 데 있다는 분명한 백서가 있었다. 따라서 내가 교사로서 안주하려는 생각보다는 언제고 저 높은 하늘로 날아가기만을 기다리는 한 마리 새이기를 바랐을 뿐이다. 황무지와도 같은 연극계에서 유치진(柳致眞)이나 함세덕(咸世德)이나 진우촌(秦雨村)이나 박노아(朴露兒)나 조영출(趙靈出) 같은 극작가가 되어 만인에게 감동을 주는 작품을 써야겠다는 꿈은 언제나 안고 있었다.

어쩌다가 서울에서 극단이 내려오면 나는 아침부터 들떠 있었다. 그 중에서도 극협(劇協)이 〈통곡(痛哭)〉이라는 작품을 가지고 내려왔을 때의 일이다. 주연을 맡은 최무룡과 오사량은 전부터 가까운 처지라 반갑기 이를 데 없었다. 나는 그들을 집에 초대했다. 그들은 내가 목포로 피난 간 줄 모르고 이북으로 넘어간 줄만 알았다면서 오랜만에 밝게 웃었다. 집에서 점심을 먹고 공연 시간이 되자 다방에 가서 차나 한잔 하자고 일어섰다. 그 당시 목포에서는 새마을다방이 잘 알려져 있고 커피맛도 괜찮았다. 우리가 다방 안에 들어섰을 때 구석에 한 젊은 여자가 혼자 앉아 있었다. 검은 목도리로 머리를 싸매고 검은 외투 차림에 유난히도 눈이 큰 게 마치 외적을 경계하는 동물의 눈빛 같았다. 최무룡이 그 여자 쪽으로 다가갔다. 같은 단원으로 이름이 강효실(姜孝實)이라고 했다. 나는 반사적으로 이북에서 내려온 여자 배우 강효실이냐고 물었다.

최무룡과 강효실은 한참 얘기를 나누더니 먼저 극장으로 가서 분장을 하겠다며 자리에서 일어섰다. 강효실은 키가 작은 편이었다. 그러나 꼭 다문 입술과 곱슬머리가 헝클어져 내린 아래서 빛나는 두 눈은 이상한 광채를 발산하는 매력을 지닌 여자라고 나는 직감했다. 그 강효실이 먼 훗날 나와 함께 극단 산하를 창단하여 연극의 황금시대를 여는 데 불꽃을 태우게 되리라고는 상상도 못 할 일이었다.

나는 뒤늦게 극장엘 갔다. 객석은 초만원이었다. 유치진 씨가 피난길에서 쓴 희곡 〈통곡〉은 이른바 피난민의 애환을 리얼하게 그린 인상 깊은 작품이었다. 특히 프롤로그에서 암흑 속을 질주하는 화물열차 위에서 어린애가 추락사하는 순간 절규하는 강효실의 그 피맺힌 목소리는 언제까지나 내 귀에서 떠나지 않았던 것도 어쩌면 하나의 인연이라면 인연이었을지 모른다.

나는 주량이 조금씩 늘어가는 생활을 하고 있었다.

퇴근 후에 세칭 '콩집'으로 알려진 선술집에서 가볍게 한잔하고 나면 밤이 되기를 기다려 술집을 찾았다. 그 가운데서도 자주 들른 술집은 '제7천국'이라는 이른바 기생집이었다. 우리는 한 그룹이 있어 회비제도 하고 더러는 누구 한 사람이 전담하기도 하는, 그야말로 친교(親交)의 모임이었다. 노래하고 춤을 추고 그래서 허무를 달래는 술자리였을 뿐 그 이상의 어떤 퇴폐적인 행위로 탈선하는 일이라곤 없었다. 그것은 교육자라는 이름 때문이었다. 그러면서도 어느덧 저마다 좋아하는 파트너가 정해지면서 이번에는 여자 쪽에서 놀러오지 않겠는가 하고 전화를 걸어오기도 했다.

나의 파트너는 미연이라는 기생이었다. 미인은 아니지만 살결이 희고 눈이 가느다랗게 떠 있는 게 동양적인 용모였다. 그러나 미연의 강점은 그 성격에 있었다. 싫고 좋고가 분명하고 분별력이 있어서 술값 따위로 치사스런 것을 하는 일이라곤 없었다. 어찌 보면 기분파 같기도 하지만 그들의 세계의 말을 빌리자면 자기의 마음에 드는 사람이라면 모든 것을 바치고도 후회할 줄 모른다는 타입이었다.

미연은 블루스를 좋아했다. 나도 그랬다. 술 마시고, 노래하고 춤추다가 통행금지 시간을 알리는 사이렌이 죽동 골짜기에 울리면 우리는 모두 아쉬워했다.

"염병허네! 저놈의 싸이랭 소리 없는 세상은 언제나 올랑고! 징한 것!"

이와 같은 우리의 밤생활이 교육자답지 못하다고 보는 사람도 있었다. 그러나 나는 그게 필요했다. 사회현실에 대한 반감과 허무, 자신에 대한 힐책과 불안, 그리고 막연한 미래에 대한 동경 등이 반죽이 되어 엄습해 올 때는 자신을 잊고 그 현실에서 탈출하는 방법이 바로 술이었다. 이중 생활이 아니라 솔직성이었다. 나는 교육자가 아니라 작가 지망생이었다. 남이야 뭐라건 나는 나의 삶에는 솔직하게 토로할 수밖에 없다는 뜻에서 어쩌면 가벼운 좌절감까지 작용했다. 그리고 하루속히 이 생활에서 탈출할 날만을 기다리며 낮과 밤의 생활이 병행되었다.

1955년 1월 1일 조선일보 신춘문예 현상에 희곡 〈밀주(密酒)〉가 가작이 되자 목포의 문화인들 사이에도 큰 화제가 되었다. 목포 출신 연극인으로서는 극작가 김우진(金祐鎭)과 배우 이화삼(李化三) 다음으로 배출된 극작가라고 모두들 축하해주었다. 나도 기뻤다. 그러나 아버지의 표정은 별다른 변화라곤 안 보였다.

"문화인이 밥 먹여준다디야?"

나는 가작(佳作)으로는 양이 안 찼다. 이왕이면 다홍치마라고 당선을 목표로 삼아야겠다고 주먹을 쥐었다.

조선일보에 〈밀주〉가 연재되자 KBS목포방송국에서 그것을 라디오드라마로 방송을 하자는 제의가 있었다. 그러나 내 기억으로는 그 실현 여부는 소상치가 않다.

다음에 나는 재도전했다. 1956년 1월 1일자. 조선일보 지상에 당선작 〈귀향(歸鄕)〉이라는 활자가 선명하게 드러났을 때 나는 순간적으로 외쳤다.

"이제 서울로 가자! 서울 가서 연극운동을 시작한다. 불모지와도 다름 없는 연극계의 땅을 일구고 씨앗을 뿌리자. 몇 년이 걸리건 상관없다. 나는 그날이 오기를 기다렸고 그날을 위해 참아왔다. 가자! 서울! 나는 더 넓은 자유세계로 비상하리라! 좁은 골목 안 쓰러져가는 판자 울타리를 걷어차고 뛰쳐나가리라."

제13장 12·12사건과 제작극회

내가 고향을 떠나 서울로 가야겠다고 쉽게 결심할 수 있었던 이유는 반드시 희곡을 쓰기 위해서만이 아니었다. 나는 얼마 전부터 교사 생활에 한계를 느꼈고, 그 당시의 교육계(물론 중등교육이지만)에도 회의와 혐오감을 품고 있었다. 교육의 백년대계 자체를 의심하는 게 아니다. 그 당시(1950년대)의 교육현장에 대한 비판정신과 속물주의나 가식적인 생활에 찌든 교사들에 대한 반발심이 마구 내 마음을 뒤흔들고 있었다. 교육은 명목뿐이고 교사들이 도맡아서 해야 할 일은 등록금 납부 독촉과 잡부금 수납을 위시한 잡무 정리가 태반이었다. 전쟁을 치르고 난 와중에 가정형편이 어려워 제때에 납부금을 못 내는 학생이 학급마다 족히 3분의 1은 되었을 것이다. 그러나 학교 당국에서는 교무실 칠판에 그 납부 성적을 공개적으로 명시해놓고 담임교사로 하여금 등록금 납부 완료를 지상의 과업으로 강제하는 현실이었다. 담임교사는 조례(朝禮)와 종례(終禮) 시간에는 으레 수첩을 들고 해당 학생에게 언제까지 납부할 것인가를 다짐받거나 학부형의 출두(?)까지도 명령하는 게 다반사였다. 결과에 따라 우수교사요 모범교사로 떠받들거나 교장의 신망을 얻은 교사가 실세 교사들이었다.

나는 어제부터인가 교사가 학생들 앞에서 금전 얘기를 하는 한 그 교육은 무의미하다고 주장을 했다. "그런 업무는 서무과나 기성회(期成會)에서 전담할 일이지 어째서 교사가 조석으로 학생들에게 돈 독촉을 해야 한단 말인가? 기성회비, 상이용사 구호비, 국방 헌금, 국군장병 위문대비, 학급비, 운동선수 격려비, 환경정리비…. 한 달에도 10여 종의 잡부금을 징수해야 하고 그 목표 달성 여부가 교사의 자질을 가늠하는 기준이 되어버린 현실에서 무슨 놈의 교육인가! 그건 가식이다. 위선이다. 교육의 타락이다!"라고.

그런데 교무실 안에 이상한 분위기가 떠돌기 시작했다. 교사들에 대한 처우 개선이 문제화되었다. 어느 학교나 사정은 마찬가지인데도 우리 학교가 다른 학교에 비해서 그 비율이 낮다는 것이며, 이것은 전적으로 학교장의 성의와 결단력이 문제라고 여론이 돌았다. 기성회장의 얘기를 들어본즉 교장 자신이 처우 개선할 의사가 있다면 방법을 강구할 수도 있으리라는 암시를 받게 되자 교무실의 분위기는 학교 당국의 교섭 및 교장 면담을 요구하기에 이르렀다. 그날 방과 후 저녁 늦게까지 교사들이 회합을 가졌다. 그런데 오고 갔던 얘기가 그날 밤에 이미 교장 귀에 들어갔다.

교장의 대답은 한마디로 '노'였다. 학교 형편이 어렵고 앞으로도 강당 신축, 도서실 확장 등 해야 할 일이 산적되어 있는 시점에서 교사들이 처우 개선을 요구한다는 것은 용납될 수 없다고 잘라 말했다. 교사들은 다시 모였다. 그리고 타 학교의 수준까지는 올려야 하되 그게 받아들여지지 않을 경우는 수업 거부까지도 불사한다는 강경론이 나왔다. 이렇게 학교장(학교 측) 대 교사들의 대립이 경직되어가는 와중에서 뜻밖의 소문이 흘러나왔다. 이 사태의 주모자가 '차범석'이며, 그가 중심이 된 '7인회(七人會)'가 선동하고 있다는 것이다. 청천벽력 같은 헛소문 앞에서 나는 한동안 말문이 막혔다. 회의석상에서 나의 발언이 있었을 때 그 가부를 물은 다음 결정한 것은 전체 교사들의 양식과 인격일진대 나 혼자의 힘으로 강요한 일은 아니었다. 게다가 '7인회'란 그 당시 세무과장인 김두호(金斗浩) 씨를 좌장으로 박동호, 이영기, 정기옥, 김영복, 김재섭, 그리고 나 이렇게 동료 교사들로 구성된 순수한 친목계였다. 각

가정을 돌아가며 부부동반으로 회식하는 친교회일진대 어떻게 교내 문제에 관여될 수 있단 말인가 하고 나는 분노를 터뜨렸다.

그러나 교장은 그 주모자들을 고소하겠다고 으름장을 놓자 우리는 우리대로 김하증(金夏增) 변호사를 찾아가 법적 대응의 자문을 받기도 했다.

이 소문이 도 학부국에 알려지자 광주에서 장학사가 내려와 숙직실에서 개별 면담까지 하며 진상 조사를 했다. 물론 나도 그 가운데 한 사람이었다. 이것이 세칭 '12.12사건'이다. 1955년 12월 12일에 있었던 작은 학원 파동이었다.

나는 난생처음으로 하나의 조직체에서 일어난 공동투쟁에 끼어들었던 체험에서 이런 결론을 얻었다.

"지식인이나 인텔리겐치아들의 집단투쟁이란 일시적인 불꽃일 뿐 끝까지 타오르는 불길은 못 된다. 왜냐하면 거기에는 반드시 배신자가 끼어 있기 때문이다. 그는 낮에는 동지이고 밤에는 첩자라는 이중성의 소유자이기 때문이다."

이 사건은 결과적으로 내가 교육자로서의 자질도 없거니와 학교라는 조직사회에 부적합함을 실감하게 했다. 나는 이미 학교와 고향을 떠날 날을 기다렸다. 그러던 차에 신춘문예 당선의 전보를 받았다. 절호의 기회였다.

그러나 문제는 남아 있었다. 서울로 가야겠다는 원칙은 서 있었지만 그 방법과 절차는 적지 않은 압박을 초래했다. 무엇보다도 갓난 셋째까지 합한 다섯 식구가 서울에서 살아갈 방법이 막연했다. 평소부터 아버지와 자주 대화를 나누었거나 아버지가 나의 처지에 적극적인 관심을 보여주셨던들 나는 맨 먼저 아버지를 찾았을 것이다. 그러나 나는 그렇지 못했다. 이미 나 스스로의 힘으로 살아남기를 침묵으로 선언한 처지에 이제 와서 아버지 앞에 무릎을 꿇을 수는 없었다. 그것은 결코 적대감정이나 저항이 아닌 나의 작은 자존심에서였다.

나는 생각 끝에 소설가 박화성(朴花城) 선생을 찾아갔다. 같은 문학의 길을 가고 계시다는 점도 있었지만 박 선생의 세 아들인 승준(勝俊), 승세(勝世), 그리고 승걸 3형제를 내가 가르쳤다는 인연으로도 나에게는 편안한 길잡이였기 때문이다. 눈발이 날리는 오후였다. 목포시 외각인 용당동에 있는 박 선생 댁을 방문하여 나의 심정을 토로하자 박 선생은 나의 손을 덥석 쥐고 흔들었다.

"잘 생각했소! 우리 차 선생이야 진작 서울로 갔어야제잉! 목포 바다에서 언제까지나 중학교 훈장으로 썩을라고 했습디여? 워따, 잘 결심했소!"

박 선생의 그 카랑카랑하고도 분명한 전라도 사투리가 그날따라 내가슴을 쿵쿵 치는 것처럼 울려왔다. 그리고 함께 서울로 올라가자는 것이었다.

서울의 2월은 꽁꽁 얼어붙어 있었다. 그러나 나는 금세 앞이 환히 열릴 봄빛으로 발걸음도 가벼웠다. 박 선생이 나를 데리고 간 곳은 정동에 있는 이화여고(梨花女高)였다. 신봉조(辛鳳祚) 교장 선생님하고는 동경유학 시절부터 가깝게 지내온 사이라면서 자리만 있으면 무슨 떼를 써서라도 성공시키겠다고 열을 올리는 박 선생이었다. 나는 문자 그대로 관청에 잡아다 놓은 촌닭 꼴이었다. 신봉조 선생은 낮고 가느다란 목소리에 미소까지 섞인 게 인자한 할아버지 같았다.

"우리 박화성 선생님이 추천하는 분이라면야 나는 두 눈 감고 받겠는데 얼마 전에 신규채용을 했지. 그러니 내년 새학기까지는 어렵겠는데 어떻게 하나… 그동안 다른 학교에 임시로 있다가 내년에 와요."

그것은 그냥 입에 붙은 말은 아니었다. 그러나 1년 후가 아니라 지금 당장의 일이라서 나는 말문이 막혔다.

며칠 후 박화성 선생한테서 만나자는 기별이 왔다. 덕성여고(德成女高)에 얘기를 했더니 면담을 하자는 전갈이 왔다는 것이다. 덕성여고의 송금선(宋今璇) 교장하고는 숙명학교 선후배 관계라면서 친분이 두터운 사이라고 귀띔을 해주셨다. 올백으로 빗어 넘긴 단발에 검은 안경에 검은 비로드 치마저고리를 입은 송 교장은 보기에도 여장부 같은 인상이었다.

"화성한테 얘기 다 들었우. 우리 함께 고생합시다. 훗호…."

걸걸하고 호탕한 풍모대로 말도 간단명료하게 채용을 허락한 것이다. 이 세상에 태어나서 생면부지의 사람으로부터 처음 취직을 허락받았던 나는 감동적이라기보다는 묘한 심리적인 갈등에 시달리며 목포행 야간 열차에 앉아 있었다.

"부모가 계시고 인척이 있는데도 왜 나는 남의 힘을 빌려서 일자리를 구하려고 했을까. 남들은 일자리를 얻기 위해 가산도 정리하고 취직 자금을 써가면서 고생한다는데, 나는 단번에 그 어려운 일자리를 얻게 되었으니 그 얼마나 복 받은 사람인가! 남의 힘에 의지하지 말자던 나의 작은 약속에 위배된 것 같지만 역시 남의 힘을 입었으니 그것은 행운인가 부채인가?"

신학기 개학에 맞춰 나는 서울로 이사를 했다. 이사래야 이불짐과 의복과 간단한 식기 등이 고작이었다. 그런데 한 가지 놀라운 일이 일어났다. 아버지께서 셋방 얻는 데 보태 쓰라고 일금 30만 환을 보내온 것이다. 30만 환이라는 화폐가치가 지금 화폐로 치자면 얼마인지 알 수 없지만 그 돈으로 가회동 산꼭대기 삼청공원 입구에 방 두 개짜리를 얻는 데 큰 도움이 된 것만은 사실이다. 역시 피는 물보다 진했던 모양이다.

덕성여고는 나에게 즐거운 일터였다. 지금까지 남자학교에서 생활하던 내가 여학생과 생활한다는 외형적인 변화도 있었지만, 장차 작가 생활을 하는 데 있어서 여성을 공부하는 데는 다시없는 기회라는 계산까지도 들어 있었기에 나의 일상은 즐거웠다. 여학생들 역시 시골서 올라온 선생님에게 적지 않은 호감을 보내주기도 했다.

그러나 방과 후의 나의 생활은 연극으로 이어지는 연장선이었다. 1950년 봄에 헤어졌던 옛날 대학극회 동지들과의 재상봉도 극적이었지만 그 대학극회 회원이 이제는 사회인으로 성장하였으며, 그 젊은 날의 꿈이었던 소극장 연극을 다시 시작해야 한다는 목소리는 여전히 높고 다부졌다. "극단을 만들어야 한다. 그것도 공연 위주의 극단이어서는 안 된다. 학구적이면서 현대사회에 걸맞는 새로운 현대연극의 창조와 예술 운동으로서의 소극장 연극이 있어야 한다"는 우리들의 자각은 여전히 강한 의지로 표현되었다. 학창 시절부터 그토록 외치던 그 목소리가 다시 되살아난 것이다. 다방이며 대폿집을 넘나들며 우리의 꿈과 이상을 차츰 재확인했다. 이 땅에 극단이래야 신협(新協) 하나 정도밖에 없는 황무지 같은 연극계에 새바람을 일으키고 새 파도가 출렁대는 원동력이 있어야 하겠다는 우리들의 갈증과 맥박은 문자 그대로 새 시대의 연극 주인임을 자부하고 있었다.

1956년 5월 27일, 우리는 창단 모임을 가졌다. 여기에 참가한 사람은 왕년의 대학극회 회원이었던 차범석, 김경옥, 최창봉, 조동화, 노희엽, 구선모 이외에 오사량, 최백산, 최상현, 임희재, 정근영 등 열두 명이었다. 그리고 극단 명칭은 나의 제안대로 '제작극회(制作劇會)'로 합의를 보았다. 종래의 관습처럼 황금좌(黃金座)니 청춘좌(靑春座)니 하는 일본식 명칭이 싫었다. 그렇다고 해서 무슨 연구회니 하는 식의 딱딱하고 고지식한 명칭에도 반대한다는 원칙 아래 신선하고 의욕적인 이름을 희구하는 데서 지어낸 명칭이었다. 창단 총회에서 우선 창단공연을 논의했다. 그리고 무엇보다도 제작극회가 단순한 공연단체가 아닌 이 나라의 새로운 현대연극의 산실이자 그 견인차 구실을 한다는 사명감을 만천하에 천명할 연극 선언(宣言)이 있어야 한다는 주장 아래 그 선언문 작성을 김경옥에게 일임하기로 합의를 보았다.

宣言(선언)

劇場藝術(극장예술)이란 時代(시대) 생활의 綜合的(종합적) 觀照(관조)로써 創造(창조)되는 文化形式(문화형식)이므로 現代演劇(현대연극)은 現代(현대)의 諸屬性(제속성)을 條件(조건)으로 制作(제작)되어야 할 것을 再確認(재확인)한다.

現代人(현대인)의 美意識(미의식) 感覺(감각)에 感應(반응)되지 않는 退嬰的(퇴영적) 舞臺(무대)에 現代人(현대인)은 親近(친근)함을 느낄 수 없다. 따라서 즐거움과 印象(인상)을 받을 수 없을 뿐 아니라 아무런 意味(의미)도 찾을 수 없음이 確實(확실)하다. 形象化(형상화)하는 樣式(양식)이 寫實的(사실적)이건 象徵的(상징적)이건 간에 고도하게 洗練(세련)된 現代人(현대인)의 생활 뉴앙스에 溶解(용해)해 들어가고 그들의 銳利(예리)한 생활 感情(감정)에 感觸(감촉)되는 舞臺美(무대미)를 制作(제작)하는 것만이 必要(필요)하다.

그러므로 現代劇(현대극)의 題材(제재)가 거의 생활의 內部(내부) 및 그 週邊(주변)에 生起(생기)하는 諸現象(제현상)임을 다짐하는 同時(동시)에 現代劇(현대극)의 舞臺(무대)도 現代人(현대인)의 생활的(적) 發聲(발성)과 動作(동작)을 基調(기조)로 하여 表現(표현)되어야 함을 强調(강조)한다. 그러면서 觀客(관객)들이 즐거운 마음으로 舞臺(무대)의 情緖(정서)를 共感(공감)하며 觀照(관조)하며 생명化(화)하도록 制作(제작)되어야 한다.

우리는

觀客(관객)의 官能(관능)과 哀傷(애상)에 野合(야합)하는,

觀客(관객)에게 獨善的(독선적) 印象(인상)과 美(미)의 享受(향수)를 强要(강요)하는,

또는 皮相(피상)의 知性(지성)으로써 觀客(관객)을 현혹하는,

그리고 觀念(관념)의 孤城(고성)에 獨尊(독존)하는,

一切(일체)의 劇樣式(극양식)을 拒否(거부)한다.

우리는

現代(현대)에 있어서의 우리 劇(극)의 참다운 前進的(전진적) 姿勢(자세)를 追求(추구)하고 主潮的(주조적) 樣式(양식)을 制作(제작)하기 爲(위)하여 試圖(시도)할 것이다.

現代(현대)의 行動的(행동적) 휴매니즘과 개성의 尊重意識(존중의식)으로써 結合(결합)하는 우리의 結束(결속)은 人間精神(인간정신)의 自由(자유)로운 創意(창의)에 立脚(입각)하여 참된 現代劇(현대극) 樣式(양식)을 創作(창작)하려는 우리의 理念(이념)과 아울러 우리의 表現行動(표현행동)을 保障(보장)해주리라고 굳게 믿는다.

制作劇會(제작극회)

정규 대학을 졸업한 신선하고 패기 있는 연극학도들로 구성된 제작극회의 창단 소식은 도하 일간신문에서 대서특필로 보도되었다. 연극다운 연극을 볼 수 없었던 시대에 그것도 흥행주의나 상업주의 연극을 배척하며, 소극장 연극운동을 전개한다는 만만찮은 기백에 언론·문화계는 일제히 격려와 찬사의 박수를 보내는 데 인색하지 않았다.

창단공연은 1956년 7월 20일 을지로 입구에 자리한 대성빌딩 소강당에서 막을 올렸다. 미국 작품인 〈사형수〉를 차범석 연출로 올리게 되었다. 애당초 계획은 이북에서 월남한 젊은 연출가 전근영(全槿暎)이 맡기로 하고 연습에 들어갔으나 어느 날 그가 남파간첩이라는 사실이 드러났다. 우리는 한동안 창단공연을 중지할 생각도 있었으나, 이미 선전이 된 상태에서는 관객과의 약속을 지켜야 한다는 의지가 앞섰다. 그래서 내가 연출을 맡게 되었다. 7월의 폭염에도 아랑곳없이 관객들의 뜨거운 성원에 힘을 얻은 우리 연극은 성공적이었다. 우리는 그 여세를 몰아 계속 발표회를 가졌다. 〈청춘〉(막스 할베 원작, 오사량 연출), 〈공상도

시〉(차범석 작, 김경옥 연출), 〈불모지〉(차범석 작, 김경옥 연출), 〈제물〉(김경옥 작, 차범석 연출), 〈묵살된 사람들〉(오상원 작, 최창봉 연출), 〈유리 동물원〉(테네시 윌리엄스 작, 차범석 연출) 등을 일관성 있게 발표하여 연극계에 새로운 바람을 일으켰다.

뿐만 아니라 제3회 공연 무렵부터는 민속학자 이두현(李杜鉉)이 새 동인으로 참가함으로써 공연뿐만 아니라 '월례 발표회'를 통하여 연극사적인 자료 수집과 체계적인 이론 탐구에도 힘을 기울였다.

유치진, 현철(玄哲), 안종화(安鍾和), 김팔봉(金八峰) 등 외부 인사를 초청하여 한국연극을 재정리하는 데 상당한 성과를 얻은 점은 특기할만한 발자취라고 할 수가 있다.

우리는 당면문제로서 번역극에의 의존도를 최소화하되 창작극을 되도록 채택하는 일과, 신인 양성과 문호 개방을 하나의 모토로 삼았다. 그러한 과정에서 제기된 문제가 바로 프로페셔널리즘과 아마추어리즘의 갈등이었다. 그것을 좀 더 구체적으로 말하자면 무명의 신인 연극학도들만이 모여서 하는 독선적 연극에서 탈피하되 지명도가 있는 연기자를 영입하여 관객들에게 친근감을 가지게 해야 한다는 의견이었다. 어차피 연극은 관객을 전제로 하는 예술일진대 집안끼리의 잔치이거나 편협한 예술지상주의를 고집할 수 없다는 주장이었다. 방송계나 영화계에서 인재를 끌어들여 좀 더 관객에게 친절한 연극으로 대응해야하지 않겠는가라는 주장으로도 풀이되었다.

그것은 매우 타당성 있고 현실적인 문제였다. 지나치게 독선적이거나 청교도적인 순수주의를 고집하다가는 관객을 놓치게 된다는 교훈을 우리는 이미 토월회(土月會)나 극예술연구회(劇藝術研究會)에서 배운 바 있었기에 그 주장에 정면으로 반대할 사람은 없었다. 그렇다고 무작정 영화배우를 끌어들일 수도 없었다. 우리는 동인들이 추천을 하되 반대 의견이 없는 만장일치제를 전제로 문호를 개방하기로 했다. 신귀환(申

貴煥), 남양일(南洋一), 김숙일(金叔一), 이로미(李魯美), 한미나(韓美那), 조용수(曺鏞守), 최명수(崔明洙), 장신애(張信愛) 그리고 문혜란(文惠蘭) 등 신진급이 제작극회에 가입하게 된 것도 이 때문이었다. 그리고 방송계에서 고은정(高恩晶), 천선녀(千仙女), 안영주(安永珠), 김소원(金素緩)도 같은 동기에서 동인으로 가입하게 되었다. 그러나 이와 같은 현실주의와 이상주의는 때때로 충돌을 가져왔다. 뿐만 아니라 창단 동인들 사이에서도 연극 애호가의 차원에서 일하는 사람과 연극의 전문화 내지는 직업화를 꿈꾸는 사람이 갈라지면서 알게 모르게 불협화음이 나기 시작했다.

어느 조직이나 집단에서도 흔히 일어날 수 있는 이상과 현실의 괴리는 연극 집단에서도 결코 예외가 아니었다. 특히 1961년 제10회 공연이었던 〈성난 얼굴로 돌아보라〉(존 오즈번 작, 최창봉 연출)의 연습 도중 주역을 맡은 최상현이 갑자기 쪽지 한 장을 남기고 잠적해버린 사건이 일어났다. 이 작품은 영국의 현대 극작가로서는 대표적인 존 오즈번의 대표작인 데다가 이 작품이 몰고 온 이른바 '앵그리 영 맨(angry young man)'의 파도가 유럽을 휩쓸었던 사실에 비춰볼 때 제작극회가 재빨리 입수하여 공연을 시도한 일은 매우 시의에 적절한 기획이었다. 그래서 최창봉은 대학 후배이기도 하고 가장 아끼던 최상현을 주연으로 발탁하고, 오사량, 문혜란, 이로미, 최명수가 강한 스크럼을 짠 작품이었다. 그런데 그 주인공이 잠적을 하고 말았으니 우리는 당혹과 불안과 배신감에서 갈피를 못 잡고 있었다. 그가 남긴 쪽지에는 "그런 연출자 밑에서는 연극을 할 수 없습니다"라고만 적혀 있을 뿐 구체적인 설명도 해명도 없었으니 문자 그대로 속수무책이었다. 긴급회의 석상에서 공연 중단이 논의되었으나 나는 반대했다. 이유는 간단했다. 관객하고의 약속은 무슨 일이 있어도 지켜야 한다고 우겼다. 그렇다면 대역(代役)을 어디서 누구를 데려올 것인가라는 반문이 나왔다. 나는 대안을 제시했다.

"목포에 있는 김길호(金吉浩)라는 청년을 불러오면 해낼 수 있다"라고.

처음엔 반신반의였으나 동인들은 나의 의견을 따르기로 했다. 〈성난 얼굴로 돌아보라〉는 성공적으로 막을 내렸다. 불과 개막 20일을 남겨놓고 대타로 나선 김길호의 혼신의 연기와 드물게 볼 수 있었던 네 사람의 앙상블이 잘 짜여진 무대는 절찬을 받았다. 그리고 김길호라는 무명 배우가 각광을 받게 된 것도 나로서는 유쾌한 추억거리 가운데 하나였다. 내게도 사람을 볼 줄 아는 안목이 있었다.

그러나 4.19혁명이 나고 사회가 혼란에 빠져 들어가면서 제작극회 내부에도 균열이 가는 조짐이 보였다. 어느 날 김경옥이 공보국장으로 발탁이 되자 그는 극단 일보다는 정치 쪽으로 시간을 빼앗기는 눈치였다. 그리고 연극계 내부에서도 과거 자유당 정권에 아부했던 인사는 자취를 감추고 새로 득세한 사람은 물을 만난 물고기인 양 날뛰는 세상이 되니 연극계는 나침반을 잃은 선박 꼴이 되었다. 이른바 한국연극협의회가 발족하면서 자유당 잔당은 숙청되고 장면 정권에 드나드는 사람은 때를 만난 듯 활기에 넘쳐 있었다. 독재정권의 붕괴는 백번이고 통쾌했지만 막상 연극계를 바로잡는 민주화는 여전히 암중모색 가운데 있었다.

나는 1961년 봄 덕성여고를 그만두었다. 그것도 따지고 보면 4.19 덕이요, 민주화투쟁에 관여한 탓이었다. 4.19가 터지자 경향 각지에서 학원 민주화 바람이 불어닥쳤다. 덕성학원도 예외가 아니었다. 비민주적인 학원 운영에 반기를 든 교직원과 학생들이 학원의 민주화와 자율화를 외치며 날마다 궐기대회와 연좌 데모에 들어갔다. 나는 학원 민주화를 요구하는 쪽에 가담하였다. 이사장과 교장은 잠적을 하고 그 가신 격인 교감과 몇몇 교사들이 학생들에게 시달리는 모습을 지켜보면서 지난날 내가 목포중학교에서 겪었던 그 꺼림칙한 추억을 떠올리고 있었다.

요컨대 칼자루를 쥔 자는 절대로 승복도 회개도 하지 않으며 무슨 수를 써서라도 장기전(長期戰)으로 버티는 법이라는 것을 나는 잘 알고 있었다. 시간을 버는 자만이 최후의 승리를 얻는다는 원리를 왜 그대들은 모르는가. 학생과 교사들이 빗속에서 학원 자유와 민주주의를 외칠 때 그들은 푹신한 호텔방에서 전화통에 매달린 채 모든 수단과 돈으로 회유하고 있다는 사실을 왜 모르는가. 중앙청 안의 문교부 산하 공무원들은 언제나 힘이 있는 자의 편에 서 있지 짓밟히고 약한 자 편에 서 있지 않다는 것을 왜 모르는가! 어제까지의 동료 교사도 오늘은 적이다. 나를 따르던 학생도 종이 한 장 사이에서 망설이다가 반대쪽으로 발을 옮기는 그 버릇을 왜 우리는 모르는가.

나는 무엇을 쟁취하기 위해서 투쟁하는 노동자는 아니었다. 나는 무엇이 옳고 그른가를 갈라놓고 옳지 않은 것은 가까이할 수 없다는 한 가지 이유뿐이었다. 이치로 따지자면 나에게 일자리를 선뜻 내준 송 교장에게는 무조건 복종해야 옳았을 것이다. 그러나 객관적으로 보았을 때 그 학원의 구석구석에 비민주적이며 불합리한 찌꺼기가 도사리고 있음을 알고 있는 이상은 그것을 은폐하거나 옹호할 용기는 나에게 없었다. 그래서 나를 두고 은혜를 원수로 갚는 배신자라고 낙인을 찍더라도 나는 옳은 일에 편을 들 수밖에 없었다. 그것이 잘못된 생각인지 아닌지 때때로 가슴 깊숙이 파고들었지만, 장대비를 맞으면서 눈물로 호소하는 어린 소녀들의 불같은 열기에 나는 이미 화상을 입은 꼴이었다. 그러기에 나의 마음속에서는 이미 이렇게 결심을 해버리고 있었다.

"3월이 오고 내가 담임한 학생들이 졸업하면 나도 그들과 함께 이 학교를 떠나가리라. 이제까지 친구였던 그 교사의 길은 그가 갈 것이며, 나는 나대로의 길을 갈 수밖에 없지 않은가. 송 교장 측에서 나를 향하여 배신자요 배은망덕자라고 침을 뱉는다 해도 나는 나의 판단에 의해 나의 길을 가는 것뿐이다."

나는 1961년 첫 희곡집 「껍질이 깨지는 아픔 없이는」을 출간했다. 이 작품은 4.19를 소재로 한 작품이자 나의 최초의 정치극이었다. 야당 국회의원이 변절하다가 맞는 비극이지만, 궁극적으로는 자신을 파는 일이 그 얼마나 추악한 일이며, 우리나라 정치 풍토가 예나 지금이나 다름없이 그러한 철새족에 의해 흙탕물을 튕기는 실상을 주제로 삼고 있었다.

그러나 희곡 〈껍질이 째지는 아픔 없이는〉이 나에게 관련된 사연은 유별나다. 그것은 바로 지금까지 소극장 연극만을 해오던 제작극회가 최초로 대극장 진출을 한 첫 작품이기 때문이다. 소극장 연극운동이 지니는 특징과 의미는 그 나름대로 평가를 받았었다. 그러나 항상 쪼들린 제작비와 제한된 무대공간에서 왜소한 연극만을 강요당해온 사람에게는 더 넓고 큰 무대 속으로 뛰어들고 싶은 유혹을 받게 마련이다. 가난한 살림을 꾸리는 사람도 언젠가는 마음을 터놓고 마음껏 풍요롭게 살 날이 오기를 기다리는 심정 같은 것이리라.

나는 그 당시의 국립극장장인 서항석(徐恒錫) 선생을 찾아갔다. 4.19혁명 1주년을 기념하는 뜻에서 제작극회를 국립극장 무대에 초청 공연을 해주십사 하는 간청을 드렸다. 나는 그런 외교나 구걸하는 일에는 전혀 능력이 없는 성격이었지만 이때만은 적극적인 자세였다. 아마도 나의 작품이 국립극장 무대에서 화려하게 펼쳐질 꿈을 꾸고 있었기 때문일지도 모를 일이었다. 대관료만 감해주고 약간의 제작비 보조만 있으면 되는 일이니 승낙을 해주십사 하고 간청을 올렸다. 원래가 꼼꼼하고 계산이 밝아서 극계에서도 족집게로 알려진 서항석 선생은 잠시 눈을 감고서 끙끙거리더니 담당 직원과 의논해보겠다는 것이었다. 즉석에서 "안 되겠다"고 거절을 당하지 않은 것만으로도 다행이었다. 나에게도 사람의 마음을 읽어내는 힘이 조금은 있었던가 보다. 며칠 후 유종호 과장으로부터 공연에 관한 기획서를 정식으로 올리라는 전갈이 왔다. 우리는 춤을 추고 싶은 심정이었다. 창단 6년 만에 드디어 대극장 진출을 하게 되었으니 어찌 기쁘지 않았겠는가! 그것도 다름 아닌 4.19혁명 1주년을 기념하는 연극이니 어찌 자랑스럽지 않겠는가. 그것은 곧 제작극회가 하나의 시대의 획을 긋는 매듭이자 성장이었다고 볼 수도 있었다. 우리는 외부에서 한은진, 이기홍, 임동훈 등 기성 연기자를 대거 초빙하되 신인인 최불암(崔佛岩)을 주역으로, 그리고 역시 연구생이던 허규(許圭)에게 첫 연출을 맡기기로 합의를 보았다. 제작극회에 또 하나의 새벽이 밝아오는 것 같았다.

당시 우리들은 극단 사무실이 따로 없었다. 명동에 있는 다방을 전전하면서 사무실 겸 연락 장소로 삼았으니 집세 걱정은 없었다. 그저 하루에 몇 잔의 커피만 팔아주면 다방 측에서도 단골손님으로 모시는 인심 후한 세상이었다. 그러나 사실인즉 커피 값을 제대로 낼 만한 친구는 몇 사람 없었다. 어쩌다 공연 준비를 앞두고 다방에 모여 앉아 회의를 하는 날이면 애꿎은 얼음냉수에 설탕물만 시켜대니 다방 주인의 눈살이 부드러울 리가 없었다. 누군가가 기분 나쁘다며 다른 다방으로 옮기자고 제안하면 우리는 순순히 따라나서는 게 흡사 도시 속의 집시들이었다. 청동, 돌, 보리, 새명동, 동방싸롱 등등, 우리가 전전했던 다방 이름들은 곧 명동 시대의 역사를 뒷받침하는 문화유적(?)이기도 했다.

나는 학교가 끝나면 곧바로 다방으로 출근을 했다. 거기에는 예외 없이 조동화, 김경옥, 오사량이 있었다. 조동화와 김경옥은 직장이 없는데다가 자유기고가 본업이었으니 일정하게 나가는 다방이 있어야만 원고청탁도 있고 원고료도 받을 수가 있었다.

그런데 이상한 것은 해질 무렵이면 어김없이 한 다방으로 모여드는 이상한 버릇들이었다. 문학 하는 사람, 화가들과 음악가들 못지않게 우리 연극하는 친구들도 예외는 아니었다. 누가 모이자는 것도 아니었고 누가 만나자는 것도 아니었다. 그런데도 다방에 하루 한 번은 들러야 직성이 풀리는 것이었다. 그렇지 않으면 집안에 무슨 사고가 났거나 아니면 술병이 났을 거라고 잽싸게 족집게 점까지 치곤 했었다.

조동화는 술을 못 했으니 그런 걱정은 없었다. 약학대학을 나왔다면서 무슨 바람인지 연극계에 뛰어들더니 하는 일은 프로그램 컷 그리기와 레이아웃하는 게 전문이어서 우리로서는 없어서는 안 될 일꾼이었다. 그러나 그는 냉면 한 그릇이면 만사가 오케이였다. 그런가 하면 김경옥은 대식가에다가 청탁을 안 가리는 호방한 성품이라서 그 친구가 끼는 자리는 돈 계산에 누군가가 피를 봐야 했다. 그런가 하면 꼬장꼬장하고 원리 원칙을 내세우기 좋아하는 이두현은 항상 심각하고 불평이 많았다. 그런 면에서는 나도 한몫 끼는 터라서 조동화, 이두현과는 제작극회의 '세 삼각형'으로 통했다. 이유인즉, 세 사람의 눈꼬리는 한결같이 아래로 처진 세모꼴에다가 따지기를 좋아하는 성격인 데서 얻은 문화훈장이었다. 이제 모두가 칠순을 훨씬 넘어선 나이이지만 지금도 그 세모꼴의 눈은 여전히 반짝이고 있으니 다행인지 불행인지 모르겠다.

제작극회가 우리나라 최초의 본격적인 소극장 연극운동을 지향하는 긍지는 떳떳했고 또 자랑스러웠다. 그리고 무엇보다도 이른바 동인제(同人制)를 지켜나가려는 인간적 결속과 유대감은 주위에서도 부러워했다. 하기야 연극이 좋아 연극을 하겠다는데 누가 말릴 수 있겠는가.

그러나 우리는 가난했다. 어쩌다 대폿술에 취하여 명동 거리로 나서면 이따금 같은 처지의 젊은이와 만나게 되었다. '주막(酒幕) 동인'들이다. 전광용, 정한모, 정한숙, 전영경 등 문학인들로 구성된 '주막'은 문단의 일각에서도 알아주는 패기 있는 동인제 집단이었다. 연극과 문학의 표현양식은 다르겠지만 이른바 '동인 정신'으로 결속된 그 우정과 창조적 의욕은 천만금을 주고도 살 수 없다는 점에서 상부상조하는 관계였다.

제14장 방송인생 10년

1961년 3월, 나는 덕성여고 교장 앞으로 사표를 썼다. 4월 혁명의 여진은 아직도 남아 있었고 민주화의 목소리는 아직도 교정 구석구석에 번지고 있었다. 그러나 나는 미련 없이 사표를 내던지기로 결심을 했다. 머지않아 학교재단 이사장과 그 일당이 개선장군처럼 학원으로 복귀하게 되었을 때의 착잡하고도 미묘한 갈등을 생각한다면 다시 얻어내기 힘든 직장이지만 스스로 떠나가는 게 떳떳하리라는 단순 논리였다.

'설마 산 입에 거미줄 칠까. 어디고 나를 기다리는 일자리는 있겠지. 그리고 호랑이는 아무리 배가 고파도 풀을 뜯지 않는다고 했겠다. 내가 싫어서 배척한 그 사람 앞에서 다시 충(忠)을 맹세하는 건 치욕이다.'

이것은 내 스스로 얻어낸 결론이자 먼 훗날까지도 나의 허약한 심정을 지탱케 해준 생활철학이었다.

그런데 세상에는 우연이라는 것도 있고 기적이라는 것도 있었던 모양이다. 어느 날 연극 동인이자 오랜 친구였던 최창봉(崔彰鳳)으로부터 급히 만나자는 전갈이 왔다.

최창봉은 대학극회와 제작극회 동인이었다. 그는 고려대를 나온 후 오래전부터 국군방송국에서 일해왔고 한국방송연구소 소장으로 있다가 한국 최초의 TV방송국이던 HLKZ-TV 책임자로 있던 소장과 방송인의 한 사람이기도 했다. HLKZ-TV는 1956년 5월 12일 종로 네거리에 사옥을 두고 개국했다. 소규모이긴 했지만 우리나라에서 TV방송을 처음으로 방영한 이른바 TV방송의 개척자라고 말할 수 있다. TV수상기가 보급되지 못한 처지라 매주 금요일만 제외하고 두 시간씩 정규방송을 실시했다. 따라서 제한된 사람만이 수신을 할 수 있는, 이를테면 시험기(試驗期)에서 숱한 고생을 겪었다. 나는 그때 최초의 TV드라마 극본을 의뢰받아 〈공상도시〉며 〈어둠 속에 피는 꽃〉과 몇 편의 어린이극을 집필한 인연이 있었다. 그런데 불행하게도 불의의 화재로 소실되고 말았다. 1959년 2월 2일 새벽이었다.

이러한 환경에서 최창봉은 한동안 우리 곁에서 저만치 떨어져 있었다. 그런데 그가 급히 나를 만나자는 전갈을 보내왔다. 나는 소식이 궁금하던 터라 조바심을 금할 수가 없었다. 인사동 네거리에 있는 금잔디 다방에서 오랜만에 대좌한 나에게 최창봉은 그 특유의 허스키 보이스의 진한 평안도 사투리로 대뜸 입을 열었다.

"야, 범석아, 우리 방송국 하나 하자우!"

"방송국?"

"기래, 한국 최초의 민간방송이다."

"민간방송?"

"기리타니끼니… 의사가 있어 없어? 날래 대답부터 하라우야!"

민간방송이라는 생소한 낱말도 그렇거니와, 내가 방송 원고는 썼지만 방송 실무에는 백지나 다름없는 터라 어떻게 대답을 해야 할지 감을 잡을 수가 없었다. 그의 설명은 대충 이런 것이었다. 부산에 있는 문화방송이 서울로 상륙하게 되면 관영방송 KBS와 종교방송에만 길들여진 청취자들에게는 일대 센세이션을 일으키리라는 것. 그리고 민간방송은 딱딱하고 도식적인 관영방송의 틀을 깸으로써 보다 대중에게 친근하게 접근하여 교양과 오락을 보급하며, 나아가서는 기업 창달에도 기여하는 일석삼조의 문화사업이며 궁극적으로 연극운동의 정신하고도 일치하며 미래는 전파매체가 주도권을 잡는 시대가 도래하리라고.

그의 약간 어눌한 말 가운데서 나는 새로운 세계를 눈앞에 그릴 수가 있었다. 뿐만 아니라 방송과 연극이 모두 민중을 위한 정신문화일진대 그의 말대로 이 두 매체가 상부상조하게 되면 언젠가는 하나의 길로 귀결될 수도 있다는 판단 아래 나는 손을 내밀었다.

"해보자. 창봉이 네가 가르쳐준다면 공부하는 셈치고 해보겠다!"

"오케이! 그럼 됐어! 자 오랜만에 청계옥에 가서 대포 한잔 하자우!"

나의 세 번째 직장이자 방송인으로서의 변신은 이렇게 시작되었다. 그것은 우리들의 우정의 열매이기도 했지만 내가 그 삭막한 실직자의 비애를 모른 채 곧바로 새 직장을 얻게 된 것은 더없는 행운이요 신의 축복이 아닐 수 없었다.

그러나 나의 MBC에서의 약 10년 동안의 방송 생활에는 나름대로의 애로와 갈등이 도사리고 있었다. MBC는 1961년 2월 21일자로 '서울민간방송주식회사'로 등기를 마쳤고, 그해 4월 29일에는 경기도 시흥군에 송신소가 착공되고도 정식 개국의 소식은 감감했다. 뿐만 아니라 5.16군사쿠데타가 터지고 실질적인 사주였던 조선견직주식회사 사장이던 김지태(金智泰) 씨가 보석밀수죄로 구속되자 회사 안팎은 삽시간에 먹구름 속으로 휘말려 들어갔다. 월급은커녕 가불도 뜻대로 안 되자 부산 MBC에서 차출된 직원들은 날마다 아우성이었다. 인사동 동일가구점 4층에 자리한 창업 사무실에는 찬바람만 불었다. 방송부장 최창봉, 편성과장 정순일(鄭淳日), 연예과장 차범석, 음악과장 이호로(李胡露) 네 사람은 직제만 정했을 뿐 이렇다 할 생활 보장도, 업무상의 약속도 없이 시간만 흘려보내야 했다. 그 허망한 모습은 바보 같고 머저리 같은 존재들이었다. 애당초 우리가 품었던 그 원대한 꿈은 산산이 부서지고 하루를 보내기가 지겹고 두려웠던 암울한 시간들. 그러나 나는 비교적 태연했다. 왜냐하면 나는 희곡을 쓸 수 있고, 이 일이 안 되면 다시 연극운동을 계속할 수 있다는 제2의 방편이 기다리고 있었기 때문이다.

'서둘러서 되는 일이 아니다. 조직이 살고 죽는 일이란 한 개인이 버티어서 되는 일이 아니잖는가. 오늘 하루를 기다려보자. 오늘 안 되면 내일을 다시 기다려보자. 그렇게 지내는 동안에 볕 드는 날은 온다.'

이것이 나의 생활훈이자 인생지침이었다. 그러나 우여곡절 끝에 1961년 12월 2일 드디어 MBC의 첫 전파 발사가 결정됨으로써 나의 방송인생도 본궤도에 올랐다.

한국문화방송 사옥은 서울특별시 종로구 인사동 15번지 동일가구점 4층에 마련됐다. 그런데 문화방송 사옥은 초라하기 그지없었다.

동일가구점 4층에 자리를 잡은 스튜디오는 한 네 평 정도 될까? 사무실도 한편에 있었지만 날마다 북새통을 이뤘다. 우선 1기 공채 사원은 순수한 민간방송의 전통을 세운다는 취지 아래 제대로 뽑아서 양성한다는 원칙을 세웠다. 지금 생각하면 어떻게 일사천리로 일을 진행시켰는지 불가사의하다. 이런 와중에 5.16이 일어났다. 바위를 치며 흘러가는 거센 급류처럼 우리 사회는 전반적으로 변화할 수밖에 없었다. 그때는 하루아침에 모든 게 변해가던 시기다. 그래도 우리는 문화방송을 개국시켜야 한다는 일념에서 열심히 뛰었다. 몇 달씩 월급을 못 받고 그랬으면서도 못 하겠다는 말 한마디 안 했다. 월급날이 다가오면 서로들 눈치만 봤다. 월급날이 지나도 위에서는 언제 주겠다는 말도 없었다. 그러면 주변에 있는 음식점에 외상을 긋는 거다. 월급이 나오는 날은 잔칫날이다. 그러면서 개국 준비를 했다.

그때 맨 처음 맡은 직책은 연예과장이었다. 요즘으로 말하면 제작 부서인 것이다. 그러나 민간 상업 방송은 프로그램을 팔아야 운영이 되는 게 아닌가? 프로그램을 제작하는 것도 중요하지만 그에 못지않게 프로그램을 파는 일 또한 무시할 수 없는 중요한 경영의 묘였다. 중역진은 고심 끝에 나를 이름도 생소한 CM과장에 앉혔다.

업무 부서 배정에 체계가 잡히기 시작한 것이 한 10월 초순이었을 것이다. 그때 최창봉은 다른 곳으로 가고 방송부장에 배준호, 업무부장에

　　　　　　　　　　　　　제1부 떠도는 산하(山河)

이수홍, 연예과장에 민구, 보도과장에 김인현, 아나운서실장에 최계환, CM과장에 나, 그리고 전속악단장에 손석우, 이렇게 조직 정비가 되었다.

이렇게 해서 방송진이 출범했고 10월 20일에는 정부로부터 호출 부호 HLKV를 받아냈다. 그리고 11월 초에는 개국 편성표를 완성한 뒤 전속 음악단을 결성했다. 11월 11일부터 시험 전파를 발사하고 11월 20일부터는 미도파백화점 홀에서 첫 공개방송 프로그램을 제작했다.

1961년 12월 2일 아침 6시 정각, MBC문화방송 호출 부호 HLKV가 나가고 애국가에 이어 베르디의 가곡 〈아이다〉 중에서 개선행진곡이 울려퍼지자 그동안에 겪었던 고생스러움은 모두 사라지고 감격의 눈물이 솟았다.

안정된 직장을 버리고 MBC에 합류했으나 개국하기까지 월급도 못 받고 외상 국수와 외상술을 마셨던 일들이 떠오르자 눈시울이 붉어졌다.

이렇게 해서 개국은 했지만 모든 게 어설프기 짝이 없었다. 그 당시 너나없이 가난했던 시절, 문화방송 사장이라고 해서 무작정 설비 투자에 돈을 쏟아부을 처지도 못 되었다.

그때 스튜디오 방음용으로 천장에 수십 가마의 벼 껍질을 쏟아부었다. 그런데 쥐가 살판이 났다. 혹시 벼 껍질 속에 낟알이라도 들어 있을까 싶어서인지 인사동 쥐들이 죄다 몰려들었다. 쥐들이 들락거리다가 스튜디오로 떨어지면 여자 성우들은 기겁을 하며 도망가고…. 지금 생각해도 바로 어제 일처럼 우습기만 하다.

그래도 프로그램을 제작하자면 쥐가 나오는 스튜디오일망정 쟁탈전을 벌여야 했다. 약속된 시간 안에 프로그램을 제작하지 못하면 다른 프로듀서의 눈총을 받기 일쑤였다. 특히 공개방송용 스튜디오가 없었던 때라 주변의 예식장은 늘 문화방송 프로듀서들에게 예약되어 있었다.

타 방송 프로그램과의 차별을 위해서는 정말로 뭔가 새로운 바람을 일으켜야 했다. 그러기 위해선 공개방송을 많이 해야 했는데, 공개방송을 할 수 있는 장소로는 주변의 예식장밖에 없었으니 프로듀서들은 틈만 나면 예식장을 뛰어다녀야 했다. 내가 맡은 CM과장이라는 거, 보통 어려운 직책이 아니었다. 그때는 라디오 광고라는 게 뭔지도 몰랐던 때라 광고주들은 무조건 자기네 업체 이름과 상품 이름만 많이 불러대면 좋은 것이라고 여기던 때였다. 내가 카피도 쓰고 직접 방송도 만들고 했는데, 이렇게 프로듀서가 열심히 프로그램을 제작하고 CM을 만들어 팔고 했어도 방송국 살림은 여전히 어렵기만 했다. 게다가 그 당시 방송용 부대 시설 전화가 한 댄가 두 대 정도밖에 없었다. 서울 2국의 4315인가 그랬는데 업무용으로 쓸 경우에도 줄을 서서 써야 했다. 자동차도 어디 취재를 나가려면 총무과에게 전차표를 받아가지고 나가야 했다. 봉급은 여러 달씩 밀리기 일쑤였고, 취재비와 제작비조차 받지 못하고 프로그램을 만들어야 하는 때도 많았다. 개국 초기에는 자가 발전기도 없어서 정전만 되면 방송이 쉬곤 했던 때도 있었다.

개국 일주일이 지난 어느 날 느닷없이 정전이 되었다. 인사동의 변압기가 터져버린 것이다. 언제 복구가 될지도 모르는 상황이었다. 방송 담당자들은 머리를 맞대고 의논했다.

결론은 송신소가 있는 시흥에 내려가서 방송을 하자는 것으로 났다. 담당 프로듀서와 방송기자, 그리고 아나운서가 급히 시흥으로 내려갔다. 송신소에 담요를 두른 임시 스튜디오를 만들고 방송을 재개했다. 그리고 나서 한 아나운서의 첫 멘트는 "MBC를 아껴주시는 청취자 여러분, 지금 방송국 연주소가 정전인 관계로 송신소에서 방송을 하고 있습니다" 였다. 문화방송의 첫걸음 속에는 이렇게 소박한 아름다움이 깃들여 있다.

초창기 MBC라디오 프로그램의 면모가 궁금했다. 열악한 방송기재를 가지고 그만한 프로그램을 제작했다는 게 지금 생각해도 놀라운 일이다. 녹음 테이프도 턱없이 부족했고 NG 부분을 자르거나 방송 시간에 맞게 편집을 하려면 상사의 눈치부터 봐야 했다. 또 끊어진 테이프를 연결하

제1부 떠도는 산하(山河)

는 것도 쉽지만은 않았다. 스프라이싱 테이프가 없어서 스카치 테이프로 붙여 방송을 내보내곤 했는데, 이게 또 기계 열을 받으면 녹아서 늘어져버렸다. 방송 나갈 때 들어보면 소리가 늘어지는 경우도 더러 있었다. 그래도 하루에 정규 뉴스가 8회 나갔고, 사회 교양 프로그램으로 청취자 참여를 유도하는 〈나도 한마디〉가 있었다. 또 〈여러분 잠깐만〉이라는 재치와 해학이 섞인 만담 프로그램, 그리고 각계각층의 인생 체험담을 듣는 〈인생앨범〉이 있었는데 그 인기가 참으로 대단했다. 연예 프로그램도 타의 추종을 불허했다. 오후 7시부터 11시 사이 골든 아워에 배치했다. 〈쌍쌍파티〉와 〈톱 싱어 대회〉라는 게 있었다. 〈톱 싱어 대회〉 같은 프로그램의 경우 가수를 스튜디오에 모셔놓고 전화를 받아 그 자리에서 노래를 부르게 하는 것인데, 여기서 문제는 어떤 가수는 신청곡을 많이 받고 또 어떤 가수는 신청곡이 아예 없는 경우가 있었다.

초창기에 드라마는 조남사 작, 이보라 연출로 연속극 〈하늘과 땅 사이〉를 방송하여 인기를 끌자 그 기세를 몰아 김희창 작, 민구 연출로 〈웃기지 마라〉를 방송했으며, 그 외에도 이서구 작 〈인목대비〉, 요일별로는 〈회전 무대〉를 비롯하여 〈이것이 인생이다〉 등을 방송했다.

1961년, 서울의 문화방송이 탄생할 무렵 전국의 라디오 수신기 대수는 고작 80여만 대 남짓이었다. 그렇게 어려운 시기에 라디오 문화방송은 탄생한 것이다.

이런 가운데 뜻밖의 일이 내게 다가왔다. 아니 어쩌면 그것은 나의 극작가로서의 생애에서 최초의 충격일지도 모른다. 중앙국립극장 측에서 장막극 희곡 집필 의뢰를 받은 것이다. 아마도 연전에 공연한 〈껍질이 깨지는 아픔 없이는〉의 공연 성과도 간접적인 이유가 되었겠지만, 그 당시 연극계에는 극작가란 겨우 몇 손가락을 꼽을 정도였다. 기성작가로는 유치진, 오영진, 이광래, 김진수가 고작이고, 신인 극작가로는 임희재(任熙宰), 하유상(河有祥), 그리고 이용찬(李容燦)이 있을 뿐이었다.

나는 반신반의의 상태에서 집필을 승낙했다.

나는 1951년 목포에 있을 때 공연했던 처녀작 〈별은 밤마다〉의 후편이라고도 볼 수 있는 희곡 〈산불〉을 이미 그때부터 구상하고 있었다. 입산했던 한 빨치산이 하산한 이후의 경우를 소재로 한 구상을 머릿속에서 지었다가 허물고 허물었다가 다시 쌓아올리기를 10년 동안 되풀이해 온 셈이다. 희곡 〈산불〉은 10년 만에 탄생한 나의 대표작이다.

나는 방송국에 출근하면서 작품을 써야만 했다. 회사 측에서 눈치 채지 않도록 회사 부근에 있는 수도여관에 방을 정해놓고 시간이 나는 대로 잽싸게 드나들며 작품을 썼다. 그리고 퇴근 후엔 여관으로 직행을 했다. 그것은 문자 그대로 혼신의 힘을 기울인 작업이자 자신하고의 싸움이었다. 약속된 날 나는 원고를 건넸다. 그때 심부름한 사람은 후일에 시나리오 작가이자 방송극작가로 등단한 신봉승(辛奉承)이었다. 그는 그 당시 문공부 산하기관인 국립극장 공연과에 근무 중인 말단 공무원이었다.

원고를 보내놓고 나서 나는 해산을 한 여인처럼 한동안 앓았다. 그러면서도 〈산불〉이 국립극장의 대무대 위에 올려지는 장면을 머릿속에 그리며 마냥 행복감에 젖어 있었다.

그런데 얼마 후 전화 연락이 왔다. 극장 형편상 공연이 무기한 연기되었다는 사연이었다. 나는 실망보다도 분노가 앞섰다. 그토록 독촉을 해놓고 이제 와서 공연을 못 하게 된 이유가 뭐냐고 따졌지만 나 같은 송사리작가의 항의 따위에는 아랑곳하지 않았다. 나는 그날로 원고를 찾아다가 서랍 깊숙이 쳐넣어버렸다. 마치 보기 싫은 자식 놈을 골방에다 감금하는 심사였다. 그리고 사람의 성의를 무시하고 젊은 작가의 자존심을 짓밟은 극장 측의 처사에 수모감과 배신감으로 몸을 떨었다.

그런데 여름이 가고 가을이 되자 신봉승 씨로부터 전화가 걸려왔다. 〈산불〉 원고를 다시 달라는 사연이었다. 나는 화를 벌컥 냈다. 싫다고 할 때는 언제고 다시 내달리는 심사는 뭐냐고 분노를 터트리자 다가오는 12월 24일 성탄절 전야부터 연말까지 공연을 하기로 결정되었으니 그리 알라면서 노여움을 풀라는 위로의 말까지 곁들였다. 후일에 가서야 알게 된 일이지만 〈산불〉 공연을 거부한 측은 극장이 아니라 전속 극단 측이었다. 이유는 간단했다. 등장인물이 대부분 여자들이라서 남자 연기자들이 해야 할 일이 없다는 게 '공연 불허'의 이유였다.

1962년 세모, 명동 한복판에는 일대 이변이 일어났다. 국립극장이란 관객이 없어 파리를 날리는 곳이라는 고정관념을 깨기라도 하듯 관객이 몰려들고 유리창이 깨지자 기마순경이 출동을 하기에 이르렀다.

"국립극장에도 손님이 오다니 별난 일도 다 보겠군! 여봐 김씨! 초대권 좀 보내줘."

명동파출소 순경의 푸념 아닌 푸념이었다. 〈산불〉은 연극계에 화제를 뿌렸다. 국립극단의 연극도 손님을 끌 수 있다는 자신감을 가지게 되었다. 연극에 임하는 캐스트와 스태프가 한 덩어리로 뭉치는 정열만이 좋은 연극을 만들 수 있다는 너무나 당연한 진리를 연극 〈산불〉이 증명했다. 연출자 이진순(李眞淳)은 자유당 말기에 문총(文總)에 적을 두고 자유당 정권에 협력했다는 이유로 4.19 직후 2년 가까이 연극계에 모습을 나타내지 않았던 처지였다. 그러므로 오랜만에 연출할 기회를 얻은 그는 온갖 정열과 창의성을 기울이며 스파르타식 연습을 강행했다. 뿐만 아니라 연기자들도 새로운 출발이라는 다짐 아래 뭉쳤으니 박상익, 백성희, 나옥주, 이순, 진랑, 정애랑 등 기성 연기자와 백수련, 노경자, 김금지, 박성대 등 신인들이 발탁되어 혼신의 힘을 기울인 게 연극 〈산불〉을 성공 무대로 올려놓은 관건이었다. 그 후 나는 〈태양을 향하여〉, 〈여인천하〉를 국립극단을 통해 발표했다.

나는 방송국 연예과장에서 제작부장으로 승진하면서 방송극본 집필도 활발하게 참여했다. 그것은 대부분 광고주 측에서의 집필 의뢰가 있되 회사 측의 결재가 없이는 안 되는 일이었다. 그러나 그 일이 화근이 되어 나는 생각지도 않은 봉변을 당하는 사건이 일어났다. 부하 직원으로부터 연판장 소동을 겪는 불미스런 사태를 맞게 된 것이다. 다시 말해서 "제작부장 직위를 이용하여 연속극 집필로 치부(致富)하고, 사무실에서 연극 공연 업무까지 관장하는 것은 묵과할 수 없다"라는 게 그 요지였다.

한마디로 나는 뒤통수를 맞은 기분이었다. 내가 받은 작품료의 대부분은 연극 제작비로 충당되었고, 그것도 1년에 한두 편 쓰는 게 고작이었다. 그리고 가난한 극단 형편으로는 사무실을 가질 처지가 못 되었기에 공연 준비 기간에는 부득이 내 책상에서 작업하는 경우가 있었다.

그것도 기껏 1년에 두 번 정도 있을까 말까 하는 공연 때 일이고 보면 그것이 방송국 업무 수행에 별다른 지장을 가져오리라고는 생각도 못 할 일이었다. 그런데 부하 직원들 가운데는 그것을 트집 잡았고 마침내는 나를 배척하는 연판장 소동까지 일어나게 되었으니, 한마디로 말해서 부끄러운 생각뿐이었다. 그리고 그 정도로밖에 생각할 줄 모르는 속물주의자들이 혐오스러웠다. 우리는 연극이 상행위가 아니라 하나의 예술 운동이라고 자부했고, 그러기에 동인들이 호주머니를 털어 회비를 갹출해서 극단 운영을 하고 있음을 누구보다도 잘 알고 있을 텐데도 그 정도밖에 생각할 줄 모르는 인간들이라면 내가 한발 물러설 수밖에 없다고 단정하자 나는 각서를 썼다. 앞으로 자국 프로의 원고 집필을 안 할 것이며 사무실에서 극단 업무를 처리하지 않겠노라고 서약을 했다.

나는 연판장 파동을 통하여 하나의 인생 공부를 했다. 아니 인간 공부라는 편이 더 적절한 표현일 게다. 나는 지금까지 직장에서 상하의 계급성 따위는 생각도 안 했다. 어디까지나 인간적으로 정을 나누었다고 자부했었다. 그러나 평소에 나를 선배요 스승으로 떠받들던 그 친구들이 하루아침에 나를 향해 칼을 휘두르는 심사는 도저히 이해할 수가 없다. 아니, 사주를 받고 배척하는 측에 서서 차가운 시선으로 쳐다볼 수

199

있는 인간의 속성이 무섭고 추악스러웠다. 그러기에 나는 인간관계에서 '믿음이란 없다'는 결론은 그때 얻은 교훈이다. 그러나 직원 가운데 단 한 사람만이 연판장에 서명을 거부했었다. 그는 나와 동향(同鄕)이고 극작가로서 선후배 관계일 뿐만 아니라, 그가 1962년 MBC에 취직할 수 있었던 결정적인 교량 역할을 해준 나의 은혜를 잊지 않았기 때문이었다. 나는 먼 후일까지도 그 우정의 표시를 고맙게 간직하며 살아왔다.

인간관계에서 배신만큼 추악한 것은 없다고 생각하는 나의 보수적인 사고방식은 예나 지금이나 변함없는 좌우명이다. 그러기에 해바라기처럼 돌아서며 붙어먹는 사람을 볼 때 나는 구토증을 참지 못하는 옹졸한 인간이 되었나 보다.

그러나 지금 와서 생각하니 MBC 10년은 나의 일생에서 몇 가지의 전환기를 맞게 했고, 이 시기에 나는 방송인이 아니라 연극인으로서의 자리를 굳건히 구축했었다고 자부할 수가 있다. 그 가운데 하나는 극단 '산하(山河)'의 창단이요, 다른 하나는 '사단법인 한국연극협회' 이사장에 피선되었던 일이다.

극단 산하는 1963년 9월 28일 창단되었다. 제작극회를 탈퇴하고서 조직한 산하는 이를테면 나의 연극인생에 있어서 새 옷으로 갈아입은 계기라고 해도 과언은 아니다.

내가 제작극회를 그만둬야겠다고 결심한 데는 두 가지 이유가 있었다. 그 하나는 언제까지나 호사(好事) 취미로 하는 아마추어 연극하고의 결별이고, 다른 하나는 대중에게 보다 가깝게 다가가는 연극운동의 필요성에서였다.

앞에서도 얘기가 나왔지만 제작극회는 아마추어리즘에서 출발한 집단이었다. 그러나 후반기로 접어들면서 개인적인 취향이나 독선주의가 집단의 인상을 흐리게 했을 뿐만 아니라 동인제(同人制)의 순수한 사명감이나 의무감이 무너지면서 나는 이미 다른 구상을 하고 있었다. 이념적이라기보다 사회계도적인 면에서도 연극이 해야 할 일이 많았고, 후진성에서 벗어나기 위해서 연극이 취해야 할 보다 진취적이며 본격적인 운동을 하기 위해서는 새로운 구성요원(構成要員)이 필요하다고 절감했다.

제작극회는 5회 공연 때까지 대표직이 없는 운영위원제로 구성되어 있었다. 그것은 특정인의 독주나 독단을 막되 공동운명체로서의 유대감을 공고히 하자는 데 그 기본정신을 두었기 때문이다. 따라서 작품 선정이나 회원 가입 문제는 전원일치제였다.

그런데 결정적인 사건이 터졌다. 제13회 공연작품을 선정하는 과정에서 김경옥(金京鈺)은 자신의 작품 〈산여인〉을 집요하게 요구해왔다. 그러나 대부분의 운영위원은 그 작품의 완성도에 대해 회의적이었고 나역시 그랬다. 작가로서 자신의 희곡이 무대에 올려지기를 갈구하는 것은 당연하다. 그렇지만 그 성과 여부에 있어서 부정적일 때는 후퇴하고 양보해야 옳았는데도 그는 막무가내였다. 어쩌면 나의 작품이 극계에서 평가를 받게 되자 그는 시기와 경쟁심에서 자기 작품도 햇볕을 봐야겠다는 의욕이 작용했을 것이다. 그러나 한사코 반대 의견을 무릅쓰고 독자적으로 추진을 시키려는 그의 의도는 납득이 안 갔다. 그는 연출자도 외부 인사인 이원경(李源庚) 씨를 모셔 오겠다면서 극장도 드라마센터로 정하자고 주장했다. 그리고 제작비는 운영위원들이 분담하면 별 지장이 없으리라는 견해였다. 동인이 이 정도까지 나오는데 그걸 마지막까지 거부하거나 정지시킬 용기는 나도 없었다. 한사코 그 길을 원한다면 그런 방향으로 하되 제작비 분담은 꼭 약속을 지키기로 합의하고 〈산여인〉을 채택했다.

그러나 공연 결과는 예상했던 대로 실패였다. 희곡 자체의 허약성과 연출의 불확실한 의도는 관객을 감동시키기에는 거리가 멀었다. 그러나 일단 막을 내렸으니 그 부채 청산에는 총력을 기울일 수밖에 없었다. 그것은 우리들의 약속이기 때문이다. 나는 처음 약속대로 책임액을 입금

시켰다. 그러나 당사자인 작가와 몇몇 사람은 그 청산에 미온적인 눈치였다. 나는 그 속셈을 꿰뚫어 보았다. 그리고 와야 할 날이 가까워지는 것을 예견했다.

이 무렵 극단 신협(新協)에서 나에게 작품 의뢰가 들어왔다. 극단 신협은 그 당시 유일무이한 직업극단이자 역사와 실적을 자랑하는 대표적인 극단이며 한국연극의 대명사라 해도 과언은 아니었다. 그러나 그 신협도 그동안 대부분의 소속 연기자가 영화계로 진출한 관계로 몇 해 동안 연극 공연을 중단한 상태에 놓여 있었다. 김동원, 황정순, 장민호, 박암 등 기간 단원이 모두 영화로 전향을 했고, 오직 연출가이자 대표인 이해랑(李海浪)만이 외롭게 극단 간판을 지키는 처지였다. 얼마 후엔 이해랑 선생마저 먹고살기 위해 영화 출연을 할 수밖에 없었으니 극단 신협은 휴화산처럼 맥을 잃고 있었다.

그러한 극단 신협에 재기의 기회가 왔다. 한국일보사 장기영(張基榮) 사장으로부터 재정적 후원과 적극적인 홍보 작전의 약속을 받아내었으니, 이른바 '신협 재기공연(再起公演)'이 실현될 단계에 와 있었다. 이 결실은 이해랑과 장기영의 끈끈한 인간관계에서 비롯되었지만, 사실은 외롭게 밀려만 다니던 이해랑의 연극 재건에 건 열의와 집념에서 비롯되었다는 것은 천하가 널리 아는 뒷이야기이기도 하다.

영화산업 때문에 연극이 죽어갈 수는 없었다. 아니 영화가 성하면 성할수록 연극은 그 매력을 살려야 하며 멀어진 관객을 극장으로 끌어들여야 한다. 영화가 살아나듯 연극도 살아남을 날은 꼭 오리라는 소신과 갈증이 극단 신협의 재기를 가능케 했을 것이다.

나는 이해랑 선생의 권유로 이미 〈태양을 향하여〉라는 장막극을 써서 국립극단에서 상연한 일이 있었다. 이 작품은 나의 단막극 〈나는 살아야 한다〉와 2막극 〈불모지〉를 접목시켜서 다시 쓴 장막극이었다. 이해랑 선생은 그 작품에서 나의 극작가적 역량을 인정했는지 신협 재기공연

작품을 부탁하면서 작품의 소재나 주제에는 아무런 요구는 없으되 연기자들이 저마다 실력을 발휘할 수 있도록 각별히 유의해달라는 것이었다. 그도 그럴 것이, 모처럼 신협 단원이 재결합한다는 소식이 돌자 신협 단원이 아닌 영화계의 인기 스타들이 너도 나도 출연을 희망하니 즐거운 비명을 지를 수밖에 없노라고 파안대소하였다. 출연 예정자 명단에는 김승호, 주선태, 장민호, 허장강, 황해, 추석양, 남춘역, 방수일 등 남자 연기자와 황정순, 이민자, 조미령, 김정옥, 차유미 등 여자 연기자까지 합세했으니, 문자 그대로 기라성 같은 '올스타 캐스트'라는 말이 실감날 호화배역이었다.

나는 이해랑 선생이 배우가 저마다 한가락씩 할 수 있도록 유의해달라는 의미가 무엇인지를 실감할 수가 있었다. 희곡 〈갈매기 떼〉는 바로 이런 배경에서 탄생했고, 1963년 6월 6일 개막되자 명동 국립극장은 연일 인파로 몸살을 앓았다. 〈산불〉의 뒤를 이어 공전의 성과를 올렸으니 나로서는 더할 나위 없는 보람이요 기쁨이 아닐 수 없었다. 뿐만 아니라 지금까지 주로 좁은 소극장 무대에서 궁색하게 연극을 만들어야만 했던 환경하고는 달리 보다 넓은 세계를 향한 또 하나의 연극적 시야가 어렴풋이 보이는 것 같았다.

그런데 이때 웃지 못할 한 토막의 희극이 벌어졌다. 연극 〈갈매기 떼〉 개막일인 6월 6일은 바로 우리 집 이삿날이었다. 지금까지 셋방살이로 7년 반 동안 전전해오던 터에 처음으로 단독주택을 마련하여 이사를 하는 날이었다. 그러나 나의 안중에는 이사란 없었다. 오늘 〈갈매기 떼〉의 막이 오른다는 현실의 긴박감과 강박관념에 나는 아침부터 들떠 있었다. 나는 공연이 끝난 다음에 새집으로 찾아갈 테니 잘 부탁한다고 아내에게 일임하고는 아침 10시에 있을 무대 총연습 시간에 맞춰 황급히 집을 나섰다.

아침부터 긴장 상태에 있었던 나는 관객들의 우뢰 같은 박수와 이른바 스타들의 찬사에 열병환자처럼 들떠 있었다. 이사갈 집은, 왕십리 중앙시장 근처의 연립주택을 팔고 삼선동 주택가에다 집을 샀을 때 계약날 딱 한 번 가본 적이 있는 길이었다.

그런데 아무리 휘둘러봐도 우리 집 대문은 안 보였다. 집 앞에 해묵은 느티나무가 서 있고 돌층계를 몇 계단 올라서면 하늘빛 대문이 있는 집이라는 게 내 기억의 전부였다. 한밤중인 데다가 그것도 술에 취한 나의 눈에는 낯선 타관 길이나 다름없었다. 그렇다고 누구한테 물어볼 수도 없었다. 이 골목이 그 골목이요, 그 골목이 다시 이 골목이니 밤길을 헤맨 지 30분은 족히 지났을 것이다. 나는 은근히 화가 치밀었다. 정확한 집주소라도 메모해두지 못한 자신의 불찰은 선반 위에 올려놓고 아내의 탓만 중얼거리다가 문득 꾀가 떠올랐다.

"큰 소리로 노래를 부르자!"

나는 평소에 즐겨 부르던 〈밤안개〉를 부르기 시작했다. '술에 취한 사람이 밤중에 노래 좀 부르기로 그게 무슨 죄가 되겠는가. 순찰 경관이 나무라면 술 탓으로 돌리면 되겠지' 하고 목청을 돋우었다.

'밤이 새도록… 쓸쓸한 밤 안개…'

나는 제멋에 겨워 노래를 부르며 거닐었다. 바로 그때 어둠 속에서 날카로운 여자 목소리가 들려오는 게 아닌가.

"여보, 여기에요! 여기…."

나의 작품 〈갈매기 떼〉가 이렇게 탄생했던 날, 나는 난생 처음 대문 기둥에다가 내 이름이 쓰인 문패를 달았다. 그리고 서울 공연에서 성공한 연극 〈갈매기 떼〉는 지방 공연으로 이어졌다. 내 고향인 목포 남일극장과 광주극장에는 인산인해를 이루었고, 연극이 끝난 후 고무신짝이 한 가마니가 넘게 나왔다는 뒷소식을 전해 듣자 나는 반사적으로 엉뚱한 생각을 되새김질하고 있었다.

'극단을 만들자. 전문적인 직업극단을 만들자.'

연극엔 관객이 없다는 체념은 우리가 지어낸 자기변명에 불과하다는 생각이 들었다. 〈산불〉도 그리고 〈갈매기 떼〉도 관객 동원에 성공한 이유는 제대로 훈련된 배우에 의해 제대로 앙상블이 조성된 연극이라는 점은 그 누구도 무시 못 할 것이다.

물론 연극 〈갈매기 떼〉에는 널리 알려진 스타들이 대거 출연했다는 장점도 배제할 수는 없다. 그러나 연극이 제대로 만들어졌을 때 관객은 결코 외면하지 않는 법이다. 유명 스타를 보고 싶어하는 관객도 물론 있을 수 있을 것이다. 그러나 진지한 연기와 진실을 추구하는 작품을 갈구하는 관객도 있다. 그것은 반드시 서울에만 있는 게 아니다. 지방에도 있다. 그리고 번역극이라야만 수준 높은 관객이 온다는 독선을 깨부숴야 한다. 질 높은 창작극일지라도 뜻있는 관객은 이 하늘 아래 어디엔가 있을 것이다. 손님을 모아 돈을 긁어모으려는 상업주의 연극이 아니라, 우리들의 아픔을 함께 나누고 우리들의 꿈을 함께 찾아 나서려는 진실된 연극을 찾는 관객은 반드시 있다. 나는 그런 연극과 그런 관객을 찾아 나서기 위해서는 제작극회와 결별하고 새 극단을 만들어야겠다고 결심했다.

제15장 극단 산하(山下)

제작극회를 떠나 새로운 극단을 만들어야 한다는 나의 주장에 동의한 동인이 있었다. 김유성(金有聲)이다. 정확히 말해서 그는 제작극회에는 중간에 가입한 동인으로, 원래는 최창봉의 신의주중학교 동기생이었다. 따라서 나와는 아무런 연고가 없는 남이었다. 그는 연극이나 예술을 전공한 사람이 아니었다. 국방부에서 경리장교로 복무하다가 제대를 하자 동창생인 최창봉의 권유로 입회한, 말하자면 연극 애호가였다. 따라서 일제시대부터 지방 순회공연하는 신파극단에 대한 아련한 추억과 동경심을 품었을 뿐, 극작이며 연출이며 연기하고는 전혀 무관한 문외한이었다. 그래서 그는 애당초부터 제작, 기획 쪽의 업무를 자청하였다. 경리장교에서 군복을 벗은 그는 이북 실향민으로서의 외로움을 달래기 위한 수단으로 극단에 들어왔다고 해도 과언은 아니었다.

김유성은 괄괄한 성격이면서도 치밀하고 인정이 후했다. 그리고 술을 잘 사는 일이 금세 우리와 가까워질 수 있는 계기가 되었다.

김유성은 매우 사무적이며 금전출납에는 깨끗하고 정확했다. 대체로 연극하는 사람들의 습성이 금전 문제에 관해서는 무분별하거나 셈이 흐리다는 중평에 비춰볼 때, 그처럼 조직적이고 사무적인 능력을 지닌 그는 소중한 인재가 아닐 수 없었다. 게다가 매사에 끊고 맺는 절도가 분명한 데다가 치사스러운 일은 생리적으로 싫어하는 결벽증이 나와 일맥상통했다. 그러므로 누구보다도 나와 호흡이 맞았고, 그만큼 서로가 신뢰감을 가지고 극단 운영에 성의를 기울인 일꾼이었다. 뿐만 아니라 연극관(演劇觀)에서도 나와 의견을 같이한 동지였다.

우리는 술자리가 끝나면 장소를 바꾼 자리에서 제작극회의 현재와 장래에 대해서 의견을 나누었다. 결론은 금세 나타났다. 현재와 같은 극단 운영이나 불투명한 방향으로는 오래갈 수 없다는 데 의견 일치를 본 것이다.

"보다 본격적이고 직업적인 극단으로 탈바꿈을 해야 한다. 언제까지나 소영웅주의적이거나 자기도취의 울타리 안에서 맴돌 순 없다. 연극은 보다 많은 관객 속으로 뛰어들어서 동시대의 사람들과 호흡을 같이해야 옳을 일이다. 그러므로 소수의 대학생이나 고등학생만을 상대로 하는 연극에서 벗어남으로써 좀 더 어른스럽고 폭넓은 계층과 호흡을 같이하는 연극이 나와야 한다."

이와 같은 주장에 의기투합한 우리 두 사람은 우선 동지 규합을 은밀히 시도했다. 그러나 제작극회 동인 가운데서는 오사량 한 사람을 제외하고는 우리의 주장에 동참할 사람은 없었다.

어느 날 생각지도 않게 젊은 연극인이 방송국으로 찾아왔다. 이기하(李基夏), 김성옥(金聲玉), 그리고 이순재(李順載) 세 사람이었다. 모두가 나의 후배이자 제자이며 극단 실험극장에 소속된 만만찮은 친구들이었다.

나는 중국집으로 자리를 옮겼다. 방송국 중간 간부인 내가 점심을 사면 샀지 빈털터리인 그들에게 기댈 수는 없었다. 독한 고량주 몇 잔이 들어가자 그들은 말문을 열어놓기 시작했다.

"선생님, 우리 극단 하나 만들어요!"

"극단? 실험극장은 어떻게 하고?"

"실험극장도 이제 한물갔어요."

"그러니 선생님도 제작극회에서 탈퇴하시죠, 예? 우리 몇몇 젊은이들과 새로 극단 만듭시다!"

그들은 번갈아가면서 연극계의 내부를 폭로라도 하듯 열변을 토하면서 몇몇이서 오래전부터 나와 함께 어깨동무를 짜기로 의견 일치를 보았다는 것이다.

나는 젊은이들 사이에서도 새로운 움직임이 번지고 있다는 사실을 확인하자 결코 싫은 생각은 없었다. 어쩌면 그것은 밖으로 표면화되지 않았을 뿐 뜻있는 연극인이라면 누구나 원하는 추세라고 단정을 했다.

그 당시 연극계에는 제작극회가 활발하게 움직이자 그 뒤를 잇기라도 하듯 소극장운동을 표방하는 동인제 극단들이 탄생했다. 실험극장, 동인극장, 신무대실험극회, 신연극동우회, 팔월극장 등이 꼬리를 물고 창단되었다. 그러나 이름만 다를 뿐 그 내용이나 실적은 아마추어 극단의 수준에서 못 벗어나는 옹색함을 부인할 수 없었다. 나와 김유성은 자주 만났다.

"이미 있는 극단에서 한두 사람씩 유능하고 인간성이 순수한 젊은이들을 규합한다면 극단 신협에 대응할 만한 강력하고도 신선한 극단을 탄생시킬 수 있다"라고 우리는 마음을 굳혔다.

우리는 몇 차례의 모임과 개별적인 교섭 끝에 20명 가까운 젊은 동지를 모을 수가 있었다. 그리하여 1963년 9월 28일 중앙공보관에서 극단을 창단했으니 그것이 바로 산하(山河)의 탄생이다.

'산하'라는 명칭은 내가 창안했다.

"산하(山河)란 우리의 고향이자 조국이다. 그것은 흔들리지도 사라지지도 않는 영원성의 상징이다. 그러기에 고향이라는 원점으로 돌아가 내 것을 품속에 안고 키워내야 한다. 외국 것의 모방이나 추종에서 벗어나야 한다. 흙내음과 물소리와 바람소리가 끊이지 않는 영원한 고향을 상기시키는 그런 연극의 산실이라야 한다."

이와 같은 나의 보충 설명에 모두가 뜨거운 박수로 호응을 했다. 여기에 창단단원을 소개하자면 다음과 같다.

대표: 오화섭

운영위원: 차범석, 이기하, 김유성, 하유상, 장종선, 조기진

연출: 이기하, 표재순, 김범석, 전혁

감사: 구민, 이순재

연기: 강효실, 천선녀, 김소원, 안영주, 백수련, 유병희(이상 여자), 김
　　　성옥, 이순재, 오현경, 전운, 남성우, 주상현, 이낙훈(이상 남자)

미술: 장종선, 고천산(조명)

어느 모로 보아도 기라성 같은 멤버였다.

여기서 밝혀야 할 한 가지 사실은 대표에 영문학 교수 오화섭 선생을 추대한 점이다. 실질적인 일은 내가 해왔지만 대외적으로 보았을 때 특정인이 독주하는 듯한 인상을 피해야 했기 때문이다. 따라서 오화섭 교수에게 간곡하게 부탁 말씀을 드리되 1년 후에는 짐을 벗으시게 하는 조건부였다. 1년 후 대표직은 내가 맡게 되었다.

극단 산하는 제작극회 창단 때처럼 거창하고 장황한 선언문이나 취지문을 의도적으로 피했다. 연극은 말로 하는 게 아니라 실질적이고 구체적인 연극행위로 말해야 하며 미사여구(美辭麗句)는 필요 없다는 게 우리들의 주장이었다. 그 대신 궁극적인 목표를 채택했으니 그것은 바로 '연극의 대중화'와 '연극의 직업화'였다.

그런데 이 '연극의 대중화'라는 말의 꼬투리를 잡고 의도적으로 '산하'를 씹는 소리가 여기저기서 들려왔다. 대중화를 곧 비속화(卑俗化)로 단정하며 이른바 고무신짝 손님까지 끌어들이려 한다는 악담까지 서슴지 않았다. 그리고 극단 명칭 산하를 꼬집어 요정(料亭) 간판과 다를 바 없다면서 은근히 질시와 평가절하를 일삼는 글이 신문에까지 오르내렸다.

그러나 우리가 주장했던 '연극의 대중화'는 실질적이고도 구체적인 목

표를 두고 있었으니, 첫째 창작극의 활성화, 둘째 연극 관객의 저변 확대를 위한 지방 공연, 셋째 새로운 관객 육성과 신인 양성이 바로 그것이었다.

그 당시의 연극이 번역극 일변도로 흘렀던 것은 좋은 창작희곡이 없었다는 데도 원인이 있었다. 그래서 산하에는 임희재, 하유상, 그리고 차범석의 신진 극작가가 1년에 한 편씩 희곡을 써내며 번역극도 새로운 현대극을 소개함으로써 이른바 주체의식을 확립시키려는 데 목적이 있었다. 그리고 연극이 어째서 서울의 관객, 특히 대학생 취향에 추종해야만 되겠는가라는 현실적인 현안의 극복 노력이 있었다. 연극 관객의 저변 확대를 위해서도 성인(사회인)을 대상으로 하되 그것은 가능한 한 지방에 있는 관객까지도 포섭함으로써 연극시장을 넓히자는 게 바로 연극의 대중화였다. 우리 현실과 동떨어진 번역극으로 젊은 학생들의 의식구조를 마비시키거나 우리 민족의 현실에 등을 돌림으로써 스스로를 지식인이라고 자처하는 천박한 엘리트주의를 없애고, 관객에게 보다 친숙한 연극으로 관객의 지지를 받는 연극이 곧 민족연극이 아니겠는가라고 우리는 기염을 토했다.

1963년 11월 14일. 드디어 극단 산하 창단공연의 막이 올랐다. 말도 많은 새바람을 일으키던 산하에 연극계의 시선이 집중되었다. 작품은 손창섭 원작, 임희재 각색의 〈잉여인간〉으로, 이기하가 연출을 맡았다. 출연진은 김성옥, 남성우, 이순재, 정은, 구민 등과 천선녀, 강효실, 유병희, 김소원 등 창단 멤버가 총동원되었다.

일부에서는 왜 창작이 아닌 소설을 각색한 작품인가라는 의아심도 있었다. 그러나 그 당시 일반 관객의 관심을 끌어모으고 그 선전 효과와 작품 수준의 성숙도를 위해서는, 문학작품으로서 정평이 있는 소설의 각색도 하나의 전략으로서 타당하다는 기획적인 의도에서였다. 우리는 연습 진행과 함께 이른바 스폰서 확보와 후원회원 모집, 그리고 광고선전에도 신경을 썼다.

각 일간신문에서는 일제히 산하의 부상을 긍정적으로 보도하면서 연극의 대중화와 비속화는 별개 문제라는 인식을 하게 되었다.

관객에게 이끌려 다니는 연극이 아니라 관객에게 무엇인가를 던져주는 연극이라야 한다는 우리의 주장은 요즘 우리 연극을 병들게 한 그릇된 상업주의를 처음부터 배격하고 연극을 하나의 예술운동으로 펴나갈 것을 천명하였다.

창단공연은 대체적으로 호평이었다. 조선일보는 "대중 속에 파고드는 본격극(本格劇) 제시"라고 평했고, 연출가 이원경은 "대중을 위한 중간극"이라고 동아일보 지상에 평하면서 극단 신협의 연극과 실험극의 중간에 자리한다면서 장차 우리나라 연극을 대변하게 되리라고 전망하기도 했다. 연출가 이진순은 여배우들의 착실한 연기력을 높게 평가했다.

우리는 그 여세를 몰아 제2회 작품으로 차범석 작, 이원경 연출의 〈청기와 집〉을 다음 해 3월 27일 공연 예정으로 준비에 착수했다.

그런데 이 연극 준비 과정에서 생각지도 않은 돌발사건이 일어났다. 창단 준비 때부터 그토록 열성적으로 참여했던 이기하(李基夏)가 연출을 못 하겠다고 하고, 장치를 맡았던 장종선도 등을 돌렸다. 새로 발족한 KBS-TV로 간다는 게 그 이유였다. 그것도 연습에 들어간 지 얼마 안 있어 일어난 일이었다. 가난하게만 살아온 연극인들에게 TV 세계는 이를테면 미국의 골든러시 시대의 서부(西部)와도 같았다. 연출, 연기자는 누구나 그쪽으로 추파를 던지고 있었다. 우리는 그 사람의 이탈을 심하게 매도했다. 달면 삼키고 쓰면 뱉는 인심이 야속했다. 그렇다고 공연을 중단할 순 없었다.

기획회의 끝에 객원 연출로 이원경 씨와 무대미술에 정우택(鄭禹澤) 씨를 영입했다. 이때를 계기로 연극보다는 생활을 앞세우는 연기자들이 TV로 전향하거나 눈웃음치는 꼴사나운 풍속도가 우리를 슬프게 했다. 그러나 갈 사람은 붙잡지 않는다는 게 나의 지론이었다. 문제는 '왜 연극이 있어야 하고 왜 연극을 키워야 하는가'라는 원칙론에 뜻을 같이하는 사람이 손을 잡고 있는 한 희망은 있고 미래는 올 것이라는 확고한 생각에는 추호도 변함이 없는 나의 고집이었다.

우리는 그해 처음으로 제정된 제1회 동아연극상에 〈청기와 집〉을 출품했으며 천선녀(千仙女)가 영예의 연기상을 받았던 것도 즐거운 추억이었다.

그러나 연극계는 대체로 불황의 늪에서 헤어나지 못하는 실정이었다. 극단은 늘었다고 하나 공연 실적이며 연극 수준은 여전히 낮은 곳에서 배회하고 있었다. 이때 불황의 연극계를 소생시킨 일대 변화가 일어났으니, 셰익스피어 탄생 40주년 기념 연극축전이 바로 그것이다.

1964년 4월 22일부터 6개 극단(국립극단, 신협, 민중극장, 실험극장, 동인극장, 산하)이 연속적으로 연극 공연을 하며 부대행사로 강연회, 전시회, 인형극이 펼쳐진 이 이벤트는 우리나라 연극사상 처음 있는 행사로, 공동기획, 선전, 회원권 판매 등을 실시하여 성공적으로 막을 내렸다.

극단 산하는 〈말괄량이 길들이기〉를 차범석이 연출을 맡고 강효실, 이순재, 구민, 최불암, 전운 등이 출연하여 호평을 얻었다.

연극인들 스스로 모여 난국을 극복하려 했던 그 의지는 언론계 및 학계, 그리고 행정 당국으로부터도 적극적인 후원을 얻게 되었다. 이 연극축전을 계기로 연극계는 하나의 활로를 찾았을 뿐만 아니라 지속적으로 합동공연 형식의 연극이 자주 이루어졌으니, 1968년에 있었던 '신문화 60주년'을 기념하는 〈그래도 막은 오른다〉, 1971년의 토월회 50주년 기념 공연, 1973년 〈극예술연구회 40주년 기념 공연〉 등 굵직한 공연이 이어질 바탕을 이루었던 것은 연극역사에 기록될 만한 일들이었다.

나는 방송국의 일과 작품 집필, 산하 운영이라는 세 가지 업무를 수행했는데, 문자 그대로 전천후적인 노력을 아끼지 않았다. 그것은 단순히 수익성이 있는 연극을 한다기보다는 한국연극의 질적인 향상이 전제되어야 한다는 고집을 내세운 것이었고, 그러한 나의 연극관은 다소는 원리적이고 보수적이어서 젊은이들의 반발을 사기도 했었다. 특히 해외파로 알려진 연극인과 실험극을 주장하는 사람들은 내가 리얼리즘을 고집하는 태도에 적지 않은 저항감을 토로했다. 그러나 나는 정통적(正統的)인 연극이 더 착실하게 뿌리를 내리지 않고서는 궁극적으로 외국 것만 추앙하는 노예근성에 빠지게 된다는 고집을 굽히지 않았다. 벌써부터 부조리 연극, 반연극(反演劇), 서사극 등 우리에게 아직은 생소한 외국 연극이 밀려드는 상황에서 우리가 버티어나갈 저력은 정통적인 연극의 기술 습득, 특히 연기술의 연마가 급선무라고 주장했다. 그러므로 나는 단원들의 연습장에서나 그 밖의 장소에서도 정확한 화술(話術)의 중요성을 강조했다. 연극은 궁극적으로 말의 예술이자 대사에 의한 의미 전달이 생명이라는 점에서였다. 그러나 나의 고집은 젊은 연극 지망생(신인들)들에게 적지 않게 중압감을 주었던 것도 사실이다.

이렇게 분주한 와중에서도 내가 꼭 하지 않으면 안 될 일이 있었다. 지방 공연이다. 요즘과 달리 그 당시의 지방 공연은 전적으로 자력에 의해서 이루어져야 했다. 배우나 스태프에게 개런티를 지불한다는 보장도 없으니 거의 의무적이요 봉사정신이 아니고는 안 되는 일이었다. 나는 조금은 일을 수월하게 하기 위해 연고지인 광주와 전주를 택했다. 작품 역시 전라도와 연관이 있는 나의 대표작 〈산불〉을 선정했다. 1966년 11월 30일부터 12월 3일까지 광주 대한극장과 전주 코리아극장에서 열광적인 환영과 찬사 속에 막을 내렸다.

동트기 전의 새벽, 군용 차량의 짐칸에서 눈보라를 맞으며 배우 천선녀(千仙女)는 울음을 터뜨렸다. 연극은 성공이었지만 착잡했던 심정에 서였을 것이다.

"차 선생님, 이렇게 연극을 해야만 합니까? 이게 우리 연극의 운명이에요?"

유달리 검고 긴 그녀의 속눈썹에 눈송이가 걸려서 떨리고 있었다. 비참하고도 허무한 생각에 나는 대답 대신 쓰게 웃고만 있었다.

그렇지만 우리 극단의 공약(公約)이기도 했던 지방 공연을 성공적으로 끝냈다는 자부심과 자긍심은 '연극의 대중화' 운동을 현실적으로 구체화시켰다는 그 한 가지 점에서 나는 마냥 즐겁기만 했다. 연극이 살아남기 위해서 관객을 찾아 나서는 일은 너무나도 당연하기 때문이다.

그러나 이 무렵 내 연극인생에 하나의 획을 긋는 일이 일어났다. 1969년 2월 나는 사단법인 한국연극협회 제7대 이사장으로 선출되었다.

나는 44세의 젊은 이사장이었다. 그러나 내가 그 나이에 이사장을 맡게 된 것은 내 스스로의 뜻이라기보다는 나를 아끼고 성원해준 선배와 동료들의 힘이었다고 고백할 수밖에 없다. 뿐만 아니라 그것은 연극계 안에 도사리고 있는 '두 개의 세력' 다툼 사이에서 얻은 어부지리(漁夫之利)라고 해도 무방할 것이다.

두 개의 세력이란 다름 아닌 1세대의 서항석(徐恒錫) 대 유치진(柳致眞)의 갈등에 이은 2세대의 이진순(李眞淳) 대 이해랑(李海浪)의 암투에서 빚어진 감정의 대립이다. 그 힘의 계보와 대립의 근원을 따지자면 여러 가지 각도에서 검토되어야 하겠지만, 한마디로 말한다면 연극계의 헤게모니 장악권을 두고 오랫동안 벌이고 온 암투임에 틀림없다.

그 당시 예총 회장을 맡고 있던 이해랑과 동국대 교수를 겸했던 연출가 이진순은 속된 표현으로 견원(犬猿)의 사이였다. 연극협회 6대 이사장인 박진(朴珍)이 임기를 마치게 되자 차기 이사장 선출이 화제에 올랐다. 그런데 풍문에 의할 것 같으면 이진순이 출마를 한다는 소문이 퍼졌다. 이에 가장 예민한 반응을 보인 사람은 이해랑이었다. 두 사람은 일찍이 니혼(日本)대학 예술과 동문이자 같은 연출가였고 해방 이후 연극계의 지도적 존재였다. 그러나 두 사람은 매사에 대립적이었다. 서로가 양보하기보다는 비방과 멸시마저도 마다하지 않는 처지였다. 따라서 만약에 이진순이 연극협회 이사장 자리에 앉게 되는 날에는 틀림없이 예총 회장 자리까지도 넘어다보리라는 게 이해랑 측의 예측이었다. 이해랑은 이진순의 인간성이 바로 그런 형이라고 단정을 하고 있었으니, 무슨 방법을 써서라도 그에게 연극협회 이사장 자리를 내줘서는 안 된다고 단정적으로 밝혔다.

그러나 이진순은 그 나름대로 서항석의 후광을 업고 연극계에 터전을 잡아왔으니 6대 박진 이사장 자리를 이어받을 사람은 자기 자신을 제외하고는 없노라고 자만하고 있었다.

이때 이해랑 측은 제3의 인물로 차범석을 정하고 있었다. 나이는 젊다고 하나 이미 6대 때 부이사장을 맡은 경력이 있고 제작극회와 극단 산하를 키워낸 현역 극작가라면 나무랄 점이 없다는 것이었다. 어느 날 이해랑 예총 회장으로부터 좀 만나자는 전갈이 왔다. 예총 회장실에서 나를 맞은 이해랑 회장은 덥석 내 손을 쥐고는 힘주어 흔들었다.

"차범석 씨, 걱정 말아요. 대세가 다 그렇게 기울어지고 있으니 아무 말 말고 가만히 있으면 돼요!"

"선생님, 그렇지만 아무리 생각해도 저는 이사장엔 적합하지 않고 또…."

"무슨 말씀을… 이진순보다 모자란 게 뭐가 있습니까? 나이가 무슨 상관이에요? 차범석 씨! 내 말만 믿고 그저 가만히 있어요. 아시겠소? 이게 다 연극계를 바로잡자는 뜻이니까요. 진순이에게 맡겼다간 큰일 납니다, 차범석 씨!"

이해랑 선생은 먼 훗날 돌아가실 때까지도 차범석 씨라고 깍듯이 불렀다. 대선배께서 나를 인정해주신 고마움이나 과분한 찬사에 대해서는 나 역시 결코 싫은 생각은 없었다. 그러나 원래가 소심한 데다 감투 싸움 따위에는 생리적으로 관심을 갖지 않았던 처지이고 보면 나는 도리어 멋쩍고 쑥스러워서 몸둘 바를 모를 지경이었다.

연극협회 총회의 투표 결과는 내가 압승이었다. 그리고 나와 열 살 터울인 이진순 씨가 부이사장으로 전출되자 이진순 씨는 도중에서 자리를 떠난 채 1년 내내 이사회 자리에는 얼굴을 내밀지 않았다. 좋게 말하자면 자존심 때문이겠지만 나쁘게 말하자면 독불장군 기질이었으리라.

연극협회의 제7대 이사장 자리에 앉게 된 나는 협회 일에 몰두했다. 방송국에서는 제작부장에서 편성부국장으로 자리를 옮겼다. 희곡은 계속 집필했고 주로 산하에서 공연을 했다. 〈청기와 집〉에 이어 〈열대어〉, 〈장미의 성〉, 〈대리인〉, 〈왕교수의 직업〉, 〈약산의 진달래〉, 〈새야 새야 파랑새야〉 등을 정력적으로 발표함으로써 문자 그대로 나의 연극인 생에서 황금시대를 맞았다고 해도 과언이 아니었다.

그러자 1969년 11월 초 방송국에서 약 두 달 동안의 일본 출장 명령이 내려졌다. 1970년의 MBC-TV 개국을 앞두고 PD 교육을 위한 일본 NHK 연수의 인솔 책임자로 사령을 받았다.

그동안 외국 여행은 국제극예술협회(ITI)나 국제펜클럽(PEN) 회의차 미국, 프랑스, 독일 등을 다녀온 적이 있었지만 한곳에 두 달 동안 머물기는 처음이었다. 그러나 인솔 책임자라는 직책이고 보면 어깨가 무거웠다. 그러면서도 나에게는 나만이 가지는 기대와 보람이 한 송이 겨울 장미처럼 피어오르고 있었다. 여자 친구 이인선하고의 해후였다. 그동안 서신 왕래로 소식을 전했거나 단기 여행으로 잠깐 만나기만 했던 처지였는데 이번엔 두 달 동안 도쿄 하늘 아래서 마음 놓고 만날 수 있다는 기대감에 나는 혼자서 가슴이 부풀어오르는 것을 느꼈다.

NHK와 TBS에서의 TV방송 편성과 제작에 관한 이론 및 실습 작업은 나에게 커다란 자극이었다. 그중에서도 컴퓨터 시스템과의 첫 만남은 충격이자 놀라움이었다. 그러나 나의 신바람은 연극과 영화도 보고 이인선을 만나는 기회가 잦았던 일이었다. 두 달은 그야말로 꿈같은 세월이었다.

앞에서도 언급했지만 이인선은 나에게 한마디로 고마운 친구였다. 남자와 여자 사이에서 친구라는 관계가 성립될 수 있겠는가라고 부정적으로 보는 견해도 있지만 우리 두 사람은 그러했다. 그것을 굳이 애정이라는 끈으로 묶는다면 이른바 플라토닉 러브라고 할 수도 있을 것이다.

그녀는 오래전부터 시나리오 공부를 하고 있었다. 가정주부이지만 시나리오에 쏟는 집념은 불같았다. 그리고 TV드라마에도 손을 대고 있어서 일본시나리오협회 회원으로 가입하며 여러 차례 도전을 하더니 드디어 작품 〈철(哲)이의 군함〉이 우수작으로 뽑혔다는 사실이 뒤늦게 한국에도 알려졌다.

먼 후일 서울 TBC에서는 〈철(哲)이의 군함〉을 내가 번역하여 방영되었다. 나는 30여 년 동안 받은 우정의 빚을 보답하는 뜻에서 정성을 다했다. 나는 그로부터 많은 빚을 졌다. 내 서재에 꽂혀 있는 연극서적 가운데는 그로부터 받은 책이 태반이다. 그리고 나에게 외국의 연극동향이며 작가에 관한 새 지식을 얻게 해준 것도 그 절반은 이인선의 호의이고 보면, 분명 우리의 관계는 단순한 남녀가 아닌 것만은 사실이다. 서로가 다른 세계에 살면서 조건 없는 상부상조(相扶相助)의 관계일진대, 나는 아직도 그에게서 받은 은혜에 대해 절반의 보답도 못 한 채 세월만 흘려보냈다.

10여 년 전부터 신경정신과 질환으로 투병 중이라 쉽게 문병을 못 한 채 추억만을 되새김질하며 살아온 일이 부끄럽고 새삼 후회스럽다. 우리는 이미 70 고개를 넘었고 자식들을 키워냈다. 그러나 보름달처럼 맑기만 했던 우리들의 관계는 그 어떤 짙은 구름에도 가려지지 않으리라는 믿음은 한결같다.

1970년 3월. 극단 산하는 뜻밖에도 정부가 제정한 3.1연극상을 수상했다. 그 전에도 한국일보가 제정한 제3회 연극예술상을 받은 실적이 있긴 하지만 산하는 다른 극단에 비한다면 상복이 없었다. 이유는 간단했다.

나도 그리고 유일한 동반자였던 김유성도 이른바 매스컴이나 평론가 그룹과의 관계는 껄끄러운 편이었다. 세속적으로 로비 활동이 모자랐지만 사실은 하고 싶지 않았다는 게 솔직한 실토였다. 극단 운영을 하다 보면 공연을 앞둔 PR과 광고주 찾아 나서기가 가장 고역이었다. 그래서 보도자료와 함께 담당기자에게 봉투를 건네는 게 예사였는데 우리는 그걸 못 했다. 아니, 할 수가 없었다. 공연이 끝나고 나서 감사의 뜻을 전하거나 술을 사는 경우는 있었지만 사전에 그 짓을 하기란 죽기보다 싫었다.

그것을 결벽증이라고도 할 수 있고 똥고집이라고도 하겠지만, 그건 자존심 때문이었다. 예술과 금전을 바꿀 수가 없었다. 그런데 우리 극단보다 실적도 없고 짜임새도 적은 군소 극단의 선전 사진에 비하면 우리 극단은 마지못해 끼워 넣거나 아예 취급조차 안 했던 일이 한두 번이 아니었다. 먼 훗날 나는 신문에 게재된 타 극단의 연습 장면 사진의 크기를 보면 봉투 액수가 얼마라는 걸 짐작할 수 있노라고 농담 반 진담 반으로 토로했던 기억이 난다.

현대는 바야흐로 PR의 시대란다. 수단 방법을 가리지 않고 결사적으로 덤비는 자만이 살아남는 세상이란다. 그러나 나는 그렇게 억척스럽게 살아가는 타입이 아니었다. 언젠가 공연을 앞두고 거리 전신주에서 선전 스티커를 첨부했다는 이유로 도로교통법 위반으로 10만 원의 벌금을 물었던 일이 있었다. 성북경찰서 형사 두 사람이 집까지 찾아와서 구청 측으로부터 고발이 들어왔으니 어떻게 하겠느냐는 것이었다. 나는 내가 한 일이 법에 저촉되는 것은 알지만 연극계의 실정을 감안해달라고 간청만 했다. 형사가 돌아가자 아내는 혀를 찼다.

"여보, 그 양반들 딴 생각이 있어서 왔을 텐데, 왜 그대로 보내세요? 차비 하라고 좀 내주지 않고서…."

"그런 돈 있으면 대포 마시겠다!"

얼마 후 검찰에 호출당해 벌금 10만 원을 물고 나오면서 나는 혼자 투덜거렸다.

"법치국가? 자유민주주의? 문예중흥? 너무 좋아들 하지 마, 이 새끼들아!"

사실 연극협회에서는 여러 차례에 걸쳐 포스터 게시판을 설치해줄 것을 당국에 요청했다. 그러나 매번 예산 타령을 이유로 묵살되었다. 선진국에서 행정적으로 어떻게 연극을 보호 육성하고 있는가를 설명하고 진정해도 '쇠귀에 경 읽기'였다. 그래도 연극 극단은 늘어가고 거리마다 포스터는 누더기처럼 늘어도 관객은 좀체로 늘지 않으니 우리는 몸도 마음도 야위어만 갔다.

1970년 봄. 나는 갑작스럽게 병상에 누워야만 했다. 급성간염이라는 진단이었다. 소화가 잘 안 되면 소화제를 먹고 열이 나면 감기약만 먹었는데, 알고 보니 간염의 증상이 그렇다는 것을 그때 비로소 알게 되자 나는 혼자서 잘난 척했던 나 자신이 금세 보기가 싫었다.

제16장 죽음과 삶의 사이

서울대학부속병원과 수원에 있는 빈센트병원에서 입원 가료 생활을 하는 동안 나는 여러 가지 일을 되새김질하면서 나날을 보냈다. 주치의 안용팔(安容八) 박사는 나의 발병 원인을 과로와 과음(過飮)으로 단정 지으면서 "모든 생각일랑 버리고 이제 푹 쉬세요. 그리고 앞으로 다시 술을 마시는 날에는 바로 독(毒)이라는 걸 잊지 마세요. 아셨죠?"라고 말하자 옆에 있던 아내는 그것 보라는 듯이 맞장구를 치는 것이었다. 나는 비시시 웃고만 있을 뿐 시원스럽게 대답을 못 했다. 왜냐하면 안 박사가 제시한 두 가지 일이 모두 타당성이 없기 때문이다. 도대체 살아 있는 사람이 어떻게 모든 생각을 버릴 수 있단 말인가. 내가 이렇게 병상에 누워 있지만 극단의 운영이며, 차기 공연작품이며, 후원회 회원 확보며, 해야 할 일이 문자 그대로 산적되어 있는데 어떻게 잊어버리고 쉴 수 있단 말인가. 누가 그런 일을 대신해서 해준다고 한다면 또 모르되 단한 가지 일도 내 손을 거치지 않고는 안 되는 처지에 어떻게 모든 생각일랑 잊어버릴 수 있단 말인가. 그뿐만이 아니다. 나는 입원 직전에 이미 국립중앙극장으로부터 차기 공연작품 집필 의뢰를 받아놓은 상태였다. 나는 다음 달까지 그 작품을 탈고해서 다음 공연에 지장이 없도록 노력해야 한다는 일종의 강박관념에 시달리고 있었다. 그런데 나더러 그 작품 집필을 포기하란 말인가. 나로서는 그럴 수가 없었다. 극작가가 작품 의뢰를 받는다는 그 한 가지 사실만으로도 가슴이 벅찼던 시절인데 어떻게 그 절호의 찬스를 포기할 수 있단 말인가. 그건 죽어도 할 수 없다고 나는 입술을 깨물었다.

나는 의사의 치료에 관한 지시엔 철저하고도 정확하게 순종하는 미덕을 보이면서도 나 혼자 있는 시간에는 병상에 엎드려서 몰래 원고를 쓰고 있었다. 그 작품이 바로 〈환상여행(幻想旅行)〉이었다. 어느 날 병실에 불쑥 들어선 안 박사는 금세 경직된 표정으로 나를 내려다보았다.

"차 선생! 주치의의 지시를 따르기 싫거든 오늘이라도 당장 퇴원하시오!"

그것은 명령이라기보다 이를테면 파문(破門)을 선고하는 스승의 표정이었다. 나는 죄송하다며 용서를 빌고 나서 나의 처지를 변명했다. 작가가 일단 집필 위촉을 받은 이상 그 약속은 지켜야 한다고. 그렇지 않으면 공연이 취소되고 그 여파는 여러 사람에게도 큰 손실이자 연극계 전체의 문제라면서 애걸을 했다.

지금 생각하면 어리석기 짝이 없었다. 속된 말로 사람의 목숨이 있고 나서 연극도 있지, 죽은 다음에야 무슨 예술이고 나발이고 있겠는가. 국립극장 측의 양해를 얻어 다른 방도를 취할 수도 있었을 터인데 나는 그걸 못 했다. 좋은 뜻으로 보자면 책임감이기도 했겠지만 사실은 그 단 한 번의 기회를 놓치고 싶지 않은 미련과 욕심 때문이었을 것이다.

〈환상여행〉은 그해 가을에 공연되었다. 이기하(李基夏) 연출에 백성희, 박정자, 정애란, 신구, 권성덕 등이 출연한 그 무대는 나에게는 말할 수 없는 사연이 있는 희곡이었다. 사연인즉 그 연극의 여주인공인 선우영(鮮于瑛)은 바로 나의 여자 친구인 이인선에게서 얻은 이미지이자 나와 사이의 미묘한 갈등을 모티프로 그린 애정극이었다.

나는 퇴원을 하고도 1년 가까이 집에서 요양을 했다. 방송국은 이미 1971년 4월부로 그만둔 처지였다. 그 1년 동안의 투병 생활에서 나는 많은 것을 배웠다. 그것은 바로 고독이라는 병이었다. 나를 찾아주는 사람은 거의 없었다. 다른 사람들은 그렇다 치고, 생사를 같이하겠다고 맹세했던 극단 산하의 식구들마저 별로 안 찾다 보니 새삼 내가 그동안 무엇을 했는가 하고 자신을 되돌아보게 되었다. 모두가 먹고살기에 바쁘고 방송국에서 일하는 연기자들이니 시간을 쪼개 낼 수 없겠거니 하고 지레짐작은 하면서도 서운하고 괘씸한 생각에 몇 번이고 한숨만 토해내곤 했었다.

내 머리맡에는 작은 어항이 하나 놓여 있었다. 빈센트병원에 있을 때 무대감독을 맡고 있던 유흥렬(柳興烈) 군이 사놓고 간 장난감 같은 어항이었다.

서너 마리의 금붕어가 수초 사이를 한가롭게 회유하는 모습에서 나는 문득 처참한 나 자신을 보는 것 같았다.

고독은 잔인했다. 그토록 그림자처럼 붙어 다니던 김유성의 얼굴도, 정을 쏟아 키워왔던 잘생긴 젊은 배우들도 발길이 끊어진 정릉(貞陵) 집 뜰에는 핏빛 사루비아 꽃만이 흐드러지게 피어 있었다. 자나깨나 연극에만 미쳐왔던 지난 세월 속에서 내가 만난 사람과 내 곁을 떠나간 사람들의 모습이 차례로 오버랩되었다.

연극 이전에 인간적인 결합이 전제되어야 한다고 외쳤던 우리가 아니던가. 그러나 이렇게 쉽사리 남남으로 갈라서서 의리도 인정도 쉽게 버릴 수 있는가 싶어, 허무하고 허전한 마음이 마치 썰물 때의 개펄 같았다. 나는 마음속으로 이런 생각을 했다.

'인간은 궁극적으로 혼자다. 혼자 일어서 가며, 혼자 일하고, 혼자 사랑하고, 그래서 혼자 죽어가는 것뿐이다. 나에게는 아무도 없다. 부모형제도 내가 목숨을 건 연극에는 무관심했고 재정적인 뒷받침도 해주지 않았는데 그 이상 무엇을 바라는가. 인생은 철저하게 외로운 것이다.'

이와 같은 깨달음은 나에게 때로는 처절하게, 때로는 잔인한 채찍질로 변했다. 그것은 곧 자립이요 자존이다. 누가 시켜서가 아니었고, 누구에게 보이기 위해서도 아니었고, 오직 나 스스로 좋아서 택한 길이요

문이었는데, 이제 와서 누구를 탓하거나 원망하는 짓 그 자체가 낯 간지러운 일이라고 단을 내렸다.

1972년 2월. 뜻밖에도 MBC TV 제작국에서 전화가 걸려왔다. PD이자 연출가인 이동희(李東熙) 씨가 만나자는 것이었다. 나는 그동안 투병 생활을 하느라 별다른 작품도 못 썼을 뿐만 아니라 직장 생활을 그만둔 지도 어언 1년 남짓한 때였다.

이동희 씨는 TV연속극을 한번 써보지 않겠는가라고 말하면서 자기로서도 연속극을 처음 맡게 되다 보니 새로운 의욕을 느낀다고 기염을 토했다. 이동희는 원래 KBS에서 라디오드라마 연출로 다져진 신예 연출가로, 2년 전 동경 NHK 연수 시절에 함께 갔던, 말하자면 창업사우 가운데 한 사람이었다. 나는 며칠 동안 생각할 시간을 달라고 했다. 나 역시 그 동안 TBC(동양방송)에서 단막극을 더러 써봤지만 연속극은 처음이라 신중을 기해야겠다는 생각에서였다. 나는 며칠 동안 책상머리에 앉아 구상을 다듬었다. 어찌 보면 그 작업은 내가 병상에서 일어난 후 첫 작품이기도 하거니와 TV연속극의 첫 시도라는 점에서도 신중을 기해야 했으니, 나름대로 재기(再起)의 각오이기도 했다.

〈물레방아〉는 그러한 나의 첫 TV연속극 타이틀이었다. 그러나 사실은 그 전에 주말 연속극을 한 번 쓴 일이 있었다. MBC 개국 때 개국 기념 특집극인 〈태양의 연인들〉이 방송되자 얼마 안 있어 〈망향초〉라는 주말 연속극을 쓸 기회가 있었다.

이른바 반공드라마로, 정보기관에서 직간접으로 참견을 했던 프로로 나는 지명을 당한 셈이다. 그 당시 반공드라마 하면 김동현(金東鉉)이라는 작가가 독점하다시피 하던 시절이었다. 그러나 나는 그런 유형적인 드라마는 생리에 맞지도 않거니와 이제는 그 틀에서 탈피해야 한다고 주장했던 사람이라 좀 색다르게 쓰고 싶었다. 그런데 7회째 방송이 나가자 느닷없이 '중단'이라는 지시가 내려왔다. 물론 정보기관의 일방적인 명령이었다. 내용이 반공정신에 투철하지 못하고 남자 주인공인 국군 장교가 여자를 강제로 겁탈하는 극적 설정은 국군의 위상을 손상시킬 우려가 있다는 지적이었다. 어처구니없는 평가였다.

그러나 나는 한마디 항변도 못 한 채 물러섰다. 오히려 잘되었다는 생각이 들었다. 원고료를 못 벌게 된 아쉬움은 있었지만 어차피 꾸며진 얘기로 억지스럽게 발라 맞춰나가야 할 일을 생각하니 차라리 도중하차하는 게 나로서는 전화위복이었을지도 몰랐다.

일일 연속극 〈물레방아〉는 장민호, 오지명, 김영옥, 나문희, 그리고 양정화(梁貞花) 등 호화 배역이었고, 신인 배우 양정화의 출세작이기도 했다. 좀 더 새로운 드라마를 만들겠다고 의욕적으로 나선 연출가 이동희는 타이틀백을 한국화로 설정하여 두루마리가 펼쳐지는 가운데 캐스트며 스태프가 소개되는 수법으로 제법 신선감을 더해주어 인상적이었다.

〈물레방아〉는 시청률이 제법 높다는 사내의 평가였다. 그 당시 심의 실장이었던 김포천은 "근자에 MBC 드라마가 부진해서 고작해야 70회 안팎에서 끝을 맺었는데 〈물레방아〉는 이미 100회를 넘어섰으니 근래에 드물게 롱런한 셈이지요"라고 나에게 귀띔을 해주었다. 고마운 일이었다.

그러나 나의 보람은 다른 곳에 있었다. 5개월 넘게 받아낸 작품료 덕으로 생활이 윤택해진 것도 사실이다. 그러나 나에게 직면한 또 다른 과제가 있었으니, 그것은 극단 사무실을 가지는 일이었다. 웬만한 극단은 저마다 사무실을 가지고 있어서 그곳에서 연습하는데 우리 극단 산하는 아직 그럴 형편이 안 되었다. 내가 연극협회 이사장직을 오래 맡다 보니 사무실의 필요성이 그다지 절박하지 않았던 것도 사실이다.

그러나 머지않아 내가 이사장 자리에서 물러나게 되면 사무실이 필요하게 될 테니 그렇게 하기 위해서는 사무실 대여금과 거기에 따르는 재정도 어느 정도의 비축이 있어야 했다.

1974년 2월. 나는 6년째 맡고 있던 한국연극협회 이사장 자리에서 물러났다. 물러났다기보다는 그동안 집요하게도 그 감투를 쓰고 싶어 했던 연출가 이진순(李眞淳) 씨에게 빼앗겼다는 게 정확한 표현이리라. 그러나 분명한 사실은 그동안 몇 차례고 그 감투를 벗으려 했던 나의 행동에 대한 실증은 이미 널리 알려진 사실이었다. 마지막 임기를 마치는 총회 전날만 해도 그랬었다. 경합자인 이진순 측에서는 득표 공작에 혈안이 되어 있었다. 이번에 낙선되는 날에는 무려 네 번째의 고배를 마시게 되니 사력을 다해서 득표 공작에 뛰어드는 것은 당연한 일이었다.

그런데 내일이면 총회가 열리기로 되어 있던 그날 밤, 나는 술집에서 술을 마시고 있었다. 이봉래(李奉來) 예총 회장실에서 전화가 걸려왔다. 나는 그 당시 예총 부회장을 겸하고 있었다.

이봉래 회장은 매우 사교적인 사람으로, 개인적으로도 나를 퍽 아껴주는 고마운 분이었다. 특히 술자리가 있는 날에는 나를 자주 불러냈으며 춤과 노래를 즐겼다.

그날 저녁에도 연예협회 이사장이 자리를 마련했다면서 종로3가 단성사 건너편에 있는 요정 대하(大河)로 나오라는 것이다. 대하는 여느 요정하고는 달리 정객들이 자주 드나들기로 이름난 고급 술집이다. 우리 같은 처지로서는 꿈길에서도 얼씬 못 할 집이었다. 나는 호기심 반에 현실도피 반이라는 실용성에서 내일 있을 연극협회 총회 일도 아랑곳없이 '대하'에서 호화판 주연(酒宴)에 취하고 있었다.

1974년 봄. 나는 충무로2가에다 사무실을 개설했다. 번화가이면서도 사무실 안은 아늑한 느낌이 드는 두 개의 방이 우리들의 새로운 집합처이자 제2의 도약을 위한 꿈의 산실이었다. 그 당시 극단 총무를 맡았던 홍성민(洪性珉)은 극단 살림을 잘 꾸려나갔고, 그 아래 조수 격으로 일을 하는 배우 지망생 현덕영(玄德永)은 동국대 연극과를 나온, 매사에 민첩한 청년이었다. 극단 산하도 창단 10년을 넘겼으니 단원 구성에도 변화가 많았다. 창단 동인이던 김성옥, 이순재, 최불암 등은 TV로 전향했고,

작가 임희재는 연속극 〈아씨〉를 쓰다가 세상을 떠났다. 눈이 크고 정이 많으나 욕심 또한 많았던 또순이 천선녀는 간다는 말 한마디 없이 미국으로 이민을 가고 없었다. 그러므로 그다음 세대로 산하를 지키는 배우는 구민, 주상현을 비롯한 한인수, 김호영, 문회원, 윤창우, 박종관 등 젊은 층이었다. 전운, 남일우, 이묵원 등은 가끔 얼굴을 비쳤다. 그런 가운데 실질적으로 극단 산하를 지켜온 배우는 주로 여자들로 강효실, 강부자, 백수련, 나문희 등인데, 먼 훗날까지도 나와 연극적 운명을 같이한 여성 동지들이었다.

특히 강효실(姜孝實)은 창단 때부터 같은 배를 탔던 기간 멤버였다. 내가 처음 강효실을 만났을 때 그 이글거리는 눈빛에서 마력 같은 것을 느꼈던 것은 결코 우연이 아니었다. 그것은 인연이었다. 불가(佛家)에서 말하는 전생의 연이었을까.

나와 강효실이 가까워지게 된 동기는 하나의 동정과 우정에서였다. 이북에서 내려왔고, 명배우인 강홍식(姜弘植)과 전옥(全玉)의 사이에 태어났고, 선천적으로 연극적인 재능을 지녔다는 점은 천하가 이미 알고 있는 사실이다. 그러나 화려한 결혼과 불행한 이혼에서 받은 상처 때문에 비통과 자포자기의 나날을 보내는 강효실에게 나는 뭔가 구원의 손을 뻗치고 싶었다. 그것은 그녀에게 활동할 무대를 주는 일밖에 없다고 생각했다. 그녀에게는 이혼 후에도 얼마 동안 돈은 있었다. 그러나 배우가 살 곳은 무대지 안방은 아니었다. 강효실로 하여금 마음껏 활동할 기회를 줌으로써 공허한 생활을 채워주고 한 사람의 탁월한 배우의 길을 가게 하는 일밖에 없다고 생각하자 나는 그녀를 붙들었다. 그 점은 강효실 자신도 잘 알고 있었다. 나는 문화방송 재직 중에 라디오 드라마에도 출연을 시켰다. 김영곤(金英坤) 작 사극 〈남이장군〉이었다. 그러자 일부 성우들 사이에서 불평과 시기의 소리가 들려왔다. 연극배우에게 방송을 맡기는 일은 부당하다는 것이다. 그러나 그녀는 이미 기독교방송

226

국에서도 출연한 경험이 있으니 문제가 안 된다고 나는 우겼다.

나는 그녀로 하여금 연기 이외의 일엔 생각이 안 미치도록 막는 일과 연기에 자주 참여시킴으로써 한 배우로서의 성숙과 대성을 점치고 있었다. 정확한 대사법, 예리한 성격 분석, 날렵한 동작, 그리고 노래와 춤에도 능란했던 그녀의 재질은 가장 개성적인 배우임에 틀림이 없었다. 그래서 극단 산하 창단 이래 〈잉여인간〉, 〈말괄량이 길들이기〉, 〈청기와 집〉, 그리고 〈열대어〉, 〈천사여 고향을 보라〉 등에 계속 주연을 맡게 했다. 그러자 주변에서는 우리 두 사람의 관계를 심상치 않게 보는 것 같았다. 나는 굳이 변명하거나 설득하려 하지 않았다. 내가 그 여자에게 할 수 있었던 일은 당연했고 사사로운 연애 감정에서 비롯된 일이 아니었기 때문이다. 그러나 시간이 흐름과 함께 그 동정이 차츰 연정으로 변해가는 것을 인지했다. 강효실이 내 곁에 있는 한 극단 산하는 살 수 있다고 스스로 다짐하고 있었다.

극단 대표가 특정한 여자 배우와 가까워진다는 일은 결코 바람직하지 못하다는 것쯤은 나도 이미 알고 있었다. 우리 연극사를 돌아보더라도 그러한 예는 흔했으며, 그 결과가 결코 만족스럽지 못했거나 심지어는 불행한 결말을 가져왔던 실례도 나는 익히 알고 있었다.

내가 강효실에게 친절했고 그 이상의 감정을 품게 된 것은 사실이지만 그것이 단순한 남자와 여자의 관계라는 진부한 생각에서는 아니었다. 한 극단에는 으레 간판배우라는 게 있게 마련이고, 다른 후배들을 통솔하고 극단 조직을 튼튼하게 하는 데도 일익을 담당하리라고 생각했다. 그리고 그 배우에게 적역(適役)을 안겨줌으로써 연극 공연의 성과를 한 계단 높이려는 데 나는 뜻을 굳히고 있었다. 누가 뭐라고 하건 재능을 가진 자는 최대한으로 활용함으로써 극단을 유지해야 한다는 나의 작은 야심(?)에는 추호도 빈틈이 없었다. 이런 점에서는 기획자인 김유성(金有聲)도 의견을 같이하고 있었다.

"차 선생, 고기 좀 사줘요!"

강효실은 이따금 어린아이처럼 응석을 부렸다. 그가 말하는 고기는 개고기였다.

"극단 대표가 무슨 돈 있어요? 요즘 같아서는 호박잎에 똥 싸 먹게 되었는데!"

"그러지 말고 사요. 영양보충도 안 시켜주고 연극하라기에요? 어서 요!"

이럴 때 으레 기사도 정신을 발휘하는 친구가 있었다. 김유성이었다. 6척 장신에 군 출신에다 성격이 괄괄하기도 하거니와 인정이 후하고 사람 다루는 데는 내가 따를 수 없을 만큼 도량이 넓었다.

"내가 사자우?"

그의 평양도 사투리는 유난했다. '사자우'는 사자는 게 아니라 '사도 되겠는가'라는 겸손의 뜻이 깔린 말이었다.

"지난번에도 김 형이 샀는데 밤낮 얻어먹게 되었소?"

나는 싫지는 않지만 일단은 사양의 뜻을 나타내는 버릇이 있었다.

"에게게? 차 선생은 돈 없으면서 무슨 참견? 흥! 김 선생, 사요! 나 배고파. 점심도 안 먹었다구요!"

우리는 결국 강효실의 요구에 못 이겨 술자리를 펼 수밖에 없었다.

강효실은 외로운 여자였다. 아니 소녀 같은 데가 있었다. 그런데도 소문 나기로는 술과 도박으로 가정을 망친 여자로 낙인이 찍혀 있었다. 내가 알고 있는 그녀는 그 공허와 허탈을 이겨내기 위해서 우리와 술자리를 함께함으로써 어떤 삶의 위안을 얻으려는 마음 약한 여자였다. 나는 그러한 그녀에게 연기자로서의 자부심과 실력을 안겨주려고 남몰래 일을 꾸미고 있었다.

그것은 여배우 강효실을 위해서 새로운 희곡을 쓰는 일이었다. 바꾸어 말해서 그녀가 지니고 있는 특징을 살림으로써 그 매력을 마음껏 발산할 수 있는 연극을 만들어보자는 계획이었다. 연극사를 들쳐보면 특정한 여배우를 미리 정해놓고 극작가가 작품을 써서 공연하여 성공을 거두었던 예는 외국에서도 흔한 일이었다.

나는 문득 한 가지 지혜가 떠올랐다. 강효실이라는 여배우의 매력은 한마디로 그 이국적(異國的)인 용모에 있었다. 한국적인 여자라기보다는 서구적인 분위기가 짙은 편이었다. 나는 문득 그녀를 흑인 여성으로 설정하면 되겠구나 하는 발상을 했다. 그렇게 해서 쓴 희곡이 〈열대어(熱帶魚)〉였다.

이 작품은 미국 유학한 젊은 의사가 흑인 여성과 결혼을 하여 서울로 돌아오면서 시작되는 가정비극이다. 그것은 얼핏 보기에는 인종차별을 다루는 사회고발극의 성격도 없지 않으나, 사실은 사랑의 불모를 묘사하려는 데 뜻이 있었다. 이 작품의 무대는 독실한 기독교 가정에서 이루어지는데, 종교적으로는 사랑을 내세우면서 실제로는 모순에 빠지는 인간의 이기주의를 다룬 작품이었다.

나는 미국에서 신부를 데리고 귀국하는 아들을 고대하는 가족들의 뜨거운 기대와 행복한 가정에 흑인 며느리 글로리아가 처음 등장하는 장면을 이미 머리 가운데 그려놓고 있었다. 글로리아의 의상은 하얀 투피스를 입어야 한다는 의상 설정까지도 염두에 두면서 희곡을 썼다.

연극 〈열대어〉는 성공했다. 주변의 멸시와 몰이해에 견디다 못해 반(半) 발광상태에서 어항을 깨부수자 어항물이 무대로 콸콸 쏟아지는 마지막 장면에서 글로리아가 아닌 여배우 강효실의 마음속 깊이 도사린 스트레스를 해소시켜주기 위해 쓴 작품이었다.

어느 날 천선녀가 나를 다방으로 불러내더니 이렇게 말했다.

"저는 지금까지 차 선생님을 누구보다도 존경해왔어요. 그러나 효실 언니와의 관계는 찬성 못 하겠어요. 차 선생님! 제 얘기가 무슨 뜻인지 아시죠? 효실 언니는 배우로서는 훌륭할지 모르지만요… 차 선생님하고는 어울리지 않아요. 제 얘기 명심하셔요!"

나는 그게 처음에는 여자들만이 가지는 질투라고 생각했다. 그리고 산하의 여자 대들보 격인 천선녀가 강효실에게 라이벌의식을 품고 있어서라고 생각했다. 그러나 먼 훗날 천선녀의 말은 진심으로 나를 아끼는 데서 나온 충고이자 조언임을 알게 되었다. 고마운 여자였다. 그러자 어느 날 갑자기 강효실이 종적을 감춘 사건이 일어났다. 들리는 소문으로는 어느 산골 절에 숨었다고도 하고 지방에 잠적했다고도 했다. 그러나 나로서는 그녀를 찾아 나설 처지도 못 되거니와 그럴 용기도 없었다.

1년 가까이 모습을 안 보이던 강효실에게서 어느 날 연락이 왔다. 충무로 사보이 호텔 입구에 있는 '사뽀'라는 살롱에서 만났다. 2층으로 올라가는 층계부터 주홍빛 카펫이 깔린 아늑한 분위기의 살롱이었다. 낮에는 차를 팔고 밤에는 술을 파는 그런 업소였다. 강효실은 어린애처럼 콧잔등에 잔주름을 지으며 씩 웃었다.

"차 선생! 나 미워했죠? 그동안 소식도 없이 행방불명이 되어서…"

"경찰에 가출 신고 해주기를 바랬었나?"

"그 꽈배기 입버릇은 여전하시네!"

"살아 있어서 다행이군."

"죽지 않아서 미안해요."

"이민 간 줄 알았지."

"나… 지옥하고 천당에 두루 갔드랬지! 훗후…"

겉으로는 호들갑을 떨었지만 마음속으로는 울고 있었다.

강효실은 어느 사교(邪敎)에 빠져 있었다. 경기도 어딘가 산속에서 '하느님의 종'으로서 모든 것을 바쳐왔다며 그것은 무엇 때문에 그랬으며, 무엇을 얻어냈으며, 그 시간과 공간이 무슨 의미인지 기억조차 나지 않는다면서, 그 유난히 길고 검은 속눈썹에 젖은 눈물을 몇 번이고 손끝으로 찍어내고 있었다. 검정 스카프로 싸맨 얼굴에 화장은 했지만 손등은 거칠어 보였다. 목덜미에는 잔주름도 보였다. 전에 볼 수 있었던 그런 탄력과 윤기가 흐르는 살갗이 아니었다. 강효실은 그동안 다시 불행했던 게 틀림없었다. 모르면 몰라도 외로움과 목마름을 채우기 위해 떠났던 그 길에서도 여전히 외롭고 불행했다는 얘기였다.

나는 듣기만 하고 한마디도 묻지 않았다. 다만 이제 서울로 돌아왔으니 악몽을 털어버리라고 했다. 연극에 출연하면 다 잊어버리게 될 거라고 하면서 오렌지 주스를 마셨다.

이 무렵 연극계는 매서운 불황을 겪고 있었다. 산하가 창단된 데 이어 광장, 여인극장, 자유극장, 그리고 성좌 등 새 극단들이 줄지어 창단되었지만 어느 극단도 적자 공연을 면할 길이라곤 없었다. 그런 가운데서 후원회 조직이 비교적 탄탄했던 자유극장만은 제법 건실하게 운영한다는 소문이었다.

그런데 나와 김유성은 그 교제술이랄까 사교성이 서툴러서 누구를 찾아가서 도움을 청하기가 죽기보다 싫었다. 앓느니 죽는 편을 택하자는 식이니 죽으나 사나 자력(自力)으로 버티자는 게 우리의 주장이었다. 그렇다고 타 극단처럼 단원들에게 회원권 예매를 강요하거나 그 푯값으로 출연료를 상쇄하는 궁상스런 방법은 쓰지 않았으니, 금전 관계만은 항상 청결주의였다. 인쇄소나 소품업이나 포스터 첨부업자들에게 외상거래란 없었다. 그러다 보니 극단 산하는 부자 극단이라는 소문도 나돌았지만, 그건 제작자인 김유성이나 나의 공통된 기질이자 인생관이었고 자존심의 발로였다.

나는 그러한 점에서 빚을 진 사람이 한 사람 있었다. 야당 정치가 김대중(金大中) 씨였다. 그와 나는 초등학교 동창생이며, 나의 아우하고 동기생이라는 인연도 있지만, 후일에는 국회의원 선거 때 목포에서 나의 형하고 경선을 했던 악연(?)도 있는 처지였다.

김대중 씨는 그동안 음으로 양으로 극단 산하를 도와주었다. 어쩌다

가 공식 석상에서 만나 얘기하다가 공연이 있다고 하면

"예매권 보내주쇼."

"몇 장이나 보내면 될까요?"

"알아서 보내쇼. 가난한 야당이 뭐 돈 있겠소? 헛허…."

나는 기획자와 의논해서 50매와 초대권 몇 장을 보냈다. 그런데 공연이 끝나면 어김없이 수금이 되곤 했다. 모르면 몰라도 그 당시의 관람료가 100원쯤 되던 옛일이다.

그런가 하면 공연이 끝나는 날 극단 전 단원이 만찬에 초대받은 일도 있었다. 서울시청 맞은편에 자리했던 대려도(大麗都)라는 중국요리집이었다. 가난한 연극인이 그런 호화로운 식당에서 푸짐하고 맛있는 중국요리로 배를 채우고 즐겼던 일이란 머리에 털 난 후 처음이라고 즐거워들 했다. 강부자, 조영일, 김희준, 이묵원, 구민, 주상현, 표재순 등은 음식과 술과 인정에 취해 밤늦도록 노래를 부르기도 했다.

그 이외에도 극단 산하 공연이 있는 날 극장 정문 앞에는 어김없이 화환이 놓여 있었다. 어찌 보면 야당 국회의원이 돌봐주는 극단이라 불이익을 당할지도 모른다는 현실론도 있었지만 나는 일언지하에 일축했다.

"야당이고 여당이고 간에 연극을 봐주는 국회의원이면 나는 그 사람을 지지하겠다."

그런데 그 절대적인 후원회원(?)에게 큰 빚을 진 채 긴 시간을 보낸 것이다. 1973년 김대중 씨가 일본 도쿄 어느 호텔에서 기관원에 의해 납치당했을 때도 위안의 글 한 장 못 써 보냈고, 자유의 몸이 되었을 때도 문안 인사 한 번 못 했다. 물론 감시의 눈이 있었기에 하고 싶어도 못 했다. 나는 남의 은혜를 받고도 모르는 척하는 파렴치한 놈이 아니라고 몇 번이고 마음속으로 뇌까렸지만 힘없는 연극인으로서는 다른 도리가 없었다. 빚지는 인생은 내 길이 아니기 때문이다.

1973년 가을. 극단 산하가 창단 10주년을 맞게 되자 나는 「극단 산하

10년사」 발간을 서둘렀다. 우리나라 연극사를 돌아보면 공연은 있었지만 기록이 없다는 게 평소부터 절실하게 느껴진 허점이었다. 기록과 자료를 남기는 것도 하나의 연극운동이라고 판단했기에 1969년 내가 연극협회 이사장 자리에 앉았을 때 맨 먼저 시작한 게 「연극연감(演劇年鑑)」 발간사업이었다. 때늦은 감이 있지만 지금부터라도 공연자료를 정리해야 한다고 주장했고, 그 당시 중견배우였던 강창수(康昶秀) 씨에게 자료수집을 의뢰했다. 그렇게 해서 해방 직후부터 30년간의 공연 기록과 자료가 되살아난 것이다. 그 이후 소장파 연극학자들이 서둘러 해방 전 연극 공연 자료도 더러는 복원했지만 산실된 자료가 너무 많은 것도 가슴 아픈 일 가운데 하나였다.

나는 「극단 산하 10년사」 가운데 그동안 우리를 도와주신 분들의 명단을 광고형식으로 실었다. 모두가 나와 인연이 있는 후원자들이었다. 그 가운데 '국회의원 김대중'이라는 난이 끼어 있는 것은 물론이었다. 그리고 그 기사 때문에 정보기관으로부터 호출당할까 봐 다소는 불안했던 것도 숨길 수 없는 사실이었다. 그러나 끝내 그런 일은 없었다.

1966년 6월. 나는 해방 이후 처음으로 해외 여행을 갈 기회가 있었다. 뉴욕에서 열릴 국제펜클럽 회의에 한국 대표단의 한 사람으로 참석하는 여행이었다. 그 당시 한국을 벗어나는 이른바 해외 여행이란 문자 그대로 하늘의 별따기였다. 외화 사정도 그렇거니와 외국에 나가서 적성국의 인사들과 만나는 일은 물론이요 심지어는 납치되는 사태까지도 감안한다면, 해외 여행을 할 수 있는 사람이란 이를테면 특권층 아니면 선택받은 사람에게만 주어진 특권이기도 했었다.

펜클럽 중앙위원이라는 직함도 고려되었지만 경비 일체를 자비 부담한다는 조건 아래서 손쉽게 여행을 자원할 수 있는 문인도 그다지 흔치 않았던 궁핍한 시기였다.

나는 그때 MBC 제작부장 자리에 있으면서 라디오 연속극도 이따금 쓸 기회가 있었지만 한꺼번에 기백만 원의 여비를 부담하기란 어려운 처지였다. 그렇다고 그 절호의 찬스를 놓칠 수는 없었다. 생각 끝에 아내와 상의를 했다. 그러나 아내도 돈을 빌릴 만한 사람한테는 연극 제작비를 충당하기 위해 이미 다 신세를 진 터라 어떻게 할 수가 없지 않은가 하고 난색을 보였다.

미국. 그것은 동경의 나라가 아니라 호기심의 대상이었다. 뿐만 아니라 세계문화의 중심이며 연극예술의 메카로 알려진 브로드웨이는 언제고 한 번은 찾아가야 할 고장이고 보면 나는 무슨 수를 써서라도 가야겠다는 고집이 요지부동이었다.

"여보, 아버님께 여쭈어봐요."

"아버지? 뻔할 뻔자지 뭘. 초랭이패 아들한테 여비를 대주실 분이냐구!"

"그래도 이번 일은 성질이 좀 다르잖아요. 당신은 참 이상해요. 아버지와 아들 사이인데 그까짓 얘기도 의논 못 하시다니 원…."

그런 아내의 마음을 낸들 모를 리가 없었다. 그러나 그동안 아버지와 아들 사이의 정분은 말라버리고 깊게 파인 골만 남은 상태에서 새삼 돈 얘기를 꺼내기란 어려운 일이었다. 그것을 자존심 때문이라고 풀이할 수도 있을 게다. 그러나 나는 자존심이나 적대심에서가 아닌 나의 인생 철학에서였다.

'무슨 일이 있어도 부모님한테 손을 안 벌린다.'
라는 굳은 결심은 1956년 서울로 올라올 때부터 마음 한구석에서 자라고 있는 나의 좌우명 같은 것이었다. 다시 말해서 자활(自活)이자 자립(自立)이라는 덕목은 바로 나의 생활철학으로 굳어진 지 오래였다. 부모 덕에 호강하고 그 후덕으로 출세하는 사람도 있겠지만, 나는 이미 그 지경을 넘어선 지 오래였다.

그러나 이러한 경우는 남자보다 여자가 보다 현실적이며 결단력이 있었다. 아내는 인편에 고향에 계신 시아버지께 사정 얘기를 말씀드렸던지 어느 날 편지가 날라왔다. 뜻밖에도 아버지의 친필 편지였다. 아버지께서는 내가 어렸을 때부터 서도(書道)를 취미 삼아 배우셨다. 나중에 가서 안 일이지만 추사체(秋史體)를 교본 삼아 아침마다 사랑방에서 붓글씨 공부를 하시던 기억이 떠올랐다.

편지 겉봉에 썬 내 이름은 추사체 같기도 했다.

사연은, 아버지가 책임질 테니 급한 대로 기채(起債)를 하라는 것이며 이자도 함께 갚아줄 테니 그리 알라는 내용이었다. 천만 뜻밖의 일이었다. 나는 아내의 용기도 고마웠거니와 아버지의 결단도 송구스럽기 짝이 없었다. 역시 피는 물보다 진한 것일까. 아니면 아버지 마음속에는 아직도 둘째 아들의 자리가 남아 있는 것일까. 나와 아내는 마음속으로는 고마워하면서 이렇다 할 말도 없이 저녁상을 받았다.

나는 내가 마련할 수 있는 액수를 제하고 30만 원을 마련하기 위하여 중학교 동기생이자 모은행 지점장으로 있는 송희상(宋熙商)을 찾아갔다. 학생 시절부터 수학을 잘했고 원칙론을 주장하는 꼴샌님 같은 고지식한 친구였다. 여자도 술도 놀 줄도 모르는, 그저 착해빠진 그 친구는 이렇게 응수를 했다.

"이 사람! 걱정일랑 허들 말어! 목포의 차 영감(우리 아버지를 지칭한 말)이 책임진다는디 뭐가 문제인가! 그렇게 함세!"

나의 최초의 해외 여행이자 미국 연극기행은 이런 내력에서 실현이 되었다. 약 40일 동안의 미국 여행은 나에게 엄청난 지식을 보태주었고 막혔던 내 시야를 활짝 열어주었다. 그리고 검소하게 살아가는 외국 사람의 생활과 헤프게 낭비하는 우리의 삶의 방식에 대한 반성도 한두 가지가 아니었다.

우리는 최소의 투자로 최상의 이윤을 얻기 위하여 대표단끼리 모여 대책회의를 열었다. 여류소설가 박화성(朴花城), 수필가 전숙희(田淑

禧), 시인 조병화(趙炳華), 영문학자 최창호(崔昌鎬), 독문학자 강두식(姜斗植), 시인 임수일(林秀逸), 김용호(金容浩), 그리고 나, 이렇게 일행이었다. 저마다 사정이 있어 출발 날이 달랐다. 나는 조병화, 최창호 씨와 한 조가 되었다. 경비를 줄이기 위해 샌프란시스코에서 컨티넨탈 버스로 뉴욕까지 가는 교통편을 택했다. 관광 여행의 비수기라 미화 99달러만 내면 3개월 동안 미국 전역을 갈 수 있는 특혜가 주어졌으니 얼마나 싸고 좋은 기회인가. 그러나 결과적으론 그 여행의 뒤끝이 나에게 간장병을 앓게 한 원인(原因)이 되었으니 싼 게 비지떡이라는 말은 그 일을 두고 하는 말인가 싶었다.

여행에서 돌아온 나는 여행 중 구상했던 희곡을 쓰기 시작했다. 〈장미의 성(城)〉이 그것이다. 우리나라에서는 아직도 금기이자 부도덕한 습성으로 알려진 동성애 문제가 부분적이나마 담겨진 이 작품은 내가 미국 여행 때 착상한 작품으로, 흥행적으로나 문학성으로나 평가를 받았다. 천선녀(千仙女), 조영일(趙鈴一), 강부자(姜富子) 세 여자가 펼치는 여자 3대 간의 심리가 잘 부각되었던지 공연 직후 세기영화사에서 영화화되었다. 시인이자 영화감독이었던 이봉래(李奉來)가 메가폰을 쥐었고, 한참 팔리던 가수 남진(南珍)이 주연을 맡았던 것도 하나의 인연이었다.

그 후 나는 1년에 한두 번은 외국 여행을 나가게 되었다. 그리고 그때마다 외국의 연극을 보고 연극서적을 사 오는 재미로 바쁜 나날을 이겨내기도 했다. 여행은 해방이었다. 그것은 자유였다. 국내에서의 그 숨 터질 것 같은 압박과 불평에서 벗어날 수 있었고, 넓은 땅과 바다를 넘나들 수 있었던 여유가 내 마음을 살찌우게 했다. 그리고 일본에서의 옛 친구와의 만남이며, 나의 청년 시절의 추억을 더듬어 떠나는 혼자 여행은 새삼 내가 살아남아 있는 이유가 무엇인가를 느끼게 했다. 그것은 애국이니 애족이니 하는 국수주의의 틀에서 벗어나 인간과 인간의 관계에서 오는 순순한 향기라 해도 무방하리라.

내가 세상에 태어나서 사기라는 것을 처음 겪은 적이 있다. "1975년 12월 5일. 극단 산하(대표 차범석)와 동양극장(東洋劇場)은 임대 계약을 하고, 30일 중도금이 지불되었는데 계약금 이외에 임대료는 1일 5만원이며 금년 3월부터 11월까지 다섯 차례 공연하기로 했다"라는 기사 내용이 1976년 1월 7일자 각 일간지와 주간지에 일제히 보도되었다.

이와 같은 발상은 1974년에 들어서자 명동예술극장과 까페 떼아뜨르가 잇따라 폐쇄되면서 연극계에 검은 구름이 가라앉는 분위기를 극복하려는 데서 비롯되었다.

무대가 없는 연극이란 한마디로 물고기가 물 없는 웅덩이에서 파닥거리는 꼴이니 누군가가 앞장서서 공연장을 마련하지 않으면 안 되겠다는 사명감에서 나는 서대문에 있는 동양극장을 점찍었다. 전부터 문화방송국을 드나들면서 왕년의 동양극장이 저 지경으로 삼류영화 상영관으로 전락한 모습을 볼 때마다 나는 그것을 구해낼 꿈을 꾸고 있었다. 1935년에 화려하게 문을 열어, 우리나라 최초의 연극 전용극장이자 대중연극의 메카로 해방 직후까지 약 20년 동안 건재했던 극장을 저렇게 썩힐 수는 없다고 생각한 끝에 총무인 홍성민과 함께 무작정 교섭을 시작했다. 그런데 의외로 쉽게 의견이 일치되었고 현재 주인인 김 모 씨는 전 소유주의 아들이며 연극계의 실정을 어느 정도 알고 있었다. 그리고 이 사업의 성과가 잘만 된다면 개축을 해서라도 동양극장의 명성을 되찾겠다고 기염을 토하는 것이었다.

우리는 운영위원회를 열고 앞으로의 공연계획을 짰다. 3월부터 11월까지 두 달마다 공연을 갖기로 하고 3월에 와일더 작 〈중매인〉을, 5월 초나의 신작 〈화조(火鳥)〉를, 6월에 록 뮤지컬 〈칼맨〉을 내가 각색하고, 9월에는 오스카 와일드의 〈살로메〉를 올리기로 계획서까지 제출했다.

일간신문들은 〈동양극장 계약〉 기사를 대서특필했고, 우리 역시 희망에 부풀어 〈중매인〉 공연 준비에 착수했다. 연출은 표재순이 맡기로 하고 오랜만에 강효실, 김영옥, 백수련, 한인수, 김호영, 신충식, 그리고 찬조로 그 당시 인기 탤런트 김영애까지 끌어들여 제법 의욕적이었다.

공연 날이 가까워오자 우리는 잔금도 지불할 겸 극장 무대의 보수와 선전 간판을 걸기 위해 동양극장 사무실을 찾아갔다. 사장을 찾자 어떤 중년 남자가 나오면서 이제 그 사람은 동양극장하고는 아무런 상관이 없다며 우리더러 왜 왔느냐고 되묻는 것이었다. 우리는 그동안의 전말을 설명하자 동양극장은 벌써 다른 사람 손에 넘어갔으며 봄이 되면 아마 헐리게 될 거라는 것이었다.

청천벽력이었다. 우리는 기가 막혀 한동안 허공만 쳐다봤다. 왕년의 명성을 되찾기는커녕 사기꾼으로 전락하여 애꿎은 연극장이의 돈을 사취하다니, "문둥이 콧구멍에서 마늘씨 빼 먹을 놈아!" 나는 독한 배갈 잔을 기울이며 통탄을 했다. 그래도 불행 중 다행으로 잔금은 안 털렸으니 그것도 복이라면 복일까. 아… 세월이여.

그동안 나의 건강은 몰라보게 빨리 회복되고 있었다. 직장에도 안 나가고 매어 사는 데가 없는 자유인으로 더 활발하게 연극을 하고 희곡을 쓴 탓이었을까. 국립극단에서 〈손탁호텔〉을 공연했고, 영화배우 최은희 씨가 주재하는 '배우극장'에서 이병주(李炳注) 원작 소설 〈낙엽(落葉)〉을 각색, 연출했다. 가을에는 우리나라 최초의 여류 서양화가인 나혜석을 모델로 한 희곡 〈화조(火鳥)〉를 탈고하는 등 전천후적인 활동을 계속했다. 연극협회 이사장 자리를 떠나온 게 얼마나 다행이었는지 몰랐다.

그런데 나의 아내는 매일같이 걱정이 태산 같았다. 나의 음주벽이 되살아났기 때문이다. 한 1년 자중하는 것 같더니 다시 술을 마신다고 주위 사람들에게 원병이라도 구하듯 염불을 외웠다.

"여보, 당신 그 빈센트병원의 안 박사 말 잊었소? 술이 독이라고 안 헙디여? 다시 술을 마시는 날엔 죽는다고 하던 말 잊어버렸소? 나 못 살것소! 이러다간 내가 보타져 죽을 것이구면."

서울 생활 40년이 지났는데도 전라도 사투리를 아직 못 버리는 아내. 연극장이 아내로 뒤치다꺼리를 도맡았던 그 노고를 낸들 왜 모르겠는가 마는, 이제 와서 아내 앞에서 손을 싹싹 빌 나도 아니었다. 나는 나름대로의 술철학을 늘어놓으면서 나 자신을 합리화시키는 게 버릇이 되고 말았다. 지금도 한 달이면 29일은 술을 마시지만 나름대로의 비결은 있다.

나는 술자리에서 절대로 화를 내거나 싸우지 않는다. 술자리는 철저하게 유쾌하고 즐거워야 한다. 만약에 마음에 안 맞는 사람이 술을 하자고 하면 사양을 한다. 본심에서 우러나지 않는 일은 되도록 피하자는 게 나의 생활철칙이다. 장관이고 대통령이 부른다 해도 마음이 내키지 않으면 안 나갔다. 그런 자리에선 즐거움이 있을 리가 없다. 그 대신 마음이 맞는 우리 '아랫것'들끼리 소주 마시고 노래방에 가서 터놓고 노는 게 나의 술철학이었다. 술이 몸에 해로운 건 누구나 안다. 그러나 술 한 모금 못 마시는 사람이나 부녀자들도 간경화며 간암으로 죽어가는 원인은 무엇인가. 아니, 안 박사의 주장대로라면 나는 이미 죽어도 열두 번은 죽었을 게 아닌가.

그 당시 내가 병든 원인은 스트레스를 풀지 못한 채로 속으로만 곪아 들어갔던 그 감정의 응어리 때문이었지 결코 술 탓만은 아니었다. 부잣집 둘째 아들로 태어났지만 부모로부터 재정적으로 아무런 혜택을 못 받았던 일도 응어리의 하나였다. 그러나 보다 중요한 것은 연극 공연에 따르는 인간관계며 주위와의 갈등에서 오는 스트레스가 주범이었다.

돈을 벌기 위해서 연극을 하려고 마음먹었던들 방법은 있었다. 그러나 적어도 우리가 지향하는 연극은 하나의 예술운동이자 사회참여를 통한 의식개혁까지도 때로는 생각했다. 연극은 궁극적으로 사회성을 떠나서는 존재할 수 없다. 그렇다고 반드시 정치적인 이념만을 두고 하는 말은 아니다. 우리가 살고 있는 현실을 모르는 척 외면하면서 무작정 외래 사조를 따르거나 저속한 오락이나 천박한 관능주의를 수용하려는 생각 그 자체가 또 하나의 세기말적인 후퇴이자 문화식민지로 전락하는 길이다. 적어도 연극이 예술의 한 장르로서 동시대의 관객과 호흡을 맞추되 결코 매춘(賣春)이나 환각증상에 빠지지 않기 위해 무엇을 해야겠는가라는 문제 앞에서 나는 늘 위축되고 겁을 먹고 있었다.

이와 같은 나의 원칙론은 젊은 연극인들에게 바로 와닿는 설득력이 못 되었다. 1970년대부터 일기 시작한 TV문화 시대는 맨 먼저 연극계를 압박하기 시작했다. 너도 나도 TV 쪽으로 가려 했고, 한번 그 세계에 발을 들여놓으면 좀체로 빠져나오지 못했던 그 늪은 곧 돈이었다. 돈을 쉽게 벌 수 있는 TV 쪽과 고생한 만큼 대우를 못 받는 연극계를 놓고 저울질하는 것은 당연한 일이었다. 그러나 나는 그 당연성을 인정하면서도 그래도 연극을 고향으로 알고 언젠가는 돌아와주기를 바랐지만 현실은 그게 아니었다. 뿐만 아니라 그렇게 떠나간 친구 가운데는 무엇 때문에 고생스럽게 연극을 하는가라는 반문까지 해올 때, 나의 눈앞은 일시에 캄캄해지고 현기증을 일으킬 때가 있었다.

나의 술은 바로 그 캄캄한 어둠을 잊으려는 몸부림이었을지도 모른다. 그러나 나는 투병에서 이긴 다음부터 생각을 고쳐먹기로 했다. 포용(包容)이 필요하다고 단정을 했다. 그래서 연습장에서의 나의 예각적(銳角的)인 신경질이나 원색적인 욕설도 제법 정화(?)되어갔다.

제17장 극단 산하의 폐막

연극을 가리켜 집단예술이니 종합예술이니 하며 침이 마르게 강조했던 구호가 나에게는 거짓말같이 느껴지기 시작했다. 그것은 사람들이 모여서 사람의 관계에서 진실을 캐내는 예술일진대, 결코 많은 사람이 모였다고 해서 되는 일은 아니었다. 그래서 우리의 시작은 이른바 동인제(同人制)의 극단을 육성하는 일이었다. 문학에도 동인지가 있듯이 연극도 동인제 극단이 그 시발이었다. 그것은 한마디로 한 가마솥밥을 먹고 한방에서 기거하는 인간적인 결합과 일체감을 기조로 하는 정신적인 유대감을 뜻했다. 그것을 더 소박하게 말하자면 동고동락(同苦同樂)이라고도 표현했다. 그런 가운데서도 위계질서라든가, 장유(長幼) 질서라고 하는 따위의 고리타분한 윤리규범도 그림자처럼 따라다니는 게 현실이었다.

그런데 그 고리타분한 동인제 극단이 무너지기 시작했다. 1970년 말기부터 서서히 일기 시작한 이른바 프로듀서 시스템이라는 용어가 나돌기 시작하면서부터였다. 그것을 흔히들 PD시스템이라고도 했지만 그 근원은 민간방송이 등장하면서부터 간간이 떠도는 유능한 프로그램 제작상의 제도였다. 선진국에서는 유능한 프로듀서가 있어서 그 사람에게 예술적, 재정적 권한 그리고 인사권까지도 책임을 맡기되 그 책임을 묻는 제도이다. 따라서 우리처럼 동인제라는 명목 아래 한 극단에 배우나 연출가를 묶어놓는 제도는 창조적이 못 되며 매너리즘에 빠지기 쉽다는 지적으로 요약할 수 있을 것이다.

얼핏 듣기에는 귀가 쫑긋해지는 신선한 발상이었다. 동인제 극단은 매번 그 사람이 그 사람이고, 특히 자라나야 할 후진들이 좀체로 선배의 벽을 뛰어넘을 수 있다는 것도 문제점이었다. 그러나 보다 현실적이고 다급한 요인은 연극을 만들고 싶어도 연극협회에 소속이 안 되는 사람들은 공연을 할 수 없는 실정이었다.

"왜 젊은이들로 하여금 보다 자유로운 연극활동을 못 하게 막는가. 미국에 가보라. 동인제 극단은 이미 한물갔다는 걸 모르는가. 젊은 연극이 나와야 한다. 그래서 새로운 연극이 만발해야 한다."

얼핏 듣기에는 원칙론이자 상식론이었다.

나는 시대의 변천과 예술의 다양화를 전제로 한다면 그런 제도의 도입도 물론 있음 직하다고 수긍을 했다. 그러나 미국이나 일본의 연극 현실과 우리의 그것은 엄청난 차이가 있을 뿐만 아니라, 그것은 이른바 상업주의 연극에 해당되는 이론일 뿐 우리나라처럼 열악한 사회환경 속에서 이루어지는 연극 행위하고는 거리가 멀다고 주장했다. 가까운 얘기로 자기 극장을 가진 극단이 있는가, 재정적으로나 예술적으로나 탁월한 실력을 가진 프로듀서가 있는가, 그리고 보다 중요한 것은 제대로 훈련되고 성숙한 배우가 있는가라는 반문 앞에서는 그 누구도 시원스런 대답을 못 했다. 그래서 나는 기회 있을 때마다, 부끄러운 일이지만 우리의 연극은 아직은 연극운동의 시대에서 못 벗어난 상태이며, 그 연극운동의 확산을 통하여 사회의 인식을 바꾸고 관객의 저변 확대를 실현시키면서 성숙도가 높은 연극인을 양성하는 일이 시급하다고 말했고, 그것은 동인의식에 입각한 동인제 극단의 연극 행위라고 주장했다. 그러므로 연극계의 변화는 속도가 다소 느리겠지만 영화나 TV와는 다른 차원의 연극의 독자성을 견지하는 게 옳다고 주장했다

그런 와중에 1976년 6월 삼일로 창고극장이 탄생했다. 이 극장은 원래 극단 에저또를 주도하던 젊은 연극의 기수이자 연출가인 방태수(方

泰守)가 고생 끝에 마련한 객석 100석 정도의 소극장이었다. 그러나 운영 면에서 길이 막혔다. 그런 곳에서 이루어진 실험연극을 환영하는 관객이 별로 없었기 때문이다.

그 소식을 듣고 정신신경과 의사인 백병원 정신과 유석진 박사가 사재를 털어 그 소극장을 인수하되 그 실제 운영권을 원로 연출가 이원경(李源庚) 씨에게 맡겼다.

극장 운영은 어려움이 많았다. 자체 공연도 두어 편 했지만 실패로 돌아갔다. 이 무렵에 그곳에 드나들던 소장 평론가며 무명 연출가들이 주장한 프로듀서 시스템을 수용하여 그들에게 연극 제작을 맡기게 되었다.

공연장이 절대 부족한 상황에서 삼일로 창고극장의 개방정책은 젊은 이들에게는 고마운 소식이었다. 그러나 연극의 질적인 수준에서는 동인제 극단의 그것에 미치지 못했고, 대부분이 일회성 공연으로 끝나는 실정이었다.

이와 같은 결과는 종래의 동인제 극단의 연극이 지니고 있던 약점이 프로듀서 시스템의 연극으로 전폭 개선되리라고 내다볼 수 없다는 점을 보여주었다. 외국에서 전용되던 프로듀서 시스템이란 재정, 예술성, 기획성에서 일단 걸러낸 다음에서 출발한 연극 행위이다. 그러나 우리의 연극은 아직도 배워야 하고 공부해야 할 젊은이들에 의해서 이루어지는 연극이 태반이었다. 하고자 하는 의욕과 꿈은 좋았지만 그 기량 면과 그것을 수용하는 관객의 지적 수준은 아직도 낮다는 현실론이다. 뿐만 아니라 재정적인 독립성이나 넉넉한 뒷받침이 없이 속칭 보따리장수의 수준에도 못 미치는 어린 제작자의 두뇌로는 그 문제를 타개할 가능성은 희박했다.

삼일로 창고극장에서 시도되었던 프로듀서 시스템이 그 의도한 바 목적 자체가 열악하다기보다는 시기적으로 일렀다는 표현이 더 적절했을지도 모를 일이다.

　　　　　　　　　　　　　　제1부 떠도는 산하(山河)

이 무렵 연극계엔 하나의 이변이 일어났다. 추송웅(秋松雄)의 모노드라마 선풍이었다. 〈빨간 피이터의 고백〉이라는 일인극이 폭발적인 인기를 일으키자 여기저기서 모노드라마가 공연되었다.

김상경(金相京), 기주봉(奇周峯), 김성구(金成九), 김동수(金東洙) 등 젊은 배우들이 줄을 이어 일인극을 올렸고, 경향 각지에서도 이른바 '모노드라마 붐'이 일어나면서 때 아닌 원숭이 소동이 각 지방에서까지 화제를 일으켰다.

그렇다면 추송웅의 모노드라마가 그처럼 화제를 일으킨 이유란 무엇인가? 프란츠 카프카의 산문 〈어느 학술원에 제출된 보고서〉를 각색하고 제목을 〈빨간 피이터의 고백〉이라고 개정한 이 작품은 무엇인가. 한마디로 이것은 이른바 연극적인 요인도 특징도 없는 한 마리 원숭이의 이야기일 뿐이다. 그것을 제작(재정 분담), 기획, 연출, 연기, 장치(소품)까지 1인 5역의 초능력적인 노력으로 관객을 압도시킨 하나의 이변이었다. 그렇다면 추송웅의 연기 세계란 무엇인가. 원래의 사투리도 채 정리안 된 상태에서 날렵하고 재치 있는 동작과 우스꽝스러움이 매력이면 매력일까, 전문가들의 제대로 된 분석이나 비평도 없이 선풍적인 인기를 몰고 갔으니 그것은 틀림없는 연극계의 신화(神話)이자 기적이었다. 그런데도 그게 젊은 연극인들에게 어필된 이유는 단 한 가지 있었다. 공연 1개월 만에 1,300만 원의 수익을 올렸으며 그 액수란 연극 제작비의 열 배를 넘었다는 데 매력의 초점이 맞추어진 것이다.

단 혼자의 힘으로 최소의 제작비를 투입해서 최고의 이윤을 차지했다는 소문은 가난하고 푸대접받고, 그래서 좀체로 기성인의 틈바구니에 끼어들 수 없었던 미완(未完)의 천재들에게는 더없는 동경의 대상이었을 것이다. 그리고 소문에 소문이 가산되는 저널리즘은 관객의 호기심만을 부채질했을 뿐이다.

그러니 문제의 핵심은 돈이었다. 연극이란 원래 가난한 것으로 인식

되었지만 그것도 하기 나름이리라. 잘만 하면 돈을 벌 수 있고, 추송웅 같은 배우만 무대에 세운다면 관객은 몰릴 것이다라는 얄팍하고도 어줍잖은 상업주의 연극이 고개를 쳐들기 시작한 것도 이 무렵이었다.

우리는 지금까지 상업주의 연극이란 한마디로 비예술적이고 오락적인 연극으로, 관객에게 영합하여 수익만 올리려는 연극이라고 인식해왔다. 그래서 좀처럼 우리가 하고 있는 연극은 상업주의와는 차별을 두기를 원했다. 만약에 상업주의 연극이라고 말하면 멸시당했거나 차별대우를 받는 것으로 길들여져왔었다. 그런데 이 무렵부터 상업주의 연극이라는 말이 공공연하게 사용되었다. 그리고 1963년 극단 산하가 연극의 대중화를 제창하자 포화 같은 비난을 던졌던 그 장본인들도 연극의 대중화를 정당화하고 나서던 시절이었다.

세상은 변하고 있었다. 아니 변해야 했다. 그러나 순리에 맞게 변하지 않는 게 나는 걱정스러웠다. 다시 얘기의 물고를 돌리자. 상업주의 연극이란 충분한 자본과 숙달된 배우와 전문적이고 완벽한 무대기술(장치, 의상, 작곡, 안무, 소품, 조명 등)과 합리적인 운영이 일치되는 데서 이루어진다. 그 본보기가 곧 브로드웨이 연극이라고 해도 무방할 것이다. 더 쉽게 말해서 관객이 관람료를 지불하고도 아깝지 않은 볼거리가 있는 연극이라야 한다. 그것은 고도의 기획과 기술과 선전과 정확한 운영법에 입각한 하나의 기업 세계를 뜻한다.

그런데 1970년대 말부터 선보이기 시작한 우리 상업주의 연극은 어떠했던가. 열악한 기획, 미숙한 기술(연기도 포함해서), 빈약한 재정, 불충분한 연습으로 관객의 눈을 속이는 경우가 대부분이었다. 그 가운데서 한 가지 긍정적인 면을 들 수 있다면 얼굴이 잘 팔린 주연 배우 두어 사람은 꼭 끼어 있어야 했다. TV배우건 영화배우건, 그리고 가수가 되었건 연극배우가 되었건 포스터에 나타나면 누구나 곧 알 만한 그런 사람을 섭외하는 일이었다. 그리고 기타 출연진은 무명이거나 연구생들로

제1부 떠도는 산하(山河)

메우는 연극으로 눈가림했다. 그것이 프로듀서 시스템의 연극은 아닐진 대, 여러 스태프와 캐스트가 장시일 동안 충분한 연습 끝에 앙상블을 형성한 무대였어야 옳았었다. 그러나 그들이 말하는 프로듀서 시스템이 니 상업주의 연극이니 하는 것들의 정체는 몇 사람의 명배우(?)만 있고 나머지는 대다수가 들러리거나 병풍이니 어디서 앙상블을 찾을 수가 있 단 말인가. 어디서 종합예술의 진가를 즐길 수가 있단 말인가. 나는 그게 알고 싶었다. 우리가 그런 식의 연극을 해서라도 돈만 벌 수 있으면 되는 것인가. 돈 버는 게 지상과제였다면 처음부터 다른 방법을 택해야 옳았 을 것이다. 우리의 연극사는 길지도 않거니와 제작 환경의 열악성과 사 회인식의 개혁을 위해서도 연극인들의 의식 개혁부터 해야 옳다고 생각 해왔다. 그러므로 덮어놓고 동인제 연극의 결점을 들출 게 아니라 동인 제 연극의 기본정신을 제대로 익히자고 외쳤다.

그러자 극단 자유극장 소속 배우였던 추송웅이 일인극 성공을 계기로 극단 추(秋)를 창단함으로써 자주독립을 선언하고 나섰다. 그것은 곧 가 난한 연극에서 벗어나 돈 버는 연극도 가능하다는 실증이기도 했다. 그 러므로 추송웅을 끌어들여 연극을 하게 되면 관객이 몰린다는 소문이 퍼지면서 그의 주가는 올라갔다. 〈빵집 마누라〉, 〈우리 집 식구는 아무 도 못 말려〉, 〈지저스 크라이스트 슈퍼스타〉, 〈도적들의 무도회〉 등 이 른바 관객 동원에 금메달을 딴 작품이 쏟아지면서 상업주의 연극이 연극 계를 뒤흔들었다. 이제 동인제 극단이 설 땅도 없거니와 동인제 연극은 무의미해졌다. 어느 극단이고 들어가서 돈이 되는 연극을 해야겠다는 젊은이들이 줄을 이었고, 그것은 마침내 TV탤런트 지망생이 폭증하는 결과로 나타났다.

돈과 예술의 함수관계는 반드시 부정적 시각으로만 볼 수 없다. 좋은 작품이 인정을 받았을 때 그 물질적 대가는 자연스럽게 따르게 마련이 다. 그러나 예술성의 성취하고는 관계없이 돈을 벌 수 있는 수단으로 예술을 선택하는 일은 누가 봐도 잘못된 생각이다.

그러나 현실은 그게 아니었다. 돈을 벌기 위해서 연극을 하며 연극을 돈벌이 수단으로 전락시키는 꼴이 되었다. 나는 그러한 연극 현실에 대해서 강경했다. 인생에 있어서 목적과 수단을 혼돈시켜도 안 되고, 가치 기준을 전도시킬 수도 없다는 게 나의 주장이었다. 질 높은 연극을 만들었을 때 관객이 호응해주는 일이라면 그 얼마나 다행한 일인가. 그러나 돈을 벌기 위하여 저속한 방법에만 혈안이 된다면 그것은 이미 연극과는 거리가 먼 것이다. 한 사람의 인기 있는 배우나 가수를 끌어내서 관객에게 웃음을 파는 연극은 이미 타락이다. 연극의 생명은 앙상블이다. 주역부터 단역에 이르기까지 그리고 미술, 음악, 조명, 소품에 이르기까지 하나의 일관성을 유지하며 작품의 정신세계를 향하여 총집결하려는 일사불란한 연극이라야 한다.

그런 연극이라야 관객에게 진실을 호소하고 공감대를 이루게 한다. 그것은 돈을 벌기 위한 수단이 아니라 우리들 연극인의 삶이자 목적이다. 인생에서 수단과 목적을 바꿔놓은 사람은 위선자일 뿐이다.

나의 이와 같은 고집에 동의하는 사람도 있었지만 귀를 기울이지 않은 사람이 더 많았다. 세상이 달라졌는데 구태의연한 원칙론만 늘어놓는다고 생각하는 사람들이 내 가까운 주변에도 있었다. 극단 산하 창단 이래 함께 고생해왔던 사람들도 내 곁을 떠나갔다. 나와는 그림자 같고 누구보다도 동지적인 위치에서 산하를 위하여 전력을 기울이던 김유성은 홍콩에 사업차 드나들더니 슬그머니 떠나가고 말았다. 겉으로는 사업이 바빠서라고 했지만 사실은 그게 아니었다. 그런가 하면 창단 당시는 나이가 어렸지만 그동안 무대감독 시절을 넘어서면서 유일한 연출가로서 기반을 닦아온 표재순(表在淳)은 TV방송국의 PD가 되더니 얼마 안 있어 나도 모르는 사이에 극단 현대극장(現代劇場)의 창단 동인으로 적을 옮기고 말았다. 여배우 천선녀(千仙女)의 뒤를 이어 조영일(趙鈴

一)도 미국으로 이민가고, 김희준(金喜俊)은 결혼하자 주부로 들어앉았고, 남자 배우 주상현(周尙鉉)도 갑자기 이민을 가고….

아, 그렇게들 다 가는 게 세상사인가 싶었지만 나는 마음속으로 울고 있었다. 이상하게도 내 곁을 떠나는 마당에 이런 사정이 있어서 떠나가겠노라고 태도를 분명히 말한 사람은 한 사람도 없었다. 아니 창단 이래 산하를 그만둔 단원 가운데 그런 사람이 꼭 한 사람 있었다. 중견배우 오현경(吳鉉京)이었다. 그는 제6회 공연 때 〈천사여 고향을 보라〉의 캐스팅 과정에서 동료인 이순재(李順載)와 한 배역을 놓고 자못 심각한 경합이 붙어 있었다. 운영위원회에서는 연출자 표재순을 합석시켜 논의 끝에 17세 소년인 유진 역에는 오현경보다는 이순재가 적역이라는 판단이 내려졌다. 그러나 오현경은 불만이 컸다. 자기의 연기력을 인정 안 해 주는 극단에서 그 이상 머무를 필요가 없지 않은가 하면서 산하를 떠나가고 말았다. 내가 만약에 배우였다면 나도 그렇게 행동했으리라. 그런데 먼 훗날 들리는 얘기로는 그렇게 뿌리치고 나가는 자기를 왜 극단 대표라는 자가 붙들지 않았는지 모르겠다고 섭섭해하더라는 얘기를 들었을 때, 새삼 나라는 인간이 얼마나 모자라며 부덕했는가를 뉘우쳤다. 그러나 한 가지 분명한 점은 오현경의 인격과 배우로서의 자질을 그 누구보다도 믿었다는 사실이다.

내게는 또 하나의 쓰라린 추억이 있었다. 그것도 배우 때문에 일어난 작은 파란이었다. 스탕달 원작인 〈적(赤)과 흑(黑)〉을 내가 각색하고 한창 연습하던 날이었다. 공연이 열흘도 채 못 남은 시기인데 갑자기 중요한 배역을 맡았던 홍계일(洪癸一)이 출연 불가능한 사정이 생겼다는 것이다. 사정은 홍계일이 전속으로 있는 동아방송(DBS) 측 간부가 외부 출연을 허가 못 하겠다는 것이었다. 그 간부란 제작부장 조동화와 최창봉으로, 두 사람 모두가 제작극회(制作劇會) 동인이자 해방 직후부터 사귀어온 친구였다. 회사 사정이 그렇다면 내가 가서 직접 사정해보겠노라고 나섰다. 그리고 얘기가 잘 풀릴 테니 걱정 말고 연습이나 하라고 위로를 했다.

그러나 두 사람은 냉담했다. 나는 공연을 열흘 앞두고 대역을 구하기도 어렵거니와 워낙 대사 분량이 많은 중요 배역이니 사정 좀 봐달라고 아첨하듯 매달렸다. 그런데도 대답은 간단명료했다.

"출연하고 안 하고는 본인의 선택에 달렸고, 회사 측으로서는 사규에 의거하여 제명 처분할 뿐이다"라고.

다음 순간 나는 그의 무릎을 뒤흔들면서 애걸했다.

"너무한다. 그건 공연 중지와도 같다. 제발 친구 하나 살려준 셈 치고 눈 감아다오. 그 대신 방송에는 절대 지장이 없도록 할 테니 제발… 제발 부탁이다!"

내 목소리는 떨리고 있었다. 말끝이 울음으로 지어지고 있었다. 그러나 매정한 친구는 화석처럼 굳어 있었다.

나는 연습장으로 돌아가는 버스 안에서 얼마나 울었는지 몰랐다. 공과 사를 모를 내가 아니었다. 나도 방송국 물을 먹어본 사람이다. 아니다. 나와의 30년 우정을 생각한다면 그게 뭐가 어려운 일인가 말이다. 그런데도 끝까지 거부하는 이유가 무엇인가 말이다. 회사 사규를 준수한다고? 외부 출연은 허가 못 한다고? 나는 그 이유가 하나의 보복일 거라고 단정하고 말았다. 내가 제작극회를 탈퇴하고 극단 산하를 창단한 행위를 그들은 배신자라고 못 박았다는 뒷얘기가 있었기 때문이다. 남을 배반한 자는 반드시 배반당한다는 논리에서였겠지. 눈물은 하염없이 쏟아지고 있었다.

우리는 긴급회의 끝에 대역을 구했다. 연세대 후배인 이광민(李光敏)이라는 잘생긴 청년이었다. 단시일의 초인적인 노력 끝에 막은 올랐다. 젊은이인데도 노역(시장 역)을 별 탈 없이 해내는 게 고맙기만 했다. 그러나 객석은 찬바람이 불어가는 황량한 들판이었다. 모처럼 신인 배우에게도 기회를 주자는 우리의 의도 아래 남일우(南一祐)와 나문희(羅文姬)에게 주연을 맡겼는데도 결과가 그 지경이 되었으니 썰렁한 바람이 우리 모두의 가슴을 휘몰아치고 가는 쓸쓸한 공연이었다. 나에겐 그런 슬픈 시절도 있었다.

그러나 몇몇 젊은 친구들은 TV드라마와 연극 사이를 부지런히 오고가면서 나와 뜻을 같이한 고마운 친구도 물론 있었다.

연극 때문에 눈물을 흘려야만 했던 나의 쓰라린 추억담이 또 한 가지 있었다.

1973년 3월 내가 연극협회 이사장직을 맡고 있을 때 일이다. 연극협회가 주관하는 큼직한 행사가 있었다. 토월회(土月會) 창단 50주년을 기념하는 기획공연으로 톨스토이 원작 〈부활(復活)〉과 박승희(朴勝喜)작 〈이 대감 망할 대감〉을 합동공연하자는 의도였다. 나는 연극인들 자신의 친목도 친목이려니와 연극사적인 정리와 회고를 통하여 연극계의 미래를 내다봐야 한다는 주장을 바탕으로 했다. 나는 소설 「부활」을 각색했고 연출은 표재순이 맡기로 하고 카튜사 역에 왕년의 스타인 최은희, 네플류도프 역에 박근형, 그리고 추송웅, 황정아, 김길호, 강효실 등 호화 캐스팅으로 꾸며져 연습이 진행되었다.

〈이 대감 망할 대감〉은 박진(朴珍) 선생이 연출을 맡았고, 복혜숙, 강계식, 고설봉, 그리고 미국에서 오랜만에 귀국한 왕년의 스타인 김소영(金素英)이 합세했으니 누가 봐도 의욕이 넘치는 기획이자 행사였다.

드디어 초일이 되었다. 우리는 오전 중에 모여 총연습을 한 다음 4시부터 본 공연의 막을 올리기로 준비에 들어갔다. 그런데 남자 주인공을 맡은 박근형이 안 보였다. 집으로 연락했더니 방송국(KBS-TV)에 나갔다는 것이다. 오늘이 연극 초일인데 무슨 방송국이냐고 연출부에게 빨리 전화 연락을 하라고 지시했다. 그런데 그의 대답은 지금 녹화중이라며 초일 공연은 없는 걸로 알고 있고 그 뜻은 사전에 연출자인 표재순에게 밝힌 바 있다는 것이었다. 나는 표재순에게 캐물었더니 그런 일이 없다고 잘라 말하는 것이었다. 시간은 점심때가 되었다. 개막까지 3시간 남짓 남아 있었다. 나는 별 수 없다고 혼자서 남산 중턱에 있는 KBS 스튜디오까지 바쁜 걸음을 옮겼다. 연출자인 임학송(林鶴松)은 학교(광주서중) 후배이고 연극의 생리를 이해할 만하니 공연 시간 동안 녹화를 중단하든지 아니면 박근형이 출연하는 부분만 먼저 녹화해주기를 부탁하면 되겠다는 나의 속셈이었다.

그러나 박근형도 임학송도 나의 제의를 물리치는 것이었다. 나는 낮공연을 못 하게 되니 어떻게 사정 좀 봐달라고 애걸했다. 그러나 그들 대답은 그것은 그쪽 사정이고 방송국 사정도 있어서 그렇게는 못 한다는 냉담한 태도였다. 나는 그 자리에 주저앉고 싶었다. 앞이 캄캄해지고 온몸이 나른해지며 가벼운 현기증이 일어났다. 나는 간신히 층계 난간을 붙들고 눈을 감았다

다음 순간 명동예술극장의 정경이 번개처럼 떠올랐다. 수많은 관객들이 몰려오고 있었다. 나는 눈을 뜨자 KBS 밖으로 나왔다. 하늘이 유난히 푸르고 높아보였다.

"어떻게 한다지?"

언덕길을 내려 골목길로 누벼 들면서 몇 번이고 나 자신에게 물었다.

"관객들에게 뭐라고 한다지?"

그러나 대답이 있을 리 없었다.

극장 로비에는 박진 선생을 비롯해서 상무이사인 김의경과 여러 사람이 서성거리며 나를 기다리고 있었다. 나는 경위를 보고했다. 그러자 박진 선생은,

"그럼 오늘 낮 공연은 중지다!"

나는 뒤통수를 얻어맞는 느낌이었다.

"그렇지만 손님들이 입장하고 있는데요?" 하고 되묻자

251 　　　　　　　　　　　　　　제1부 떠도는 산하(山河)

"사과 방송 하면 된다. 조연출! 어서 가서 사과 방송을 해! 다 그런 거야. 인생이란… 헛허…."

박진 선생의 웃음소리가 극장 로비를 쩌렁쩌렁 울렸다. 그리고 50년 전 토월회 공연 때도 낮 공연을 못 했으니 역사는 되풀이되는 거라면서 박 선생은 크게 웃으시며 분장실로 들어가셨다.

나는 맥이 풀려 말도 안 나왔다. 입장했던 손님들이 다시 극장 밖으로 나가면서 뭐라고 중얼거리는 소리가 들렸다. 나는 그 소리는 안 들리지만 무슨 뜻인지는 알 것 같았다.

"그러기에 딴따라는 별수 없다 이거야!"

나는 울음이 왈칵 치밀었다. 나는 반사적으로 로비의 원주(圓柱)에 이마를 처박고 소리내며 울었다. 김의경이 참으라고 내 어깨를 안아주었다. 그럴수록 나는 더 슬프고 억울하고 원통해지는 것 같았다.

50년 전에도 그랬었고 50년 후에도 그렇다면 우리 연극은 지금 어디를 가고 있는가 말이다. 밉다기보다는 저주스러운 그 인간들에게 나는 어떻게 대해야 하겠는가.

나는 극장 근처 선술집에서 정종 대포를 연거푸 석 잔이나 마셨다. 김의경도 내 심정을 알아주고 대작을 했다. 그러나 술이 들어갈수록 눈물은 하염없이 흘러내렸다.

한편 나는 그동안 몇 번이고 극단 산하를 그만두려고 마음먹었다. 그러다가도 어느 순간 자살은 비겁한 행위라고 스스로를 꾸짖었다. 그래서 새로운 일꾼을 끌어들여 새 모습의 '산하'로 거듭나려고 몸부림쳤다.

〈사로메〉, 〈유령〉, 〈키부츠의 처녀〉, 〈옛날 옛적에 훠이훠이〉, 〈오판 (誤判)〉, 〈종(鍾)〉 등 심혈을 기울였지만, 〈사로메〉와 〈옛날 옛적에 훠이훠이〉를 제외하고는 별로 빛을 보지 못했다. 그리고 그동안 사무실을 전전한 지도 여러 차례였다. 이삿날 얼굴을 보이는 사람은 몇몇 연구생뿐 머리 굵은 사람은 코빼기도 안 보였다. 나는 억지로 나 자신에게 변명을 했다. '마음이 변한 게 아니라 일이 바쁜 탓이겠지. 내가 혼자서 몸부림치는 걸 그들도 언젠가는 알고 돌아올 날이 있겠지.'

충무로에서 광화문, 광화문에서 동교동, 동교동에서 창신동. 문자 그대로 집시처럼 옮겨 다녔다. 그리고 공연이 끝나면 장치 조각에서 다음에 쓸 만한 것은 골라 우리 집 뒤껼 담벼락에다 옮기고, 값이 나가는 소품은 다락방에다 보관하기도 했다. 우리 집 마루에는 징, 북, 삿갓, 지팡이, 유리그릇, 헌 녹음기가 어지럽게 늘어져 있어 흡사 무당집 안방 같았다.

그러나 연극계 전체가 흔들리고 극단 운영이 어려워만 가는 절박한 상태에서 나는 무슨 묘안이 없을까 하고 밤낮으로 궁리를 하고 있는 터에 난데없이 희소식이 날아들었다. 그 당시 영화제작계에서 선두를 달리던 태창흥업(泰昌興業) 사장이자 제작자인 김태수(金泰洙) 사장이 만나자는 전갈이 왔다. 김 사장과 나는 몇 해 전 나의 희곡 〈산불〉을 영화화했던 일로 인연을 맺고 있었다. 용건은 태창영화사가 영화 제작 말고 연극도 제작하겠다는 것이며, 그래서 산하를 태창의 휘하에 두어 돕고 싶다는 것과, 그 첫째 조건으로 극단 사무실을 무상으로 제공해주겠다고 제의해 왔다. 나는 귀가 번쩍 트였다. 무엇보다도 사무실을 무료로 제공한다니 1년마다 이삿짐을 싸지 않아도 된다는 그 한 가지 사실만으로도 충분했다. 태창의 김 사장은 자기 부인인 김경수 여사가 원래 여성국극단을 이끌어왔던 경력으로 공연예술에는 예비지식이 있었다. 그리고 영화 제작으로 웬만큼 성공을 한 처지에 가난한 연극을 육성한다는 것은 대외적으로 그의 이미지를 새롭게 할 수 있으리라는 계산도 있었을 것이다. 그러나 실상은 상업주의 연극이 고개를 쳐들고 있는 연극계에 재빨리 뛰어들어 남보다 빨리 기선을 제어하려는 속셈도 있었을 것이다.

을지로5가와 퇴계로5가 사이 대로변에 우뚝 선 빨간 벽돌 4층 건물이 태창흥업 본사였고 극단 산하는 그 지하에 있었다. 어림잡아 40평은 족히 되는 넓은 공간이 우리 극단의 터전이었다. 짐을 옮긴 날 나는 마치 신천지를 발견한 콜럼버스의 흥분하고도 다를 바가 없었다.

나는 사무실을 정리하면서 문득 이런 생각을 해봤다. 지금까지의 고집에서 두어 발짝 후퇴해서 연극을 좀 더 쉽게 하는 일도 생각해야겠다는 나름대로의 계산이었다. 다시 말해 연극을 예술운동이라고만 고집할 게 아니라 대중 쪽으로 접근시켜 관객 확보에 힘쓸 필요가 있다고 생각했다. 이 문제는 극단 창단 당시부터 생각을 안 했던 것은 아니다. 그렇다고 해서 천박스런 코미디나 외설적인 연극으로 관객을 끌 순 없었다. 사무실을 옮기고 나서 처음 올렸던 오태석 작 〈종(鍾)〉이 나와 작가의 공동연출이었는데도 실패한 원인은 어디에 있었던가를 생각했다. 문학성과 연극성을 고루 갖춘 작품이라야 하겠다는 생각을 했다. 사람이 궁지에 몰리면 생각지도 않게 좋은 아이디어가 솟아나는 법인지, 나는 세계명작소설을 각색하자고 마음먹었다. 그것은 일단은 사전 선전 효과도 될뿐더러 작품의 질적 수준을 어느 정도 유지하리라는 나름대로의 계산이었다.

'문학성이 있으면서 대중적이고 연극으로서도 재미나는 작품이 없을까?'라고 나는 어두운 지하실에 앉아서 궁리를 했다. 다음 순간 연전에 일본에 들렀을 때 관람한 연극 〈제인 에어〉가 머리에 떠올랐다. 〈제인 에어〉는 샬럿 브론테의 대표작일 뿐만 아니라 이미 동명의 제목으로 영화화된 세계적 명작이다. 일본의 유수한 극단 민예(民藝)에서 공연하여 호평을 받았던 연극이었다. 물론 산하에서도 스탕달의 원작 소설 〈적과 흑〉을 각색 공연하여 실패한 적이 있지만 다시 한번 도전해볼 만한 일이라고 생각이 들자 나는 기획에 착수했다. 내 곁에서 이미 떠나간 동인 아닌 동인에게 보란 듯이 연극을 꾸미려는, 어찌 보면 복수심 같은 게 바탕에 깔린 것도 부인할 수 없는 배경이었다. 그 대신 기획 면에서 몇 가지 단안을 내렸다. 우선 공연장은 명동에 있는 코리아극장을 대관하기로 했다. 코리아극장은 원래가 영화상설관이었다. 그러나 근자에 상업주의 연극이 짭짤하게 재미를 본다는 상황 판단 아래 손님이 없는 영화관으로 놀리느니 차라리 연극공연장으로 영업방침을 바꾸는 게 실리도 있고 대외적인 이미지도 개선되리라고 결단을 내렸다. 그리고 극단 현대극장이 공연한 뮤지컬 〈빠담, 빠담, 빠담〉이 공전의 히트를 하자 극단 광장은 곧 뒤를 이어 〈빵집 마누라〉를 공연하여 역시 흥행에 성공하였다. 물론 그 연극은 작품성으로는 엉성한 것들이었다. 다만 전자에는 가수 윤복희(尹福姬)가 샹송 가수 에디트 피아프 역을 맡았고, 후자는 추송웅(秋松雄)이 타이틀롤을 맡은 데 그 성공의 비결이 있었다.

그러나 나는 그런 속이 들여다보이는 꾀를 부릴 처지도 욕심도 없었다. 오직 연극다운 연극으로 승부를 보아야 하되 문학성과 연극성을 갖춘 대중연극을 꿈꾸고 있었다. 그래서 공연장은 코리아극장으로 작정하되 출연진은 동인이 아닌 외부에서 영입하기로 하고 타이틀롤에 전양자(全洋子)를, 그 상대역에 김길호(金吉浩)를 끌어들이되, 강효실(姜孝實), 강부자(姜富子), 백수련(白水蓮), 김호영(金昊永), 박종관(朴鍾官) 등이 참여하였으니 황금 배역은 못 되었을지라도 당시로서는 호화로운 얼굴들이 한자리에 모였다. 그리고 각색과 연출은 내가 맡되 무대감독은 미국 유학에서 돌아온 지 얼마 안 되는 김수남(金壽南)을 기용했다. 그것은 새로움을 찾아 나서려는 나의 의지이자 거듭나려는 극단 산하의 몸부림이기도 했다.

극단 산하가 말로는 대중화를 외쳐대면서도 아직도 제자리를 찾지 못한 상태여서, 이른바 고급스런 상업주의 연극으로 진로를 바꾸려는 매우 의미 있는 전환이기도 했다. 만일에 지난번 오태석 작 〈종(鍾)〉이 참패를 당하지 않았던들 나는 이렇게까지 성급하게 진로 변경은 안 했을 것이다. 그러나 나를 돕겠다고 나선 태창영화사 측에 대한 체면도 있고 보면 우선 손님이 드는 연극부터 해야겠다는 나의 간사하고 순간적인 잔꾀였을 것이다.

이제는 그 누구의 힘을 빌릴 필요가 없다는 아집이요, 집념이었다. 그리고 그것은 최후의 발악이었을 것이다.

그러나 결과는 예상과 달리 참패였다. 있는 힘을 다하여 지혜를 짰지만 관객은 냉담했다. 나는 내심 부끄러운 생각이 들었다. 내 딴에는 자존심을 버리고 최소한도로 현실과 타협을 한 셈이지만 그것이 실패로 돌아갔으니 누구에게 책임을 전가할 수도 없고 원망할 수도 없었다. 그리고 얼마 후 태창영화사도 불황이 계속되자 우리에게 사무실을 비워달라는 통보가 왔다. 나는 약속이 틀리지 않은가 하고 반론을 제기할 수도 있었지만, 막상 일을 당하고 보니 그럴 의지조차 꺾인 셈이었다.

이때부터 나는 연극이란 어떤 한 사람의 천재나 일꾼의 힘으로 되는 게 아니라는 깨우침에서 당분간은 바쁜 걸음을 늦추고 관망할 수밖에 없다고 혼자서 결심을 굳혔다.

인간의 삶을 산에 비유하는 경우가 있다. 오르막길이 있으면 내리막길이 있고, 길이 막힐 듯하다가도 샛길이 나오는가 하면, 정상에 오르면 다시 내려갈 수밖에 없다는 이치와도 통하는 하나의 처세론이기도 하다.

연극계의 불황은 계속되었다. 그러면서도 프로듀서 시스템과 동인제 시스템의 혼선과 상업주의 연극과 순수연극론의 반론은 여전히 이어지고 있었다.

그런가 하면 1970년대 대학가에서부터 일기 시작한 마당극 운동은 군사독재정권의 감시 아래서도 꾸준히 이어지고 정치계의 경직과 대응하는가 하면, 유신정권의 횡포와 비민주적 정권욕은 단말마적 발악을 거듭하는 악성 기류 속에서 표류를 거듭하고 있었다. 이런 시대에 우리가 할 수 있는 일이란 연극을 통해서 얘기할 수밖에 없다고 생각했다. 정권에 아부하는 것도, 그 시녀가 되는 것도 모두가 갈 길이 아니라고 도리질하면서, 오직 연극을 통해서 얘기하는 것뿐이라고 소극적인 태도에서 한 발도 못 벗어나고 있었다.

나는 그러한 일종의 시국의 비판과 정권에 대한 항거를 바탕으로 하는 연극을 해야겠다는 생각이 문득 들었다. 그 당시도 연극대본의 사전 심사제가 칼을 번득거리고 있었지만, 창작극에 비해 외국의 기성 작품은 비교적 빠져나갈 구멍이 있었다.

어느 날 나는 아일랜드의 극작가 숀 오케이시의 대표작인 〈쥬노와 공작(孔雀)〉을 읽고 있었다. 아일랜드의 독립전쟁 때 영국군에게 대항하는 민병(民兵)과 그 가족을 둘러싼 애기가 어딘지 우리 실정에 맞는 것 같다고 마른침을 삼켰다. 세상이 조금만 누그러진다면 언제고 한 번은 올려봐야겠다고 마음속에 치부(置簿)를 했었다.

그러나 시국은 갈수록 혼미와 경직과 반목을 더해가고 있었다. 그러면서도 민주화운동은 끈질기게 버티어나가는 숨가쁜 시대조류였다. 그리고 1979년부터 활화산처럼 분출하는 민중의 숨결은 마침내 거리까지 뛰쳐나왔다. 1980년 5월이었다. 그것은 또 하나의 혁명 아닌 혁명이라는 생각이 들었다. 4.19의 재판인가 싶더니 날마다 수많은 젊은이들이 끌려가고 죽음을 당하는 암흑시대가 장막을 드리우고 있었다.

나는 그때 신촌에 있는 민예소극장에서 다음 작품 공연 준비 중에 있었다. 그러던 어느 날. 학생들의 함성과 최루탄과 공포 터지는 소리가 연습장 바로 앞에서 들려왔다. 그리고 누군가가 헐레벌떡 밖에서 뛰어들더니 가지고 있던 트랜지스터의 볼륨을 크게 높였다. 임시 뉴스였다. 광주항쟁의 현장과 계엄령 선포 그리고 일체의 집회 금지와 교통 차단.

아, 드디어 터졌구나! 그 한마디뿐이었다. 모두들 서성거리며 창 너머로 이화대학 정문 앞쪽을 내려다보고 있었지만 누구 한 사람 말을 내뱉는 사람은 없었다. 아니 마음속에는 하고 싶은 말이 쌓여 있었지만 말을 안 했을 것이다. 그리고 서로의 눈치만 보고 있었을 것이다. 나 역시 같은 처지였다. 누군가가 "개새끼들! 지랄하고 자빠졌네!" 하며 마룻바닥에 주저앉아 담배를 꺼냈다.

나는 잠시 동안 묵묵히 앉아 있다가 불쑥 이렇게 말했다.

"오늘 연습은 그만하지. 그리고 단원들은 무대감독의 연락이 있을 때까지 각자 집에서 기다리고…."

"선생님, 그럼 이번 공연은 안 합니까? 보름 남았는데…."

"안 하는 게 아니라 못 하겠어! 이런 판국에 연극을 하면 뭘 하나. 누가 연극을 보러 올 것 같아? 잠정적으로 쉬자구!"

나의 즉흥적인 발언에 누구 한 사람 말이 없었다. 내 말 그대로 세상이 이런 판국에 누가 연극 구경을 올 것이며, 그 연극이 무슨 소용이 있겠는가!

모든 게 허물어지는 시간이다. 다시 시작해야 한다. 정치도 경제도 문화도 썩은 곳을 도려내야 할 때가 온 것이다.

나는 그길로 단원 백수련의 집으로 발길을 돌렸다. 백수련의 시아버지[김인태(金仁泰)의 선친]께서 별세하셨다는 기별이 있었으니 당분간 연습이 없을 거라는 사실도 알릴 겸 문상길에 나섰다. 이런 상황에서는 모든 행동을 중지하고 관망하는 길밖에 없다는 나름대로의 판단이 섰기 때문이다.

아! 또 한 번 폭풍전야 같은 적막이 올 것인가.

내가 이런 실의에 빠졌을 때 나에게 하나의 희소식이 날아들었다. MBC TV 측으로부터 드라마 집필의 의뢰를 받은 것이다. 패기 있는 젊은 PD 이연헌(李年憲)이 찾아와서 농촌드라마를 기획 중인데 꼭 써줘야 한다면서 회사 측에서는 일방적으로 나에게 첫 화살을 꽂은 처지이니 사양하지 말라는 얘기였다.

이 뜻은, 내가 연극을 해오는 동안 TV드라마를 비판적으로 볼 뿐만 아니라, 연극배우가 TV 쪽으로 전향하는 추세를 달갑지 않게 여긴다는 소문도 있고 해서 내가 집필을 거부할지도 모른다는 저의가 깔려 있었던 것이다.

나는 스스로 적임자가 아니라고 사양을 했다. 그러나 이연헌 PD는 이 드라마가 흔히 있는 멜로드라마이거나, 이른바 드라마틱한 것을 요구하는 게 아니라 이를테면 농촌을 소재로 한 편의 수필을 써주면 된다면서, 그러기 위해서는 인생을 조금은 관조해왔고, 그 아픔과 깊이를 뚫어보는 나이 든 극작가라야 하기에 나를 지칭한 일이라면서 재차 설득공세를 펴왔다. 나는 그 진의가 결코 싫지는 않았다. 평소부터 나는 '왜 TV드라마가 도시인들만을 대상으로 하는가'라는 점과 '왜 천편일률적인 사랑타령만 하면서 서민층이나 지역사회와는 담을 쌓는가'라는 불만을 품어왔던 터라 결국은 집필을 승낙했다. 이것이 바로 〈전원일기〉가 탄생하기까지의 사연이다.

1980년 10월 22일. 첫 방송이 나갔다. 제목은 〈박수칠 때 떠나라〉였다. 이 작품 제목은 수필가인 김성제(金聖濟) 씨가 쓴 수필에서 따온 것이었다. 방송이 나가자 각 일간신문의 방송평은 약속이나 한 듯 호평이었다. '신선하고 흙내음을 듬뿍 담은 내용이 도시인에게는 마음의 고향을 생각케 하고, 농어민들에게는 긍지를 주는 수작(秀作)'이라고 평을 했다.

나는 드디어 어려운 입학시험에 합격한 기분이었다. 그러나 한편으로는 평생을 두고 고집해온 연극에서는 낙제점을 맞은 터에 모처럼 써낸 방송극에서는 합격을 했으니 운명의 장난이란 짓궂은 것이라고 혼자서 쓰게 웃었다.

나는 당분간은 〈전원일기〉에 전력을 쏟을 생각을 했다. 왜냐하면 주 1회 방송되는 시추에이션 드라마라서 매번 다른 소재를 택해야 한다는 어려움과 그렇게 해서 얻은 원고료는 나의 생활비와 극단 운영비로 충당되어야 한다는 당면 문제를 무시할 수 없었기 때문이다.

연극과 방송을 양립시키는 일이란 결코 쉬운 일이 아니었다. 그러나 만나는 사람마다 칭찬을 아끼지 않으니 나는 은근히 신바람이 났다. 그렇지만 마음 한구석은 어두웠다. 군사 쿠데타가 나고 정국이 경직되고, 서울의 봄이 물 건너간 지 오래된 채 꽁꽁 얼어붙은 땅 위에다가 씨앗을 뿌리는 농민들의 아픔이 바로 나에게도 전해졌다. 말로는 혁신과 전진을 외치면서 실제로는 뒷걸음만 치는 세상이 나를 외롭게 했다. 특히 광주민주항쟁의 태풍이 할퀴고 간 상처를 멀리서 가까이서 보면서 나는 말 한마디 못 하고 작품으로 쓰지도 못한 채 한숨만 푹푹 쉬는 나 자신이 자꾸만 작아 보이는 우울한 나날이었다. 말로만 자유를 외쳐댔을 뿐 행동이 따르지 못한 반쪽 양심이 부끄러웠다.

나는 애국자가 아니었다. 더구나 독립투사도 아니었다. 그렇지만 이래서는 안 되겠다고 생각했다. 원고료 수입이 있어서 먹고살기에 불편 없이 사는 게 행복할지 모르지만 언제까지나 그 안일한 삶을 추구한다면 나의 인생 자체는 무의미할 뿐이다. 내가 방송극을 쓰게 된 것은 하나의 수단이자 방편일 뿐 인생의 목적은 아니잖는가. TV드라마 쓴 덕택에 컬러 TV도 들여놓고 안방을 넓혀 가족들을 즐겁게는 했지만, 나는 역시 나의 세계로 돌아가야만 했다. 나는 방송을 시작한 지 꼭 1년 만에 자진해서 〈전원일기〉를 후진 작가에게 넘겨주고 물러섰다. 그동안 48편의 작품을 썼다. 그러자 담당 PD인 김한영(金漢榮)은 지금 시청률이 계속 상승하고 평도 좋은데 왜 그러느냐면서 원고료가 적어서 그만두는 것 아니냐고 물었다. 나는 아니라고 하자, 그럼 연출이 마음에 안 들어서 그러는 것이냐며 내 마음을 떠보듯 말을 꺼내자 나는 빙그레 웃으면서 이렇게 말했다.

"사람은 남들이 잘한다고 박수칠 때 떠날 줄 알아야 해. 그 이상 미련을 느끼거나 연연하다가는 노추(老醜)를 못 면할걸. 떠날 때는 말없이 뒤돌아보지 말고 가야 해. 그게 나의 인생철학이니까. 김 형! 지난 1년 동안 나는 행복했어요."

나는 극단으로 돌아왔다. 산하를 다시 일으키기 위해서였다. 이제는 눈치 볼 필요도 없다. 미친 척하고 혼자서 가는 것뿐이며 마음속의 응어리를 연극으로 풀어야 한다고 결심했다.

1981년 2월 21일. 나는 아일랜드의 극작가 숀 오케이시의 대표작인 〈쥬노와 공작〉을 기획했다. 아일랜드 독립전쟁 때 점령군에게 아들을 잃고 통곡하는 주인공인 엄마의 모습에서 광주항쟁 때 자식과 남편을 잃었을 내 고향 사람들의 처지를 머리에 떠올리면서 선택한 작품이었다. 내 손으로 직접 쓸 수도 없거니와 검열도 안 나올 바엔 번역극으로라도 그 응어리를 삭여보자는 생각에서였다. 그리고 시대가 시대이니만큼 적어도 민주화운동과 군사독재 타도를 외쳐대는 학생들만이라도 세종문화회관 소극장의 500석 정도는 연일 꽉 메워주리라는 기대와 환상도 크게 작용했던 터였다.

연극이 시대조류에 잽싸게 편승하는 일은 결코 바람직스러운 일은 아니다. 그러기에 정부나 권력기관이 주도하는 행사에 연극인이 끼어들거나 그 시녀 노릇을 하는 지식인들을 나는 오래전부터 경멸했다. 정권이 바뀔 때마다 선을 대고 줄을 타고 그들에게 충성을 다하는 대학교수들의 얼굴을 볼 때마다 미아리나 청량리역 근처에서 우글거리는 여자들의 얼굴을 떠올리곤 했다. 한마디로 얼굴에 철판을 깔았거나 허파에 방탄조끼를 입은 군상들이었다. 그렇게 한 입으로 여러 사람에게 비위를 맞출 줄 아는 재주를 나도 배울 수 있었으면 좋으련만 그게 아니었다. 교수, 목사, 사회사업가… 정권이 바뀔 때면 으레 단골손님처럼 큼직한 사진이 신문이나 화면에 부상하는 그런 사람들을 증오하는 마음을 나는 연극을 통해서 발언할 수밖에 없었다. 그리고 적어도 그런 정상적인 안목을 가진 대학생들이라면 극단 산하가 왜 하필이면 〈쥬노와 공작〉이라는 작품을 이 시기에 공연하려고 했는지 그 의도쯤은 헤아려줄 법도 할 거라는 기대감도 부풀어 있었다. 그리고 원래 세종문화회관 소극장은 주로

261

음악회를 위해 대관하는 곳이었지만 그 극장에서 연극을 하게 되면 지리적으로도 관객은 편리하게 여기리라는 기대도 컸었다. 그러나 결과는 참패였다.

나는 텅 빈 객석에 앉아서 이 연극의 잘못된 점이 무엇인가를 점검하듯 꼼꼼히 살펴보았다. 자화자찬 같은 얘기겠지만 괜찮은 내용에 열기가 있는 괜찮은 연극이었다. 그런데 관객은 별로 오지 않았다. 그 원인이 무엇인가 하고 찬바람이 불어가는 광화문을 밤늦게 걸어가는 나 자신은 흡사 패잔병이요, 또 하나의 낙오자 같았다.

관객이 없는 연극은 무의미하다. 그건 사실이다. 그러나 진실을 외면하는 관객은 어떻게 봐야 할 것인가. 대학생의 생명은 바로 지적(知的)인 냉정과 정적(情的)인 감격에 있을진대 〈쥬노와 공작〉의 문학성과 그 연극성이 무엇인지 알려고도 않고 알지도 못하는 현실이 다시 한번 나를 내리누르기만 했다. '이렇게까지 해서 연극을 해야 되겠는가'라는 자신에 대한 반문이었다. 다른 극단처럼 씨도 안 먹히는 코미디도 하고, 엎치락덮치락하는 연극으로 관객의 말초신경을 간지럽히는 연극도 할 수 있었겠지만, 나는 그게 어려웠다. 부조리극이니 전위연극이니 하며 서양의 새로운 연극을 도입시킴으로써 젊은이들의 호기심과 허영심을 교묘하게 이용하는 방법도 있었지만, 나는 그걸 못 했다. 우리의 현실이나 역사의식도 제대로 파악 못 하는 주제에 외국 것이라면 무턱대고 덤벼대는 시류(時流)에 대해서 나는 부정적 입장에 서 있었기 때문이다. 연극은 꾸며진 것이지만 그 속에 진실이 들어 있는가 없는가에 따라 관객의 지지도 반발도 생긴다. 그러나 물질적으로나 정신적으로 피폐해진 나의 경우는 신경질적인 반응만이 늘어가고 있었다.

나는 다시 시발점으로 돌아가야겠다고 생각했다. 그것은 좋으나 궂으나 우리 작품을 다시 다듬어서 오늘의 평가를 묻기로 하고 나의 대표작 〈산불〉을 택했다. 그러나 공연장 사정이 여의치 못해서 어린이대공원

안에 있는 대강당을 섭외했다. 그리고 그동안 흩어졌던 산하의 OB멤버를 총동원하기로 했다. 그러나 강부자, 백수련 등 몇 사람을 제외하고는 모두가 바빠서 못 나오겠다는 반응이었다.

썰렁한 무대와 객석. 그것은 나에게 하나의 무덤 같았다. 거기 들어앉아 있어야 할 사람이 없는 빈집이나 다름없었다. 이제 다시 모이자고 해도 말도, 대답도, 모습도 없는 공허한 극장 안에서 나는 하나의 흉계를 음모하고 있었다.

'미련을 버리자. 혼자서 몸부림친다고 되는 일이 아니다. 몸과 마음이 합쳐져 콩 하나도 나눠 먹는 원초적인 우정 없이는 안 되는 게 연극이다. 미련을 버려야 한다. 그것은 패배가 아니라 자신의 실패를 인식하는 것이다. 내 손에 들려 있지 않은 물건은 내 것이 아니다.'

1983년 3월 25일. 문예회관 대극장 앞에는 "극단 산하 제52회 공연"이라고 쓰인 큼직한 현수막이 바람에 나부끼고 있었다. 최인훈 작, 최석천 연출 〈옛날 옛적에 훠이훠이〉 공연을 알리는 현수막이었다. 그리고 출연진은 차재홍, 우상민 등 신인들로, 초연 때의 강부자, 백수련, 조영일에서 전원 교체되었다. 연출도 초연 때의 표재순 대신 그동안 무대감독만 해온 최석천으로 바꾸었다. 마지막으로 그에게 꽃다발을 들려주려는 배려에서였다.

〈옛날 옛적에 훠이훠이〉는 소설가 최인훈(崔仁勳)의 대표적 희곡으로, 1976년 극단 산하에서 상연하여 그해의 백상예술상에서 작품상, 연출상, 개인상(백수련)을 휩쓴 수작이었다. 그런데 이 작품을 52회 공연 작품으로 택한 데는 남모를 심정과 아픔이 담겨 있었다. 이 공연은 말하자면 극단 산하의 마지막 고별 작품이었기 때문이다.

나는 그동안 제자리를 찾지 못한 채 방황하며 부평초처럼 떠돌아다니던 극단 산하를 영원한 저세상으로 훨훨 떠나보내려는 심사에서 이 희곡을 택했다. 창단 20년 동안 나름대로 영광도 기쁨도 있었건만, 이 이상회생할 수 없을 바에야 그동안 공연된 작품 가운데서 가장 성숙도가 높아 호평을 받았던 작품을 전혀 새로운 사람들의 손으로 다시 만들어 영겁의 시공 속으로 날려보내는 공연을 하자는 것이었다.

나는 그러한 뒷얘기를 일절 사전에 알리지 않았다. 신문이나 방송에서 미리 떠들어대면 그게 화젯거리가 되어 관객을 좀 더 많이 끌어모을 수도 있었지만 나는 그저 조용히 소리 없이 여느 때의 공연과 마찬가지로 준비했으니 단원들도 그것이 설마 극단을 해산하는 마지막 고별공연이 되리라고는 꿈에도 모르고 있었다.

나는 프로그램에 실린 극단 대표의 인사말 가운데 이렇게 공연의 참뜻을 처음으로 밝혔다. 제목이 '하나의 종장(終章)을 쓰면서'였다. 원고지 25매 분량으로 쓴 이 종장의 마지막 부분에서 나는 이렇게 밝혔다.

"20년을 이끌어온 한 극단이 종말의 장을 내려야겠다는 뜻이 무엇인가를 알아줄 사람은 있을 것이다. 늙어서 추악한 꼴을 남에게 보이는 일은 죄악이다. 극단의 연륜이 길고 공연 횟수만 자랑하는 때는 지났다. 진실이 없는 극단은 사라지고 진실한 연극만이 남았으면 좋겠다."

연극 개막 직전에야 이 글을 읽은 단원과 연극계 인사와 그리고 언론 기자들은 뜻밖에 일어난 극단 해산을 대서특필을 하고 나섰다. 어떤 사람은 나의 독단적인 처사를 힐책하는가 하면, 어떤 사람은 정말로 내리기 어려운 용단이요, 우리 연극계에 울리는 경종이라고 했다. 그런가 하면 자신이 없으면 젊은이들에게 물려줄 일이지 20년이나 되는 극단 문을 닫는다는 것은 너무했다고 우기는 소리도 들려왔다.

어느 것 하나 나의 심정을 정확하게 꿰뚫어보지도 못했거니와 내가 20년 동안 키워온 극단의 해산이 얼마나 아프고 쓰라린 일인지 그 누구도 아는 사람은 없었다.

연극 공연이 끝나면 으레 뒤풀이가 있게 마련이다. 연극계에서는 그것을 '쫑파티'라고 한다. 쫑은 '종(終)'의 음을 된소리로 발음한 것이라고도 하고, 가위로 싹둑 잘라 끝을 낸 데서 유래되었다고도 하지만, 정설은 아무도 모르는 채 써온 말이다.

나는 산하를 운영하면서 그 쫑파티를 밖에서 하는 경우도 있었지만 우리 집에서 가정요리로 꾸미는 경우가 많았다. 이유는 간단했다. 경비가 절약되기 때문이다. 20~30명 식구가 막걸릿집에 간다 해도 그때 돈으로 30~40만 원은 족히 들었다. 그러나 우리 집에서 하게 되면 그 절반으로 충분하되, 아내의 음식 솜씨도 정통적인 전라도 하고도 목포식이니 모두들 즐거워했다. 나는 그런 날이 가장 즐겁고 행복했다. 비록 공연은 흥행에서 실패했지만 단원끼리 모여서 술과 음식을 푸짐하게 나누고, 주흥이 무르익어가면 곧잘 노래와 춤판으로 바뀌어갔다. 나는 그런 자리에서 늘 부르는, 이른바 애창곡이 있었다. 김추자가 불러 히트했던 〈님은 먼 곳에〉였다. 제풀에 흥겨워 몸을 흔들고 신명나게 춤을 추면 단원들은 환호하던 게 상례였다.

그러나 그 마지막 쫑파티는 허름한 맥줏집에서였다. 그리고 나는 그 애창곡을 부르지 않았다. 옆에서 흥을 돋우기 위해서 노래를 불렀지만 웬일인지 그날만은 노래를 부를 수가 없었다. 흥이 나지 않는데 노래가 나온다면 그는 분명 미친놈일 게다. 신명이 안 나는데도 춤을 춘다면 그는 분명 정신병자일 게다. 나는 정신병자도 미친놈도 아니었다. 그저 무표정하게 말수를 줄이고 술잔만 비웠다. 그러나 마음속으로는 하염없이 울고 있었다. 세상에 태어나서 그렇게 허전한 잔치는 난생처음이었다. 단 한 번도 사랑한다는 말을 고백 못 한 머저리임에 틀림없었다.

나는 얼마 동안 바깥출입을 삼가고 집안에서 잔디를 가꾸면서 소일하고 있었다.

제18장 제3의 인생, 대학교수 시절

20년 경력을 자랑하던 극단 산하의 해산은 연극계의 화제가 되고도 남을 만한 사건이었다. 그리고 그러한 해단(解團)의 결심은 누구나 쉽게 해낼 수 있는 음모(?)도 아니었다. 그런데 나는 그것을 해냈다. 나는 그다지 넓지는 않지만 손질이 잘 간 정릉 집 잔디밭에서 시간을 보냈다. 해산한 여인이 몸을 아끼듯 그저 망연히 앉아서 시간만 흘려보냈다. 아니면 격렬한 전투에서 돌아온 부상병처럼 되도록 몸을 안 움직이는 게 상책인 양 흔들의자 등받이에 등을 기댄 채 천천히 몸을 흔들고 있었다.

나는 내가 패잔병인 듯 착각을 하고 있었을 것이다. 이 세상에서 버림받은 사람이요 대열에서 낙오된 인간으로 스스로 비하도 했었다.

그러나 곰곰이 생각을 가다듬어가자니 반드시 그런 것만도 아니었다. 나는 여러 사람으로부터 은혜와 사랑을 누구보다도 많이 받았고, 그래서 그 누구보다도 순풍에 돛 단 듯이 60년 가까이 살아왔다는 자긍심과 그 실증이 주마등처럼 흘러갔다.

유복했던 가정환경과 소년 시절. 다소는 반항과 굴욕으로 점철되었지만 이렇다 할 사고라고는 없었던 중학 시절. 그리고 일본 군대에 끌려간 괴로움도 순간일 뿐 조국 광복과 열병을 앓던 감격 시대. 그리고….

그러나 극작가로 등단하면서부터 나는 여러 분의 스승과 선배와 그리고 동료들의 사랑을 누구보다도 흡족하게 받았다는 사실이 여실하게 떠올랐다. 극작가로 키워주신 유치진 선생, 서울에 일자리를 정해주신 소설가 박화성 선생, 연극협회 이사장으로 앉게 해주신 이해랑 선생, 일자

266

리를 방송계로 옮기게 해준 동료 최창봉 형, 예총 부회장 자리에 앉게 해준 시인 이봉래 씨, 그리고 나와 뜻을 같이했던 제작극회 동인과 극단 산하 동인들, 그리고 그늘에서 늘 돌봐주던 여자 친구들과 제자들.

그 수많은 사람들이 없었던들 나는 진작 실의의 늪에서 헤어나지 못했거나 지금쯤 시골에 파묻혀 세상 돌아가는 꼴에 냉소만 퍼붓는 비분강개파의 낭인으로 전락했을 것이다.

그러나 나는 1981년에 대한민국예술원 회원이라는 명예를 차지하게 되었으니 모두가 이해랑, 이원경, 이진순 등 여러 선생님의 은혜였음을 실감하게 되었다.

'그렇다. 나는 복 받은 사람이다. 내 또래의 작가나 연극인 가운데 나만큼 무난하게 삶을 헤쳐온 사람이 없다면, 그건 분명 축복받은 인간이다. 극단 운영에 실패했다는 그 한 가지가 나의 인생의 전체는 아닐진대, 언제까지 그곳에 미련을 두거나 구애를 받는다는 것은 하나의 과욕이다. 잊어버리자. 없었던 것으로 하자. 이제 먼 여정을 마치고 집으로 돌아왔다고 생각하자. 그리고 극작가의 세계로 돌아왔으니 이제부터 희곡이나 쓰면서 인생을 마무리하는 거야!'

나의 이와 같은 독백은 한동안 격랑을 일으켰던 내 마음을 차츰 가라앉히게 하는 것 같았다.

잊는다는 것은 소중한 무기다. 과거에 미련을 갖는다는 것은 긴 여행을 떠나는 사람에게는 거추장스러운 짐이다. 나는 하루속히 그 과거를 향한 미련과 집념을 버리는 연습으로 나날을 보내고 있었다. 그러던 어느 날 나에게 예상치도 못한 소식이 전해졌다.

1983년 1월 중순. 청주대학교 예술대학 연극영화과 과장이자 연극계 후배이기도 했던 이창구(李昌九) 교수가 만나자는 전화를 걸어왔다. 우리는 코리아나 호텔 2층에 있는 커피숍에서 오랜만에 만나 차를 마셨다. 이창구 교수의 홍조 띤 얼굴에 더러는 쑥스러워하면서 수줍음을 탄 미소가 떠오르더니 어렵사리 말문을 열었다.

"선생님, 우리 대학에 오셔서 강의 좀 맡아주셔야겠어요."

"내가? 난 그럴 자격 없어요. 나는 박사학위도 없는 일개 극작가일 뿐 대학 강단에 설 만한 자격이 없는걸. 외국 유학파도 아닌데…."

"그게 무슨 상관인감유? 대학 측에서는 이미 기정사실로 알고 저더러 메신저 노릇 하라고 해서 왔거든요. 총장, 이사장, 그리고 학장님 모두가 의견 일치이니 남은 건 차 선생님의 의사 표시만 남았는걸요. 내려오시죠?"

뜻하지 않은 주문이자 반강제적인 제의였다. 청주대학교는 지방대학으로서는 그 당시 개교 60년의 역사를 자랑했고, 맨 먼저 예술대학에 연극영화과가 신설된 학교였다. 그리고 학교 재단 이사장인 김준철(金俊喆) 씨는 나의 연세대학교 동기동창이고, 총장 김명회(金明會) 박사도 동문이고 보면 매우 자연스럽게 맺어진 인연이었다. 이창구 교수는 덧붙이기를, 대우 조건도 나의 경력과 지명도를 감안해서 정교수(正敎授)로 임명하겠으며 일주일에 3일 정도만 출강하면 된다면서 무엇보다도 열악한 지방대학의 연극영화과를 육성해준다는 뜻에서 고사하지 말아달라고 간곡하게 권유했다.

대학교수가 된다는 사실이 처음에는 어색하고 쑥스러웠다. 그럴 생각이 있었던들 진작 서울에 있는 대학에 교제를 해서라도 한 자리를 차지할 수도 있었지만 나는 추호도 그럴 생각이라곤 없었다. 나는 어디까지나 현역 극작가이자 연출가이며 연극 창조의 현장에서 젊은이들과 함께 뒹구는 일로 만족해온 사람이다. 그리고 솔직한 얘기가, 그 당시 대학에서 연극 영화를 강의하는 학자들에게는 별로 친근감을 품을 수가 없었다. 왜냐면 그 대부분은 외국에서 공부했으니만큼 서랍 속에는 많은 지식을 가지고 있었을지는 모르되 현장 체험이나 실력은 별것 아니라는 중평 속에서 이단시하고 있었다. 기회 있을 때마다 미국이나 프랑스나 독일의 연극과 우리의 연극 현실을 동일선상에 올려놓고서 전문가연하는 그 현학주의가 별로 달갑지 않았던 것도 숨길 수 없는 나의 편견의 한 조각이었다. 나는 역사가 짧고, 기반 조성이며 사회 환경에서 밀려난 우리 연극은 어떤 이론이나 주의(主義)로 일어설 수 없으며, 그것은 어디까지나 한국적인 현실과 한국적인 정서에다 바탕을 둔 동시대의 관객과 하나의 공감대를 형성해야 한다고 주장했다. 그러므로 연극 세미나나 심포지엄에서 알게 모르게 갈등을 경험했던 나였다.

그러한 내가 대학교수로 전향하게 되었으니 그것은 나의 생애에서는 매우 중요한 국면이라 해도 과언이 아니었다.

"이제는 연극 현장에서 떠나 창작 생활 속에 침잠해 들어가는 것이다. 그리고 그릇된 고정관념에서 깨어난 연극 풍토는 대학 교육에서 그 기반을 다지는 일이 급선무일 게다. 내가 지금까지 약 30년간 흙탕물 속에서 몸부림쳐왔지만 극단 운영도 연극 창조도 실패로 돌아갔으니 이제는 과거의 명성이나 환상에의 미련을 털어버리고 새로 거듭나는 길 뿐이다. 그렇다. 산수(山水) 맑고 인심 좋기로 이름난 충청도 땅에서 여생을 보내면서 계속 희곡이나 쓰는 게 나의 제3의 인생 여정일 게다. 전라도 사람이 충청도에 가서 산다는 것도 의미가 있을 게다."

그러나 이와 같은 나의 출정사(出征詞)는 한마디로 말해서 자기합리화에 불과했다. 나는 현실에서 우선 벗어날 수 있는 길이 거기 있고, 대학교수라는 안전지대가 거기 있었기에 쉽게 극단 문을 닫았노라고 뒤늦게 고백해야 옳을 일이었다.

학생들과의 생활은 매우 즐거웠다. 그리고 학생들의 호기심을 충족시켜주는 데도 나의 교수 방법은 그다지 빗나가지 않았다. 학교 강의실뿐만이 아니라 산성(山城)의 민속주막, 내덕동의 민물고깃집, 중심가의 맥줏집에서도 나는 학생들과 자주 시간을 보냈다. 그런 사석에서의 나의 강의가 더 좋다고도 했다. 그것은 "예술은 지식 이전에 인간성이 더 중요하며, 연극 이전에 사람됨이 앞서야 한다"는 고리타분한(?) 나의 교육철학을 펼 수 있었기 때문이다.

그런데 1년이 지나자 난데없이 나에게 예술대학장에 임명한다는 인사발령이 내렸다. 평교수에서 학장으로 자리바꿈을 했으니 그것은 분명 출세이자 승진임에 틀림이 없다. 그러나 나는 부담스럽다는 생각부터 들었다. 그 첫째가 날마다 정해진 시간에 출퇴근하며 자리를 지킨다는 일과, 교무회의에 출석해서 창의성이나 정서생활하고는 관계없이 행정에 관한 얘기며 탁상공론을 해야만 했다. 오랜 인습에 찌든 얘기만 듣고 있자니 목에 맨 넥타이가 원망스럽기만 했다. 나는 원래가 얽매여 사는 일을 싫어해왔다. 남으로부터 간섭받는 것도, 나에게 간섭하는 것도 나의 사전에서는 제외된 인생지침이었다. 소년 시절부터 그 지긋지긋한 구속과 간섭과 억압 속에서만 자라난 내가 자유스러운 삶을 갈구하게 된 것은 너무나 당연한 일이었다. 나는 스스로 자유인임을 선언했다. 예술도 인생도 마찬가지이다. 그러므로 남에게 폐를 끼치거나 짐을 지게 하느니 차라리 내가 스스로 부담하는 게 편했다. 그러기에 내가 거부하는 것은 권위주의와 관료적인 독선주의였다.

그런데 1980년 초부터 군사독재정권에 항의하는 학생들의 민주화운동이 전국적으로 전 학원가에 불어닥치기 시작했다. 학생들의 요구 조건은 대부분이 학원 내의 비민주적 독소를 제거하자는 한목소리였고, 구체적으로 학교 재단과 운영진의 총사퇴나 개혁을 외치는 강도 높은 주장이었다.

청주대학교도 예외가 아니었다. 교정에는 살벌한 분위기가 감돌고 구호 소리가 나른한 봄기운에 더욱 높은 자리만 지키고 있었다.

어느 날 학생처에서 전화가 걸려왔다. 지금 학생 대표들이 총장 면담을 요구하며 본관으로 몰려온다는 정보가 입수되었으니 교무위원들은 전원 총장실로 모이라는 급한 사연이었다. 나는 지금까지 학원 내에서의 그런 긴박한 현장을 목격한 경험이 없는 터라 은근히 호기심부터 일어났다. 피끓는 청년들의 열화 같은 표정이며, 정의와 개혁을 외치며 총장하고 대좌하여 자기들 주장을 거침없이 토로하는 학생들의 표정은 얼마나 믿음직스럽겠는가 하는 엉뚱한 공상을 즐기고 있었다. 총장실 안에서 불안하게 기다리는 교무위원들의 표정과 나의 표정은 대조적이었다.

바로 그때, 복도와 계단을 쿵쿵 울리며 쳐들어오는 젊은이들의 구둣발 소리가 총장실까지 들려왔다. 이윽고 도어를 후려치는 쇠파이프에 와지끈하고 부서지는 도어를 밀치고 10여 명의 학생들이 방안으로 들이닥치더니 대기하고 있는 교수들은 본체만체하고 유리창, 책장, 거울, 꽃병부터 차례로 깨부수기 시작했다. 그것은 한마디로 무차별 폭격이었다. 일정한 공격 목표나 계산된 시각에서가 아니었다. 우선 부수고 보자는 성난 얼굴들이었다. 몇몇 나이든 교수가 피해 나갔다. 그러나 나는 그대로 앉아서 그들의 광기어린 행동을 차가운 눈으로 지켜보고 있었다.

나는 겁도 안 났다. 그들을 냉철하게 관찰하고 싶었다. 민주화니 개혁이니 하고 목이 쉬도록 절규하는 학생들 편에 서서 학원의 부정이나 비민주적 독소는 하루속히 청산되어야 한다는 그 대목에서는 나도 의견을 같이하고 있었기 때문이다. 지난날 목포중학교 때 처우 개선을 주장했던 이른바 '목중(木中) 12.12사건'도 그랬었고, 4.19 때 '덕성여고(德成女高) 학원민주화투쟁'에 참여했던 것도 따지고 보면 이 땅의 교육이 얼마나 보수적이며 비민주적이었던가에 대한 나름대로의 비판적 안목과 분노가 바닥에 깔려 있었기 때문이었다. 그런데 지금 나의 눈앞에서 전개되고 있는 그 성난 사자들의 행위는 일순간에 나의 상식을 뒤엎어놓고 말았다.

"파괴는 안 된다. 그 기물은 우리들의 재산이다! 왜들 이러는가?"

나는 앞장선 학생에게 말을 걸었다. 그러나 그들은 파괴의 손길을 멈추기는커녕 불길에 기름을 끼얹는 것처럼 더욱 거세게 타오르고 있었다.

271   제1부 떠도는 산하(山河)

이 현장을 목격한 후부터 나는 심한 고민 속에 빠져들어갔다. 학원의 민주화는 그런 식으로 이뤄져도 안 되거니와 될 수도 없다는 나름대로의 판단에서였다.

오랫동안 묶이고 닳았던 구습에서 벗어나기 위해서는 그만큼 인내와 대화와 상호 이해가 필요한 법이다. 흔히 있는 노동자와 고용주 사이의 한판 겨루기처럼 되지 않는 법이라고 나는 여러 차례 투쟁 학생들과 만나 회유도 하고 설득도 했지만 이렇다 할 효과를 볼 수가 없었다. 학생들이 거리로 나가면 교수도 따라 나가야 했다. 학생들이 집회를 가지면 교수들도 함께 나가 막는 게 대학의 현실이자 일상이었다. 나는 실망과 회의 끝에 학장직을 내놓았다. 취임한 지 3년 만이었다. 나의 좁은 소견과 판단으로서는 감당할 수가 없었다.

나는 다시 홀가분하게 되었다. 그러나 학원 내는 단 하루도 바람 잘 날이 없었다. 나는 전과 같이 동료 교수인 김수용 감독과 시간을 보내는 게 가장 즐거웠다.

그러자 1986년 봄 뜻밖에도 '88서울예술단' 초대 단장으로 임명을 받았다. 88서울예술단은 한국방송광고공사가 공익자금으로 설립한 예술단체로서, 이른바 총체예술을 표방하고 나선 순수 예술 공연 단체였다. 이 설립목적의 배경에는 다가올 '88 서울 올림픽' 때를 대비한 데도 그 의의가 있었지만, 사실은 장차 있을 남북 문화교류 및 통일의 시대를 염두에 둔 원대하고도 거창한 꿈을 실현하려는 데 있었다. 북한에는 이른바 혁명가극단으로 알려진 '피바다 예술단'이라는 게 조직되어 전 세계를 누비고 다니는 데 반해서 우리는 그와 겨룰 만한 공연예술이 없었다는 데 그 탄생의 의미가 있었다. 따라서 88서울예술단은 미래를 대비하는 고도의 예술성과 일사불란한 집체성(集體性)을 확립하자는 데서 그 의미를 찾아야만 했다. 그러나 1987년 봄 창단공연을 치르면서 웃지 못할 사건이 일어나고 말았다. 창단공연으로 오태석 작, 이기하 연출의

〈새불〉을 정했다.

3월 3일 공연을 앞두고 총연습을 하기로 했다. 본 공연 때는 대통령도 관람한다는 소식이 전해지자 문화부 장관이 미리 총연습을 사전에 봐야 겠으니 대기하라는 것이었다. 오후 1시 정각에 개막을 앞두고 전 출연자 250명이 몇 시간 전부터 대기하고 있었다. 그러나 장관이 급한 일로 참석 못 할 것이라고 하더니, 이내 곧 연락이 와서 지금 출발한다는 것이다. 정작 1시가 지나고 10분이 경과되어도 장관은 세종문화회관에 나타나지 않자, 나는 15분에는 총연습을 개시하라고 연출과 무대감독에 지시했다. 단 한 사람을 위하여 전 스태프 250명이 더 이상 기다릴 수 없다고 내가 단호하게 말하자 관장이며 국장들은 전전긍긍하는 눈치였다. 국무에 바쁠 테니 처음부터 못 볼 수도 있잖은가라는 게 나의 의견이었다.

그런데 막이 오르고 약 10분쯤 지나서야 장관이 나타났다.

국장은 나더러 장관 옆자리에 앉아서 작품 설명도 했으면 하여, 마음에 내키지 않았지만 직책상 한사코 거부할 수도 없어 장관 옆자리에 앉아서 몇 가지 설명을 했다. 시간이 10분쯤 지났을 때였다. 무대에서는 신나게 음악과 춤이 익어가는데 어디선가 코고는 소리가 들렸다. 나는 두리번거렸다. 그런데 문화부 장관이 바로 당사자였다. 그 순간 나는 모멸감과 분노에 피가 머리끝까지 치밀었다. 그렇다고 흔들어 깨울 수도 없었다. 그 뒷자리에 앉아 있던 직속 부하들도 차마 흔들어 깨울 수가 없는지라 안절부절못하는 눈치였다. 나는 자리를 박차고 일어설까 하다가 간신히 마음을 가라앉혔다. 나의 눈에는 무대고 뭐고 보이지 않았다. 이윽고 마지막 음악이 우렁차게 울리면서 막이 내리자 시연회에 참석한 사람들이 치는 박수 소리가 크게 울려 퍼졌다. 그 순간 지금까지 오수를 즐기고 계시던 장관님께서 잠에서 깨어나더니 무대 장치를 보고서 나에게 물었다.

"저게 무슨 장면이죠?"

"고구려 벽화에 나오는 고분입니다."

"고증을 했나요?"

"글쎄요, 작가와 연출이 있으니 했겠죠."

"어디에 저런 고분이 있죠?"

"작가가 어디서 참고 자료를 얻어냈겠죠."

"저런 고분이 어디 있죠?"

장관이 재차 질문을 하는 순간 나는 참다못해 자리에서 벌떡 일어나며 퉁명스럽게 쏘아붙였다.

"그게 그렇게 궁금하거든 작가에게 직접 물어보시죠. 무대 뒤에 작가 오태석이 있을 겝니다! 그걸 왜 나한테 꼬치꼬치 묻습니까?"

나는 그때 흥분 상태에 있었다. 여러 고급 공무원이며 내빈들도 심상치 않은 분위기를 불안스럽게 지켜만 볼 뿐 누구 한 사람 정당한 의견을 대는 사람은 없었다.

장관이 늦게 나타난 것도 참았고, 코를 고는 것도 참았을 때는 그 사람의 위신을 생각해서였다. 그러나 그 이상의 행동에는 도저히 참을 수가 없었다. 그 길로 집에 돌아왔으니 내가 퇴장한 다음 무슨 일이 벌어졌는지 나는 몰랐다. 다만 나는 이 점만은 확신이 갔다. 그런 권위주의에 사로잡힌 장관 아래서는 예술이고 뭐고 있을 수도 없으며, 그런 자리에는 더 이상 연연할 필요성이 없다고.

나는 평소에도 그런 신조를 가지고 있었다. 관의 간섭이나 참견 밑에서 예술 창조는 불가능하다고. 예술은 원칙적으로 자유를 생명으로 삼는다. 창작도 표현도 자유로운 세계에서 이루어지는 법이다. 하물며 일개 장관이 예술가에 대한 예의도 상식도 지니지 못한 데서야 어디 예술은 논할 자격이 있겠는가.

내가 88서울예술단 단장직을 그만둬야겠다고 결심한 이유는 반드시 관료들에 대한 불만만은 아니었다. 동업자라고 할 수 있는 일부 연극인

274

들에 대한 실망과 분노도 적지 않게 작용을 했었다.

앞서 소개한 창단공연 작품인 〈새불〉에는 연극, 음악, 무용, 의상 등 그 분야에서 이른바 대표성을 띤 예술가를 총망라함으로써 명실상부한 우리나라 최초의 총체극(總體劇)을 시도하자는 데 그 기본목표를 두었다.

나는 제작 총지휘자의 자리에 서서 누구를 선택하고 영입할 것인가에 관해서는 방송광고공사 홍두표(洪斗杓) 사장으로부터 일임을 받았기에 아무런 구속감도 느끼지 않은 매우 자유스런 분위기였다.

나는 몇 날을 두고 고심 끝에 다음과 같이 스태를 구성했다.

극본   오태석

연출   이기하

작곡   김영재(국악), 강준일(양악)

안무   최현

미술   이만익

의상   이병복

조명   유덕형

무대감독   유경환

이상의 명단은 누가 보더라도 그 분야의 제1인자가 망라되었고 그 의도가 얼마나 의욕적이었는가는 새삼 부언할 필요가 없었다. 뿐만 아니라 당시의 연극이나 무용계가 극히 열악한 재정적 궁핍 상태에서 허덕이던 처지에 제작비도 무려 약 2억 원을 투입할 수 있었기에 우리의 의기는 매우 뜨거웠고 진취적이었다.

그런데 막이 내리자 여기저기서 들려오는 잡소리는 터무니가 없었다. 특히 연극협회 사무국장을 맡았던 김 아무개와 연출가 김 아무개는 협회 기관지 「한국연극」 지면을 통하여 혹평 아닌 악의에 찬 글까지 싣기도 했다. 뿐만 아니라 평론가 한(韓) 아무개는 일간지(조선일보)에다 한 술 더 떠서 단칼에 〈새불〉 공연은 일고의 가치도 없는 실패작이라고 매도 하기도 했다

작품을 창작하는 사람은 경우에 따라 걸작도, 타작도 내게 마련이다. 따라서 그 결과에 대한 비평에 신경질적인 반응을 보인다는 것은 결코 어른스럽지 못하다는 게 나의 평소의 지론이었다. 그러므로 나는 지금 까지 나의 작품에 대해서 왈가왈부하는 평론가들의 글에는 별로 신경을 쓰지 않는 겸손을 지켜왔다.

그러나 이 〈새불〉의 경우는 사정이 좀 달랐다. 그것은 나의 개인적인 작품 발표가 아니라 하나의 공공성을 띤 예술단체의 창단공연인 만큼 그 첫발이 어느 정도의 가능성을 인정받아야만 그 앞날에 대한 기대가 보장된다는 생각이었기 때문이다.

이를테면 공익자금에 의해 운영되는 (그렇다고 국립이나 시립은 아니 지만) 공인 단체로서의 첫출발이니만큼 관계 부처나 시민들의 기대에서 크게 벗어나지 않기를 바랐다. 그래서 나는 사전에 평론가 한(韓) 아무 개에게 전화를 걸어 그 점을 고려해서 부탁하노라고 간청(?)을 했던 터 였다.

그러나 그 반응은 정반대였다. 뿐만 아니라 앞서 말한 두 김 씨는 공 익자금 4억을 투자한 게(사실은 2억이었는데) 아까운 낭비라며 자기들 에게 맡겼던들 그 4분의 1도 안 들었을 거라면서 그런 공연은 안 하는 것만도 못하다는 식의 논조였다.

평자(評者)에게는 그들 나름의 특전이 있다. 그러나 여기에 참여한 예술가들 한 사람 한 사람이 그렇게 무능한 것도 아니고 경력이 없는 신인도 아닌 전문가들이다. 게다가 대부분이 대학 선후배 관계에다 자 기가 봉직하고 있는 대학의 학장이며 선배라는 인연을 고려했던들 그렇 게 묵사발을 내는 식의 악평은 아무나 할 수 없는 노릇이었다. 그러나

그들의 펼치는 악의에 차 있었고, 그것은 진실한 비평정신에서가 아니라 시기나 질투 따위의 사감(私憾)에서 비롯된 결과였다.

나는 분하고도 슬펐다. 그렇게밖에 평을 쓸 수 없었을까? 어느 한구석만이라도 칭찬을 할 수 있었을 터인데도 철저하게 전면적인 거부반응을 보였으니, 그것은 평이 아니라 폭력이요 테러행위나 다름없었다.

그런데 내가 단장 자리를 물러난 얼마 후 단체명을 서울예술단으로 개명하고 새 출발을 하더니 새 작품의 연출을 맡은 사람은 다름 아닌 바로 그 연출가 김 아무개였다. 나는 새삼 이 세계의 옹졸하고도 이기적인 욕심꾸러기들이 그저 가엾게만 보였다. 그리고 그 작품도 어처구니없는 저질 가무극일 뿐 이것도 저것도 아니었다.

내가 사표를 내자 함께 일을 해온 동료, 후배들이 입을 모아 아쉬워라 했다. 그러나 나는 미련 없이 그 좋은 감투(?)를 버리고 다시 대학으로 돌아갔다. 약 7개월간의 외도 아닌 외도였다.

이 무렵 나는 또 한 건의 실패담(?)으로 남을 만한 작은 사건을 기억하고 있다.

1986년 2월 예총(藝總) 정기총회를 앞두고 치열한 선거전이 진행되고 있었다. 조경희(趙敬姬), 신영균(申榮均), 정진우(鄭鎭宇), 그리고 성기조(成耆兆) 등이 회장 자리를 놓고 각축전을 벌이는 난맥상이었다. 정기총회는 대의원제로서, 예총 산하 10개 협회에서 각각 대의원 20명과 지방대의원이 모여서 비밀투표로 정하는 제도였다.

우리 연극협회에서도 이사회를 열어 20명의 대의원을 확정했다. 나도 그 가운데 한 사람이었다. 그러나 투표장에 임하기 전에 누구를 지지할 것인가를 놓고 장시간 논의를 했지만 입후보자가 많아서 좀체로 의견을 좁힐 수가 없었다. 당시 이사장인 김의경(金義卿)은 의중에 모 씨를 지지하고 싶었지만 나와 임영웅(林英雄) 이사가 동조를 안 할 것 같은 느낌이 들자 결정을 짓지 못한 채 투표 당일 한 시간 전에 광화문에 있는

　　　　　　　　　　제1부 떠도는 산하(山河)

대중식당 태평정(太平亭)에서 모여 회식을 하면서 의견을 통일하기로 하고 산회했다.

약속된 날 오후 1시 나는 태평정으로 급히 뛰어갔다. 10분 전인데 아무도 없었다. 5분쯤 지나서야 연출가 임영웅이 나타났다. 우리는 홀에 앉아서 잡담을 하며 기다렸다. 그런데 10분이 지나고 20분이 지나도 이사장 이하 대의원이라고는 코빼기도 안 보였다. 이상한 예감이 들었다. 장소와 시간에 변경이 있었던 것도 아닌데 약속이라도 한 듯 안 나타난다는 것은 무엇을 의미하는 것일까. 얘기는 간단했다. 나와 임영웅을 따돌리고 자기네끼리 무슨 음모를 꾸미고 있다는 게 분명했다.

"차 선생님, 일단 점심이나 하시죠. 그러고 나서 투표장으로 가십시다."

임영웅 씨의 제안에 맛 없는 점심을 먹는 둥 마는 둥 하고 투표장으로 갔다. 투표장은 길 건너 프레스센터 20층이라 도보로 5분 거리였다.

개회 전 20분이었다. 전국에서 대의원들이 속속 모여들며 서로 수인사하느라 회의장은 활기를 띠었다. 그런데 우리 연극협회 대의원은 한 사람도 안 나타나니 어찌 된 일인가. 나와 임영웅은 그제야 이것은 분명한 음모이자 배신 행위라고 단정을 내렸다. 그러나 우리 두 사람은 끝까지 가다리기로 했다. 2시 10분전. 엘리베이터가 열리며 한 패거리를 토해내고 있었다. 김의경, 정진수, 김우옥, 김재형, 박조열, 김상열, 김도훈, 방태수…. 다음 순간 나는 피가 머릿속에서 역류하며 가슴이 뛰기 시작했다. 나는 길게 숨을 몰아쉬고 스스로 감정을 억제했다.

김의경 이사장이 겸연쩍게 웃으며 다가와서 무슨 말을 하려고 하자 내가 먼저 손을 내밀며 차분히(?) 말했다.

"대의원용 리본 내놔요."

김의경이 당황하는 눈치였다.

"1시에 태평정에서 만나자는 약속이 아니었나? 어떻게 된 일이야?"

임영웅이 퉁명스럽게 말하자 그들은 모두 머뭇거리고 있었다.

"아무튼 나와 임영웅 씨는 누가 되었건 투표를 해야겠으니 빨리 대의원 리본을 내놔, 이 새끼야!"

나의 말끝이 앙칼지게 찢어지듯 튀어나오자 분위기가 급변했다. 나는 평소와는 전혀 다른 표정으로 변했다.

"이게 무슨 짓이야? 우리 두 사람만 따돌리고 어쩌겠다는 거야? 너희들 그러고도 대학교수라고 학생들 앞에서 으시대니? 뭐, 박사? 박사 좋아하지 마! 예술 이전에 인간이 되어먹었어야지! 너, 미국 유학 갔다 왔다며? 미국 대학에서는 그렇게 교육시키던? 미국 좋아하네! 아무튼 리본부터 내놔, 빨리! 시간이 되었잖아! 이 불한당 같은 놈들 같으니!"

나의 앙칼진 목소리는 떨렸다. 여기저기서 사람들이 모여들자 김의경은 김재형더러 리본을 드리라고 지시를 하는 것이었다. 그러자 정진수가 불쑥 소리를 지르듯 한마디 했다.

"우린 갑시다!"

정진수가 뒤도 안 돌아보고 앞장서자 남은 사람들은 그 뒤를 어슬렁거리며 따라가더니 이윽고 엘리베이터 안으로 빨려들듯 사라졌다.

투표장 안 연극협회 대의원 자리는 사막처럼 비어 있었다. 나와 임영웅은 끝까지 자리를 지키고 투표를 마친 다음 자리를 떴다.

이것이 연극인의 실태라면 나는 그들과 연을 끊어야겠다고 마음먹었다. 신의도 체면도, 의리와 자존심까지 팔아먹을 바엔 연극을 안 하는 게 몇 번 옳다고 생각했다. 교수요, 박사요, 예술가요, 극작가로 자처하는 그들의 후안무치한 생리에서 나는 또 하나의 삶의 이면을 보는 것 같았다.

얼마 후 나는 서울극작가그룹 대표 자리도 사퇴했고, 그 후부터 서울극작가그룹은 영원히 사라지고 말았다.

그 대의원들 가운데는 평소에 나와 가깝게 지내는 후배들이며 동업자인 극작가도 다섯 명이나 끼어 있었다. 그럼에도 불구하고 나와 임영웅두 사람을 따돌린 채 모 입후보자에게 표를 모아주려는 음모 앞에서 단

한 사람도 이견(異見)을 말한 사람이 없었다면 그들을 이미 나하고는 아무런 관계가 없는 남일 게다. 아니면 적수일 수밖에 없지 않는가.

아… 그렇게 세상을 살아야만 되는가 보다. 실리를 좇아 떠돌이처럼 살아야 하나 보다. 대학교수요, 외국 유학파요, 박사학위까지 지닌 고급스런 지식인들에게 나도 그 방법을 전수받아야 되려나 보다. 아… 미련한 인간아!

내가 학장직을 내놓자 이번에는 교수협의회가 출범하면서 나더러 교수협의회 회장을 맡으라는 것이었다. 나는 한사코 고사했지만 진정한 학원 민주화라는 역사적인 사명이 더 중요하다는 젊고 양심적인 교수들의 집요한 요청에 못 이겨 나는 청주대학교 교수협의회 초대 회장을 맡게 되었다.

원래 나는 조직이나 집단에는 별로 관심이 없는 성격임을 익히 알고 있었으나, 알게 모르게 끌려가는 나의 박약한 의식에서 문득 우리나라 정치 풍토의 단면을 보는 듯하여 입맛이 씁쓸하기만 했다.

그러자 생각지도 않은 사태가 벌어졌다. 교수협의회에서는 총장도 우리 교수들이 지지하는 사람이라야 한다면서 몇 차례의 회합 끝에 나를 총장 후보로 추대하는 게 아닌가.

아니다. 그것은 절대로 받아들일 수도 없거니와 받아들여서도 안 되는 하나의 난제였다. 만약에 내가 총장이 되는 날에는 나의 친구인 재단 이사장과의 반목과 대립의 역학관계에서 한시도 편안한 날이 없게 될 것이다. 그리고 오래전부터 이사장은 총장 자리에 앉으려고 온갖 방법과 회유책을 써온 터라, 그렇게 된다면 늘그막에 친구가 원수로 변하게 되기란 손금 보듯 뻔한 일이었다. 내가 뒤늦게 대학에 들어온 것은 감투가 아니다. 자신의 삶과 문학을 정리하기 위해서였다. 총장 자리를 넘어다본다는 것은 문자 그대로 과욕이자 노추(老醜)나 다름없는 추태이다. 나는 사표를 던지고 다시 서울로 올라왔다. 1989년 2월이었다.

나는 언제부터인가 〈떠날 때는 말없이〉라는 노래와 〈님은 먼 곳에〉라는 노래를 애창곡으로 삼아왔다. 그것은 분명히 모순된 정서의 노래들이다. 말없이 떠났으면서 왜 언제나 먼 곳에 있는 님을 그리워하는가.

그것은 모순이자 이율배반이다. 나는 지금까지 그렇게 많은 모순 속에서 살아온 이중성을 부인할 수가 없다. 한편으로는 부드러운 것 같으면서도 꺾이기를 싫어하는 것도 그렇고, 여성적인 것 같으면서도 남성 특유의 똥고집이 있는 것도 숨길 수 없다. 욕심을 버려야 한다면서도 작품에 대한 욕심이 끊임없이 솟아오르고, 무소유의 경지를 동경하면서도 저축을 해야 한다는 일상적인 생활방식도 따지고 보면 바로 그 모순의 일면일 게다.

어려서부터 부유한 가정에서 자랐지만 결코 남의 힘에 의지하지 않겠노라고 몸부림쳐온 70여 년의 세월 속에서 나는 남의 사랑과 도움을 듬뿍 받아왔음을 결코 부인할 수가 없다. 개인적으로는 일찍이 부모 곁을 떠나 자립하여 이른바 자수성가(自手成家)했노라고 감히 말할 수도 있다. 지주의 아들이요 부호의 차남으로 태어났음에도 유산 상속이라고는 한 뼘의 땅도, 동전 한 닢도 받지 않았던 나의 행각은, 어느 의미로는 주어진 권리의 포기요 무능한 처세술이라고 멸시당할 수도 있다. 그러면서도 나는 나와 비슷한 시대에 비슷하게 고생한 친구들에 비하면 얼마나 축복을 받았는지 모른다. 더구나 1980년대에 들어서면서 나는 굵직한 상을 많이 받았다. 대한민국문학상, 대한민국예술원상, 동랑유치진연극상, 이해랑연극상, 성옥예술상, 금호예술상, 서울시문화상… 나의 지나온 발자취를 인정하고 위로라도 해주듯 나의 의사와는 관계없이 상을 많이 받았고 주변 사람들로부터 축하의 꽃다발을 받았었다. 그럴 때마다 나는 사람은 혼자 살되 혼자가 아니라는 끈적끈적한 유대감과 고마움에 나이 먹는 게 결코 슬프지가 않았다.

과거는 언제나 그립고 추억은 모두가 아름답다고 한다. 내가 이 세상에 태어나서 75년 동안 만나고 헤어진 사람은 헤아릴 수 없이 많다. 한동안 절교를 하다시피 했던 사람이 문득 머리에 떠오를 때면 정답고 예쁜 모습만 보이곤 한다. 사랑과 미움이 동전의 앞뒤라고 하지만, 앞도 뒤도 아닌 하나였다는 사실을 알게 된 것도 나이 70이 다 되어서 깨달은 일 가운데 하나였다.

누가 나더러 "후회하지 않는가?"라고 물었을 때 나는 "후회하지 않는다"라고 짤막하게 대답하는 게 나의 버릇이었다.

그러나 딱 한 가지 극단 산하를 해산시킨 일만은 지금도 앙금처럼 남아 있다. 요즘 수많은 극단들이 저마다 목청을 높이며 자기 자랑하는 소리를 들을 때마다, 그것은 이미 10년, 30년 전에 내가 외쳐대던 그 소리였노라고 회심의 미소를 띨 때도 있다. 그것은 말로는 후회 없는 세상을 살았노라고 호언장담하면서도 마음 한구석에는 여전히 어떤 응어리와 미련이 남아 있다는 증거가 아니겠는가. 그러므로 나는 겉으로는 강직한 체하면서도 이 세상에서 가장 약한 인간으로 이 시간까지 살아남았을 뿐이다.

제19장 황혼(黃昏)의 들녘에서

내가 살아온 인생 역정은 보는 시각에 따라서 그 빛깔이 다를 것이다. 무난하게 그리고 순탄하게 살아왔다고 볼 수도 있겠고, 너무나 무기력하고 평범해서 예술가다운 기백도 풍파도 엿보이지 않는다고 말하는 사람도 있을 것이다.

그것은 무엇보다도 나라는 인간이 모순덩어리라는 생각 때문이다. 일관성도 없이 이리저리 흔들리며 살아왔기 때문이다. 나의 인생 행로에는 투쟁이나 저항의 흔적이 없다. 그렇다면 나는 뭐란 말인가. 누구에게 매달리거나 떼를 지어 몰려다니기에는 모자라는 사람이었을 것이다. 그렇다고 능숙하게 줄타기를 잘한 적이 있었는가 하면 그것도 아니었다. 그러기에 나는 언젠가 내 자신을 나목(裸木)에다 빗대어 글을 쓴 적이 있었다.

"나는 지금 한 그루의 나무가 되어가고 있다. 벌거벗은 나무가 되어가고 있다. 그러나 나무는 벌거벗은 나무가 좋다. 아직도 뿌리는 살아 있고 그래서 내년 봄에는 다시 싹이 트고 잎이 필 수 있기 때문이다. 그것은 무한한 미래를 가지고 있기 때문이다."

나는 그런 뜻에서 절망이나 좌절을 하지 않는다. 지금도 뿌리고 갈 씨앗 주머니가 내게는 있기 때문이다. 나의 뒤를 따르려는 젊은이들에게 들려주고 싶은 얘기도 있고 보여주고 싶은 그림도 가지고 있다. 그런데 한 가지 납득이 안 가는 점이 있다. 그것은, 요즘 사람들은 누구나 모두가 주연만 맡겠다고 하니 그렇다면 조연과 단역은 누가 맡겠는가.

50년 가까이 연극 속에서 삶을 이어오다 보니까 나도 어느새 배우가 되어버린 게 아닌가 하는 착각과 환상에 사로잡힐 때가 있다.

　　사실상 우리가 날마다 만나고 살아가는 일들치고 연극 아닌 것이 어디 있겠는가 하고 나름대로의 회오(會悟)에 쓰게 웃어보기도 한다.

　　내가 연극에서 얻어낸 깨달음 가운데 하나가 배우는 등장도 중요하지만 등장 못지않게 퇴장도 중요하다는 점이다. 연극은 등장, 퇴장하는 배우들에 의해서 극이 진행되고 관객에게 내용을 전달하는 구실을 한다. 한 배우가 무대에 등장하였다가 자기 맡은 바 임무를 다하고 퇴장하기까지 그는 하나의 삶을 살고 가는 것이다.

　　그런데 이상한 것은, 배우들이 등장하기 직전이나 그 순간만은 자못 긴장도 하고 흥분도 하고 그래서 엄숙할 정도로 연기에 열을 올리면서도 퇴장할 때는 의외로 긴장이 풀리고 나태해지고 무성의하게 되어버리는 경우를 자주 보게 된다는 점이다. 맡은 바 책임을 다했으니까 이제 나는 자유로운 몸이 되었다는 생각에서였다면 그것도 일리가 있다고 하겠지만, 그것이 아니고 퇴장을 아무렇게나 해도 책임질 바가 아니라는, 일종의 자기 포기이자 무책임에서인 것 같다.

　　배우가 무대에서 심각한 연기를 하고 나서 무대에서 사라진 뒤까지도 무대 위엔 그가 남기고 간 여운(餘韻)이 관객의 가슴을 촉촉히 적셔준다는 이치를 안다면, 그는 무대에서 떠나 막 뒤 어둠 속으로 사라질 때까지도 자신이 지금까지 지니고 있던 체취와 이미지를 깨뜨려서는 아니 되는 법이다. 그런데 미숙한 연기자일수록 연기가 끝나는 순간부터 자연인으로 돌아와버린다. 그래서 실컷 우는 연기를 하거나 심각한 연기를 해오다가 퇴장하게 되면 생긋 웃거나 혀를 날름대며 도망치듯 퇴장하는 사람을 본다. 우리는 그와 같은 배우를 만났을 때 지금까지 무대 위에서 조성되었던 극적인 분위기는 말할 것도 없거니와 연극이 지니는 그 일체감마저 산산조각이 나는 지경에 이르고 만다.

나는 그와 같은 경우를 반드시 연극에만 국한시키지 말고 사람이 이 세상을 살다 가는 한평생에도 적응시켜야 옳을 것이라고 언제부터인가 마음속에 굳히면서 살아왔다. 사람이 이 세상에 태어난 것은 분명히 등장에 속하는 일이다. 그리고 늙고 죽어간다는 것은 퇴장임을 쉽게 알 수 있는 일이다. 그런가 하면, 어떤 일의 시작이 등장이라면 그 마무리나 결과는 퇴장이라고 비유할 수가 있다. 그렇게 말했을 때, 인생은 시작도 중요하지만 결과가 더 중요하다는 논리가 성립된다.

우리는 언제나 무슨 일을 시작할 때는 흥청거리고, 기고만장하고, 불가능은 없는 양 기염을 토한다. 그러나 시간이 흘러 그 시작했던 일이 어떻게 마무리 지어졌는가의 평가나 반성이나 정리에 대해서는 별로 신경을 쓰는 것 같지가 않다. 속담에 "시작이 반"이라니까 우선 시작해놓고 볼 일이라고 속단을 했을 것이다. 그러나 실제는 "소문난 잔치치고 먹을 것 없다"는 게 하나의 실상이다.

나는 그와 같은 현실을 대할 때마다 그 사람은 등장만 중요시하고 퇴장의 중요성을 몰랐거나, 알려고도 하지 않는 즉흥적인 일생을 살고 있다고 나름대로 평가를 하게 되었다.

우리 주변에는 직장을 옮기는 사람이 있다. 일자리 구하기가 얼마나 어려운데 그토록 쉽사리 일터를 구했을까 하고 신기하게 여겨질 정도이다. 그 사람은 분명 남보다 잽싸고 영리하고, 그래서 행동적인 특성을 지녔을 것이다.

그러나 그렇게 살아가는 사람치고 나름대로의 인생을 착실하게 구축한 사람을 만나기란 힘들다. 1년에도 몇 번씩 명함을 달리 찍어서 가지고 다니는 사람을 볼 때 나는 저렇게 살다가 늙어서는 어떻게 하려고 그러나 하는 의아심에 빠지게 될 때가 있다.

요컨대 우리가 세상을 살아간다는 것은 분명히 무엇인가를 이 세상에다 남기고 간다는 의식에서부터 시작한다. 거기 돌이 있건 나무가 서 있건 그렇게 존재하다가 가겠노라고 생각한 사람은 이미 삶을 포기했거나 자기 자신을 잃어버린 사람이다.

적어도 내가 어떻게 살아야 옳겠는가 하는 과제를 의식하는 사람이라면 최소한 자신의 등장과 퇴장에 대해서 생각할 줄 알아야 하고 나아가서는 책임도 질 줄 알아야 한다.

시작도 중요하지만 끝이 중하다는 이 소박한 교훈은 우리에게 많은 것을 깨닫게 한다.

그 하나는 무슨 일이고 즉흥적으로 저질러놓고 보자는 발상이 아니라 이 일이 실시되었을 때 그 결과로서 어떠한 현상이나 부작용이 나타날 것인가에도 눈을 돌리게 된다.

한두 사람에 의해 개진된 의견이 충분한 검토나 공청회나 중의를 거치지도 않고 곧바로 법제화되어 하루아침에 시행되는 예를 본다. 그러나 그 법이 얼마 못 가서 심각한 부작용에 직면하거나 우리 실정과 안 맞는 벽에 부딪쳐 뒤늦게 백지화되었던 경우란 모두가 그러한 등장의 화려함에 현혹되었던 환상에서 일어난 일이다.

나처럼 작품을 쓰는 사람에게는 좋은 작품을 남기고 죽어가는 일만이 전부이다. 먹고살 수 있는 정도의 돈만 있으면 그 이상은 더 욕심을 부려도 안 되고 부릴 수도 없다. 돈을 보다 많이 벌어서 보다 좋은 사업을 확장하는 것은 사업가들이 해야 할 일이지 나 같은 작가에게는 가당치도 않는 허황된 꿈이다.

그러므로 나의 퇴장은 좋은 작품을 남기는 것이며, 정신적으로나 물질적으로나 사치스럽게 살지 않겠다는 대사를 외우는 일이다.

허황된 유혹이나 물욕이나 감투욕에 눈이 어두워져서 잘 나가다가 잘못 빠져버렸던 뭇사람들의 퇴장 장면을 교훈 삼아 살고 싶다. 그렇게 살다 가는 사람은 바로 멋진 연기를 하다가 퇴장하는 명배우임에 틀림이 없을 것이다.

내가 살아온 연극의 세계는 그 나름대로의 특징을 지니고 있다. 그 가운데서도 내가 늘 주장하는 점은 '만남'이라는 말이다. 사람과 사람의 만남 없이는 이루어질 수 없는 게 연극이기 때문이다. 시인이 시를 쓰거나, 화가가 그림을 그리거나, 그리고 작곡가가 곡을 쓰는 일들은 되도록이면 조용한 분위기 속에서 혼자라야 제격이다.

그러나 연극은 그게 아니다. 여러 사람이, 그것도 각기 다른 분야의 예술가들이 참가하되 궁극적으로는 관객이라는 대중을 필요불가결의 조건으로 삼기 때문에 연극을 가리켜 '만남의 예술'이라고 해도 과장된 표현은 아닐 것이다.

그 만남의 과정에서 나는 여러 형(型)의 인간들을 만났고, 그럴 때마다 사람에 대한 공부를 해왔다. 그 한 가지 예가 배역을 정하는 과정에서 일어나는 일이다. 연습이 시작되면서부터 여러 출연자들은 자기에게 배정된 역(役)이 무엇인가에 비상한 관심을 기울인다. 그것은 바로 선택을 받는다는 1차원적인 뜻이기도 하거니와, 주연을 비롯한 비중이 큰 역을 맡게 된다는 것은 자신의 예술적인 자질이나 대(對)사회적인 체면하고도 관계되는 일인 만큼 배우들의 관심이 쏠리게 마련이다.

그런데 어느 연극이고 그 배역이 정해진 다음 날은 작은 파문이 일어난다. 배역에 불만을 털어놓거나 아예 참가를 거부하는 사람이 나오게 마련이다. 자신의 실력을 과소평가했다는 데 대한 불평일 수도 있을 것이다. 그런데 그들은 대개의 경우, 주연을 바라고 있다가 탈락되는 사람들이다. 나는 그럴 때마다 이런 식의 설득을 시도했다.

"저마다 주연만 하겠다면 작은 역은 누가 하지? 연극이란 크고 작은 사람들이 모여야 되는 예술이라는 걸 모르니? 저마다의 개성이 있고 저마다의 인생이 있고, 그래서 그것들이 하나의 조화를 유지하고 앙상블을 형성했을 때 바람직스런 무대가 된다는 걸 모르니? 그건 연극하는 사람의 초보적 상식이야. 너는 그런 초보도 몰라? 연극에 크고 작은 게 무슨 소용이니? 시계를 봐, 큰 바늘과 작은 바늘이 있어. 아니 뚜껑을 열고 들여다봐. 조 알보다도 작은 보석이 있다. 그 작은 것이 없으면 시계가 안 간다는 것도 모르니? 이것 봐, 작은 것이 소중한 거야!"

나는 이런 얘기를 40년 동안 염불 외우듯 말해왔고 지금도 젊은 연극 인들에게 말하기를 꺼리지 않는다.

크고 우람스럽고 거창한 것은 확실히 우리 눈을 놀랍게 한다. 그래서 사람들은 그런 위치나 그런 조직이나 그런 형식을 탐한다. 아니, 그런 야망이나 꿈이 없으면 발전이 없다는 것도 사실이다. 이 세상에 태어나서 성공을 했다는 사람은 이를테면 연극에서 주연을 맡은 사람에다 비유할 수가 있다.

그러나 반드시 그렇지만도 않다. 우리를 황홀케 하는 한 편의 연극을 살펴보면 쉽게 알 수가 있다. 주연은 한두 사람이고 나머지는 조연(助演) 아니면 단역 배우들로, 그들의 뒷받침이나 협력 없이 연극은 이루어질 수가 없는 것이다. 주연만 있고 조연이 없는 연극이 어디 있겠는가. 큼직한 배우만 있고 작은 배우가 없이 연극이 이루어지는 걸 보았는가. 잠깐 무대에 나왔던 배우의 연기가 참신하고 매력적이어서 새삼 그가 누군가를 재확인하려고 어두운 객석에서 팸플릿을 펼쳐본 경험을 나는 가지고 있다. 그런 뜻으로 세상을 되돌아보았을 때 우리의 삶은 아직도 큰 배역만 탐내는 한 편의 연극이 되고 만 셈이다.

저마다 주연을 하겠다고 자청하는 사람들이 들끓고 있다. 나 아니고는 그 누구도 적역(適役)이 없다고 목청을 돋우는 사람들이 들끓고 있다. 누가 보더라도, 어느 편에서 들여다보더라도 주연을 맡을 만하다면 문제는 없다. 그것은 관객의 시각이란 대개의 경우 신기하게도 일치되기 때문이다.

그런데 우리의 현실은 도저히 주연을 맡을 사람이 아닌데도 인위적으로 주연을 만들려는 세상이다. 영웅 만들기에 혈안이 되고 있다. 영웅이란 만들어지는 것이 아니라 자기 노력으로 되는 것이다. 주변에서 제아무리 북 치고 꽹과리 치고 굿판을 벌인다 해도, 그 사람 자신이 노래도 못 부르고 춤도 못 추는 어정쩡한 판에서 우리는 결코 흥을 돋울 수도 없고 어깨춤도 안 나는 법이다.

나는 이제부터라도 늦지 않으니 주연을 맡으라고 했을 때 사양하는 사람이 많이 나왔으면 하는 생각이 들 때가 있다. 그렇지 않고 시켜준다고 해서 어느 자리에나 앉아서 거드름 피우고 낡은 권위의식을 훈장처럼 달고 다니는 사람이 줄어들어야 한다. 설령 그런 청이 들어왔을 때라도,

"나는 그 방면엔 전문적인 지식이 없으니 사양하겠소. 그런 회사의 이사장이라면 내 학교 후배에 좋은 사람이 있는데 그 사람에게 기회를 줍시다."

라고 여유 있게 처신을 하는 사람들이 나와야 한다.

얼마 전에 신문을 보니까 이른바 국영기업체의 장(長) 자리에 관한 비판적인 기사가 실려 있어 눈길을 끌었다. 기업체의 성격이나 조직하고는 아무런 관계가 없는 사람들이 소위 낙하산식 인사 행정으로 요직을 독식하고 있음을 분석한 기사였다. 그것은 바로 큼직한 감투만 골라서 찾아 나서는 속물근성이자 과욕의 작태에 불과하다. 은행은 은행원에게 맡겨야 하고, 광고회사는 광고인에게 맡겨야 한다. 전력회사는 엔지니어에게 맡겨야 하고, 인쇄공장은 출판인에게 맡겨야 옳다.

입신출세는 성공을 의미한다. 그러나 그것은 결코 주연 배우를 뜻하는 말은 아니다. 때로는 조연일 수도 있고 때로는 단역일 수도 있다. 세상에 널리 이름이 알려진 사람만이 성공한 사람이라고 할 수는 없다. 그런 식이라면 희대의 강도나 사기꾼이나 부동산업자나 밀수꾼도 성공한 사람들 명단에 넣어야 옳을 일이다. 그 사람의 힘이 우리 사회에 꼭 필요하다고 인정되는 사람이라야 한다. 설사 그 이름이 작고 그 위치가 낮을지라도, 그 사람이 소중하고, 그래서 주위에서 소중하게 여기는 사

람이라야 한다.

나는 가끔 책이나 신문에서 감동을 얻을 때가 있다. 이른바 외길 인생을 살아온 사람들의 얘기다. 물론 그 가운데는 보석으로 치자면 몇 캐럿짜리 크기의 거물급도 있지만 대개는 가려지고 그늘진 뒤안길에서 자신의 인생을 구축한 사람들이다. 그것은 육안으로는 판별키도 어려운 아주 작은 알보석 같은 존재에 비유될 수가 있다. 큼직한 다이아몬드는 우리를 놀라게 할지는 몰라도 결코 감동은 주지 않는다. 다이아몬드를 가지고 싶어하는 마음은, 그것이 아주 작은 것이요, 찾기가 힘든 물건이기 때문이다. 그래서 사람들은 그 작은 물건을 소중히 간직하고 싶어진 것이다.

오늘날은 그 귀하고 소중한 것들이 너무 흔해진 세상이다. 여성의 꿈은 평생에 한 번은 밍크코트를 입는 일이라고 외국 사람들은 말한다지만 우리나라에선 그렇지가 않다. 사고 싶어도 돈이 없어 못 살 수도 있지만, 그걸 걸치고 버스나 지하철을 탈 수 없다고 수줍어하는 소박한 여성도 없지가 않다. 그러면서도 그것 없으면 자존심이 상한다고 마구 덤비는 여성들에게서 나는 주연을 안 맡겼다고 대본을 내던지고 나가버린 어느 여배우를 생각할 때가 있다.

사람은 누구나 자신의 길을 자신의 힘으로 가게 마련이다. 대신 살아줄 수도 없고 대신 가줄 수도 없다. 그것은 저마다의 역량이나 환경이 다르기 때문이다. 따라서 그 삶의 모습은 주연도 있고 단역 배우도 있게 마련이다.

고궁의 담벽 길이나 학교 교정에 서 있노라면 유독 늦가을의 정서가 피부 가까이 느껴진다. 고궁의 돌담은 오랜 시간을, 그리고 학교의 운동장은 넓은 공간을 있는 그대로 말해주기 때문이다. 몇백 년을 두고 비바람이 씻어내고 할퀴었어도 옛 모습을 비교적 그대로 간직함으로써 우리에게 정감을 더해주는 그 차가우면서도 단단한 돌의 촉감이란 어쩌면 변할 줄 모르는 사람의 의지를 보는 것 같다. 그런가 하면 해마다 수많은 학생들을 받아들이고 토해내고 하면서도 여전히 텅 비어 있는 학교 교정의 탁 트인 공간은 모든 것을 삼키고도 표정 하나 변할 줄 모르는 사람의 너그러움을 연상시킨다.

그러나 그것들은 어쩌면 모두가 조용하고 고즈넉스럽고 그리고 일종의 허무감마저 느끼게 하는 데서는 예외가 없다. 시간과 공간, 그것은 인간의 삶의 좌표이자 현주소라고 한다. 그 둘 가운데 어느 것 하나가 빠지고 나면 그 순간부터 생명은 의미가 없어진다. 그리고 두 가지 모두가 없어질 때 우리는 비로소 죽음이라는 말을 찾게 된다. 죽음 앞에서 인간이 솔직해지고 겸손해지는 까닭도 바로 여기에 있나 보다.

그런데 그렇지 않은 예외를 볼 수가 있다. 생명이 없는데도 그것들은 마치 살아 있는 양 느껴지는 게 있다. 낙엽이다. 늦가을 고궁 길을 걷노라면 으레 낙엽이 먼저 아는 척해서 좋다. 어깨를 툭 치기도 하고, 발밑에서 속살거리기도 한다. 그것은 힘을 잃고 허공에서 헤매다가 지쳐버린 낙엽들이다. 땅 위에 떨어져 바람에 불리고 옷자락에 씻기어 굴러다니는 생명 없는 낙엽들이다. 그런데도 나는 그 낙엽에서 또 하나의 생명을 느끼는 것이다. 잔해 같고 시체 같고 쓰레기 같은 낙엽이 나를 향해 눈짓하고 소곤거리는 말들이 적지 않기 때문이다. 그것들의 말은 지난날 푸른 시절의 수다스러움보다 더 차분하고, 활력보다는 더 의젓해 보인다. 땅 위에 떨어진 그대로 있게 한다면 푸른 잔디보다도 몇 갑절 부피가 있고 색깔이 다양해서 변화가 있을 것만 같다. 게다가 저마다 다른 빛깔과 형체와 표정을 가지고 있으며, 어느 것 하나 집어서 들여다봐도 꼭 같게 닮은 것은 찾아볼 수가 없다. 저마다의 형체와 표정으로 제멋대로 땅 위에 누워 있는 꼴이 마치 세상 사람들이 살아가는 모습 바로 그것이다. 나는 문득 시인 조병화 님의 시 〈낙엽끼리 산다〉를 생각한다.

시인은 낙엽을 생명체로 보고 있었다. 그것은 패배자가 아니라 본래의 모습을 그대로 지닌 소박한 인간들의 표정으로 보았을 것이다. 병들어 운신도 못 하는 환자가 아니라 자유롭게 살고 싶어 하는 보통 사람들의 삶으로 보았을 것이다. 그러기에 그들은 욕심도 없이 서로 나눠 가지며 끼리끼리 가슴을 대고 등을 만지며 살고 있었을 게다.

낙엽은 병에 찌든 환자가 아니다. 낙엽은 시류에서 밀려나간 낙후자가 아니다. 낙엽은 힘없고 '빽' 없어서 쫓겨난 무지렁이가 아니다. 이름도 없고 가진 것도 없지만 나뭇가지 끝에서는 푸른 표정으로 모여 살았고, 낙엽이 되어서도 길바닥에서 모여 살고 있는 것뿐이다. 바람도 안 불고 새벽마다 비질도 안 하고 그대로 내버려둔들 그 낙엽들은 아무 말도, 불평도 안 하고 그대로 그렇게 그 자리에 모여서 움직일 줄 모르는 착한 생명들이었다. 미워할 줄도 모르고, 시기할 줄도 모르고, 탐할 줄도 모르고 착하디착하게 살아갔을 두메산골의 돌쇠나 분례와도 같았을 것이다. 낙엽은 성낼 줄도 모르고 음모를 꾸밀 줄도 몰랐다. 그것들은 몇 날 며칠이고 그대로 내버려두면 그 자리를 지킬 순해빠진 누렁이였을 것이다. 보챌 줄도 모르고, 앙탈을 부릴 줄도 모르고, 하물며 거역할 줄도 모르는 굼벵이 같은 존재였을 것이다.

그러나 지금 낙엽은 어지럽기만 하다. 휘몰아치는 바람에도 곧잘 놀라 흩어진다. 크고 작은 자동차가 몰고 오는 바람에도 곧잘 놀라 혼비백산 사방으로 도망을 친다. 그런가 하면 날마다 새벽녘이나 저녁때 청소부들이 밀어붙이는 비질에 사정없이 휩쓸려 쓰레기차로 실려 간다.

낙엽은 서로 등을 대고 모여 산다는데 웬 벼락일까. 지나간 일도 다 잊어버리고 그저 사랑을 나누면서 살겠다는데 왜 그렇게 인간들은 싹 쓸어버려야만 직성이 풀리는 것일까. 조병화 시인이 노래한 낙엽은 그게 아니었는데 왜들 이 지경이 되었는지 모를 일이다.

나는 낙엽을 보면서 그런 생각을 해보는 것이다. 병들어 쓸모없는 사람을 실어다가 묻어주고 화장을 시킨다면 그것은 고마운 일이다. 그러나 아직도 쓸 만하고 두고 볼만한데도 일부러 나뭇가지며 밑둥을 무자비하게 뒤흔들어 잎새를 떨어뜨리는 걸 보면 가슴이 쓰려온다.

고궁 안 인적이 드문 숲에 가면 낙엽이 쌓인 채로 그대로 썩어 마치 푹신한 솜방석을 밟는 촉감을 체험할 때가 있다. 그것은 그대로 다른 나무들의 성장을 위한 밑거름이요 생명원이 된다는 게 상식이다. 그 생명이 제풀에 꺾이고 떨어져서 그 자리에서 쌓이고 썩어 거름이 되는 이 평범한 사실이 나에게는 그저 경이롭고 눈물겨운 것이다. 쓸모없으니까 쓸어버리는 게 낙엽이 아니다. 아니, 낙엽도 생각하기에 따라서는 쓸모가 있다는 얘기다. 낙엽이 저절로 썩어 부토가 되어 비료로 쓰일수록 그 열매는 더 탐스럽고 건강에 이롭다는 상식을 왜 우리는 모르고 있는가. 아니다. 모르는 게 아니라 모르는 척하는 것이다. 민주주의가 무엇인지 몰라서 우리는 민주주의를 실현 못 시키는 게 아니다. 백번 천번 알고 있으면서도 하려고 들지 않은 것이다.

"윗물이 맑아야 아랫물이 맑다"는 속담의 뜻을 모르는 사람은 없다. 그런데 우리 사회는 그 윗물이 날이 갈수록 탁해지더니 이제는 식수원이어야 할 한강 물줄기까지 썩었다는 소리가 드높아간다. 도대체 누구한테 가서 통사정을 해야 할지 모르겠다.

나는 낙엽이 내게 말하는 소리에 이 늦가을을 값지게 보내고 싶다.

1983년 3월 말 내가 극단 산하를 해산할 무렵 서울신문 문화부 임영숙(任英叔) 기자와 인터뷰를 한 일이 있었다. 여러 가지 얘기 끝에 앞으로의 계획에 관해서 묻자 나는 언제고 자서전을 쓰겠으며 그 제목은 '떠도는 산하(山河)'로 이미 작정했노라고 말했다. 그것은 말로는 다 할 수 없는 이야기들을 차곡차곡 모아두었다가 기회가 오면 쓰게 되리라는 막연하고도 불확실한 꿈이었다. 그런데 그날부터 15년 만에 그 꿈이 실현되었으니 어찌 자랑스럽지 않겠는가.

산하란 나의 고향을 뜻하는 말이다. 그것은 물리적인 실존과 정신적인 환상이기도 하다. 어디에 있건 잊혀지지 않았던 내 고향 남도. 과거 50년 동안 할퀴이고 억눌리고 천덕꾸러기로 버림받았던 내 산하 전라도. 그래도 나는 한 번도 포기도 절망도 안 했고, 언젠가는 기름진 땅에 초목이 무성하고, 천사가 오수를 즐기는 날이 오리라면서 한낮에 단꿈을 즐기기도 했던 나의 70 평생이었다.

그러고 보면 나는 죽은 게 아니라 떠도는 신세였는지 모른다. 나의 극단이 그랬고 나의 고행 역시 그랬을 테니, 산하는 떠돌다가 어느 날 수평선 저 멀리 함몰될 날을 기다리면서 살고 있는지도 모른다.

후회 없는 외길 인생

"산하(山河)는 의구하되 인걸은 간 곳이 없다"라고 개탄했던 옛 시인의 정서가 옳다고 한다면 나도 그렇게 했어야 옳았을 것이다. 그러나 앞에서도 언급했듯이 아쉬움과 후회는 있었을망정 나는 비통한 생각으로 개탄하지 않았노라고 말할 것이다. 왜냐하면 나의 산하는 지금도 어느 허공을 떠돌고 있기 때문이다. 내가 극단 산하를 통하여 하고 싶었던 말을 지금도 그 누군가가 꼭 같은 어조로 다시 말을 하고 있고 몸짓을 놀리고 있으니, 분명 산하는 지금도 떠돌고 있는 작은 별이자 우주의 일부분임에 틀림없다.

만약에 내가 여기서 아슬한 공상만을 즐기기 위하여 이 글을 썼다면 그것은 한 치도 값이 안 나가는 푸성귀일 게다. 그러나 20년 동안 떠돌던 '산하'의 꿈을 15년 동안 가슴에 품어오다가 이렇게 토해낼 수 있으니 얼마나 통쾌하고 속이 후련한지 모른다. 그것은 작게는 나의 개인적인 인생 관리요, 크게는 '산하가 안고 있던 꿈이 지금도 또렷하게 살아남아 있다는 보람이라고 감히 말할 것이다.

1984년 가을, 나는 회갑 기념으로 첫 수필집 「거부하는 몸짓으로 사랑했노라」를 출판하면서 그 책머리에서 인생은 60부터 다시 태어나는 법이니 나에게도 아직은 미래가 있음을 은근히 과시한 적이 있었다. 그러나 10년 후인 1994년 12월, 고희 기념 문집 「목포행 완행열차의 추억」을 상재할 때는 이런 말을 남긴 일이 있다.

"나는 후회 없이 살았고, 외길 인생을 걸어왔고, 그래서 많은 사람들의 은혜를 듬뿍 받았으니 그 이상 무엇을 부러워할 것인가. 쓰고 싶은 얘기를 썼고, 사랑하고, 술과 춤과 노래를 사랑했으니 그 무엇을 더 바라겠는가. 나는 고희를 기점으로 하여 이제부터는 또 다른 작품을 꿈꾸는 일밖에는 남지 않았다. 이 생명 다할 때까지 추(醜)하지 않게 살아야겠다는 다짐으로 이 책을 엮었다"라고.

조금은 감상적이고 조금은 진부하고도 상투적인 얘기 같지만, 그것은 한 치의 꾸밈이나 거짓도 없는 내 마음의 실토였다. 75세까지 살았으면 천수(天壽)를 다했다고도 볼 수 있으니 그 이상을 넘어다보는 게 있다면 그건 낯가죽이 두껍거나 감각이 무딘 사람일 게다.

그리고 나는 나이 75세에 자서전을 썼으니 더 바라는 거라고는 없다. 깊은 밤 혼자 깨어 있노라면 어디선가 이런 소리가 들려오는 것 같았다.

"지는 게 이기는 길이다. 만약 네가 살아온 인생이 값없는 것이었다면 그것이 무엇이었는가를 재확인하는 것도 해볼 만한 일일 게다"라고.

그렇다. 이제부터 나는 지금까지 잘한 일이 무엇이었던가를 가려내는 게 아니라 잘못한 일을 재확인해야겠다. 남 앞에 나서서 자신을 과시하는 일 이상으로 남의 말에 귀를 기울이는 겸손을 배워야 할 일이라고 내 자식들에게 일러주어야겠다.

나와 아내 사이에는 3남 2녀를 두었다. 그리고 그 3남 2녀는 각기 결혼을 하더니 저마다 아들만 둘씩 가졌으니 나에게는 열 명의 손자가 있고 나의 직계 가족은 모두가 스물두 명이다.

작년 초가을, 우리 부부의 결혼 50주년을 기념하는 금혼식(金婚式)을 맞는 날 가족사진을 찍었다. 스물두 명이 모두 들어설 사진관도 없거니와 아직도 더위가 기승을 부리는 계절이어서 가까운 공원의 숲속에서 기념사진을 찍었다.

나의 집 거실 벽에는 스물두 명의 대가족이 모여 있다. 그 대형 사진이 벽 가득히 차지하는 공간 앞에서 나는 찾아오는 친지들에게 농담 삼아 이런 얘기를 털어놓는다.

"저 사진 좀 보세요. 손녀가 한 사람도 없는 게 좀 섭섭하긴 하지만 5남매 부부와 열 명의 손자들, 저것이야말로 나의 필생의 걸작이지요."

이렇게 말하면 모두들 놀라움과 탄복을 금치 못한다. 나는 이 세상에 태어나서 여섯 권의 창작희곡집과 그 밖에 아직 출판되지 않은 희곡과 그리고 이미 출판된 두 권의 수필집, 한 권의 논총집 등 적지 않은 작품을 남겨왔다. 그러나 어느 것 하나 마음에 드는 대표 작품이 없노라고 푸념도 하고 불만도 털어놓았다.

그러나 이 가족사진을 걸어놓고부터는 나의 대표작이 있음을 떳떳이 말하게 되었다. 내가 평생을 두고 낳고 키워 저렇게 의젓한 모습으로 함께 앉아 있는 것 말고 무엇을 더 바랄 것인가. 자식 자랑은 반불출, 여편네 자랑은 온불출이라지만, 나는 결코 자식 자랑을 하려는 게 아니다. 사람이 이 세상에 태어나서 뭔가 남기고 가야 한다는 하나의 소박한 존속감(存續感)을 인정하자는 것뿐이다.

남은 여생이 더 길어지기를 바라는 기복(祈福)에서가 아니라 내가 75년을 걸려 고스란히 남기고 갈 구체적인 흔적이 거기 있음을 감사할 뿐이다.

끝으로 지난 1997년 1월부터 16개월간 월간 「예향」에 발표되었던 자서전을 바탕으로 이 원고를 마무리 짓게 해주신 광주일보 김종태 회장님과, 그리고 이 책을 꾸미기까지 헌신적으로 도와주신 도서출판 형제문화 김숙배 사장님께 두 손 모아 감사의 뜻을 보내는 바이다.

제2부

거부하는 몸짓으로 사랑했노라

갠지스강에서 본 생(生)과 사(死)

　생과 죽음은 하늘이 내린바, 사람의 힘으로는 어찌할 도리가 없다는
건 상식 가운데 상식이다. 그런데도 생명의 탄생은 기뻐하고 죽음은 슬
퍼하는 습성은 언제부터 있어온 것일까 하고 막연하게나마 생각할 때가
있다. 어찌 보면 그것은 하나 같으면서도 전혀 반대되는 개념으로 익혀
왔을지도 모른다. 그래서 탄생은 기쁨이요, 죽음은 곧 슬픔이라고 판에
박은 꼴이 되고 말았다. 다시 말해서 생명의 탄생은 환희와 영광과 축복
을 의미하되, 죽음은 곧 공포와 불안과 비탄으로 받아들이는 습성을 가
지게 된 것이다. 그런데 나는 최근에 그 죽음이라는 게 과연 불안과 공포
와 비탄의 대상이 될 수 있겠는가라는 데 대해서 막연하게나마 의문을
느꼈던 체험이 있다.

　지난 정월 중순, 나는 불교 성지 순례단을 따라 네팔과 인도를 여행할
기회가 있었다. 평소에 여러모로 은혜를 입고 있는 서울 구룡사(九龍寺)
정우(頂宇) 주지 스님의 배려로 떠난 여행이었다.

　나는 불교 신도는 아니었지만 평소에 가보고 싶었던 나라였기 때문에
선뜻 권유에 따랐다. 그러나 걱정이 생겼다. 첫째는 기후가 문제요, 두
번째는 음식이요, 끝으로 19일 동안이라는 긴 일정이 마음에 걸렸다.
우리나라는 한 겨울인데 그곳은 여름과 가을이 함께 있다니 우선 입고
갈 옷부터가 걱정이었다. 게다가 원래 음식에는 까다로워 이른바 입이
짧다고 정평이 난 나로서 '그 나라 음식을 감수해낼 수가 있겠는가'라는
의구심이었다. 하물며 19일간의 일정을 다 채우지 못한 채 중간에서 되

　　　　　제2부 거부하는 몸짓으로 사랑했노라

돌아올 거라는 불안감이 없지도 않았다. 그러나 결과적으로 나는 19일의 여정을 마치고 돌아왔을 뿐만 아니라 사람이 산다는 것과 죽음은 결국 하나로 귀결된다는 나름대로의 작은 깨달음을 얻게 된 셈이다.

전통과 역사가 그토록 생생하고도 숨김없이 남아 있는 나라가 또 있을까? 인간에 의한 과시나 덧칠 없이 잘도 보존된 두 나라의 문화유적을 두루 보면서 나는 다시는 '우리 것'을 자랑하지 않겠다고 다짐을 했다. 설악산의 절경이나, 석굴암의 정교함이나, 남대문의 웅장미(雄壯美) 따위로 우리의 전통문화를 과시한다는 게 그 얼마나 어리석고 편협한 생각인가를 뒤늦게 깨달았다. 만년설에 덮인 히말라야 산도, 카트만두시가 여기저기에 산재하는 힌두 사원(寺院)의 건축미도 그러했고, 광막한 대륙에서 살아남은 8억의 인도 국민의 줄기찬 생활력 앞에서 나는 너무나 왜소하고, 위축되고, 이기적으로만 곯아 들어가는 우리의 모습을 부끄럽게 여겼다. 그러나 나로 하여금 또 하나의 세계에 눈뜨게 한 것은 인도 사람들의 생사관(生死觀)이었다.

인도에는 네 가지 장례 방식이 있다. 수장(水葬), 풍장(風葬), 조장(鳥葬), 그리고 화장(火葬)이 그것이다. 그 가운데서도 가장 일반화된 것이 바로 화장이다. 나는 어느 날 그 화장하는 절차를 지켜보면서 새삼 삶이란 무엇인가를 생각하게 되었다.

이 나라의 화장은 강가에서 이루어진다. 그것도 백일하에 누구나 볼 수 있는 공터에서 이루어지니 이제는 외국 관광객들이 즐겨 찾는 관광 코스의 한 대목에 끼어 있을 정도다.

그날도 갠지스강가에서는 서너 구의 유해를 화장하고 있었다. 다시 말해서 일정한 시설에서가 아니라 공터 여기저기에 장작을 쌓아놓고 그 맨 위에 형식적으로 수의를 입힌 유해를 올려놓은 다음 기름을 뿌린다. 그리고 상주인 듯싶은 사람이 삭발을 하고 손에 든 불쏘시개로 불을 붙이는 것이다. 거기엔 유족들의 통곡 소리도 없고 조문객들의 잡스러운 작태도 없다. 두어 사람의 화장부가 시체에 불길이 골고루 번지는가 여부를 살피는 것뿐이다. 마치 봄날 청보리를 꺾어다가 불에 볶아 먹거나 솔가지를 꺾어다가 불을 피우고는 감자를 구워 먹었던 어린 시절의 그 풍경과 다를 바가 없다. 다만 저만치 서서 불경을 외우거나 합장하는 관광객을 제외하고는 모두가 말없이 한가롭게 송장이 잘 타버리기만을 기다리는 것이다. 나는 그 사람들의 표정에서 죽음의 그림자란 결코 두렵거나 절망적인 비애가 아니라는 것을 느꼈다. 죽음은 또 하나의 시작이자 영생(永生)이며, 불교적으로는 환생(還生)이라고 믿고 있는 그들이 외경스럽게 느껴진 것이다. 누구나 한 번은 죽음을 만나게 되니 살아 있는 동안은 진창만창 놀아야 한다는 현세적 향락이 아니다. 이제는 모든 것이 끝나는 순간이요, 절망과 단절의 시간이라고 생각하지 않는다. 그것은 아득한 옛날 그 무슨 생명으로 태어났다가 이승에 사람으로 태어났지만 이제는 다시 또 다른 생명으로 이어지는 갈림길일 뿐, 그것은 종말이 아니라 시작이라고 생각하는 것이다. 따라서 그들이 이른바 죽음 앞에서 불안해하는 모습은 찾아볼 수가 없다. 오히려 그 다가오는 죽음을 차례로 조용히 기다리는 광경을 볼 수가 있다.

갠지스강 화장터를 내려다볼 수 있는 낡은 성 같기도 하고 창고 같기도 한 높다란 건물 안은 불빛 하나 없는 암흑이었다. 일몰 시간이 지난 지 오래이고 좁은 골목길은 통행인으로 붐비는 시간인데도, 이 건물 안은 암흑과 적막만이 무겁게 가라앉아 있었다. 눈여겨 들여다보니 빈 방 구석에 노인이 누워 있고 그 머리맡에는 가족인 듯싶은 장정이 두어 사람 앉아 있을 뿐이다. 누워 있는 사람은 환자인 데다가 숨결이 가쁜 빈사 상태의 노인이다. 그러나 그들이 찾아야 할 곳은 병원이 아니라 어둠에 밀폐된 빈 공간이다. 그들은 여기서 화장터로 내려갈 날을 기다리는 것이다. 이틀이고 열흘이고 그 환자의 숨이 꼴깍 끊어지는 날을 기다리는 것뿐이다. 병든 몸이 죽음을 기다리는 것은 그것대로 공감할 수가 있다.

그러나 옆에서 그 순간을 기다리는 살아 있는 가족은 무엇인가. 그것은 간이역에서 밤새 다음 기차가 오기를 기다리는 나그네들이다. 어디로, 무슨 용무로 간다는 목적의식이 있어서가 아니라 그냥 그렇게 어둠 속에서 다음 차례를 기다리는 죽을 자와 산 자의 차이는 과연 무엇일까. 죽은 것도 아니고 산 것도 아니다. 그 누가 살아남고 그 누가 죽어 사라진다는 이분(二分)의 시각이 아니라 그냥 삶과 죽음이 이어진 상태에서 그렇게 공존하고 있는 것뿐이다.

나는 동행했던 극작가 김상열 씨로부터 그 실정을 전해 들었을 때 뭔가 날카로운 송곳으로 옆구리를 찔리는 아픔을 느꼈다. 풀이하기에 따라서는 가난과 무지의 탓일 수도 있을 것이다. 그러나 그렇게 죽음을 기다릴 수 있는 사람들의 평화로운 표정에서 눈에 보이지 않는 또 하나의 강인한 힘을 느낄 수가 있었다.

우리가 살고 있다는 것은 곧 죽음을 전제로 할진대 더 가지려고 탐하고, 뺏고, 넘어뜨리고 하는 우리의 모습이 한없이 야속하고 추악해질 뿐이다. 생(生)과 사(死)는 하나인 것을.

〈물레방아〉의 추억

〈물레방아〉는 나의 유일한 TV 일일연속극의 제목이다. 1970년이던가 MBC로부터 작품 의뢰가 왔다. 연출가 이동희 씨가 기획하고 연출까지 맡게 되었다. TV드라마에 손을 댄 연조로는 두 사람 모두가 초년병에 해당되는 처지라 자못 꿈도 컸다.

그런데 MBC는 개국 이후 일일연속극의 성과가 별로 좋은 편이 아니었다. 그 증거로, 대부분이 단명하였으며 내로라하는 대가의 작품도 몇 날 못 가서 도중하차의 비운을 겪었던 일도 있었다.

그런 상황에서 나에게까지 작품 의뢰가 들어왔다는 사실은 작가가 얼마나 모자랐으면 그랬을까 싶었다.

방송사 측의 얘기는 항용 한 가지 목소리다. '유익하며 재미있는 작품'을 요구하는 목소리는 예나 지금이나 마찬가지이리라. 나는 무엇이 유익하며 무엇이 재미인가를 나름대로 생각하는 버릇이 있었다. 그것은 한마디로 자연스러움이라고 생각했다. 어차피 극이란 꾸며진 얘기이지만 그것이 시청자의 가슴에 와닿는 결과가 자연스러워 부담이 안 갔을 때라고 생각하며 구상을 시작했다.

어언 20여 년 전 일이라 〈물레방아〉의 내용이 무엇인지 소상하게 기억은 못 하겠다. 다만 그 주인공 설정은 나의 집안의 한 사람을 빌려왔다. 이를테면 체통 있는 집안의 청년이 기생하고 사랑을 하게 되면서 풍파를 겪는 멜로드라마였다. 따라서 그것은 일제시대부터 해방 후까지의 기나긴 세월에 걸쳐 일어났던 하나의 풍속도라고 해도 좋을 것이며,

내가 살아나온 삶의 궤도 한 모퉁이에서 주워 온 얘기였을지도 모른다.

나는 그 당시 연극에 미쳐 있었고 희곡을 쓰는 처지에 있었던 까닭으로 멜로드라마를 쓴다는 게 어쩐지 개운치 않았지만, 새로운 TV 시대가 열리는 마당에 작품성만 평가받는다면 그걸로 맡은 바 책임을 다하는 것뿐이라고 허리띠를 졸라 맸었다.

그런데 캐스팅 때부터 마찰이 생겼다. 주인공을 놓고 나는 그 당시 참신하고 지적인 용모를 지닌 이 모(某)를 주장했는데 방송국 측에서는 오지명을 우기는 것이었다. 당시의 드라마 책임자인 제작국장 이기하 씨는 나더러 말하기를, 오지명은 여성들 사이에 굉장한 인기가 있는 배우니 걱정 안 해도 될 거라고 회심의 미소를 내뿜어 보였다. 그러나 나는 오지명의 그 음산한 그늘진 얼굴이 못내 마음에 걸렸지만 승복할 수밖에 없었다.

연출가 이동희 씨는 그때까지 라디오드라마 연출가로서 탄탄한 자리를 굳혔던 학구파였다. 그러므로 TV드라마는 처음이라 뭔가 종전과는 다르게 매너리즘의 늪에서 빠져나오려고 몸부림치는 패기가 넘쳐 있었다. 그는 타이틀백도 파격적으로 한국화(수묵으로 된 산수화로 기억되지만)를 설정하고 고담하고 정서적인 주제음악을 흘려보냈다. 말하자면 그 흔해빠진 주제가를 대담하게 배제함으로써 신예 연출가로서의 기백과 혁신의 입김을 뜨겁게 토해내고 있었다.

몇 회째 나갔을까. 사장실에서 만나자는 전갈이 왔다. 그때 사장이 조증출이라고, 군의관의 경력을 가진 경상도 출신이었다. 용건은 여주인공의 어머니를 바꿀 수 없겠는가라는 것이다. 그 역은 신인 배우인 김영옥이 맡고 있었는데 사장의 의견은 한은진이나 정애란 같은 거물급으로 하자는 것이었다. 나는 거절했다. 새 사람을 키우는 것도 방송국의 사명이며 구태의연한 도식적인 연기 패턴을 깨는 것도 TV드라마의 현실 문제라고.

그 당시 나는 간 질환으로 투병하다가 일어난 지 얼마 안 되는 터이라 건강과 집필 사이에서 나름대로의 정성을 기울였다. 그리고 연출가 이동희 씨는 나이는 나보다 아래였지만 TV드라마에 관해서는 일가견을 가지고 있어서 작품 수정하는 데도 늘 나를 인도해주고 조언을 아끼지 않았다. 어쩌면 TV드라마 극본의 요령은 이동희 씨에게서 더 많은 것을 배웠을지도 모른다.

〈물레방아〉는 순조롭게 돌고 있었다. 그 당시 심의실장을 맡고 있던 김포천 씨는 사내(社內)와 시청자의 반응이 괜찮다고 하면서 이대로 가면 100회는 무난히 넘길 것 같다고 그 짙은 전라도 사투리로 나를 격려해주었다. 이 말은 그 당시 MBC 일일연속극이 100회를 넘는 작품이 없었다는 집안 사정을 뒷받침했다.

〈물레방아〉가 100회째 돌아가던 날 방송국 측에서는 회사 앞 화식집을 빌려 '100회 기념 자축회'를 베풀어주었다. 모든 종사자가 모여 술과 노래와 춤으로 즐거운 한때를 보냈다. 나는 한구석에서 하나의 작은 기념탑을 세운 긍지와 보람과, 그리고 앞으로의 새로운 꿈에 가슴이 부풀어 오르고 있었다.

〈물레방아〉는 돌고 돌아 155회로 그 대단원의 막을 내렸다. 회사 측에서도 일찍이 없었던 쾌사라고 기뻐해주며 앞으로도 좋은 작품을 써주기 바란다고 만나는 사람마다 내 손을 굳게 쥐고 흔들었다.

그런데 이상한 일이었다. 〈물레방아〉가 끝난 후 일절 작품 의뢰가 없었다. 1년… 2년… 3년… 나는 틀림없이 다음 집필자로 꼽히리라고 은근히 기대해봤지만 소식은 없었다. 왜 그랬을까? 내가 미워졌을까? 내가 무슨 실수를 했을까? 그러한 암담한 생각 속에 세월은 무심히 흘러갔다. 그러나 1980년 〈전원일기〉의 집필 의뢰를 받을 때까지 7년 동안 섭외가 없었다.

나는 그 이유를 묻지도 듣지도 않았다. 아마도 〈물레방아〉는 오래 돌

아갔을지 모르지만 내 실력이 '유익하고 재미있는 작품'을 쓰기에는 수
준미달이었겠지 하면서.

나의 6월은 핏빛 놀

창 너머로 내려다보이는 아파트 조경림의 푸르름이 오늘따라 눈이 시리게 아름답다. 신록의 계절이란 말이 걸맞지 않을 만큼 나뭇잎은 이제 푸르다 못해 검은빛마저 돈다. 왕성한 생명력이 충만한 젊음을 느끼게 하는 6월의 아침나절 풍경이다. 푸른 하늘과 초록빛 나뭇잎과 그리고 그 사이에 심어진 팬지며 금잔화, 그리고 샐비어의 화사한 꽃빛 경연은 진정 6월의 계절감을 듬뿍 맛보게 해준다.

올봄이 유난히도 짧았던 것 같은 나의 계절 감각은 그만큼 나의 생활이 일에 쫓긴 데서 생겨난 하나의 후유증일지도 모른다. 남들은 꽃놀이다, 연휴다, 온천 여행이다 하며 놀기에 바쁜 틈바구니에서 나는 밀린 원고 쓰기와 번거로운 국내외 출장 여행 탓으로 그 화려했던 봄을 놓치고 만 꼴이 되고 말았다. 흘러간 유행가 가운데 〈봄날은 간다〉라는 말이 있듯이, 나의 봄날은 바다 멀리 산 넘어 가버린 지 오래인 6월의 아침나절이다.

그런데도 이상스러운 일은, 6월은 나에게 어둡고 습지고 그래서 다소는 허무적인 생각에 잠기게 하는 충동을 준다. 이 화사하다 못해 황홀한 계절 감각 앞에서 나는 마른 잎처럼 맥이 풀리거나 빈혈증이 있는 소년처럼 가벼운 현기증을 느끼는 버릇이 있다. 그것은 어쩌면 명절날일수록 허전하고 외로운 생각에 어두운 하숙방에 갇혀 살던 중학 시절부터 이미 몸에 밴 버릇인지도 모른다.

주변이 화려하면 할수록 나 자신은 빈약해지기만 하는 열등감이 아니

제2부 거부하는 몸짓으로 사랑했노라

면 일종의 시샘과 질투심일지도 모른다. 나의 중학 시절이란 벌써 50년을 훨씬 더 뛰어넘은 일제 강점기였으니, 그때 무슨 자유며 동경이며 낭만이 있었겠는가. 짓누르고 감시하는 눈총을 의식하면서 살아가는 소년들의 작은 가슴속에는 세상을 이죽거리고 스스로 냉소하는 버릇만이 고개를 쳐들었던 서글픈 기억도 없지 않다.

그러나 무엇보다도 6월이 나를 서글프게 한 커다란 이유는 바로 그 전쟁 때문이다. 원수가 되고 그래서 영원히 두 개의 얼굴을 가진 괴수가 되어버린 그 전쟁이 왜 하필이면 이 철 좋은 6월에 일어났을까 하는 엉뚱한 생각에 먼산을 바라본다.

저기 아슬하게 남한산성이 보인다. 서울 근교에서 가볼 만한 경승지로는 남한산성 빼놓고는 없다고 말하는 사람도 있다. 그다지 높은 산은 아니지만 그 안에 들어서면 울창한 숲이 있고, 계곡이 흐르고, 쉼터가 있고, 그리고 옛 성터가 있으니 하루를 쉬어 가기에는 안성맞춤일지도 모른다.

그런데 나는 이상스럽게도 그 남한산성에 피신하여 온갖 고초와 수모와 굴욕의 나날을 보냈던 왕족 일가와 그를 따르던 수많은 백성들 생각이 먼저 머리에 떠오른다. 경관 좋고 풍치 좋은 걸 누가 모를 리 없다. 그러나 그렇게 아름다웠기에 반대로 치욕과 환멸과 분노는 쓸개보다도 더 독했을 게 아닌가. 일국의 통치자가 체통을 못 지키고 쫓기고 숨어 다니며 간신히 연명하기에 급급했을 그 참상은 상상만 해도 기가 막힐 일이다.

나무가 푸르를수록 그 아픔은 더했고, 뭇 새들의 노랫소리가 절묘할수록 그 애간장은 끊길 듯했을 터이니, 차라리 남한산성이 아닌 더 외진 곳, 척박한 자갈밭과 움막이 제격이었을지 모른다는 생각을 해본다.

44년 전 6월, 나는 전쟁이 아닌 전쟁을 겪어야만 했다. 그때 나는 27세의 늦깎이 대학생이자 새신랑이었다. 신혼 생활의 단꿈도 채 꾸어보지 못한 때였다. 서대문에서 남의 뜰아랫방에 세들고 살았던 우리들에게 전쟁이란 실감이 안 났다. 38선을 넘어오는 전차부대가 땅을 울리고 지나가는 소리도 어쩌면 하루이틀 참으면 지나가는 소낙비처럼 말끔히 갤 것만 같았다. 그래서 우리는 굶지 않고 살아남기만을 바라면서 지니고 있던 물건을 팔아서 양식을 샀다. 결혼반지, 금비녀, 재봉틀, 치마, 저고리…

그러나 한 달이 지나서야 우리 부부가 살아남는 방법이란 피난 가는 일뿐이라는 것을 알게 되었다. 그것도 고향을 향하여 남으로 내려가는 일이었다. 서울에서 굶어 죽을 바엔 차라리 고향에서 굶어 죽는 게 훨씬 인간적이라고 결심을 한 끝에, 핏빛 놀이 한강을 물들이는 것을 바라보며 우리는 뚝섬에서 나룻배에 올랐다.

아, 나의 6월은 그런 것이었다. 살아남기 위해서는 무슨 짓이라도 해낼 수 있다는 지혜를 깨닫게 한 6월이었다. 그렇다고 여기서 '무슨 짓이라도'라고 말한 것은 결코 부도덕한 일을 두고 하는 말은 아니다. 살아남기 위해서 밑바닥 인생까지도 견디어낼 수 있는 용기와 인내를 두고 하는 말이다. 그러나 나의 주변 사람들은, 그것도 젊은 사람들일수록, 그런 삶을 비웃는 세상이 되어버렸다. 그러나 나는 살아남기 위해선 무슨 짓이라도 한다는 나의 인생살이를 다시 한번 되돌아본다.

나의 6월은 그렇게 시작되었고 그렇게 이어지고 있다. 슬픈 사연일수록 세월이 가면 보석처럼 남게 될 6월이라고….

고향에 띄운 편지

정말 숨 가쁜 나날이었다. 답답하고 초조한 열흘이었다. 네가 그 와중에서 살았는지 죽었는지, 굶는지 자는지, 우는지 웃는지, 어느 것 하나도 제대로 알지 못한 채 그저 허공에 날아드는 버들 꽃가루 같은 소문만을 들으면서 살아온 나는 새삼 오늘을 생각하다 어제로 되돌아가고, 캄캄한 절벽 같은 내일 앞에서 그저 한숨만 몰아쉬었다. 그런데 이제 방송이 오가고, 신문이 오가고, 사람이 오가고, 그래서 상거래가 이루어지고 말도 크게 할 수 있다니 정말 숨통이 터진 것만 같구나. 해녀가 잠수질하고 나와서 내뱉는 그 휘파람 소리보다 더 구슬프고 처절하고 한스러운 숨소리가 귀에 쟁쟁하구나.

무등아, 얼마나 고생했느냐. 어디 다친 데는 없냐. 유달아, 나는 뒤늦게 이 편지를 쓰게 되는 이 순간에도 네가 밤마다 꾸어야 했을 그 흉악한 꿈자리와 산발한 광녀의 머리칼 같은 거리의 혼미를 화면을 통하여 산발적으로 대했을 때 자꾸만 밑바닥으로 가라앉고 자꾸만 과거로 되돌아가려는, 나의 무명실보다도 약한 성미에 스스로 짜증을 느꼈다.

6월 6일부터 공연하기로 돼 있던 연극을 2주일 앞두고 중단하기로 결심을 하고, 나는 단원을 모아놓고 얘기했을 때, 누구 한 사람 찬성도 반대도 없는 그 답답한 침묵 속에서 결판을 내고 말았다. 포스터, 피켓을 모두 인쇄해서 예매처마다 예매를 시작했고, 신문지상을 통하여 대서특필로 예비 선전까지 한 이 공연을 중단한다는 것은 정말 뼈가 아프고, 속이 아리고, 입맛이 뚝 떨어지는 일이었지만, 우리는 공연을 연기하기

로 결정을 했단다. 그것도 찬성도 반대도 없는 상태에서 내 한마디의
사형 선고 같은 통고로 무기 연기하고 말았구나. 그러고 보니 내가 무슨
굉장한 권한을 지닌 사람이 된 것처럼 들리겠지만 사실은 그게 아니었
단다.

　내 고향 사람들이 죽어가고, 쓰러지고, 내 고향땅이 흔들리고 파이고,
내 고향 산천에 총탄이 쏟아지고 핏자국이 낭자하다는데 어찌 우리가
안일하게 연극을 하고 있겠는가 하는 원초적인 불안이자 소박한 감상벽
에서였다면 비웃는 사람도 있을 게다. 그동안에 투입한 제작비는 누가
책임지겠는가고 본전 아까워하는 얄팍한 장삿속도 없는 바는 아니었지
만, 우리는 그저 좀 더 세상이 차분해질 때까지 미루기로 하고 신촌 이름
모를 잡탕집에서 소주만 퍼마시고 헤어진 게 엊그제 일이었다.

　무등아, 유달아.

　이게 누구 탓이냐고 따지기에는 너무나 깊은 상처가 아니겠느냐. 어
디에서부터 불어온 강풍이냐고 묻기에는 너무나 거센 돌개바람이 아니
겠느냐.

　너무나도 절박한 시간이요 흥분이었던 것 같다. 아마 누구도 계획적
으로 그러했을 리는 만무하고, 그 누구도 피를 보아야 직성이 풀린다는
그런 엄청난 생각에서 저질렀을 리 만무한 혼동이었을 게다.

　염소보다 더 양순한 너였고, 명주실보다 더 간드러진 너였고, 갈맷빛
무등산 허리보다 더 너그로운 너였고, 서리 밭에서 톡 볼가져 나온 목화
송이보다 더 따사로운 너였고, 혀끝에 녹아드는 숭어회보다 더 달보드라
운 너였는데, 어쩌다가 이런 삭막한 세상을 만났는가 말이다. 불도 없고,
소리도 없고, 양식도 없고, 이웃도 없고, 오직 증오와 저주와 암흑만이
남아서 너에게 입히고, 넘어뜨리고, 그래서 마치 천지개벽이라도 해낼
성싶던 그 굉음과 절규와 불안 속에서 어언 열흘이 흘러가고 말았구나.

　무등아, 그리고 유달아.

나는 알 것 같으면서도 모르겠고, 잡힐 것 같으면서 안 잡히는 오늘의 현실에는 차라리 돌이 되고 조개껍데기가 되어야겠다는 생각을 품을 때가 있었단다. 내가 아니라도 누군가가 대신해주는 편리한 세상에서 구태여 내가 나설 필요가 어디 있느냐고 알량한 인도주의를 코에 걸고 다녔던 시대가 있었단다. 그것이 무슨 지성이며, 이성이며, 교양이며, 현대적이라고 떠들며 피에르 가르댕의 장식 무늬 같은 사치를 넘어다보는 때도 있었단다. 그만큼 나는 모자라고 겁 많고, 그리고 싹수가 없는 재간덩이였던 게 사실이었다. 솔직한 심정이다.

그러나 나는 생각을 다시 해봤다. 지금 세상은 아무리 동기가 그럴싸해도 결과가 나쁘면 결국 지는 세상이더라. 법률에서는 정상참작이니 뭐니 하는 경우도 있더라만 요즘 세상은 그것도 없더구나. 원인은 어느 사이에 자취를 감추고 그 결과만이 스핑크스만큼이나 치솟아 모든 사람에게 보여지는 컴퓨터 같은 세상이 되었구나. 그래서 오직 있다면 현실 앞에서는 겸손해야 하고 현실 속에서 안주하고 싶은 것만이 삶의 지혜이자 행복의 증좌가 되어버렸구나.

무등아, 그리고 유달아.

너희들의 소리가 크면 클수록 울리는 땅은 넓어지고 무너지는 소리는 커지게 마련이다. 그 불길과 힘과 소요 대신에 보다 평화롭고 온건하고 슬기로운 대화와 선비 기질이 있었던들 이렇게 엄청난 상처는 없었을 게 아니냐. 부모들을 울리고, 형제들을 암담하게 하고, 이웃을 찌푸리게 하지는 않았을 것이다. 지축이 흔들리는 소리가 높을수록 땅에 균열이 생기는 면적은 파급되고, 그래서 그 땅 위에서 더 이상 서 있을 수도, 자랄 수도 없게 되는 우리의 현실이 그저 슬프기만 하구나. 원통하기만 하구나.

지난날, 동학란도 이러했을까? 광주학생독립운동도 이렇게 끝났겠지? 그러나 그때는 일본의 제국주의와 식민지 정책에 대한 항거였겠지만 지금 사정은 다른 것 같다. 6.25 동란을 가리켜 흔히들 승리자도 패배자도 없는 기형적인 전쟁이라고 말한 어느 작가의 말이 생각난다. 누가 이겼을까? 누가 졌단 말인가? 그것은 모두의 승리이자 모두의 패배가 아니겠느냐.

선의의 시민들에게 본의 아니게 피해를 입히고 그들에게 생존의 터전을 위협한 결과는 누가 뭐라고 해도 가슴 아픈 일일 게다.

이제는 흥분이 가라앉았으니까 저마다 생각이 달라졌을 게다. 학생들이 앞장서서 시가 정리를 하고, 수습을 하고, 질서를 회복한다는 소식을 들었을 때 이곳 우리는 눈물이 나도록 반갑고 든든했건만 어쩌다가 일이 이렇게 되었는지 모르겠구나.

무등아, 그리고 유달아.

그러나 지금은 주저할 때도 아니고 회피할 때도 아니다. 아니, 우리가 뿌린 씨에서 돋아난 곡식은 우리가 거둬들일 수밖에 없잖겠니? 너희들에게 예지와 협동정신과 기백과 그리고 끈기가 있다면 불타버린 건물보다 더 큰 집을 짓고, 파헤쳐진 땅 위에 씨앗을 뿌려, 그래서 옛날보다 더 살기 좋은 땅을 가꾸는 길밖에 없지 않니? 지금은 누구도 책임을 전가하거나, 변명하거나, 보복하거나, 증오할 때는 아니다.

태풍 사라호가 할퀴고 갔을 때 하늘을 원망했듯이 우리는 따지고 보면 그런 숙명을 증오하는 것이지 우리 자신과 이웃과 동포를 미워해서는 안 되잖겠니? 너희들의 외침에 귀 기울인 사람도 분명 있었고 깊은 잠에서 깨어난 사람도 분명히 있었을 것이다. 다만 지금 우리 앞에 놓여진 문제는 서로 이해하고 용서해주고 그리고 새로운 동지가 되는 풍토만이 남아 있을 뿐이다. 그것이 없다면 우리는 마지막이다.

우리를 넘어다보는 무리에게 사자밥을 대주게 될 것이다. 예부터 열병을 앓고 나면 머리가 빠진다더라.

그러나 그 보기 흉한 머리도 얼마 동안 조리만 잘하고, 새로운 식욕이

나면 전보다 더 건강해진다는 어른들의 말도 들었다. 그래 맞다! 우리는 지금 열병을 앓고 난 거야. 열흘 동안 죽도록 열병을 앓고 일어났다고 생각하자.

이제 당분간은 머리도 빠지겠지. 그러나 얼마 안 있어 새 머리가 돋고 식욕이 왕성해질 때 내 조국 대한민국은 그만큼 살찌겠지. 그래 맞다. 열병이었어. 혹심한 몸부림이었어. 그러나 그 회복 여하에 따라 건강을 되찾듯 너의 지혜와 끈기와 총명만이 이 난국을 타개하리라 믿으며 이만 줄인다.

옛 고향, 새 고향

목포를 한 번도 찾은 적이 없는 사람을 만났을 때 내 고향이 목포라고 스스럼없이 말하면 그들은 예외 없이 "목포는 시적(詩的)이며 애수에 젖은 낭만적인 항구 도시"일 거라고 앞질러 말한다. 그러나 나는 한 번도 내 고향을 시적이며 낭만적인 고장이라고 생각해본 적이라고는 없다. 1년이면 한 번 찾을까 말까 하는 고향은 두드러지게 내세울 만한 것도 없고 속칭 근대화의 물결이 별로 돋보이지도 않는, 그저 보통 사람들이 모여 사는 보통 도시임에 틀림이 없다. 8.15 해방 당시의 인구가 약 15만이었는데 약 40년이 흘러간 지금도 겨우 20만을 좀 웃도는 인구이고 보면 목포는 어느 의미로 봐서는 찌들고 쇠락한 낡은 껍데기에서 화끈하게 벗어나지 못한, 그렇고 그런 도시임에 틀림이 없다.

그 이유야 어디에 있건 간에, 남들은 바다가 육지가 되고, 배추 밭이 아파트 단지가 되고, 버려진 땅이 공장 지대가 되어서 산업화 시대의 혜택과 고도성장의 고마움을 만끽하고 있는 실정에 비하면, 목포는 확실히 무기력해 보이고, 구태의연하고, 그래서 어딘지 촌티를 벗어나지 못한 낙후된 도시임에 틀림이 없다. 그런데도 그 목포가 나는 사랑스럽고 자랑스럽고 감탄스러우니 어쩔 도리가 없다.

그것이 바로 고향의 생리이자 매력이 아닐지 모르겠다. 변화가 없기에 더 정이 가고, 옛 모습 그대로를 간직하고 있기에 영원한 사랑을 발견할 수 있는 고향이 아닌지 모르겠다. 고속버스가 다니기 전에는 호남선 열차를 타고 임성역(任城驛)을 지나면 벌써 유달산의 앙증스러운 모습

제2부 거부하는 몸짓으로 사랑했노라

이 석양을 등지고 멀리 서 있는 게 눈물겨웠다. 지금은 고속버스 편을 이용하다 보니 중등포(中登浦)를 지나 석현리 공업단지가 바로 손에 잡힐 듯이 보이면서부터 나는 고향의 체취를 느끼곤 한다. 멀리 유달산이 손짓하던 시절과 공업단지가 나를 맞아주는 지금의 정서는 나에게 많은 것을 음미케 한다. 그것은 시간과 공간의 역학일 수도 있겠고, 역사와 현실의 좌표일 수도 있겠다. 그러나 어찌 되었건 예나 지금이나 변함이 없는 점은 바로 갯내음일 게다. 짙은 납빛으로 가라앉은 영산강 하구에서부터 해풍에 실려 와 내 코끝을 간지럽히는 그 갯내음은 여지없이 나를 50년 전의 장난꾸러기 시절로 되돌아가게 한다.

목포는 항구란다. 그래서 목포 선창가라야 제격이었다.

크고 작은 섬에서 들어오는 배들. 곡물, 해산물, 채소, 과일을 실은 배가 물때를 따라 들이닥치는 선창가는 문자 그대로 아수라장이었다. 생선 비린내와 갯내음과 땀냄새가 진한 섬 사투리로 범벅이 되어서 붐비던 저녁나절의 선창가는 바로 생명체들의 질긴 쟁투와 짜증과 쾌감이 함께하고 있었다.

그러나 우리들의 천국은 그곳에 있는 게 아니었다. 삼학도(三鶴島) 아니면 똥섬[東島]에 있었고, 오포대(午砲臺) 아니면 일동바위에 있었다. 한겨울을 빼놓고는 바다 아니면 유달산을 번갈아가면서 뛰어다녔던 소년 시절은 나에게 하나의 기질을 낳게 한 요람이었다. 모험을 좋아하고, 엉뚱한 탐색을 즐기고, 그래서 구름이 흘러가는 바다 저쪽을 향하여 소리치던 그 광기(狂氣)가 어쩌면 나로 하여금 문학에 눈뜨게 했고, 연극을 꿈꾸게 했고, 사회를 보는 눈을 낳게 했을지도 모른다.

유선각(儒仙閣)에 올라 내려다보이는 풍경은 언제 보아도 한 폭의 그림이었다. 동서남북이 바다로 통하는 그 유선각 난간에 서면 창자까지 식혀주는 갯바람이 더욱 좋았다. 바다라기보다는 호수라고 불러야 옳을 그 잔잔한 섬과 섬 사이를 똑딱선이 가고 황포 돛대가 가고, 이따금 큰

윤선(輪船)이 미끄러져 가는 풍경은 어린 나에게 꿈이 무엇인가를 가르쳐주었을 것이다. 산다는 것은 살아나가는 것이지 살고 있는 것이 아니라고 가르쳐주었을 것이다. 그래서 앞을 보고 살아나가는 지혜와 용기와, 그리고 때로는 '뚝심'까지도 배워주었을 것이다.

그러나 공부를 하느라 객지로만 다니다가 6.25 때 고향으로 피난을 내려온 나에게 고향은 더 많은 것을 가르쳐주었다. 나로 하여금 술을 마시게 했고, 심한 허무주의에 빠지게 했고, 그래서 문학이란, 상처에서 흘러서 응고되는 수액(樹液)이라야 한다는 엉뚱한 생각을 품게 한 것도 내 고향 목포였다.

상처받은 사람끼리 모여 살면서 술집을 찾게 했고 기녀(妓女)를 만나게 했던 그 시절은 얼마나 허망하면서도 즐거웠던가. 대성동 곰보 할머니 집의 술국 맛도 좋았고, 영흥식당의 맛깔스러운 젓 맛도 좋았고, 목포 극장 앞 골목길에 있었던 콩집도 좋았다. 그러나 만복동에 있었던 칠천국(七天國)은 또한 그 얼마나 열기에 찬 술집이었던가. 정다운 사람끼리 술 마시고 노래 부르고 춤추다가 통행금지 시간에 쫓기어 인적이 드문 골목길만 골라 집으로 돌아오곤 했던 그 아슬한 추억들. 미연이, 일엽이, 채선이, 원례…. 애절한 유행가에서부터 육자배기와 판소리에 이르기까지….

그저 노래하는 게 인생의 전부인 양 살아가던 그 아가씨들도 지금쯤 60 고개를 바라볼 나이가 되었겠다. 지금은 어디서 어떻게 살고 있을까 하고 문득 바람에 흩날리는 꽃가루 같은 추억에 배시시 혼자서 웃게 만드는 것도 나의 고향이다.

그러나 그 고향도 지금은 조금씩 변해가고 있단다. 유달산 중턱에 조각공원이 들어섰고, 영산강을 막아서 동양 굴지의 하구언을 만들었고, 전설로만 남았던 삼학도가 헐리어 사람 사는 동네가 들어섰단다. 모두가 잘살기 위해서는 그 길밖에 없었겠지. 사람이 살아가기 위해서는 자연을 헐어야 하고, 막아야 하고, 그리고 때로는 부숴야 하겠지. 나로서는 그 방법을 탓할 생각은 추호도 없다.

다만 마음에 걸리는 것은 목포가 본디 지닌 멋을 잃어가는 것 같은 두려움이다. 목포 토박이는 찾아볼 수가 없고 모두가 낯선 타관 사람들만이 모여 사는 것 같은 이화감(異化感)이다. 그래서 음식 맛도 옛 그 맛이 아니고 선창가의 비린내도 옛 그 내음이 아니고, 선술집 주모의 애교도 옛 정 그대로가 아닌 게 두렵기만 하다.

무엇이 되어가건 목포는 목포다운 것을 지니고 있어야 한다. 사람마다 얼굴이 있고 지문(指紋)이 있듯, 내 고향 목포도 그것이 있었으면 좋겠다. 꼭 같은 건물에 꼭 같은 간판이 나붙은 그런 도시가 아닌, 목포 사람의 기질이 살아 있는 그런 목포가 유달산만큼은 남아 있어야 할 텐데 말이다.

나이를 먹어서가 아니다. 세상이 온통 개성이 무시되어가니 하는 말이다. 그래서 한잔 술에 거나하게 취하면 우리의 주제가인 〈목포의 눈물〉을 목이 터지게 불러봤으면 좋겠다. 형제들아!

나목(裸木) 앞에 서서

9월 28일은 우리 극단 산하(山河)의 창단 기념일이다.

1963년 이날 산하가 탄생했으니 벌써 20년 전의 옛일이다. 그 당시의 연극계와 지금을 비교할 줄 아는 인사라면 그 변모와 유전(流轉)에 다시 한번 세월의 무상함을 느낄 것이다. 그러나 한 가지 변치 않은 사실이 있다면, 예나 지금이나 연극을 하겠다는 젊은이가 끊기지 않고 숨쉬고 있다는 사실이다.

나는 가끔 산하의 사진첩을 펴본다. 20년 동안 얼마나 많은 젊은이가 나와 만났고 그리고 내 곁을 떠나갔는가를 느끼곤 한다. 때로는 배반도 있었고, 때로는 환멸도 있었을 게다. 때로는 불만도 있었고, 때로는 좌절도 있었을 게다. 한때는 용광로 같은 정열을 가지고 나를 찾아왔다가 식은 재가 되어서 떠나가버린 젊은 얼굴을 나는 기억한다. 처음에는 생사를 같이할 것처럼 정열을 내뿜었다가 하루 사이에 돌아서버린 이름을 기억한다. 찾아왔을 때는 오장육부를 다 바칠 양으로 덤볐다가 떠나갈 때는 가을비처럼 차갑게 떠나간 사람을 나는 알고 있다. 그렇다면 떠나가지도 못하고, 그래도 빈 집을 지키듯 남아 있는 나는 무엇일까. 모두가 떠나갔는데 떠나갈 수 없다고 안간힘 쓰는 나는 과연 무엇일까. 나는 나목(裸木)일 게다. 지난 봄, 여름 동안 그렇게 무성했던 나뭇잎이 찬 서리에 물들었다가 마침내는 다 져버린 벌거벗은 나무일 게다. 경복궁 담을 끼고 늘어선 저 은행나무일 게다. 그토록 푸르기만 하던 잎새는 노랗게 물들었고 머지않아서 우수수 져버릴 나무일 게다.

그러나 내가 산하를 나목에 다 비유한 것은 결코 화려했던 과거의 환상에 집착해서가 아니다. 우리나라 연극계가 그러했듯이 우리 극단 산하가 무성하고 화려했던 시절은 없었다. 그저 내가 좋고 네가 좋아서 한데 부둥켜안고 몸부림치던 감격만이 있었을 뿐, 우리에게 무성한 시절은 없었다.

그런데 지금 나는 한 그루의 나무가 되어가고 있다. 벌거벗은 나무가 되고 있다. 그 이유가 어디에 있을까? 해답은 간단하다. 나는 나이 먹어가도 연극에 대한 정열과 집착과 애정이 식지 않았는데 그들은 그걸 잃어버렸다는 사실이 있을 뿐이다. 나와 뜻이 같아서 극단 산하를 창단했을 때 그들은 대부분 20대 후반이 아니면 30대 초반의 청년이었다. 그러나 지금은 40대 후반 아니면 50대를 넘은 중년기에 들어섰으니 현실 문제가 그들 앞에 가로놓였을 뿐이다. 이제는 가정도 걱정해야 하고 생활도 돌아봐야 할 나이다. 그러니까 연극에 대한 미련은 있어도 지난날처럼 전력투구할 정열이 식었을 뿐이다. 그렇게 현실주의자가 되어버린 사람들을 붙잡고 연극을 하자고 매달리는 나는 어쩌면 나뭇가지에서 끝까지 매달려 몸부림치는 나무 잎새일지도 모른다. 내 가족들이 나를 연민의 눈으로 보듯 지금은 대성한 내 제자들이 나를 그렇게 보고 있을 것이다.

그런데 그들을 대신해서 연극을 생명처럼 아끼고 모닥불처럼 태워보겠다는 젊은이들이 나를 찾아왔다. 지난날 내가 그렇게 했듯이 그들도 역시 연극을 그렇게 하고 싶다고 기염을 토하니 난들 어찌 용기가 나지 않겠는가 말이다. 가야 할 사람은 가고 찾아올 사람이 온 것뿐이다. 그래서 나는 그 젊은이들에게 길을 터주고 다시 화려한 옷을 입히기 위하여 다시 연극을 꾸미기로 한 것이다. 그것이 설령 또 벌거벗은 나무가 될지라도 나는 다시 젊은이들과 함께 이 험한 길을 가야겠다고 마음먹은 것뿐이다.

그런데 요즘은 엉뚱한 사람도 많고 엉뚱한 연극도 많다. 희곡이 아니라도 연극은 있다고들 하고, 연기가 없어도 연극은 있다고들 한다. 마치 나침반이 없어도 배는 갈 수 있고, 장비가 없어도 산에 오를 수 있다는 젊은이들이 늘어만 가고 있다. 실험극이다, 부조리극이다, 전위극이다 하면서 미칠 듯이 날뛰는 군상들을 본다. 나는 한 번도 그렇게 날뛰어보지 못한 채 나이를 먹은 탓인지는 몰라도 연극이 결코 즉흥적인 발상이나 찰나적인 영감으로 되는 것이 아닌데도 모두들 연극을 쉽게 만들려고 한다. 한 달에 한 번씩 연극을 만들어내는가 하면 이 극단에서 저 극단으로 곡예사처럼 넘나드는 연극인이 날로 늘어나고 있다. 그것을 그들은 자유분방하고 구속받지 않는 자유라고 착각을 하고 있다.

그러나 분명히 말해서 연극은 구속받는 예술이다. 한정된 공간에서 한정된 시간을 이용한 예술이고 보면 연극만큼 구속이나 제약이 요구되는 예술은 없다. 그 구속을 미적으로 승화시키고 소화시키는 일이 바로 연극예술인데도 젊은이들은 그것을 마다하고 제멋대로 하는 것이 자유롭다고 생각하는 모양이다. 우리가 정도(正道)를 찾아나서야 한다는 소리는 곧잘 외치면서도 정도보다는 사도(邪道)에 이끌려가는 태만을 뒤늦게나마 고쳐야 한다는 게 우리의 주장이다.

나는 나무를 좋아한다. 더구나 벌거벗은 나무를 더 좋아한다. 그것은 아직도 뿌리는 살아 있고 그래서 내년 봄에는 다시 싹이 트고 잎이 필 수 있기 때문이다. 그것은 무한한 미래를 가지고 있기 때문이다. 긴 겨울을 이제부터 이겨내려는 의지가 있기 때문이다. 이런 뜻에서 나는 새로운 일꾼들이 이 극단 산하에 모여 무성할 내일을 꿈꾸며, 고생하는 이 순간을 무한히 기쁘게 여기는 것이다.

떠돌고 싶다, 그리고 머물고 싶다

풍경(風磬)이 운다. 명주실 같은 맑고, 길고, 질긴 소리다. 언젠가 일본 북해도에 들렀을 때 사 온 작은 쇠풍경이다. 쇠로 만들었지만 웬만큼 부는 바람에도 민감한 반응을 보인다. 그러니 풍경이 울지 않은 한더위에는 침묵이라기보다는 압력 같은 것을 느끼게 하는 것이다.

그런데 요 며칠 전부터 풍경이 자주 운다.

"떼리링… 링… 링… 뗑…."

가냘프다기보다는 수줍고, 사리고, 그래서 겉눈은 감고 속눈을 뜬다는 사춘기 소녀의 미소 같은 소리다. 나는 그 소리를 들으면서 가을이 왔음을 풍경만큼이나 민감하게 느끼곤 한다.

눈부신 햇살도, 검푸른 나뭇잎도, 그리고 화사한 장미꽃도 어제의 그대로이건만 나는 이미 계절의 변화를 피부로 느끼게 된다. 아침 창가에는 풀벌레 소리가 끊일 사이 없이 넘치고, 전선이며 전화선이 유난히도 또렷하게 그 윤곽을 나타내는 창공의 청잣빛은 이미 여름이 아님을 말해 준다.

그런데 가을이라는 말을 듣기가 무섭게 나에게는 어떤 발작 같은 것이 일어나는 버릇이 생겼다. 어디고 가고 싶은 것이다. 일정한 목적이 있어서가 아니다. 이대로 집 안에 앉아 있지 않고 어딘가를 가고 있다는 그 실감을 맛보고 싶은 것이다.

한자리에 머물러 있는 게 아니라 움직이고 있다는 사실을 알고 싶은 것이다. 누구를 만나서 어울린다거나, 어떤 목적지를 정해놓고 차표를 사는 것도 아니다. 혼자서 자리를 털고 일어나 버스를 타고 종점까지 가고 싶다. 사정이 허락되면 고속버스를 타고 도심을 벗어나고 싶다. 호주머니 사정이 웬만하다면 비행기를 타고 외국의 하늘을 날고 싶어지는 게 가을에 일어나는 계절병이다.

그런데 나더러 그렇게 혼자서 훌쩍 떠나서 무엇을 하겠는가라고 묻는다 치면 나는 답변이 궁해진다. 정말 쓸모없는 인간이 되어버린다. 그러나 나는 어느 날, 그 답변을 얻어낼 수가 있었다. 내가 좋아하는 극작가 테네시 윌리엄스의 대표작 〈유리 동물원〉을 읽게 되면서부터였다.

나는 〈유리 동물원〉을 내가 직접 내 극단에서 연출을 맡은 게 두 번이나 되고, 다른 극단에서 공연할 때마다 가보곤 했다. 그러는 동안 나는 그 작품 속의 주인공인 톰이라는 청년에게서 그 답을 얻게 된 것이다.

〈유리 동물원〉은 한마디로 말해서 현실에서 좌절당한 사람들의 얘기이다. 화려하고 행복했던 과거를 지녔지만 지금은 가난과 두 남매를 위해 살아가는 어머니 아만다와, 절름발이라는 신체적 결함 때문에 열등감에 사로잡혀 좀체로 남들과 어울리지 못한 채 혼자서 유리로 만든 동물과 촛불만을 상대로 꿈을 키우는 딸 로라와, 그리고 일정한 생활철학이나, 직장에 뿌리를 내리지 못한 채 항상 막연한 꿈과 방황 속에 떠돌며 사는 아들 톰의 얘기이다.

이 밖에도 톰의 친구인 짐이라는 착실하고 현실적인 인물도 등장하지만 그것은 로라나 톰의 그 나약하고 병적인 면을 더욱 미화시키는 구실을 하게 될 인물이지 이 작품의 주축은 아니다.

그러고 보면 이 세 식구는 저마다 현실에서는 산산조각이 난 유리알 같은 인생들이다. 조각이 났어도 불빛 아래서는 영롱하고 오묘한 광채를 발산하며 그 조각들을 이어낼 수만 있다면 지난날의 모습으로 돌아가리라는 미련과 동경과 소망이 아직은 남아 있는 상태이다. 좌절은 했지만 절망할 줄 모르는 어머니도, 자기 껍데기 안에 꽁꽁 숨어 살지만 나름대로의 꿈은 간직하고 있는 딸도, 그리고 일정한 목표는 없지만 어딘가를 가고 싶어하는 방랑자인 아들의 모습에서도 나는 오늘의 우리들을 읽게 되는 것이다.

풍경이 운다.

"떼리링… 링… 링… 뗑…."

여름은 가고 가을이 왔다는 소리인가 보다. 무성했던 여름은 가고 머지않아 조락(凋落)의 계절이 온다는 예령인지도 모른다.

가을을 가리켜 결실의 계절이요 황금의 절기라고들 하지만, 그러나 역시 가을은 낙엽으로 상징되는 애상의 계절임에 틀림이 없다. 하늘 높이 떠가는 고추잠자리의 그 무한한 율동도, 푸르름은 있어도 어딘지 건조해 보이는 초록빛도, 들판에 일렁이는 벼 이삭의 물결도 결국은 다가올 겨울을 위한 것이지 그다음에 올 봄을 의식하게는 하지 않는다.

그리고 지난여름이 위대했던 만큼 가을도 찬양할 만한 가치가 있다고는 하지만, 인간은 이미 가버린 것에 대한 미련은 무력한 것으로밖에 생각지 않는다.

화려했던 과거가 지금의 나에게 무슨 의미를 지녔는가를 생각게 한다. 아름다웠던 과거의 나날이 현재의 나에게 무엇인가를 생각게 한다. 과거는 현재의 어머니요, 그리고 미래로 이어지는 맥이라고는 하지만, 그 과거에 매달려 사는 군상의 안타까움과 허세와 신경성 발작은 우리에게 또 하나의 추악이 아니겠는가.

부귀도, 권력도, 미모도, 그것이 과거의 것이었을 때 그 누가 그곳에서 만족을 얻겠는가. 아니, 그러한 과거도 못 가진 채 막연한 미래와 불안한 현재에 살고 있는 로라의 행복은 무엇인가.

연애, 결혼, 화장, 의상, 입맞춤, 수입금, 사교… 이 모두가 거추장스럽고 순간적이고, 그래서 그것들을 훨훨 털어버리고 어디론가 가버려야겠다는 톰에게서 나는 차라리 삶의 의미를 느끼게 된다. 설사 그것이 혼자서 가는 길일지라도 길동무는 어딘가에 있는 법이다. 행길 위에 꼬리를 늘어뜨린 자신의 그림자일 수도 있고, 차창이나 상점 진열장 유리에 비친 자기 모습을 볼 수도 있을 것이다.

그래서 톰은 가을이 되면 쪽지 한 장 남겨놓지도 않고 어느 날 갑자기 집을 떠나버렸는지도 모를 일이다. 그렇다고 그가 환락가에 들러 창녀의 품에 안겼으리라고는 생각지 않는다. 부도덕한 집단 소굴에 끼어들어 범죄를 일삼았을 리도 없다. 기껏해야 변두리 영화관의 텅 빈 좌석에 파묻히듯 앉아서 낡은 영화의 코맹맹이 토키(talkie)소리와 퇴색한 화면 위에다 자신의 지나온 흑백사진을 오버랩시키는 일을 하다가 잠이 들었을지도 모른다.

그러한 톰의 어머니 아만다는 이렇게 역정을 낸다.

"극장엘 간다고? 가거라. 다른 식구 생각은 할 것 없다. 어미는 혼자 속만 태우고 네 누이는 시집도 못 가고… 그나마 다리를 저는 데다 일자리도 없잖니…. 어쩌면 다른 사람 생각은 눈곱만치도 안 하고 네 재미만 보러 다니니? 어서 가거라! 극장으로 가! 극장이 싫으면 달나라로 가려무나! 너 혼자 구름이나 잡아봐!"

이 어머니의 외침에 그 누가 귀를 막으랴! 아니 어느 아들인들 이 어머니의 피맺힌 절규에 마음속으로 눈물을 흘리지 않았겠는가 말이다. 그렇다고 아들 톰은 뚜렷한 목적도 목적지도 없으니 어찌하란 말인가.

"나는 달나라로 간 것은 아니었습니다. 더 먼 곳으로 갔죠. 시간이란 가장 긴 거리니까요. 나는 여기저기 떠돌아다녔습니다. 도시라는 도시는 낙엽과 같이 내 옆을 스치고 지나갔죠. 한때 산뜻한 빛을 내다가 가지에서 떨어져버리는 잎사귀들이었습니다. 그만두고 싶었지만 뭣인가가 나를 가만히 있지 못하게 만드는 것이 있었습니다. 나는 저녁이면 낯설은 도시의 거리를 거닐다가 사람을 사귀었죠. 향수 냄새가 풍기는 상점, 전등불이 휘황한 창 앞을 지나가기도 했죠. 창마다 가지각색 빛깔의 유

　　　　제2부 거부하는 몸짓으로 사랑했노라

리 제품들이 가득 진열되어 있었습니다. 흡사 산산이 부서진 무지개와도 같이 오묘한 빛을 내는 조그만 병들…. 그러자 갑자기 로라가 어깨를 칩니다. 나는 그녀의 눈을 들여다보는 것입니다. 로라! 나는 누나 몰래 달아나고 싶었어! 그러나 나를 나쁜 놈으로만 생각지 말아요."

이것은 이 희곡의 마지막 장면에 나오는 톰의 대사의 한 부분이다. 그러나 그렇게 떠돌아다니는 톰에게 미운 정이 안 가는 것은 그 누이 로라만이 아니라 우리 모두의 심정일 것이다. (대사는 오화섭 번역에서 인용함.)

왜 그럴까? 그렇게 어머니 속을 썩이게 한 아들에게 미운 정이 안 가는 까닭은 무엇일까? 내 아들이 그렇게 처신을 했었다면 과연 나는 어떠한 태도로 나왔을까? 나는 모르면 몰라도 고래고래 소리를 지르며 아내에게는 그런 놈에게는 밥도 줄 것 없다고 노발대발할지도 모른다. 그러나 지금 나는 그 톰이 밉지가 않다. 어쩌면 톰은 〈유리 동물원〉의 주인공이 아니라 나 자신일지도 모르기 때문이다. 나의 젊은 날의 모습이 톰에서 재현되었을지도 모르기 때문이다. 아니지. 이 세상의 모든 사람들에게는 몸이 지니고 있는 그 습성이 하나의 속성으로서 도사리고 있기 때문일 게다.

풍경이 운다.

나더러 어디론가 떠나가라고 재촉한다. 어제도 오늘도 세상은 번갯불로 비치고 있는데 무엇이 두렵겠는가 하고 옆구리를 쿡쿡 찌르는 것 같다. 나는 자리에서 일어나 창틀을 딛고 서서 뜰을 내다본다. 잔디가 군데군데 누렇게 물들었다. 그러나 그것은 결코 말라 죽었다고 생각지 않는다. 물든 것뿐이다.

이제 가을이 깊어가고 겨울이 오면 그 물감은 더 노랗게 짙어질 뿐 내년 봄에는 촉촉이 내린 봄비에 씻기어 또다시 초록을 되찾을 것이다. 잔디가 죽었다는 생각은 하기 싫은 심정이다. 나는 가을을 그렇게 맞아 그렇게 보내고 싶은 것이다.

〈유리 동물원〉의 톰이 말했듯이 나는 결코 나쁜 놈은 아니기 때문이다.

"떼리링… 링… 링… 링… 뗑…."

제2부 거부하는 몸짓으로 사랑했노라

나의 아내

　28년 동안 함께 살아온 부부인데 새삼스럽게 아내 자랑을 하라니 멋쩍어진다. 김치만 먹고 사는 사람에게 당신이 좋아하는 음식이 뭐냐고 묻는 격이니 말이다. 그러나 우리 부부는 큰 파란이나 황홀한 도취감보다는 오직 착하게만 살다 보니 어떤 때는 남들처럼 화려한 시절이 없었던 게 아쉬울 때도 있다. 역시 인간이기 때문이다. 그러면서도 나는 한 번도 아내에게 직접 대고 칭찬도 자랑도 해보지 못한 채 그저 숙명처럼 아내에게 기대어 믿으며 살아온 셈이다.

　내가 작품을 쓰고 연극을 하는 것은 내 자신의 의욕이자 충동이요, 발광이다. 그것은 오직 나 자신만을 위해서였지 가족의 처지는 계산 밖이었다고 해도 과언이 아니다. 따라서 가정의 모든 것은 아내의 창안과 계산과 통솔 아래서 이루어졌다고 말해야겠다. 한동안 내가 봉급 생활을 할 때는 월급 봉투가 그대로 아내에게 맡겨지면 남는 것도 부족한 것도 아내의 재량이었다. 3남 2녀를 키워오는 동안 나는 한 번도 등록금 걱정을 안 했다. 아내는 나 몰래 적금이나 보험에 들었다가 요긴하게 난국을 빠져나왔기 때문이다. 잘사는 사람들에게는 집에서 기르는 셰퍼드 먹이 값도 안 되는 돈으로 하루를 쪼개고 한 달을 쪼개는 아내의 모습을 어쩌다가 보게 되면 나도 미안한 생각이 안 드는 것은 아니다. 그러나 한 번도 미안하다는 말을 내뱉어보지 못한 채 살아온 우리 부부이다.

　더구나 연극 공연비가 부족했을 때, 금전을 돌려 대라고 아내를 졸라대면 처음에는 반응이 없다가도 기일 안에는 마련해주는 아내였다. 역시 예술가의 아내의 숙명이라고 체념했을 게다. 그러면서도 연극 공연 때 단원들에게 식사를 해 나르고, 공연이 끝난 뒤 자축 파티 장소는 대개가 우리 집이었다. 아내의 음식 솜씨가 소문난 것도 그 일 때문이지만 경비를 절약하자는 속셈이 더 컸다고 봐야 할 것이다.

작가의 아내이자 연극인의 아내로 그늘에서 밤낮 고생하는 아내는 나의 인생에서 조연출이자 무대감독이라고나 해둘까….

아침식사

내게 아침 시간은 여러 가지 의미를 가지고 있다. 아침은 하루의 시작이라는 극히 평범한 상식도 물론 포함되어 있다. 그러나 나는 좀 다르게 아침을 음미하고 또 아침을 보낸다.

나는 아침 식사를 빵과 커피로 대신하는 데 습관을 들였다. 시작은 건강이 좋지 않은 데서부터 비롯된 습관이었다. 한동안 간장이 좋지 않아서 식사를 전혀 못 할 만큼 식욕이 없었다. 게다가 쌀밥이며 자극성이 있는 음식은 되도록 피하는 것이 좋을 것이라는 의사의 말을 좇아 빵으로 정한 지가 몇 해 된다. 그것이 영양을 위주로 하는 하나의 식이요법에서 시작되었지만 지금은 그저 가벼운 식사로 위에 부담을 안 준다는 정도로 섭취하는 데 그치고 말았다.

그러나 나에게 중요한 문제는 식사 그 자체가 아니라 분위기와 환경과 그리고 생각하는 일 들이다.

나는 창가에서 식사를 한다. 내 방의 창은 밖은 유리로, 안은 창호지로 된 이중창이다. 그래서 식사를 할 때는 창호지 창을 열어젖힌다. 맑은 유리창 너머로 뜰과 나무, 그리고 파란 하늘이 내다보인다. 맑게 갠 날, 비 오는 날, 낙엽이 지는 날, 그리고 눈발이 흩날리는 날…. 사시사철의 변화에 따라, 그날의 일진에 따라 나의 창을 통해 내다볼 수 있는 바깥 풍경은 바로 내가 식사를 하면서 즐길 수 있는 또 하나의 반찬이기도 하다. 일요일을 제외하고는 대개 아내와 둘이서 식사를 하는 경우가 많다. 식탁은 물론 별개이지만 화제는 하나인 게 보통이다. 그러나 솔직히 말해서 나는 식사를 하면서 나 혼자만의 생각을 한다. 어린 시절 선생님은 우리들에게 하루를 마치고 잠자리에 들기 전에 그날을 반성하는 습관을 들여야 한다고 가르쳐주셨다. 그러나 요즘의 나는 이 아침 시간에 어제를 반성하고 오늘을 설계한다. 여러 개의 반찬을 앞에 놓고 이것저것 집어 먹는 한식과는 달리, 커피를 마시고 빵을 찢어 입에 넣는 식사는 생각을 하는 데는 훨씬 편하기도 하다. 어제 연습장에서 신경질을 냈던 일, 연습을 마치고 대폿집에서 떠들던 일, 그리고 돌아오는 길에 차 안에서 내뱉던 얘기들을 반추해보는 것이다. 혹시 실수가 없었던가 하는 자책감도 있지만, 내가 오늘을 살아가는 데 또 하나의 발돋움을 위해 필요한 길을 모색하는 것도 이 시간이다. 오늘의 집회, 오늘의 업무, 그리고 어쩌면 과거와 미래를 가리지 않고 무한한 공간과 시간 속을 방황하는 나의 의식 세계는 비록 그것이 가난한 식사일지라도 내게는 알찬 양분이며 요람이요, 그리고 꿈이라는 점은 분명하다.

어느덧 목련 꽃봉오리가 눈에 띌 만큼 통통하게 살이 올랐다. 몇 해 전에 600원을 주고 두 그루를 사다 심은 목련이다. 죽어도 그만이요 살아도 그만이라고 아무런 부담도 없이 심어둔 목련인데, 한 그루는 발육이 좋아 작년에는 제법 심심찮게 꽃을 보여주었다. 그런데 다른 한 그루는 꼭 같이 심었는데도 성장이 늦는 데다가 꽃도 안 피었다. 큰 나무 그늘에서 해가 잘 안 비쳐서 그랬나 싶어 양지쪽으로 옮겨 심었다. 그곳이 내 방에 앉아서도 훤히 내다볼 수 있는 자리인지라 목련이 자라는 모습이 유난히 눈에 들어오는 것이다. 젖꼭지만큼 맺힌 꽃봉오리가 솜털을 이은 채 햇빛 알 반사하는 모양은 또 하나의 기쁨이다. 더구나 그 혹심했던 추위 속에서 잘도 이겨 나와 이제는 제법 형태를 이루었으니 대견하기만 하다. 게다가 올봄에는 두 그루의 목련 나뭇가지에 힘겨웁도록 꽃이 피리라고 생각하니 지금부터 나는 흐뭇해지기만 한다.

그러나 아침 식사의 즐거움은 뜰에서 할 때다. 머지않아서 4월이 오면 나뭇가지마다 신록이 눈을 뜨고 잔디가 고개를 내밀 것이다. 창문을 열고 식사를 해도 괜찮을 만큼 날씨는 따뜻해진다. 그래도 아직은 정원을 나가기에는 이르다. 이제 겨우 싹이 돋아나는 잔디를 밟기가 잔인하다고 생각되는 때가 있다. 그러니 잔디가 제대로 자라고 나무 잎사귀가 제 형태를 갖추고 장미가 잽싸게 피어나는 5월이 되면 나는 정원에서 식사를 한다. 정원이래야 몇 평도 안 되는 뜨락 정도이지만 이 시간의 나는 왕이요, 그 공간은 나의 왕국이기도 하다.

새들이 머리 위 라일락 가지에서 노래를 부른다. 멀리 북악산 등성이가 바라다보이는 뜰에서 향긋한 커피를 마시는 시간이면 나는 부러울 것이 없어진다. 작품을 구상하고 여행을 계획하고 그리고 지난날을 추억하는 이 시간의 나는 틀림없는 왕이요 통치자이다. 가난은 죄가 아니라 불편한 것뿐이라고 했다. 불편하게 세상을 살아가는 것보다는 편리하게 살고 싶은 게 인간의 상정이다. 그래서 문명을 동경하고 문명의 이기들을 가지고 싶어 한다. 선풍기, 냉장고, 에어컨디션, 텔레비전, 전기 세탁기, 전기 밥솥, 앞으로는 전기 소화기까지 나와서 사람을 대신하여 밥을 먹어주고 소화시키는 기계가 나오게 될지도 모를 일이다. 그러나 진정 우리가 가지고 싶은 것은 자연의 맛이다. 우리가 안기고 싶은 것은 자연의 품이다. 우리가 믿고 싶은 것은 자연의 섭리이다. 그런데 우리가 가지고 싶은 것은 나날이 자취를 감추고 이른바 '현대화'의 괴물들만 늘어가니, 이제 자연은 박물관 진열장 안에서나 찾게 되었다.

나는 아침 식사를 조용히 한다. 식사하는 동안은 되도록 조용히 했으면 한다. 어쩌다가 아이들과 식사를 하게 되면 음식을 먹는 소리가 크다고 주의를 주기도 하고 숟갈로 밥그릇을 긁지 말라고 타이르기도 한다. 오직 식사하는 시간은 행복한 얘기를 낮은 소리로 하든지, 아니면 아예 우리는 밥만 먹고 소리는 자연에게 맡겼으면 하고 엉뚱한 생각을 할 때가 있다. 새들이 찾아와서 노래를 한다. 바람에 나뭇가지가 부르르 몸을 떤다. 하늘에 떠가는 구름이 그림자를 드리운다. 찬란한 햇살이 창문에 가득 차 있다. 그런 가운데서 식사를 하며 어제를 생각하고 오늘을 설계하고 싶다. 하루의 시작이 아침이라서보다는 아침이 있어야 살 맛이 나기 때문에 나는 아침 식사를 소중히 여기고 싶다. 가난한 사람도 부자도 아침은 모두 다 즐겁게 먹었으면 좋겠다. 짜증을 안 부리고 편안한 마음으로 아침 식사를 할 수만 있다면 나는 한이 없겠다.

제2부 거부하는 몸짓으로 사랑했노라

봄이 오면

　봄이 오면 뒤뜰 산밭을 일구는 일이 우리 집의 봄맞이였다.

　100평 남짓한 넓은 밭엔 해마다 마늘, 무, 배추가 심어져 거의 자급자족을 할 수 있는 정도였다. 도시에 살고 있으면서도 철마다 흙을 파고 씨앗을 뿌리고 가꾸는 일은 철들기 전의 아이부터 연로한 어른에 이르기까지 온 집안이 서두는 즐거운 추억이기도 했다. 그러나 대학을 거쳐 줄곧 서울 살림을 하게 된 지금의 나는 한 포기의 풀도 심을 만한 터전을 갖지 못하니 봄이 오면 한결 흙에 대한 동경이 늘어가게 마련이다. 1년 열두 달 콘크리트 바닥 아니면 마루 판자를 딛고 사는 도시인의 발에는 흙의 촉감이 잊혀진 지 오래인 것이다. 그러므로 나는 봄소식을 듣자 흙으로 향하는 추억부터 달래어보는 것이다.

　신을 벗고 뜰에 내려섰다. 밤새 내린 비에 촉촉이 젖은 땅의 쌩한 촉감이 전류처럼 전신에 퍼져 간다. 그 순간 폈던 발가락이 자라목처럼 움찔해진다. 그러나 나는 마치 뜨거운 모래밭을 걸어가듯이 발끝과 발뒤꿈치로 땅을 밟으며 뒤뜰로 돌아갔다.

　뜰 한구석엔 웬만한 언덕처럼 돋워진 땅이 있었다. 그것은 일제 말기 때 판 방공호였다. 그때만 하더라도 방공호를 견고하게 파면 살 수 있다고만 믿었기에 지하실 사면을 콘크리이트로 쌓고 그 위에 역시 콘크리이트를 덮었었다. 그러고는 다시 굵은 통나무와 돌과 흙으로 쌓았기 때문에 멀리서 보면 그것은 흡사 신라시대의 고분이 아니면 언덕처럼 불룩 솟아 보였던 것이다.

방공호 위에는 아직도 지난가을에 열렸던 호박 덩굴이 말라 죽은 뱀 껍질처럼 뒹굴고 있었다. 그러나 하늘에서 내리붓는 포근한 햇볕에 흙에서 연달아 아지랑이가 피어오르고 있었다.

산밭 한 이랑에는 봄배추가 파릇파릇 움을 올리고 있었다. 그것들은 지난 늦가을에 김장을 뽑고 난 뒤에 일부러 남겨놓은 푸성귀였다. 그러므로 긴 겨울 동안 눈 속에서 자라난 모진 목숨의 자취였다. 위병(胃病)으로 고생하시는 아버지께서는 철 따라 신선한 야채를 즐기시기 때문에, 일부러 뽑지 않고 남겨두었다가 눈 속에서 이것을 헤쳐서는 풋김치나 나물을 무치시겠다는 어머니의 정성인 것이다.

어느 사이에 어머니는 수건을 머리에 쓰시고 호미를 들고 나오셨다. 본래가 농촌 태생이신 어머니는 시간만 나면 이렇게 호미를 드셨다. 어머니는 사치도 휴식도 모르시고 60 평생을 우리 6남매를 기르시면서 늙어버리셨다. 그러나 이렇게 흙을 파실 때는 한결 젊어 보이기만 했다.

"요즈음 젊은 사람들은 우리 젊었을 때와 비교하면 신선놀음이니라. 별도 사라지기 전에 우물 길어놓고, 보리방아 찧어 아침을 지었지. 그것도 시조모님, 시부모님 각각 겸상으로 차려놓고 시동생, 시조카도 따로 상을 받으니 밥 짓기보다도 뒷설거지가 장관이었단다. 설거지가 끝나면 빨래를 하고는 10리 길이 훨씬 넘는 고개 너머까지 김을 매러 갔었다. 지금은 내 손이며 얼굴에 이렇게 주름이 잡혔지만 그때는 동리 사람마다 기심 매는 나를 보고는 옥돌 같은 살결이 봄볕에 그슬린다고 아까워라 했느니라."

하시며 어머니는 호미로 검은 흙을 파헤치면서 이렇게 기나긴 과거사를 무슨 시 구절 외듯이 실토하셨다.

무릎까지 바지를 걷어 올려붙이고는 나는 서투른 솜씨로 흙을 파헤쳤다. 감실감실한 흙이 튀기면서 풍겨 나오는 상긋한 흙내음! 그것은 나에게 봄을 알리고 느끼게 하는 유일한 원질(原質)인 것이다. 이 쿼퀴하면서도 어딘지 신선한 자극성이 있는 흙내음을 맡고 있노라면 나는 일종의 행복감 같은 것을 느끼는 것이었다.

땅은 기름지고 보드라웠다. 어찌하다가 검은 흙덩이가 발등에 굴러와 덮여도 싫지가 않았다. 검은 흙 속에 반쯤 파묻혀버린 내 발을 내려다볼 때는 살결이 유난히도 희게 보이는 것이었다. 사랑 쪽에서 아버지가 나오셨다.

과히 건강하지 못하시면서 봄갈이를 하는 무렵이면 옷을 갈아입으시고 씨앗을 뿌리셨다. 내가 어렸을 때 아버지께서는 아침마다 정원수를 손질하시는 일이 유일한 취미였다. 목련, 태산목, 향나무, 은행나무, 매화, 동백, 치자나무, 심정화, 철쭉, 감나무…. 과수목과 꽃나무가 100평 남짓한 뜰 안에 들어섰는데 아버지께서는 나뭇가지를 고르게 하시는 것이었다.

그러던 것이 해방을 전후하면서부터는 정원 가꾸기보다 산밭 가꾸기를 더 즐겨하시는 편이었다. 남들은 8.15 해방이라 기뻐 날뛰었지만, 지주들은 그렇지도 못했다. 일정한 생업이 없고 농토가 말썽이 되고 보면 당장에 급해지는 것은 식생활이어서 그랬는지, 아버지께서는 전보다 더 산밭 가꾸기에 열심이셨던 모양이었다.

아버지와 어머니는 곧잘 의견 충돌이 일어났다. 씨앗을 뿌리는데, 어머니는 한 자리에 많이 뿌리자고 우기시면 아버지는 드문드문 뿌려야 한다고 우기셨다. 옆에서 보고 있던 나는 아버지 편을 들어 파종의 과학성을 주장했다. 그러나 어머니는 어머니대로의 주장이 있었다. 그것은 처음에 많이 뿌려 움이 돋으면 때때로 솎은 김치도 담아 먹으며 나중엔 쓸모 있는 것만 남기면 되지 않냐는 것이었다. 이를테면 최대한도로 이용하자는 뜻이었다.

아버지와 나는 쓴웃음을 지으며 결국은 어머니가 하시자는 대로 따르게 마련이었다.

"산밭 일에 관해서는 내게 맡기시오. 농촌에서 자라난 내가 더 잘 알았으면 알았지…."

어머니께서는 확고부동한 신념이라도 지닌 듯이 이렇게 뇌면서 씨앗을 마구 고랑에 뿌리는 것이었다. 나는 그 뒤를 좇아 흙을 덮고 아버지는 소독용 분무기로 물을 뿌리는 것이었다.

밭 한구석엔 장다리꽃이 머물렀다. 버릇없는 진돗개가 산밭을 헤치려고 기웃거리면 어머니는 양손을 휘저으며 개를 쫓았다.

봄이 오면 생각나는 일이 많다. 그 무엇보다도 어릴 때 고향에서 봄갈이하던 일이 맨 먼저 머릿속에 되살아난다. 그것이 별다른 일도 아니건만 이렇게 뇌리 속 깊이 살아 있는 것은 흙의 향기이리라. 나는 서울에 올라오면서부터 뜨락이 있는 집을 가지기가 소원이었다. 그러니 현재의 집은 뜨락이라고는 겨우 두서너 평밖에 되지 않는다.

봄이 오면 씨앗을 뿌리고 꽃을 가꾸자고 식구끼리 의논하던 일도 당분간은 무망한 일이라고 단념하면서도 나는 흙으로 향하는 동경을 잊을 수가 없다. 꽃집 앞을 지나가려면 마치 어린애처럼 눈과 발이 그 앞에서 멈춘다. 그러나 사가지고 가도 심을 터가 없으니 안타깝기 한량없다.

어느 날 아내는 시장 가던 길에 화분을 하나 사 왔다. 카네이션이었다. 꽃봉오리가 수없이 맺혀 하늘을 향해 쫑긋쫑긋 고개를 쳐들고 있는 놈이었다. 그것이 300환이라니 화분 값도 안 되겠다고 우리는 기뻐하며 책상 위에 다 모셔놓았다. 봄이 되면 꽃밭을 만들자고 조르던 아이들은 신기한 물건을 발견한 듯이 내 책상머리에 모여 앉아 화분을 들여다보는 것이 요즈음의 일과이다.

며칠 전에 꽃 한 송이가 눈을 떴다. 피어나니 연분홍이 한결 고와 보인다. 아이들은 제각기 그 꽃을 만지고 싶어서 기를 쓰나 아내는 그 꽃이 상할세라 높은 선반이나 장독 위에 이리저리 옮겨놓기가 일쑤이다.

나는 그럴 때마다 마음속으로 이렇게 뇌까리는 것이다.

제2부 거부하는 몸짓으로 사랑했노라

'땅 위에 사는 사람이 땅을 갖지 못하고 흙에 묻혀야 할 사람이 흙을 밟지 못하는 애석함도 있을까…. 하루속히 터를 잡고 넓은 뜰과 고요와 흙내음이 가득 찬 집으로 옮겨야 하겠다.'

화분을 나누어주며

우리 집에는 같은 종류의 크고 작은 화분이 제법 있다. 그렇다고 값진 것은 결코 아니다. 문주란, 영산홍, 소철, 팔손이, 동백 등 어디서나 흔히 볼 수 있는 식물들이다. 그리고 마루나 방 안에는 제라늄이니 베고니아 등 앙증스런 꽃도 있다. 이렇게 말하면 내가 무슨 부업으로 꽃을 가꾸고 분재를 늘리는가 하고 생각하겠지만, 그게 아니라 그 화분은 모두 저마다 주인이 정해져 있다. 바꾸어 말해서, 나는 따로 나가 살고 있는 자식들에게 나누어주기 위하여 꽃을 가꾸고 있는 것이다.

꽃을 싫어하는 사람은 없다. 아무리 무거운 죄를 지은 사람도 꽃의 아름다움 앞에서는 선한 마음으로 돌아간다는 말도 있다.

한 알의 씨앗에서 움이 나고 그곳에서 다시 꽃봉오리가 나와 이윽고 아름다운 빛깔의 화판이 피어날 때 우리는 새삼 생명의 힘을 느끼게도 되고 그 향기에 취하게도 된다.

바쁜 하루의 시간 속에서 어느 순간 문갑 위에 놓인 화분으로 시선이 갈 때면 나는 그 아름다움들을 누구에게 나누어주고 싶은 생각이 떠오른다. 그래서 아내에게 그 꽃을 다른 화분에 나누어 심게 했던 일이 이제는 나의 네 자식들 몫으로 키우는 낙으로 불리게 된 것이다. 나는 그러한 하찮은 일에서 문득 생명의 번식을 느낀다.

그 화분들이 저마다의 손에서 자라나, 또 그것이 퍼져나가는 하나의 발전을 꿈꾸는 데서 나는 나름대로의 낙을 삼는다. 그런데 작은 파문이 일어났다.

제2부 거부하는 몸짓으로 사랑했노라

지난봄 큰 문주란 화분을 나누어 두 개의 작은 화분에다 옮겨 심었다. 그것은 생각지도 않게 자생적으로 싹이 터 나온 것이다. 그래서 하나는 큰아들에게, 다른 하나는 둘째 아들에게 주기로 아내와 의논을 했고, 며느리들에게는 시간이 있으니 그동안엔 집에서 키우기로 했다. 아침저녁으로 물을 주는 나의 마음은 느긋하고도 보람찬 것이었다. 부모가 자식을 키우는 마음이나 어린 화분을 들여다보는 마음이나 따지고 보면 일맥상통하는 일이라고 나름대로의 미소를 머금었다.

그런데 어느 날 둘째 며느리가 새로 아파트를 옮겼고, 그래서 실내 환경 정리를 할 겸 화분을 찾으러 온 모양이었다. 그런데 둘째에게 주기로 한 화분이 보이지 않았다. 아내의 얘기로는 둘째 딸이 사위와 함께 다니러 왔다가 그 화분을 자가용 차에 싣고 가버렸다는 것이다.

"세상에… 그건 우리 화분인데…."

둘째 며느리가 섭한 표정으로 큰 눈을 굴렸다. 그런데 둘째 딸의 얘기는 또 다른 모양이었다. 딸도 자식인데 왜 우리 몫은 없는가 하면서 가지고 가더라는 것이다. 말하자면 화분 하나에도 아들 딸 차별을 둔다는 것은 부당하다는 것이었다.

그 후부터 나와 아내는 지혜를 짜기로 했다. 가능하면 네 개의 화분을 꼭 같이 심어서 꼭 같이 분양을 하여 하나의 형평 원리를 고수하기로 했다.

나는 그 크고 작은 화분을 보면서 사실은 앞으로 다가올 얼굴을 생각해본다. 내가 자식들에게 나누어준 그 화분이 무양(無恙)하게 자라서 또 새끼를 치게 될 날을 생각해본다. 내 삶이 닳아지는 반면에 내 자식들이 자라고 또 손자들이 늘어가는 모습을 상상해보곤 한다.

사람이 이 세상에 태어나서 뭔가 나름대로의 흔적을 남기고 싶어 하는 심정은 누구나 가질 수 있는 욕망이다. 그것이 물질적이건 정신적이건 뭔가 남기고 갈 수 있다면 그건 행복의 조건이다.

크게는 일세를 풍미하는 영웅으로부터 작게는 그늘에서 이름 없이 시들어가는 필부에 이르기까지 뭔가 남기고 가야 한다. 나는 그것이, 최소한 자식들에게서 그 뜻을 이룰 수만 있다면 얼마나 좋겠는가 하는 나름대로의 꿈이 있다.

이웃에게 베풀거나 나누어주지는 못할망정 내 자식들에게는 뭔가 나누어주고 싶다. 그러나 절대로 재물을 남겨줄 수 없다는 게 소신이다. 가난한 작가에게 나누어줄 재산이 있을 리도 없다. 나는 나의 정성과 사랑과 바람이 무엇인가를 자식에게 나누어주고 싶은 것뿐이다. 그러고 보면 내가 화분을 나누어주고 싶은 충동은 바로 그런 뜻이 아닌지 모르겠다.

빛이 강하면 그림자도 짙다

중학교 다닐 때의 나는 퍽 조숙한 편이었다. 조숙하다는 말은 여러 가지 뜻으로 풀이할 수 있겠지만, 나이에 걸맞지 않게 생각하는 편이었다. 그래서 내성적이며 조용했고 외로운 편이었다.

그러다 보니 책을 대하는 시간이 많았고, 중학교 2학년 때부터 이미 대중 소설에서부터 세계 명작까지 닥치는 대로 읽었던 기억이 난다. 바이런의 정열적인 연애 시도, 하이네의 청순한 사랑의 시도 탐독했다.

그러던 어느 날, 나는 일기 속에서 유명한 글귀 하나를 대할 수가 있었다. 우리가 중학교에 다녔을 때는 학교에서 내준 일기장에다 의무적으로 일기를 쓰게 했고, 그 일기는 일주일에 한 번씩 담임선생님의 검열을 맡도록 규정돼 있었다. 따라서 그 일기에는 군데군데 격언이며 명언들도 끼어 있고, 사진도 실려 있었다. 내가 그 명언 가운데서 얻은 글귀가 바로 "빛이 강하면 그림자도 짙다"였다. 나의 기억력이 틀림이 없다면 그 말은 괴테의 말이라고 적혀 있었다. 그러나 나는 괴테가 어떤 작품에서 그러한 글귀를 썼는지 검토할 겨를도 없이 무조건 그 말이 마음에 들었었다.

나는 내 나름대로 그 글귀의 뜻을 생각해봤다. 빛과 그림자는 서로 반대되는 물리적인 현상이다. 우리가 일상생활 어디서나 발견할 수 있고 나아가서 빛과 그림자는 바로 인간 사회 그 자체를 우리로 하여금 인식시키는 기본이라는 것도 잘 알 수가 있었다. 이 세상에 빛이 없거나 그림자가 없다면 그건 이미 죽음이리라는 것도 알 수가 있었다. 그러나 나는 이 명언이 내포하는 뜻을 좀 다르게 풀어봤다. 말하자면 빛이 강하면 강할수록 그 그림자가 짙어진다는 것은 인간 생활에서 모든 상대적인 것들을 두고 말한 것이리라고 믿게 되었다. 예컨대 부자가 있으면 가난한 자가 있고, 건강한 자가 있는가 하면 허약한 자도 있고, 아름다움이 있으면 추한 것이 있고, 사랑이 있으면 미움이 있고, 만남이 있으면 헤어짐도 있고, 슬픔이 있으면 기쁨이 있고, 밤이 있으면 낮이 있고, 여름이 가면 가을이 가고… 이 모든 현상이 바로 그 빛과 그림자로 상징되어 있다고 스스로 새겼다. 그것은 하나도 거짓말이 아닌 내 독단적인 해석이었다.

그런 생각을 하면서부터 이 세상에는 반드시 두 개의 얼굴이 있고, 양면이 있고, 반대 세력이 있고, 대립과 갈등은 있게 마련이라는 생각을 하게 되었다. 그런데 나는 중학 시절에 글짓기에도 소질이 있어 교지에도 가끔 내 글이 실리기도 했지만, 미술, 음악 등 이른바 예능과에는 고루 재능을 인정받았었다. 나는 장래 미술가가 되겠노라는 막연한 꿈을 가진 적이 있었다. 그런데 그때 미술 선생님은 많은 일본 사람 가운데 몇 분 안 되는 조선 선생님 가운데 한 분이셨다. 유 선생님이셨다. 유 선생님은 미술 시간에 입버릇처럼 이 빛과 그림자의 상대적인 원리를 강조하셨다. 어떤 물체나 풍경을 그리려면 어느 쪽에서 빛이 들어오고 있는가를 살피라는 것이었다. 그 빛이 비추어 밝은 곳이 있으면 반드시 그 반대쪽에는 어둠이 있고 그림자가 생기게 되며, 그 밝은 곳과 어두운 곳이 잘 그려져야 입체감이 산다고 역설하셨다.

나는 괴테의 그 명언을 다시 되새기게 되었다. 유 선생님께서 입체감이 산다고 말씀하신 것은 좋은 그림이 된다는 뜻이었다. 그것은 결국 값진 생활이나 인생과도 통하는 길이었다. 빛만 있어도 안 되고 그렇다고 그림자만 있어도 안 된다. 그것은 또한 인생의 참된 모습만으로도 안 된다는 뜻일 수도 있다. 그때부터 나는 이 세상의 모든 면에는 반드시 양면성이 있게 마련이며, 그중 한 가지만을 생각하거나 한쪽으로만 치우치는 것은 결코 바람직하지 못하다는 막연한 생각을 품게 되었다.

그 후 학교를 나오고 대학을 마치고 극작가로 인정을 받게 되면서 나는 많은 희곡을 썼다. 그리고 많은 인생 면을 접해왔다. 그동안에 나는 바로 그 빛과 그림자의 생태를 생각했고, 밝은 면과 어두운 면을 어떻게 조화롭게 작품 속에다 그릴 것인가를 생각했다. 그런데 이상스럽게도 모든 문학이나 예술은 그 밝은 면보다는 어둡고 그늘진 면을 즐겨 다루는 성향이 있었다. 왜 그렇게 되는가를 생각해봤다. 그것은 바로 인간성의 구원이요, 잃어버린 인간성을 회복시키는 것이 바로 문학예술의 근본이라는 점이라는 데서 비롯되는 것이었다. 인생의 밑바닥이나 사회의 그늘진 곳에서 인간 정신의 참모습을 찾고 구원을 받고, 그래서 모든 것이 밝은 햇빛 아래로 이끌어 올려져야 한다는 휴머니즘의 자각이라고 생각했다. 그래서 내가 쓴 작품들 가운데는 그러한 그늘진 삶이나 짓밟힌 삶을 파헤친 작품이 월등하게 많은 모양이다.

내가 '빛이 강하면 그림자도 짙다'라는 글귀를 알고서부터 어언 44년이란 세월이 흘렀다. 나는 그동안 내 인생에 얼마만 한 빛과 그림자가 쌓였던가를 가끔 생각하면서 해 저무는 서쪽 하늘을 바라보곤 한다.

기억하고 싶은 날

　서울 시내에 나와 함께 나이를 먹어가는 건물이 하나 있다. 정확히 말해서 건물이 아니라 담벽이다. 서소문과 법원으로 뚫린 길 중간쯤에 배재학교 담벽이 있다. 그 담벽은 높이가 1미터도 채 못 되는 화강석 축대 위에 붉은 벽돌로 쌓아 올렸는데 그 가운데 부분에 화강석 한 장이 사진틀처럼 박혀 있고 거기엔 "1924년 학부형 개축"이라고 새겨져 있다. 1924년은 내가 이 세상에 태어난 해이고 보면 이 담벽과 나는 분명 갑장(甲長)내기인 셈이다.

　나는 35년 전 대학 다닐 때부터 이 언저리 길을 즐겨 산책했었다. 한적할 뿐 아니라 봄에는 신록이 눈부셨고, 초여름이면 아카시아 향기가 진동했고, 가을엔 낙엽이 좋았고, 겨울엔 삭풍이 휘몰아치는 골목이어서, 나는 때로는 혼자서, 때로는 둘이서 산책길로 이용했었다. 그런데도 나는 그 담벽이 나와 같은 해에 이 세상에 태어났다는 그 글귀를 듣지도 보지도 못했었다. 지금은 그 길도 사람의 왕래뿐만 아니라 자동차도 줄지어 다닐 만큼 번잡한 꼴로 변모했다. 그러니까 그 담벽에 새겨진 글씨를 발견하기로는 옛날이 더 제격이었을 터인데 얼마 전에야 그걸 찾아내고 보니 새삼 감회가 새로워졌을 뿐만 아니라 시간에 대한 개념이 이상스러우리만큼 피부 가깝게 느껴지는 것을 체험한 셈이다.

　그곳에 그런 글씨가 새겨지지 않았던들 그 담벽의 연륜도, 그리고 내 자신의 삶도 그다지 실감이 안 났을지도 모를 일이다. 그러나 그 담벽 밑을 지나갈 때마다 나는 그 변모해가는 담벽에서 세월을 눈으로 보고 그 세월 속에서 지금의 나와 앞으로의 나를 발견하게 되니, 이쯤 되면 시간과 공간의 상관성이 어디서 만나게 되는 것인가를 어렴풋이나마 알게 되는 것 같다. 그 담벽은 나의 또 하나의 거울이 된 셈이다.

붉은 벽돌이라지만 벽돌 특유의 붉은빛은 퇴색하여 도리어 누렇게 보이는 벽면과, 한쪽으로 기울어질 듯하면서도 완강히 버티고 서 있는 것 같은 불안한 경사도와, 그리고 지나가는 악동들의 소행인지 아니면 6.25 동란 때 총탄이라도 맞은 탓인지는 모르겠으되 수많은 구멍까지 파인 꼴이 흡사 산전수전 다 겪은 어느 대폿집의 주모 면상 같다. 그렇게도 억척스럽게 살아왔고, 그렇게도 줄기차게 참아왔고, 그렇게도 오기스럽게 버티며 살아온 주모의 이맛살과 나무껍질 같은 손등을 나는 한 번도 경멸하지 못했듯이, 퇴색한 담벽 앞에서 한 번도 싫증을 느껴보지를 못했다. 금방 쓰러질지도 모를 담벽을 한 번도 피해 가질 않았다.

그 까끌까끌한 담벽 면을 손바닥으로 쓰다듬고 가는 나를 그 누구도 눈여겨보질 않았다.

'아… 거기 시간이 있었구나. 거기 공간이 있었구나. 시간과 공간이 있으니 그것이 곧 인생이 아닌가. 그렇다면 그 허물어질 것 같으면서도 안 허물어지는 담벽에 무슨 인생이 있었단 말인가?'

나는 문득 이런 개똥 철학가 같은 생각을 하면서 그 돌담길을 스쳐 갈 때가 있었다. 어쩌다 보면 그 담벽 밑에서 소피를 보는 지게꾼도 있었고, 참외 몇 개를 광주리에 담아놓고 땟국 전 수건으로 파리를 날리는 아낙도 있었고, 법원에서 소송 사건이라도 있어서 나온 듯한 시골 사람도 있었고, 바쁘게 페달을 밟고 가는 자장면집 배달부 녀석도 있었건만, 나처럼 그 담벽을 눈여겨보는 사람은 하나도 만나볼 수가 없었다.

그들은 그 담벽과는 아무런 상관이 없는 사람들이니까 그 '1924'라는 숫자를 생각할 필요가 없었을 것이다.

그런데 왜 나는 구태여 그 '1924년'을 그토록 소중하고도 친근하게 여기려는 것일까? 나하고 관계가 있기 때문일 것이다. 그렇다면 좋은 수가 있다. 1924년에 태어난 사람끼리 모여서 이 담벽 아래서 잔치를 벌이면 제격이겠다. 그들은 모두가 상관성을 인정하고 있으니까 말이다. 그렇지. 사람은 자신과 상관이 있어야만 기억해주는 동물이니까 말이다. 나와 아무런 상관이 없는 일이라면 천둥이 치고 담벽이 쓰러지고 총칼을 들이대도 눈 하나 까딱 안 하는 동물들이다. 죽는 놈만 바보요 머저리이고, 살아남는 놈이 장땡이 되어버린 세상이다. 인간에게 있어서 기억해 둬야 할 일이 있어도 그것이 나하고 상관 있는 사실 밖의 일이면 누구도 눈길을 돌리려 하지 않는 세상이 되고 말았다. 그것이 옳은 일인지 옳지 않은 일인지 나는 나의 갑장인 이 담벽을 더 두고 기다려봐야겠다. 그 숱한 무슨 기념일이니 몇 주년이니 하는 것들. 그게 나하고 무슨 상관이냐고 외면하는 사람들만 늘어가는 현실 속에서 나는 어쩌자고 이 멋없는 담벽을 붙들고 신세타령인지 모르겠다.

사람마다 꼭 기억해야 할 날은 있다. 결혼일도 제삿날도 회갑날도 모두가 소중한 날들이다. 그러나 진정 우리가 영원히 기념해야 할 날이 무엇인지도 잘 모르고 살아가는 사람이 자꾸만 늘어가는 것 같다.

이 담벽처럼 아무 말도 안 하고 살아가는 침묵의 습성인지도 모르겠다. 그러나 사람은 반드시 기억해야 할 날을 기억하고 살아야 한다.

언젠가 유럽 여행길에서 서베를린에 들른 적이 있었다. 서베를린의 중심가 쿠담에는 검게 불에 타다 남은 교회 건축이 앙상한 모습 그대로 서 있었다. 그것이 바로 유명한 카이저 빌헬름 1세 기념 교회였다. 2차 대전 당시의 전쟁의 비참과 죄악을 영원히 후세 사람들에게 알리기 위해서 보존한 것이다. 일본의 히로시마 원자폭탄 기념과 함께 우리에게 전쟁을 생각게 하는 하나의 증인이자 증거품이기도 하다. 아무런 쓸모도 없게 된 폐허 같은 잔해를 그토록 소중하게 보존하려는 독일 민족의 저력에 나는 눈시울이 뜨거워졌던 기억이 되살아난다. 독일 사람들은 후

손들에게서 받을지도 모른 하나의 질문을 위해 살아간단다.

"아버지는 그때 어디서 무엇을 하고 계셨어요?"

모두가 나라를 위해 전쟁터에 나갔고 가족을 버리고 생명을 버리고 모든 것을 희생하며 싸움터로 나갔을 때 당신은 어디서 무슨 일을 하였던가 하고 물었을 때, "나는 뒤에서 숨어 살았단다"라고 대답할 어른이 있을까? 아니다. 그 반대일 게다. 뒤에서 숨어서 눈치만 보던 사람일수록 자기는 최전방에 나서서 용감히 싸워 이겼노라고 호언장담하는 세상이다. 그러나 그렇게 거짓 증언을 하는 사람일지라도 이 전화(戰火) 속에서 살아남은 앙상한 교회 앞에 서면 자신도 모르게 죄책감을 느낄 것이고 자괴 자탄의 늪 속으로 가라앉게 될지도 모를 일이다.

그런데 우리는 전쟁도 침략도 항쟁도 다 겪어 나왔지만 그러한 증언을 해줄 기념물 하나 없는 게 안타깝기만 하다. 진정 기억해야 할 날을 가지고 있으면서도 기억하지 못하는 사람처럼 외로운 사람은 없을 것이다.

아니, 일부러 그날을 없애려 하고 잊으려고 애쓰는 사람이 점점 늘어가는 것만 같다. 그런 현실 속에서 이 보잘것없는 생명만큼이나 평범한 벽돌담을 발견했고 거기에서 나와 함께 나이를 먹어가는 또 하나의 생명을 발견했으니, 어쩌면 나는 이 세상에서 가장 축복받은 사람이 되었는지도 모를 일이다. 1924년. 그것은 나의 생명이 시작되는 해이기도 하고 영원히 살아남을 해이기도 하기 때문이다. 그러므로 나는 나를 대신해서 이 침묵의 담벽이 소리 내어 노래해주는 보람 속에서 살아가고 있는지도 모른다.

종소리를 들으며

어쩌다가 새벽잠을 깰 때면 산사(山寺)에서 울려오는 종소리를 듣게 된다. 정릉 계곡에 있는 절일 게다. 지금 살고 있는 집이 햇수로 열두 해째나 되니 그 산사의 종소리도 이젠 귀에 익은 셈이다. 그러나 한 번도 그 절에 가본 적은 없다.

신도가 아니기 때문에 종을 하루에 몇 번 치고 몇 점에 울리는지도 정확히 알아낼 도리가 없다. 그러면서도 한 가지 사실만은 알아낼 수가 있게 되었다. 왜 종은 새벽에 울려야 하는 것인가에 대한 나름대로의 해석이다.

종소리를 듣고 있노라면, 시간을 느끼게 한다는 것은 나의 존재를 깨닫게 한다는 것과 같은 뜻일 게다. 종은 혼자서 우는 것이 아니다. 누군가가 쳐줘야만이 울려 퍼지는 소리이다. 그러면서도 그 종소리에는 막연하게나마 과거와 현재와 그리고 미래까지도 함께 느끼게 하는 오묘한 저력이 있어 좋다. 누군가 종을 쳤길래 소리가 난다는 물리적 현상은 과거가 있음으로 해서 현재가 있다는 이론과 일치한다. 쳐주지도 않는데 저절로 울리는 종은 호기심은 갈지 몰라도 신비감은 덜하다. 과거가 없이도 현재만을 생각하면 된다는 생각은 꽤나 현실적이고 잽싸게 보이지만 어딘지 모르게 불안해지는 심정과도 통한다. 아니, 사람은 누구나 한 번쯤은 자신의 출생에 대해서 생각을 할 때가 있다. 왜 내가 이 세상에 태어났을까 하는 문제를 대하게 될 때란 대개가 실의에 빠졌거나 절망의 낭떠러지에 서 있을 때일 게다.

"왜 부모는 내가 원치도 않은 생명을 이 세상에 내놓았을까?" 하고는 곧잘 학습장 뒷장에다 낙서하던 사춘기의 쓸쓸한 추억도 있었을 게다. 스스로의 뜻이 아닌 타의에 의해서 태어난 자신을 후회하고 원망하고, 그리고 심지어는 저주하는 인간의 절규를 어쩌다가 책에서 읽게 되었을 때 그것이 바로 자기 자신의 일인 것처럼 느껴지던 시절도 있었다. 그래서 젊었을 때는 누구나 한두 번은 자살을 생각하고 죽음을 찬미하는 습성을 배우는지도 모를 일이다.

그러나 결혼을 하고 자식을 낳고 그리고 손자를 보게 되었을 때, 사람은 왜 자신이 이 세상에 태어났을까의 의미를 되찾게 되는 법이다. 그래서 부모님들은 불평하는 자식들에게 곧잘 "너희들도 장차 자식을 낳아봐!" 라는 한마디로써 어떤 사건의 처리를 꾀하는 습관을 길렀던 모양이다.

나는 요즘 새벽 종소리를 들으면서 바로 그러한 생명의 띠[帶] 같은 것을 생각하게 된다. 그 형체도 없는 소리 속에서 색채를 보게 되고 허공에 사라져가는 그 소리가 사실은 내 가슴속으로 되돌아오는 것을 실감하게 된다. 그래서 나는 새벽 종소리 속에서 많은 것을 배우게 된 것이다. 어디서 왔다가 어디로 사라지는지 알 수 없는 그 은은한 종소리는 틀림없는 생명의 소리다. 음파가 허공에 퍼져나가는 게 아니라 미세한 생명이 끝없는 공간을 허우적거리며 숨을 몰아쉬는 소리일 게다. 그러기에 종소리를 듣고 있노라면 이 우주 간에 생명이 가득 차 있다는 것을 실감하게 된다. 종소리를 듣고 있노라면 마음이 쓸쓸해지는 것도, 이미 가버린 사람의 옛 모습을 그리게 되는 것도, 그리고 지금은 어디에서 어떻게 살고 있는지도 모를 사람의 모습을 그려보는 것도, 모두 하나의 삶을 인식케 하는 일들이다. 더구나 종소리를 듣고 있노라면 내일에 대한 설계가 떠오르기도 하고, 그 설계가 보다 영글어지는 경우 나도 모르게 삶에 대한 애착과 염원마저 느끼게 된다. 못다 한 일들에 대한 아쉬움보다는 앞으로 다가올 일들에 대한 준비를 서둘게 된다. 그것이 아무리

하찮은 일일지라도 내일의 과제가 내게 아직도 남아 있음을 인식한다는 것은 바로 생명이요, 생존이요, 그리고 희망이 아니겠는가. 그래서 그것을 일깨워주고 그것을 다짐해주는 종소리가 바로 그 생명의 근원이라는 생각을 가지게 되었다는 것은, 나에게 있어서 분명한 젊음이라고 자부해보는 것이다.

새벽 종소리는 크지도 작지도 않아서 좋다. 그저 그것이 내 귀에 종소리가 울리고 있다는 것을 간신히 알려주는 그 겸손함이 나는 한없이 기쁘고 아늑하다. 만약에 그 종소리가 우람스럽게 울려 퍼져 나의 고막을 찢게 한다면 얼마나 멋이 없겠는가를 생각해본다. 새벽의 종소리가 은은하게 울려오지 않고 요란스럽게 사위를 뒤흔들어놓는다면, 그것은 생명의 근원이라기보다는 삶에 대한 모멸과 불쾌감으로 오도하고 말 것이다. 그러나 새벽 종소리가 저토록 절도와 겸손과 은근을 견지하면서 조심스럽게 울려오는 것은 바로 나에게 이 세상을 그렇게 살아가라고 가르쳐주는 것만 같다. 내 여기 있노라고 고함을 치는 사람이 되지 말라는 뜻일 게다. 내 소리를 듣지 않고 뭣들 하는가 하고 눈을 부릅뜨는 사람을 닮지 말라는 뜻일 게다. 어디 있어도 낮은 목소리로 변함없이 한결같은 말만을 하라는 가르침일 게다. 높지도 낮지도 않은 종소리는 얼핏 보기에 무기력하게 들릴지도 모르나, 사방이 고요히 잠든 새벽의 적막 속에서는 그렇게 맑을 수가 없고 그렇게 뚜렷할 수가 없다는 그 숨은 힘을 가르쳐준다. 어지러운 세상에서 큰소리치며 살아가는 교만을 버리라는 뜻일 게다. 어둠이 오건 장막이 가려 있건 오직 자신의 길을 가노라면 거기에 새벽이 멀지 않을 것이며, 그 새벽에 울려 퍼지는 소리는 가장 작으면서도 가장 큰 소리로 변할 수가 있다는 뜻일 게다.

나는 몇 시에 새벽 종소리가 울리기 시작해서 몇 시에 그치는지 모르면서 살아왔다. 시작도 끝도 모르고 중간에서 문득 종소리를 듣게 되었을 때 이미 나는 온통 종소리 속에서 살고 있다는 착각을 느끼게 되는 것이다. 그것이 언제부터 시작되어 언제 끝이 난다는 뚜렷한 계산도 잊어버리고 다만 그 종소리 속에 모든 것이 살아 있을 것이라는 망상을 하게 되어버린 것이다. 잠 못 이루는 밤이나 술에 취했다가 문득 갈증을 느끼는 새벽녘에 나는 또 하나의 탄생을 의미하는 소리를 듣게 되는 것뿐이다.

아… 누가 어떻게, 무슨 생각으로 치는지도 모르는 종소리 속에서 나는 어제와 오늘과 그리고 내일을 생각하는 이 작은 습성을 고맙게 여길 뿐이다.

무등산

억새밭에 누워 있노라면 하늘이 더 높아 보였다. 사람 키를 훨씬 넘는 억새 속에 파묻혀버리니 바람 소리도 멀어지는 게 마치 골방 속에 누워 있는 것 같았다.

높푸른 가을 하늘을 향해 고개를 다소곳이 숙인 채 나부끼는 억새꽃은 흡사 금발 미인의 뒷모습 같기도 했다. 북창을 두들기는 싸락눈 소리인 양 '와삭와삭' 소리 내며 바람에 춤추는 억새 목은 남보다 한치라도 더 먼 곳을 내다보려고 발돋움하는 처녀 같았다.

이제는 땀도 식었다.

해발 1,000여 미터의 무등산 봉우리에 오르는 동안, 전신을 적셔주던 땀의 끈적한 촉감 대신 으스스 오한이 등을 흘러내렸다.

가파른 산길을 오르는 동안 인솔 교사와 상급생의 재촉과 희롱에 금방 울음이 터져 나올 것만 같았던 짜증도 옛이야기가 되어버렸다. 차가운 점심과 수통의 물로 배를 채우고 나면, 노곤한 포만감이 졸음을 몰고 오는 곳이 바로 억새밭이었다. 아래서 올려다보기엔 지옥 같았던 이 상상봉에 이처럼 아늑하고 아름다운 안식처가 있었던가 하고 신기하리만큼 흐뭇해지는 억새밭이었다.

해마다 무등산에 오르는 행군은 가을에 정해진 연중행사의 하나였다. 명목은 행군이지만 가을 소풍이나 다름없었다. 중학생들도 체력을 기르고 군율을 지킴으로써 일단 유사시에는 성상 폐하의 부르심에 용감히 나서 총을 들 수 있어야 한다는 배속 장교의 열변은 이미 그곳에는 없었다. 오직 하늘과 억새밭과 바람 소리에 파묻혀 오후의 따가운 햇살을 음미하는 시간이 있을 뿐이다.

나는 그 시간이 그렇게 좋을 수가 없었다.

다른 친구들은 바위에 올라 낮은 골짜기를 향해 고함을 지르기도 하고 하모니카를 씽씽거리며 불어댔다. 그러나 나는 지그시 눈을 감고 억새밭에 누워 있었다.

산에 오르는 일은 괴롭다. 그러나 정복자의 쾌감은 그 무엇과도 바꿀 수 없다. 그래서 사람은 누구나 높은 곳을 향해 오르는 것일까? 한 치라도 더 높은 곳을 올라야만 직성이 풀리는 인간의 욕망을 채워주기 위해 산은 있는 것일까? 그런데도 지금 나는 발돋움 대신 누워 있는 것이다.

아래를 내려다보지도 못하고 위를 쳐다볼 수도 없는 억새밭 속에 푹 파묻혀 있는 것이다. 나는 무슨 죄를 지었을까? 내게는 욕망이 고갈되었을까? 아니면 욕망이 무엇인지도 모르는 우직한 인간인가?

나는 어느덧 손에 잡히는 억새꽃을 꺾어 코밑과 턱을 가볍게 어루만졌다. 복슬강아지의 꼬리가 와서 닿는 촉감인 양 간지럽기도 했다. 나는 그런 상념 속에서 내 장래를 생각해보기도 했다.

어렴풋이 문학에 대한 싹이 터오던 시절이었다. 그리고 걷잡을 수 없는 초조와 우울이 간헐적으로 밀려오던 나이였다. 달 밝은 밤이면 양파정(楊派亭)에서 신사(神社)까지 무작정 걸었던 밤이 잦았다. 그러고는 인적이 끊긴 골목이나 산길에서는 혼자서 목청을 돋우어 노래를 불러보던 겁쟁이였다. 그래서 가을은 어느새 나에게는 견디기 어려운 계절이 되고 만 셈이다.

가을이 오면 나는 그 시절을 생각한다. 내가 문학을 해야겠다는 결심이 선 것은 바로 무등산에서 얻은 결론이 아니었던가 하고. 아래서 올려다보기엔 부드러운 곡선을 그려가는 평범한 산이지만, 그곳에 오르자면 형용할 수 없는 험한 길이 있는 것도 바로 문학의 한 측면을 말해주는 신의 가르침이었던 것 같다. 그리고 억새밭에 누워서 오직 나 자신만을 바라보는 시간과 공간으로 변하는 고독을 실감케 하는 것도 바로 무등산이었던 것 같다.

그로부터 30년 가까운 세월이 흘렀지만 나는 아직 한 번도 그 산에 오르지를 못했다. 그 산도 나만큼이나 변했을까 하는 막연한 회고와 동경이 가을이 되면 알밤처럼 튕겨져 나온다.

그 억새밭이 지금도 있을까?

상상봉 바위에서 찍었던 기념사진도 지금은 간 곳이 없지만, 가을이 오면 그 어린 시절의 얼굴들이 되살아난다.

언제고 한번은 그 옛날 오르던 그 길을 따라 올라 억새밭에 누워서 과거를 생각하고 싶다. 언젠가 나에게 미래를 생각게 했던 그 자리에서…

제2부 거부하는 몸짓으로 사랑했노라

그래도 막은 오른다

막은 가리기 위해서 있는 것이 아니라 열기 위해서 있다. 빛을 가리고 눈을 피하기 위해 드리운 막도 필경은 열리기를 전제로 하는 막일 게다. 그러기에 막은 차단을 의미하는 것이 아니라 교류를 위함이다. 막 저편과 이편을 잠시 동안 가로막고 있을 뿐, 그것은 언젠가는 활짝 열리고 서로가 보고 말하기 위해 있을 게다.

막 앞에 앉아 있노라면 신비감이 앞선다. 그것은 기다림이요, 설렘이요, 그리고 공감에의 열림이다. 막 저편에서 이루어질 일들이 궁금하다 못해 현실 속에서 내가 이루지 못하는 세계까지도 구현해주는 전설의 세계일 게다. 아니, 그것은 바닷가의 조약돌만큼이나 흔한 얘기요, 눈물이요, 웃음이었건만, 막이 열리기를 기다리는 사람들의 마음은 마냥 즐겁기만 했었다.

그것은 내 눈물이요, 웃음이요, 그리고 우리들의 얘기였기 때문이다. 그래서 셰익스피어는 "사회는 무대요, 인간은 배우"라 했으니, 연극이 아닌 인생이 어디 또 있을까. 알고도 속고 속으면서도 다시 찾는 막의 신비성. 막이 오르고 또 내리는 그 순간의 뿌듯한 감흥이 바로 인생의 맛이요 살아가는 모습이라고 한다면 지나친 생각일까.

막은 우리에게 희망이요, 기대요, 그리고 동경이다. 막이 오르는 그 순간의 긴장과 정밀과 설렘을 인생에 눈뜨기 시작한 무렵의 감상이라 해도 좋다. 그것이 설령 감상일지라도 시골 가설극장이나 유랑극단의 정서를 맛본 사람에게는 그만큼 순수한 추억은 다시없을 것이다. 그런데 남에겐 눈물도 웃음도 그리고 때로는 지혜와 용기까지도 주어왔던 이 땅의 막의 역사는 너무도 살풍경했다.

희망과 동경을 안겨줘야 할 막의 뒤편에는 절망과 한숨과 패배만이 감돌기를 70년. 구름보다 더 허전하게 흩어지고 달맞이꽃보다 더 쉽게 피어버린 인생 유전 70년. 이름을 남긴 사람이건 막 속에서 살다 간 사람이건 모두 비극의 주인공들이었다. 그래서 신파극은 슬퍼야만 했고, 신극은 심각해야만 했고, 그러다가 돌멩이처럼 팽개치게 되는 것일까. 그러나 희망과 동경에서 오르던 막이 이 눈물과 절망으로 막이 내리는 숙명 속에서도 한 번도 쉴 수 없는 불사신의 세계가 바로 막이라는 것일 게다.

폭풍이 불어도 눈비가 쏟아져도 막은 내리게 마련이고, 내린 막은 다시 오르게 마련이다. 막은 끝이 아니라 시작이다. 막은 내리기 위해 내리는 것이 아니라 오르기 위해 내리는 것이다. 죽기 위해 사는 것이 아니라 살기 위해 죽는 것이다.

그러한 우리나라의 막의 역사는 민족과 더불어 살아왔고 서민의 애환과 더불어 숨 쉬어왔으니, 그 막 속에서 우리를 찾는 일도 그렇게 무의미한 일은 아닐 게다.

막이 오른다.

딱딱딱… 딱따기 소리가 난다. 공공공… 징소리가 울려온다. 차이코프스키의 〈비창〉이 흐느낀다. 베토벤의 〈운명〉이 문을 열게 한다. 그러나 단 한 번도 배우는 자기 목소리로 자기의 노래를 못 부른 채 70년을 보냈다. 어느 세상에 진심으로 하고 싶은 얘기를 무대 위에서 해보면서 살 수 있을 것인가. 오히려 우리는 통치자로부터 얘기를 들으면서 살아왔을 뿐이다. 해가 갈수록 우리는 얘기를 듣는 사람이 되어가고 있지, 스스로 얘기하는 기쁨도 보람도 느껴보지 못하면서 살아온 것이다.

그런데 이제 와서 또 무슨 얘기를 듣겠다는 것일까. 아니, 무슨 얘기

를 하겠다는 것일까. 이 이상 할 얘기가 어디 있으며 들을 얘기가 어디
있단 말인가.

생각하며 마시는 술

한동안 간장병으로 고생을 하고 일어났을 때 가족들은 내가 틀림없이 금주를 할 것으로 알고 있었다. 나 자신 역시 간장병이 그렇게 고약한 병이라는 걸 비로소 알게 되었기 때문에 술은 끊어야겠다고 마음먹었었다. 다른 질병과는 달리 간장병은 이른바 자각증상이 없는 게 특징이니만큼 언제부터 어떻게 나빠지는지 짐작하기가 힘든 병이다. 따라서 평소부터 주의를 하지 않으면 불행한 지경에 이른다고 주치의는 몇 번이고 금주를 강조하였다.

그런데 반년이 지나고 1년쯤 되자 술을 입에 대기 시작했다. 그렇다고 그것은 중독 증세라든가 폭음의 지경은 아니었다. 피할 수 없는 자리나 사교적인 면에서 마지못해 한두 잔 마시게 되자 아내는 질겁을 했다.

"의사 말씀 잊으셨어요? 술은 독약이라고 했잖아요?"

아내는 금방 울음이라도 터뜨릴 듯 오만상을 찌푸리며 발을 구르곤 했다. 그러나 나의 견해는 그게 아니었다. 간장병이란 반드시 술 때문에 생기는 병이 아니라 정신적, 심리적 피로의 축적에 기인하는 병이라는 주장이었다. 사실 의학적으로도 그것은 입증이 되고 있을 뿐만 아니라, 술을 한 방울도 못 마시는 여성들도 간장 질환에 걸린 예는 얼마든지 있잖은가 하고 반론을 제기했다. 다시 말해서 약간의 술은 도리어 혈액 순환을 촉진시키고 기분 전환에도 유효하니, 이를테면 독이 아니라 약이라고 역습을 하곤 했다.

인간이 얼마나 간사하고 실리만을 따지는 동물인지를 증명이라도 해

제2부 거부하는 몸짓으로 사랑했노라

주듯 나의 주량은 조금씩 조금씩 늘어가고 있었다. 그 고된 투병생활 속에서 다시는 술을 안 마시겠노라고 혼자서 다짐을 했던 기억이 엊그제 같은데, 다시 술을 마시게 된 나 자신을 나는 거울 속에 비추어보듯 나를 분해해보는 것이었다. 속담에 '목구멍을 넘기면 뜨거운 줄 모른다'라는 말이 있다. 이 속담은 풀이하기에 따라서는 좋은 뜻으로도, 그리고 나쁜 뜻으로도 받아들일 수가 있어 흥미가 있다. 즉 어떠한 고난도 고비를 이겨내기만 하면 그다음은 탄탄대로라는 뜻일 수도 있고, 사람이란 간사스러워서 어느 고비만 넘기고 나면 옛일을 까맣게 잊어버리는 얄팍한 동물이라는 뜻으로도 풀이를 할 수가 있기 때문이다.

그런데 나의 경우는 바로 그 후자의 경우에 해당하는 셈이니, 결국 나는 간사하고 줏대가 없고 실리만을 밝히는 못된 인간이라는 결론이 나온 셈이다. 앓는 사람은 그렇다 치고라도 가족들을 괴롭히고 재산을 축내고 그래서 사회생활에도 그만큼 퇴보를 가져왔던 그 시절을 생각했다면 금주는 너무나도 당연한 결론이련만, 그게 아니고 보면 확실히 술이란 약도, 독도 아닌 유혹이라고 하는 편이 제격일 게다.

그런데 나 자신이 술을 다시 마시게 되면서부터 자신의 행위를 합리화시키는 이유가 또 하나 생긴 것이다. 불면증이 이따금 일어난 것이다. 나는 체질적으로 수면제가 잘 안 받는다는 건 과거의 투병생활에서 입증이 되어 있었다. 따라서 하루의 피로를 풀 겸 잠을 자기 위해서 술을 마시는 경우가 생겼다. 작품을 쓰는 경우와는 달리 연극 공연을 준비하는 기간 동안은 거의 하루도 술을 안 마시는 날이 없게 된다. 젊은 단원들은 연습이 끝나고 나면 으레 내 눈치부터 보는 것이다.

"날씨도 찬데 한잔하시죠."

"속 상하실 텐데 좀 푸시죠."

"오늘 멤버도 좋으니 단합대회나 합시다."

"내일부터 본격적으로 연습에 들어가야 하니 영양보충 좀 시켜주세요."

"마지막 총정리를 하는 뜻에서 한잔!"

"피곤하실 텐데 딱 한잔만 하시고 들어가세요."

열이면 열이 다 저마다 까닭이 있고 사연이 있는 게 바로 이 술이다. 연극을 하다 보면 그때마다 그럴싸한 이유가 앞서게 되니 나로서는 그걸 피하기가 여간 힘이 드는 게 아니다. 몸이 피곤해서 집으로 직행하고 싶지만 단원들의 사기 앙양이나 단합을 위해서는 내가 앞장을 서야 하고 뒤를 밀어줘야 할 때가 많으니, 사실 나는 어느 의미로 봐서 그들의 후견인이자 접대부 격밖에 안 된다고 봐야 할 것이다. 그런데 그렇게 해서라도 취기가 올라오면 아침까지 푹 잠을 잘 수가 있다는 게 여간 다행한 일이 아니다. 그러나 어쩌다가 맨숭한 얼굴로 집에 들어가는 날은 반주라도 해야지 그렇지 않으면 한 귀퉁이가 빈 것 같아서 허무한 생각마저 들게 된 것이다. 정말 술이 좋아서, 술 없이는 못 살겠다는 '도통파'가 아니라 술의 힘이라도 빌려서 우선은 편히 쉬고 싶어 하는 나의 졸자 같은 생각은 누가 봐도 떳떳하지 못하다는 걸 나는 알고 있다. 그러나 그렇게 혼자서 술을 마시면서 나는 여러 가지 일들을 생각하는 낙을 가지고 있다. 지나간 일들, 지난날의 사람들, 쓰고 싶은 작품들, 써야 할 작품들…. 나는 아직 마시면서도 떠들지 않는 미덕과 함께 술 속에서 생각하는 여유를 지니고 있기 때문에 술이 좋아지는 것뿐이다.

제2부 거부하는 몸짓으로 사랑했노라

술 예찬

나는 유별나게 고향을 밝히는 버릇이 있다. 어쩌다가 신문에 큼직한 인사이동의 기사가 실렸거나 새 인재 소개가 밝혀졌을 때 나는 내 고향 출신이 혹시나 끼어 있나를 유심히 들여다보곤 한다. 그러나 별로 없는 게 현실이다. 하물며 학교 동창이나 같은 고을 출신의 이름이라도 보인다 치면 나도 모르게 어깨가 으쓱해질 때가 있다. 그러나 이러한 나의 버릇이란 흔히 말하는 파벌의식이라든가 배타주의에서 일어난 피해망상증은 결코 아니다. 그것은 오히려 가까이 있고 싶은 고향에의 애착이요, 멀리 있으면서도 가까이 있기를 바라는 나름대로의 소박한 애향심에서이다.

그런데 나는 그러한 세심한 신경을 쓰지 않고도 어디서나 개방적으로 털어놓을 수 있는 고향의 자랑거리가 있다. 술 이야기가 나오면 나는 거침없이 고향 자랑을 하게 된다. 군산의 '백화'가 그러하고 목포의 '보해'가 그러하다. 지금은 없어졌지만 '삼학'이 그러하고 진도의 '홍주'가 그러하다. 이와 같은 명주(名酒)가 어째서 하필이면 호남지방에서만 나오며 그것도 바닷가에서 나오는 것일까 하고 나는 엉뚱한 질문을 자신에게 던져보는 것이다.

전통이라든가 역사라든가 하는 거창한 어휘를 들먹거리지 않고라도 그 술들의 이름만으로도, 그것이 내 고향 술이라는 한 가지만으로도 나를 취하게 하는 데는 충분하다. 호남에서 좋은 술이 나온다는 이유를 분석 추출하는 일은 양조업에 종사하는 사람이나 그 방면의 전문가들이 맡아야 할 일일 게다. 그러나 내 나름대로의 해석을 덧붙이자면, '좋은 술이란 높은 문화의식의 소산이다'라고 우기는 편이다.

눈을 나라 밖으로 돌려보면 쉽게 알 수 있다. 미개한 나라에서 좋은 술이 나온다는 얘기는 별로 듣지 못했다. 물론 그 나라 그 지방의 독특한 맛을 지닌 토주(土酒)는 있을지언정 그것이 보편화되고 국제화된 좋은 술은 거의 없는 것 같다. 그런 데 반하여 높은 문화의식과 튼튼한 국력과 풍요로운 나라에서 좋은 술이 산출되고 있다는 한 가지 사실만으로도 좋은 술은 그 나라의 문화 수준과 함수관계를 지니고 있다는 사실을 알 수가 있을 것이다.

이러한 관점에서 볼 때 호남지방에서 이렇게 좋은 명주가 나온다는 사실은 곧 호남지방의 문화의식과 뭔가 맥이 통하고 있다고 봐야 할 것이다. 술이 소모품이라는 점에서는 동서를 막론하고 예외가 없다. 그러나 좋은 술이 우리의 삶을 부드럽게 하고, 인간의 성정(性情)을 여유 있게 하고, 그래서 인간관계와 의사소통을 훨씬 원활하게 해준다는 그 1차원적인 기능은 말할 것도 없거니와, 인생의 멋을 돋우어준다는 소박한 점 하나만으로도 그것은 우리의 삶과 직결된 셈이다. 나는 술이 인생의 멋을 돋우어준다고 했는데 그 멋은 곧 풍류로 통한다고 봐야 할 것이다. 자연 속에서 인간을 찾고 인간 속에서 멋을 찾아 인간과 자연이 하나로 융화되고 일치되는 경지라고 한다면, 술은 바로 그러한 풍류에 기반을 둔 소모품임에 틀림이 없다. 이러한 점에서 나는 호남 사람의 기질 가운데서도 그 풍류를 즐기는 경향을 빼놓을 수가 없다.

호남지방을 여행하고 돌아온 내 주변 사람들은 열이면 열이 그 점을 들춘다. 다방마다 서화가 걸려 있고 허술한 여관방이나 식당엘 가도 저명한 동양화가의 소품쯤은 예외 없이 장식되어 있다면서 탄복을 하는 소리를 들었다. 그래서 호남지방 중소 도시 어디를 가나 연중 개인전이 열리고 있고, 그 개인전은 그 지역 사람보다도 타관 사람이 더 많다는 얘기를 들을라치면 나도 모르게 또 한 번 어깨가 으쓱해지는 것이다. 그것이 풍류가 아니겠는가. 한 폭의 그림이나 족자를 걸고 안 걸고가 문제가 아니다. 거기 있어야 할 자리에 무심코 장식한 한 폭의 그림이 부담 없이 보는 사람을 즐겁게 해주는 그 소탈하고, 평안하고, 알뜰한 일체감! 그것이 바로 풍류가 아니겠는가 말이다.

나는 술이 풍류와 통한다고 말했다. 따라서 호남의 좋은 명주가 호남 사람이 풍류를 사랑하는 마음과 통한다면 그 얼마나 좋겠는가 하고 문득 생각을 정리해본다. 요란스런 술 광고의 상업문을 빌릴 필요도 없이 한 잔의 술이 인간을 사랑하고, 자연을 사랑하고, 그래서 사람의 마음이 자연의 경지로 통한다면, 그것은 곧 술이 지니는 문화성일 게다. 술이 인간의 역사와 함께 시작되었다는 막막한 지식을 들추지 않더라도 술로 인해 삶이 여유를 찾을 수 있고, 멀어진 것이 가까워질 수만 있다면, 그것은 곧 인간이 고향을 돌아보고 고향으로 가고 싶어 하는 마음과 무엇이 다르겠는가 하는 생각이 들곤 한다.

호남의 명주 '백화'는 바로 그러한 고향의 마음을 응결시키는 술이었으면 좋겠다. 속된 표현으로 한 잔 술에 세상만사를 잊는 것이 아니라 한 잔 술로 인해 잊었던 고향을 생각게 하는 술이었으면 얼마나 좋겠는가 하는 생각을 하곤 한다. 이렇게 말하면 어떤 사람은 '백화'가 특정 지역인의 술로 제약을 받는다고 걱정할지도 모르겠다. 그러나 그건 기우이다. 가장 민족적인 것이 가장 세계적인 경지로 통한다는 말을 상기하면 알 수가 있을 것이다. 가장 토속적인 것이 바로 국제적이라면 고향의 맛을 지닌 술은 바로 세계로 통하는 술이 된다는 논리가 성립될 것이다. 나는 내 고향의 술 '백화'가 언젠가는 그렇게 되고 그래서 모든 사람이 고향의 맛을 고향의 술에서 찾는 세상이 오기를 기다릴 뿐이다.

계절음식

식성이 까다로운 나에게 하나의 기쁨은 계절음식을 즐기는 일이다. 계절음식이란 제철에만 나도는 재료로 만든 음식이라고 말할 수 있다. 봄, 여름, 가을, 겨울 절서(節序) 따라 나도는 야채며 생선을 조리하는 것이고 보면 그 음식은 단순히 맛을 즐긴다기보다는 계절을 즐기는 데 더 큰 멋이 있어서 좋다. 이를테면 정월의 미나리 김치나 봄의 삼치 쌈이나 여름의 오이소박이 등을 가장 서민적인 계절음식의 종류라고 할 수 있다. 그래서 전래의 건강법이란 그 계절에 나오는 계절음식을 적절히 섭취하는 일이라고 어른들한테서 배운 적이 있다.

그런데 요즘에 와서 계절음식의 한계가 무너져버린 꼴이 되었다. 춘하추동 언제든지 구할 수 있고 먹을 수 있는 전천후 음식으로 변질되고 만 셈이다. 한겨울에도 딸기나 수박을 먹을 수 있는가 하면 사시사철 고기나 생선회를 먹여주는 세상이고 보면 편리하기가 이만저만이 아닌 것이다. 그런데 잠시 생각을 가다듬고 보면 믿어지지 않는 점이 한두 가지가 아니다. 한 가지 예를 들어보자면 암소 갈비다. 웬만한 불고기 집이면 으레 암소 갈비를 팔고 있다. 쇠고기의 부위에 갈비가 있고 보면 그건 당연하게 들린다. 그러나 수소가 아닌 암소라는 차등을 생각하면 우리나라에는 도대체 암소가 얼마나 많은가라는 의문이 들게 된다. 서울시 내에 불고기 집이 몇 군데나 되는지 음식업계의 정확한 통계 숫자를 알 수 없으나, 그렇게 많은 암소가 있을 것 같지가 않고 보면 어쩐지 꺼림칙한 생각이 든다.

그런가 하면 나의 어린 시절의 기억으로는 소고기 요리란 주로 가을부터 겨울에만 먹었다. 소가 풀을 먹이로 먹을 계절에는 누린내가 나고 고기가 질기다는 이유였다. 그래서 여름에 닭고기나 돼지고기를 먹는 게 통상 예였다. 그러나 지금은 1년 내내 쇠고기를 먹게 해주니 고마운 세상이다.

그런가 하면 정말 제철에만 나온 찬거리에 굴비가 있다. 그 가운데서도 영광 굴비는 오사리를 으뜸으로 친다. 그것은 양력 3, 4월에 잡은 조기를 해풍에 말린 것이어야 한다. 따라서 굴비는 늦은 봄에서 여름 사이에 먹는 법이다. 더구나 영광 굴비는 보리쌀 통에 저장하여 찢어서 고추장에 찍어 먹거나 구워 먹는 것으로, 찬바람이 나면 이미 제맛을 잃게 된다. 그런데 요즘은 사시사철 영광 굴비가 산지로부터 직송되어 왔다고 아파트 단지마다 장을 벌이고 나서니 믿어야 좋을지 안 믿어야 좋을지 망설여지는 세상이다.

그런가 하면 같은 해산물 가운데 비싼 값으로 팔리는 게 홍어다. 홍어 중에서도 흑산 홍어는 살이 부드럽고 찰진 맛으로는 타의 추종을 불허한다. 그런데 그 홍어는 양력 11월부터 3월경까지 잡히는 만큼 겨울철에만 먹는 계절요리다. 생회로도 먹고 굽거나 찜으로도 조리하되, 그 특유한 암모니아 냄새는 막걸리가 잘 어울린다 하여 홍탁이라고 불리기도 한다. 그런데 식당에 가면 춘하추동 홍어를 팔고 있다. 아마도 대형 냉장고에나 저장해놓았다가 파는지 모르겠다는 억측도 있겠지만 그렇지만도 않다. 아무튼 봄이 되면 홍어는 사라지고 그 대신 가오리가 제맛이다. 그중에서도 황가오리를 쳐주니, 보리가 누렇게 익어가는 늦은 봄이나 초여름의 황가오리회는 별미 가운데 하나다.

그러나 계절요리의 진미는 뭐니 뭐니 해도 봄소식이 전해지는 무렵의 나물 요리다. 그래서 나는 봄을 산과 바다에서 나는 음식에서부터 실감한다. 그 가운데서도 내가 좋아하는 토속음식 가운데 보릿국이 있다.

보리로 국을 끓인다니까 모르는 사람은 고개를 갸웃거린다. 그러나 보리 쌀로 국을 끓이는 게 아니라 눈밭에 돋아난 보리 잎을 캐다가 된장을 풀어 국을 끓인다. 기나긴 겨울 동안 김장 김치에만 의존하던 촌사람들이 눈밭에 파릇파릇 돋은 보리 잎을 캐다가 된장국을 끓여 먹는 식성은 어쩌면 겨우내 결핍된 비타민 C를 섭취하려는 생활의 지혜였을지도 모른다. 보릿국에는 반드시 홍어의 내장을 넣어서 끓여야만 제맛이 나고 보면, 나는 보릿국을 먹고서야 비로소 새봄이 왔음을 실감하는 괴벽이 있다. 한겨울에 보릿국을 세 번 끓여 먹으면 여름을 탈 없이 넘긴다는 집안 어른들의 말이 과학적인지 아닌지는 모르겠으나, 그 계절 각각에 맞추어 보리와 해물의 내장이 조화되는 영양분의 섭취는 결코 웃어넘길 일은 아니라고 본다.

계절에 따라 음식을 차려 먹는 것을 사치라고 빈정대는 사람도 있는 모양이다. 한 계절에 무엇을 먹든 그게 무슨 상관인가 하고 말이다. 그러나 살아가는 즐거움 가운데 먹는 즐거움만큼 순수하고 소박한 것도 없다. 값비싼 고기만을 먹는 게 아니라 주변에서 간편하게 구할 수 있는 채소나 해물을 사다가 가족끼리 그 맛을 즐기는 일은 사치도 오락도 아니다. 그 맛 속에 멋이 있고, 흘러가는 세월이 있고, 그리고 계절 감각이 있을진대 계절요리는 이를테면 삶의 여유를 즐기는 일이라고 해두자. 바쁘게만 살아가는 일상 속에서 한 그릇의 보릿국이 나에게 안겨주는 행복감은 바로 생활의 여유를 얻어냈기 때문이다.

섣달그믐날의 추억

우리 집 설은 섣달그믐날부터 시작되었다. 넓은 뜰 한 귀퉁이에 있는 샘가에서는 홍어며 생선을 다루는 먼 할아버지뻘 되는 '분창이 하네'의 목쉰 소리가 유난스러웠다. 언제 봐도 눈에는 핏기가 서 있고 누구를 대해도 불평을 털어놓는 그분도 이날만은 기분이 좋다. 홍어와 생선 내장은 자기 몫이 된다는 기대가 있기 때문이다.

부엌에서 큰 가마솥에 떡시루를 얹어놓고 장작불을 지피는 고용인 성복의 입은 연신 무언가를 씹고 있었다. 주방 마루에서 찬모들이 구워대는 고기 산적의 한 점을 날름 떼어 입에 넣은 것이다.

어머니는 다락이며 광을 오르내리시면서 참기름, 설탕, 참깨 등을 내오시느라 그 작달막한 몸이 잠시도 쉴 겨를이 없었다.

사랑방에서는 집세며 곡수(穀數)를 받아온 장 주사가 주판알을 튕기며 아버지한테 결산 보고를 하느라 진땀을 빼고 있었다. 얼핏 보기에는 대범한 것 같으면서도 그런 때는 유난히도 꼼꼼하게 챙기시는 아버지의 목소리는 카랑카랑하게 울리는 것이었다.

나는 부엌에 들어가 찬모들이 바삐 놀리는 손을 말없이 지켜보곤 했다.

"사내아이는 부엌에 드나드는 게 아니다. 밖에 나가 놀아라."

어머니가 큰 함지박에 팥을 담아내시면서 눈을 흘기셨다.

그러나 나는 꼼짝도 않은 채 벌겋게 피어오른 숯불 위에 석쇠를 놓고 조기며 민어를 통째 굽고 있는 둘째 숙모의 양념장에 젖은 손놀림을 지켜보는 게 그렇게 즐거울 수가 없었다. 고소하면서도 달짝지근한 냄새가 흰 연기와 함께 피어오르는 부엌 안의 풍경은 나에게 설을 피부로 느끼게 했다.

그러나 설의 실감은 밤이라야 제격이었다. 생선을 굽고, 나물을 데치고, 실과며 마른 음식 장만을 끝낸 어머니께서는 손아래 시누이를 데리고 안방에서 떡국 떡을 써는 것이었다. 2~3일 전 뽑아다 광 안에서 재운 흰 가래떡은 이미 굳어서 서로 말라붙어 있었다. 갓 쪄낸 가래떡을 썰기보다는 그렇게 굳어진 게 썰기가 쉽다는 어머니의 소박한 과학 상식이었으리라.

도마 위에다 가래떡을 놓고 두어 토막을 내고는 다시 떡국 쑤기에 알맞게 얄팍하게 바둑알 크기로 썰어 들어가는 우리 어머니의 솜씨는 꼭 기계 같다는 생각이 들었다. 희고 넓은 이마에 반곱슬머리가 서너 가락 흘러내린 우리 어머니는 미인이셨다. 화장기 하나 없어도 매끈한 흰 살갗은 그저 정답기만 했다. 그러나 일에 전념하실 때 어머니의 입모습은 꼭 오므라들어 고집스럽기까지 했다.

"엄마, 나도 떡 썰까?"

어머니는 나를 힐끗 쳐다보시더니 작은 칼을 내미셨다. 해봐도 괜찮다는 승낙이 떨어지자 나는 손을 비비며 도마 옆에 마주 앉아 가래떡을 썰기 시작했다. 그런데 생각보다도 칼이 잘 움직이지 않았다. 되도록 꼭 같은 두께로 썰어야 한다고 마음을 먹을수록 손에 힘이 들고 칼은 빗나가곤 했다.

"보기보다는 어렵지? 남이 하는 일은 모두가 쉬워 보이지만 실제 해보면 그게 아니라는 것을 알게 된단다. 한석봉 얘기 들었지?"

명필 한석봉의 어머니가 촛불을 끈 채 어둠 속에서도 영락없이 꼭 같은 크기로 떡을 썰어내는 걸 보고 아들이 교훈으로 삼았다는 얘기는 조선어 교과서에도 실려 있어서 나는 알고 있었다. 그러니 우리 어머니께서 나에게 전해주신 그 말씀은 또 다른 면에서 어린 나의 마음의 창을 열어주셨을 것이다.

설달그믐의 밤은 그렇게 깊어갔다. 제야의 종소리에서 시정을 느끼거나 촛불 앞에서 명상을 하면서 시간의 의미를 찾는 식의 고상한 일이 아니었다. 바쁘게 돌아가는 일 속에서, 잠시도 쉬지 않는 손놀림 손에서 묵은해는 가고 새날은 왔다.

어언 60년도 더 되는 옛날 일이다.

나는 그런 아스라한 추억 속에서 오늘을 살아가는 나를 되돌아보게 된다. 남이 하는 일은 모두 시시하게 보이는 나의 지각없는 독선을 생각하게 된다. 자신이 해야 할 일은 안 하고 남의 탓만 하면서 입에 거품을 뿜는 젊은이들을 돌아본다.

추억은 아름답다고 한다. 더구나 나처럼 세상의 차가운 바람을 쐬어보지 못한 채 소년기를 보낸 처지이고 보면 그 아름다움은 한결 짙게 다가온다. 그러나 나는 그러한 환경 속에서도 영원히 변치 않는 예술을 추구하려던 가냘픈 소망을 잃지 않았다는 점을 다행으로 여기면서 추억을 더듬어왔다.

추억은 그저 아름다운 게 아니라 하나의 가르침이라야 한다. 단순한 회상이나 자기도취로 끝나는 것이 아니라, 그 속에서 자신을 되돌아볼 수 있는 시간이라야 한다. 어제 속에서 현재를, 현재 시점에서 미래를 내다보는 그런 마음의 여유가 있어야 옳을 일이다.

그런데 우리에게는 그런 마음의 여유가 없다. 과거를 과거사로만 떠내려 보내고 살아간다. 꼭 기억해야 할 일인데도 없었던 양 잊어버리고 살아간다. 아니다. 기억할 일은 기억해야 한다. 개인이고 국가고 민족이고 역사는 분명하고도 올바르게 기억되어야 한다. 그것이 곧 마음의 여유가 아니겠는가. 그래서 설달그믐의 밤은 의미가 있을 것이다.

박수할 때 떠나간다

작년 10월 22일 MBC의 수상드라마 〈전원일기(田園日記)〉가 첫 방영된 지 꼭 1년 만에 나는 붓을 놓았다. 1년 동안 내가 쓴 작품 편수는 마흔여덟 편이었다. 그러니까 1년 동안에 마흔여덟 가지의 얘기를 내 머리에서 짜냈었고, 그래서 마흔여덟 가지의 인생을 시청자와 함께 만난 셈이다. 연속극이 아닌, 이른바 한 회에서 끝을 맺는 시추에이션 극이고 보면 그 작업상의 애로가 한두 가지가 아니다.

막말로 연속극 형식이라면 전회에 나갔던 얘기나 인물을 다시 우려먹을 수도 있고, 바꿔치기도 하고, 늘려먹을 수도 있으련만, 한 번으로 끝장을 내야 하는 주간극의 경우는 그런 사정이 허용되지 않으니 나름대로의 애로사항이 이만저만이 아니다. 그것은 한 소설가가 1년에 마흔여덟 편의 단편 소설을 썼거나, 극작가가 동수의 단막 희곡을 썼을 경우와 대치시켜본다면 그 사정의 어려움이란 쉽게 짐작이 갈 것이다. 그러고 보니 나도 대단한 정력가요 끈끈이 같은 악종이었구나 하는 생각에 저절로 쓴웃음이 나오기도 한다.

그런데 내가 어느 날 담당 기획자에게 전화로 이제 극본을 그만 쓰겠으니 다른 젊은 작가에게 바통을 넘기자고 했다. 그랬더니 그 까닭이 뭐냐고 물었다. 까닭이 없는 것은 아니었지만 나는 전화로 길게 말할 수가 없었다. 상대편에서는 다시 다그치듯 물었다. 나는 문득 이렇게 말했다.

"이 형, 작년에 〈전원일기〉가 처음 방영되었을 때 작품 제목 기억나오?"

"?"

"그 제목이 '박수할 때 떠나라'였잖소."

"박수할 때? 그렇군요."

"바로 그거요. 지금 방영되고 있는 〈전원일기〉에 대해서는 전문 비평가들이건 일반 시청자들이건 입을 모아 바람직스럽다고들 칭찬해주기도 하고 큼직한 방송상도 타게 해주었고… 이렇게 모두들 박수를 할 때 나는 떠나겠다는 것뿐이오. 그게 바로 내가 극본을 그만 쓰겠다는 까닭이겠거니 알고 다른 작가를 구해보시오."

나의 이와 같은 의사 표명에 담당자들에게는 약간 걱정도 있었던 모양이다. 연출자가 다시 만나러 왔고 무슨 이유인가를 다시 물었다. 나는 또 똑같은 답을 해야만 했다.

"인생이란 게 다 그런 거지 뭐… 박수할 때 떠나면서 사는 거지. 좀 더 먹고 싶다 했을 때 숟갈을 놓는 게 건강법의 비방이지. 미련을 짓깨물 줄 아는 용기, 나는 그것을 실천했을 뿐이지."

"그렇지만 이 작품만은 아무나 쓸 수 있는 성질의 것이 아니죠. 인생을 알고, 그 쓴맛 단맛 아는 작가라야지, 손재주로 쓰는 젊은 작가는…."

아… 어느 새 내가 나이를 먹었구나. 어느 새 내가 인생의 쓴맛 단맛을 고루 체험한 작가로 지칭받게 되었으니…. 그러나 그것이 칭찬일 수도 있고 경원일 수도 있는 게 아닌가. 〈전원일기〉를 쓰기 위해서는 나같은 사람이 필요하지만, 다른 빛깔의 작품에는 필요가 없다는 말이 아닌지 모르겠다.

그러니 어쩌다가 오랜만에 굴러 들어온 행운을 나 스스로 싫다고 걷어차 버리는 나는 아무리 생각해도 현 세태에는 어울리지도 않는 '중고품 인생'이 되어버렸는지도 모를 일이다.

돌이켜 보면 나도 살 만큼 살았고 작품도 쓸 만큼 써왔다. 나의 전공은 연극이요 희곡문학이지 방송극이 아닌 것은 사실이다. 그렇다고 방송극이 연극보다 못하란 법은 없지 않은가. 아니, 어쩌면 방송극이 더 유리한 고지를 점유하고 있을지도 모를 일이다. 내가 쓴 〈전원일기〉에 칭찬의 소리가 들려오면 나도 우쭐해지기도 했다. 그러면서도 한편으로는 어쩌면 나는 위선자가 아니었는가 하는 가책도 느낄 때가 있었다.

어느 날 밤 방송이 끝나기가 무섭게 전화가 걸려왔다. 소설가 이범선 (李範宣) 씨의 목소리였다. 〈전원일기〉는 빼놓지 않고 보아온 터인데 오늘 밤 작품은 유별나다면서, 나더러 어떻게 농촌 풍물을 잘 싣느냐는 얘기였다. 자기는 이북에 있을 때 농촌에서 살아왔기 때문에 향수가 유난히 짙게 느껴진다면서 나더러 농촌출신이냐고 물었다.

아니다. 나는 지주의 아들이었지 농군의 자식이 아니었다. 일제시대의 지주라는 계급이 어떠한 성격의 사회성분인가를 훨씬 뒤늦게 가서야 인지했던 나의 젊은 날이 문득 머리를 스쳐가는 것이었다. 씁쓸한 추억이었다.

지주의 아들, 그가 과연 오늘의 농촌을 쓰면 얼마나 잘 쓰겠는가. 아니 쓸 수 있다. 다만 어디까지 쓸 수 있을까라는 점이다. 나는 철 늦게 고발이나 항거를 하기 위하여 이 작품을 쓴 적이라고는 없다. 증오하고 저주하고 반항하기 위해서 쓰지는 않았다. 다만 못 먹고 못 배운 사람들에게도 애정을 쏟을 만한 가치가 있는 얘기를 즐겨 썼을 뿐이다.

오늘의 농촌의 실상을 도시인에게도 보여주고 잊혀져가는 풍물이나 인정을 되살리자는 의도도 있었지만, 문제는 절망하지 않기 위해서 썼다. 구멍 난 방문의 창지(窓紙)를 메우고 나서 오늘 밤부터는 저 창 구멍에서 매운 샛바람이 안 불어와 한결 편하게 되었다고 서로 웃어 보이는 가난한 부부의 미소를 생각해보았다. 나는 그것을 구태여 사랑하면서 글을 쓰고 있다고 말한 적도 있었다. 복수하기 위해서가 아니라 그늘진 사람에게 입김을 모아주기 위해서 말이다.

그런데 나의 그와 같은 자부심을 상하게 하는 일들도 한두 가지가 아니었다. 좀 더 아기자기하고, 웃기고, 엎치락덮치락 하고, 말장난만 일삼는 그런 프로처럼 썼으면 좋겠다는 생각을 하는 이도 있었다. 지금 세상은 모두 그렇게 돌아가고 있다. 도시 사람을 살려주는 건 농민인데도 농민 애기는 따분하다 하고, 호화주택에서 침대생활 하면서 사랑하고, 헤어지고, 복수하고, 증오하는 애기로 우리를 마비시키는 작가가 환영받는 세상이다.

악화가 양화를 내쫓는 철학 밑에서 우리는 언제쯤이나 풀려날 것인가. 나도 그런 작품을 써볼까. 안 되겠지. 그때 가서 내가 박수할 때 떠난다고 말할 수 있을까? 아니지, 내 관을 황금으로 꾸며 교통 요지에다 무덤을 쓰라고 해야겠지.

20세기의 로맨티스트들

지난 2월 13일 '낭만파 그룹'이라는 모임을 결성했었다. 그 이름이 다소 생경하고 어쭙잖다는 인상도 있었으나 막상 그 모임의 성격과 동기, 그리고 앞으로 해나갈 일들을 살펴보니 일리가 있었다. 한마디로 그것은 잃어버린 우리들의 멋을 찾자는 데 그 목적이 있었다. 세상 돌아가는 모양이 정치에 짓눌리고, 경제에 찢겨나가 가치관이 전도된 사회 풍조로 뒤죽박죽이 된 지난 반세기 동안, 이 땅에는 참다운 삶의 맛도 멋도 사라지고 그저 돌멩이들끼리 몸을 부비고 살아온 셈이다.

지난날에는 가난했어도 멋이 있었다. 놀고먹는 백수에도 인간미가 있었다. 그러나 지금은 있는 자나 없는 자나 그저 돈과 권력에만 눈이 뒤집

1976년 한국일보 주최 〈백상예술상〉 시상식장에서. 왼쪽에서 두 번째 차범석

　　　　　　　　제2부 거부하는 몸짓으로 사랑했노라

혔을 뿐 정작 있어야 할 멋도, 멋있는 사람도 없어지니 살맛이 안 난다는 의견이 모아졌다. 그 '낭만파 그룹'이 결성된 모양이다. 나도 그 모임의 고문으로 추대되었다.

그러나 막상 '멋있는 사람이란 누구인가'라는 자문자답을 하게 되었을 때 불현듯 머리에 떠오른 게 바로 이 한 장의 사진이었다. 그리고 이 사진에서 나만 빼놓고는 모두가 한결같이 지난 20세기를 멋있게 살다가 멋있게 가신(물론 원로 음악가 김성태 선생은 예외지만) 분들이다. 이 사진은 '낭만파 그룹'의 모델을 한자리에 모았다 해도 과언이 아니다.

이 사진은 지난 1976년 한국일보가 주최했던 백상예술상 시상식 때의 한 장면이다. 좌부터 연출가 이해랑, 필자 차범석, 무대미술가 김정환, 작곡가 김성태, 영화감독 이병일, 컬럼니스트 심연섭, 그리고 시나리오 작가 겸 방송인인 이진섭의 면면이다.

이진섭과 심연섭은 나하고 비슷한 연배이나 그 밖의 분들은 1910년생에서 1917년생이니, 문자 그대로 우리 시대의 대표적인 예술가들이었다.

멋이란 무엇일까. 돈이나 명예나 권력을 탐하지 않고도 여유롭게 살다 가는 지혜이다. 가난하지만 여유가 있고, 고집은 있지만 포용력이 있고, 자기 세계를 지키면서 남을 이해하는 따스한 체온이다. 그래서 그들이 모이면 술과 노래와 춤과 그리고 사랑이 주렁주렁 열리는 시대가 있었다. 산다는 것은 꿈이다. 살아가는 일은 죽음으로 다가가는 길일진대 무엇을 더 탐하고 바라겠는가.

나는 이 멋진 어른들에게서 배운 멋의 의미를 되새기며 21세기의 문턱까지 살아남은 것을 감사한다. 그날 그 순간 무슨 얘기가 오갔는지 기억나지 않지만 혼자서만 활짝 웃고 있는 내 모습이 어릿광대를 닮아 보여 서글퍼진다.

아! 인생무상

이 사진은 1971년 1월 5일 현대문학상 심사를 마치고 나서 찍은 사진이다. 나만 제외하고는 모두가 한국 문학사에 찬란한 발자취를 남기신 어른들이 한자리에 모였으니, 어쩌면 현대문학의 핵심이 모였다 해도 과언이 아니다. 앞줄 오른쪽부터 살펴보자. 유치진, 박목월, 곽종원, 최정희, 황순원, 오영수, 정태용, 박영준, 김동리, 김수명, 안수길, 김국태, 조연현, 서정주, 박두진, 김현승, 그리고 나 차범석이다. 찬란했던 문학

뒷줄 맨 오른쪽 차범석

의 꽃과 암울했던 현실의 틈바구니에서 어떻게 이 저명한 문학인이 이렇게 다 모였을까 하고 보면 볼수록 신통하기만 하다. 그러나 이 끈끈한 동지애도 얼마 후 세상을 떠들썩하게 했던 문인협회 이사장 선거를 앞두고 원수가 되어버린 김동리와 조연현의 운명적인 대결 또한 문단사에 길이 남을 뒷이야기다. 그 여파로 문단은 김동리파, 조연현파, 그리고 자유문학파로 서로 갈라섰고, 1970년대 후기에는 순수문학과 참여문학으로 갈라서서 해방 직후의 혼란상을 방불케 했던 것도 씻을 수 없는 문단사의 한 면이었다.

그러나 그 혼돈과 변화 속에서도 딱 한 가지 변하지 않는 게 있다. 죽음이다. 사람은 언젠가는 죽는다는 평범한 사실이다. 일세를 풍미했던 영웅도, 우거지 김치처럼 살아가는 촌로도 언젠가는 죽는다는 사실이다. 그런데 너나없이 평생이라도 할 듯이 판을 가르고 상대방을 헐뜯고 나 아니면 안 된다고 거만을 떨던 사람도 모두 가버렸다. 이 사진 가운데 남은 사람은, 현대문학사 직원이었던 김수명 씨와 김국태 씨를 빼놓고는 나 한 사람이 덩그러니 살아남았다.

나는 누구인가. 위대한 작가이어서 나만 살아남았을까. 먼저 가신 분들은 이미 잊혀진 허상이란 말인가.

아니다. 살고 죽고가 문제가 아니다. 얼마만큼 작가로서의 진실, 인간으로서의 향기를 풍기다 가는가가 문제일 게다. 이 훌륭한 선배 문인들의 얼굴 하나하나에서 나는 나 자신을 읽는다. 언젠가는 나도 그분들 뒤를 따라가야 할 사람이지만 영욕에 얼룩진 속물은 되지 말자는 생각뿐이다. 지금 세상은 온통 물질로 범람하고 있지만 그래도 문학만은 정신을 소중하게 여기고, 정신 나간 짓은 하지 말라고 나를 타일러주는 것 같다.

아, 인생무상은 패배가 아니다. 그것은 새로운 생명의 잉태일진대, 이 한 장의 사진은 나에게 그렇게 다가온다.

석류 앞에서*
나의 가난한 문학론

석류를 좋아하게 된 직접적인 계기는 아무래도 그 맛에 있다고 나는 어려서부터 생각을 해왔다. 잘 익은 석류 알을 손바닥 위에 한 알 한 알 모았다가 한줌에 입안에 털어 넣고는 오독오독 소리 나게 깨물면 새콤달콤한 두 가지 맛이 입안 가득히 번져나가는 그 맛은 무슨 마술에 끌려가는 듯한 오묘한 맛을 느끼게 했다.

석류 알의 외형으로 봐서는 전혀 상상도 못 할 의외롭고 신비롭고 아찔한 맛이 어린 소년을 하나의 몽롱한 상상의 날개 속으로 말아가는 그 미묘한 마력은, 좀처럼 석류 하나를 다 털어낼 때까지 떼놓을 수 없는, 일종의 중독증상으로 바르르 눈가가 시려오는 감각에 이상야릇한 마력을 스스로 터득하게 했다.

누가 강요하는 것도 아니다. 자연이 가져다준 일상적이고도 단순한 입맛에 불과했다. 그래서 나는 석류를 좋아하는 과일 중 으뜸으로 꼽게 된 것이다.

그런데 나이를 먹고 세상을 살아가게 되는 지혜를 하나둘 터득하게 되면서부터 나의 석류에 관한 인식이 하나둘 변화가 일어나기 시작했다. 우선 석류는 그 외형으로부터 본다면 이렇다 할 특색이라곤 없다. 초여름의 정원수 가운데 졸망졸망 열매가 열리지만 그 누구도 그것을 꽃이라고 생각하지 않는다. 앙증스럽게 생긴 모습의 신선한 연초록 말고는 이

---

* 차범석 선생님이 돌아가시기 이틀 전에 마지막으로 쓰신 글.

렇다 할 특색도 아름다움도 찾아볼 수 없는 게 석류다. 꽃이라고 한다면 향기도 있음 직하고 야들야들한 꽃판이나 화려한 색채감으로 시선을 끌 만도 한데, 석류는 딱딱하고 투박한 열매일 뿐 꽃은 아니다. 향기와 촉감 과 하늘거리는 부드러움이 있었던들 누구나 한 번쯤은 석류꽃을 코끝에 대보련만 그것도 아니다. 오히려 비리비리한 식물성 미숙성이 역겹게 다가오니, 그 누구도 석류가 아름다운 꽃으로서의 생명체나 활력을 그 안에 간직하고 있으리라고는 상상을 할 수가 없다. 다만 알맞은 햇살과 바람과 보살핌만 있다면 석류는 혼자서 자라고 살찌고 껍질이 두텁게 군살처럼 끼어서, 마치 외부로부터의 공격이나 침범을 용의주도하게 막 아 내려는 의지만 굳어가는 느낌이다.

감이나 배나 복숭아가 과일로서 익어가면서 그 향과 수분과 감도가 사람들의 기대치를 자극시키고 그것이 언젠가는 사람들의 미각만이 아 니라 하나의 풍요로운 성숙과 희망을 안겨주는 데 비해서, 석류는 그저 두껍게 자기 방어만을 일삼는 단단한 생명력만이 느껴질 뿐 그 밖의 어 떠한 기대감도 여유도 주지 않는다. 이를테면 길거리에 놓여 있는 돌멩 이가 나뭇가지에 매달려 있다고 느낄 뿐 그 이상도 이하도 아닌 것이다. 작은 골무 크기의 석류가 탱자만큼 자라다 다시 능금처럼 오동포동 살이 오르고 윤기를 자르르 흘려 보이는 변화 말고는, 석류의 성정은 우리에 게는 아무런 관심사도 못 되거니와 기대감도 안겨주지 않는다.

이 석류가 세상에 태어나 하나의 생명체로 잉태되어 만물 가운데서 자기 모습을 나타내려는 의지는 무엇인가. 예의 과실이나 꽃과는 판이 하게 다른 형태도 향기도, 시각적으로서도 그 이상을 넘어다보기 힘든 석류의 그 무개성과 평범성은, 어찌 보면 못생긴 모과에는 향기라도 있 고 약용성이라도 있다고 우길 테지만 석류의 모습은 좀처럼 이렇다 할 변화나 의지 표명도 없이 가을을 맞고 부분적으로 붉은 기운만 더해가 니, 그건 산간 마을에서 자라온 시골 소년들의 얼어터진 손등이나 볼때기에서 느껴지는 생동감 말고는 어느 것 하나 취할 것이라고는 없는 평범한 열매에 불과한 것이다. 그것은 열리고 떨어지고 그래서 들짐승들의 먹이 구실이라도 할 수 있다는 기능에다 비한다면 정작 쓸모없고 멋없게 생긴 게 석류가 아닌지 모르겠다고 생각한 나는, 언제부터인가 냉담한 손짓으로 석류를 만지작거리는 버릇이 생겼다.

그러나 어느 날, 나는 하나의 놀라움과 아픔이요 눈물이자 터부라고 해도 무방한 하나의 충동을 경험한 것이다. 무심코 석류나무 그늘에서 쳐다본 나의 시선에 선명하고도 치열한 변화가 일어난 것이다. 반들반들 윤기나는 석류가 좌우로 쫙 벌어진 것이다. 그리고 그 속살인 듯싶은 석류의 내부가 가지런히 도열한 인형 군대처럼 질서를 지키고 있는 것이다.

그 찬란한 색채의 변용은 과연 어디서 오는 힘인가. 그것은 누가 그 속에 들어서서 형용키 어려운 힘을 작용함으로써 하나의 작은 기적을 시도했으리라고 추리할 수도 있을 것이다. 그러나 내가 그 어린 시절 처음 얻은 충동과 변화와 자극은 상상을 초월한 무한의 존재였다. 외부의 힘에 의해 일어난 어쩔 수 없는 내부의 변화라고 해도 무방하다. 그러나 문제는 그 외부로서의 침입은 누구의 힘인가. 태양인가, 바람인가, 자양분인가, 아니면 충동질인가. 인간의 힘이 아니었다면 신의 힘이라고 우겨볼 만도 할 것이다. 우주를 창조하고 오직 높은 자리에 홀로 정좌하신 귀한 분의 초능력이라고 덮어 내치자면 그것으로 끝을 내도 무방하리라.

그러나 나의 전 신경과 육체와 사고 기능을 총동원시켜봐도 나에게는 영원히 풀 수 없는 수수께끼이자 인생 문답으로 남게 되었다. 어언 70여 년 전 아스라한 동굴 시대의 동화 같은 낭만이다.

나의 삶은 그 석류에서 뿌리가 내리고 나의 문학은 그 석류의 생리에서 비롯되었다. 나의 삶과 문학이 외부로부터 침입한 자의 횡포에 의해서 이루어지는 경우보다 내 내부로부터 서서히 고개를 쳐들고 변화를 가져오는 작은 변화가 바로 그것이다.

왜 시를 쓰는가. 시가 좋아서란다. 왜 시가 좋은가. 그냥 좋아서일 뿐 그 이상도 이하도 이유를 캐묻기를 꺼리는 사람이 주변에는 많다. 취미로 시를 쓰고 수필을 쓰는데, 삶을 느끼는 사람에게 그 누구도 그걸 말릴 사람도 없을 것이다. 왜냐하면 글을 쓴다는 자체가 그 자신의 고유한 권한이자 목적이자 쾌락일진대 그 누가 그것을 말릴 것인가. 상상조차 할 수 없는 일이다.

그러나 우리가 오늘을 살아가는 심정에서 쓴다는 것은, 잉크를 찍어 글을 쓰는 작업의 의미 부여가 우리에게는 더 중요하기 때문이다. 그것은 바로 석류가 1년을 두고 견디어내는 그 진통에 못 이겨 스스로 자기 살을 깨고 속살을 드러내는 힘의 근원이다. 그것은 결국 진실이라는 이름의 신앙이다. 그렇다. 시 구절이든 수필이든 그것이 진실을 도외시하거나 진실을 거짓으로 도배질하는 습성이 남아 있는 한 이미 문학은 문학으로서의 기능도 의사도 상실했기 때문이다. 문학이라는 이름으로 저지르는 수많은 잡상인들이 득실거리는 현실 속에서, 석류처럼 소리 없이 속살을 드러내어 찬란한 홍보석의 인형 군대가 질서를 고치는 모습 앞에서 나는 새삼 오늘의 문학이 참고 나아가야 할 길을 묻고 싶다.

석류가 외쳐대는 소리를 들었는가.

석류가 견디어낸 아픔을 아는가.

석류가 말없는 가운데 자기 성숙만을 기다리는 그 인내는 누구의 의지인가를 생각해야 할 것이다. 문학이라는 미명 아래 문학으로 도배질한 가식의 현실 속에서 오직 진실만을 추구하는 의지와 인내가 살아만 있다면 우리 문학도 살아남을 법도 한 이 안타까운 시절에, 나는 다시 문학의 초심으로 돌아가는 기약을 석류의 추억에 기탁한다. 그리고 진실 이상도 이하도 아닌 문학을 생명으로 여기는 나의 사랑하는 시인에게, 가난한 문학론을 실을 수 있게 해준 모든 분들에게 감사드릴 뿐이다.

차복희 시집 「결코 하나가 아닙니다」 서문

제3부

잊을 수 없는 사람들

잊을 수 없는 사람들

박화성(朴花城)

선생님께서 영면하셨다는 비보가 전해지던 날 밤, 우리들의 창가에는 하얀 눈발이 밤새 흩날렸습니다.

눈이 흔치 않았던 올겨울에 이날따라 하얀 눈이 곱게도 쌓이었습니다. 선생님이 가시려는 길에 흰 눈으로 단장을 하고 이승에서 못다 하신 그 수많은 한과 사연들을 눈송이로 뿌리셨던가 봅니다.

선생님.

돌이켜 생각하니 선생님은 분명 이 땅의 선구자이셨습니다. 그리고 한국현대문학의 제1세대로서 마지막 파수꾼의 한 분이시기도 하셨습니다. 암담했던 일제의 압정 아래서, 그리고 봉건사회의 잔재가 아직도 뿌리 깊었던 1920년대에 여성으로서 문학에 뜻을 심고 가꾸신 그 굳은 의지는 분명 이 땅의 문학의 개척자이자 선구자임에 틀림이 없으셨습니다.

그대여!

백합이 지기 전에 오시오.

청초한 그의 뺨이

누릿하게도 피곤해가고

그윽한 향기 줄어갈 때

사랑을 보내려는

애달픈 이 정염(情炎)에

핏물이 어리는

내 눈을 보시려거든······.

이 시는 선생님께서 1923년 연희전문학교에서 발간되던 「학생계」에 발표하신 처녀시 〈백합이 지기 전에〉의 한 구절입니다. 백합이 기다리는 그 사람이 누구였는지 쉽사리 알 길은 없으되, 선생님께서 걸어오신 84년의 형극로(荊棘路)를 되돌아보건대, 그 사람은 분명 우리 겨레가 빼앗겼던 독립이요 자유였을 것입니다. 그것은 1925년 「조선문단」 4호에 실렸던 선생님의 첫 소설인 〈추석 전야〉에서도 그 뜻을 쉽게 찾아낼 수가 있기 때문입니다. 그것은 바로 선생님의 문학세계가 무엇인가를 단적으로 말해주셨습니다. 그것은 달콤한 감상주의도, 허약한 신변문학도 아니었기 때문입니다.

선생님은 항상 가난하고 그늘진 서민 편에 서서 작품을 쓰셨습니다. 여성이면서도 여성적이라는 틀을 깨어, 대담하고도 진솔하게 현실을 파악하고 일제로부터 짓밟혔던 참담한 이웃의 삶과 아픔을 보다 뜨겁게 감싸주는 데 심혈을 기울이셨습니다.

〈고향 없는 사람들〉, 〈헐려진 청년회관〉, 〈홍수 전후〉, 〈신혼여행〉 등 선생님의 문학세계는 곧 우리 민족의 수난사를 용기 있게 조준하셨던 것입니다.

선생님.

그러나 우리가 선생님을 못 잊어 하는 점은 문학과 함께 인간적인 체온이었습니다. 특히 고향의 후배들을 키우시고 채찍질하시며 청송(靑松)처럼 고고하신 모습은 바로 한 그루의 거목이 분명하셨습니다. 그 고목의 그늘에서 호남문학이 싹텄고, 목포와 광주에 문학이 있게 하셨습니다. 가난한 자에게는 눈물을 흘리시되, 악덕과 불의와 독재 앞에서는 결코 타협도 아첨도 아니 하셨던 그 칼날 같은 기상과 혼백의 절규를 우리는 기억합니다.

지난날, 목포 용당리에 있었던 선생님 댁 사랑방에는 철부지 소년소녀에서 기성 문인에 이르기까지 하루가 멀다 하고 모임을 가졌었지요. 조희관, 이동주, 백두성, 박경창, 최일수, 전승묵, 권일송, 차재석, 오덕, 나천수, 정규남…. 지금은 태반 이상이 타계하고 없지만 그곳에서 목포 문학이 잉태하고 그 집에서 문인 가족이 태어났으니 어찌 그것이 우연이겠습니까.

선생님.

병상에 눕기 전, 몇 해 전까지만 해도 전혀 나이를 헤아릴 수 없을 만큼 곱기만 하셨지요. 연보랏빛 치마저고리에 레이스 장갑을 끼셨던 손은 젊은이가 따를 수 없을 만큼 아름답고 당당하셨습니다. 그것은 남 앞에 노추를 드러내기 싫어하신 선생님의 성품이기도 했지만, 자존심과 품위와 교양을 생명처럼 여기셨던 그 고답하고 유연한 심성이었을 겝니다. 그래서 더러는 까다롭기도 했고, 더러는 지나치게 청교도적이어서 누구도 감히 가까이할 수 없는 껄끄러움도 있으셨던 우리 선생님. 그러나 그 날카로운 시선 속에도 눈물이 있었고, 꼭 다무신 입가에 웃음꽃이 필 때는 유난히도 희고 가지런한 이가 진주보다도 아름답던 우리 박 선생님. 이제는 주님의 부르심을 받아 가시어 다시 못 뵙게 되니 목포에서, 광주에서, 영광에서, 그리고 서울에서 이렇게 많은 후배들이 모였나 봅니다. 그러나 우리는 슬퍼하지는 않을 것입니다. 그것은 선생님께서 남겨놓은 20편의 장편소설과 100여 편의 단편소설, 그리고 500여 편의 수필과 시가 우리 곁에 있기 때문입니다. '문학이 왜 있으며 왜 있어야 하는가'라는 질문을 위해서도 우리는 다시 선생님의 문학 곁으로 다가갈 것입니다. 혼탁하고, 추악하고, 비인간화되어가는 현실에서 그토록 정갈스럽게 살아가신 선생님을 생각하면서 우리 또한 그렇게 살아가렵니다.

선생님. 보고 싶어도 다시 볼 수 없는 우리 박 선생님. 마지막 가시는

길이 꽁꽁 얼었으면 어떻게 하죠? 예쁘셨던 그 발이 시리시면 어떻게
하죠? 선생님, 편히 가십시오.

　1988년 2월 1일

강부자(姜富子)

　흔히들 말하기를 배우는 아름다운 용모나 개성의 소유자라야 한다는
게 상식이다. 그것은 틀림없는 말이다. 만인의 사랑을 받기 위해서 그것
은 필수 조건이다. 그러나 나는 생각이 다르다. 뛰어난 미모나 개성의
돌출은 도리어 거부감을 일으키게 한다. 더구나 여성의 경우는 그 아름
다운 용모가 친근감보다는 오히려 거리감을 느끼게 하여 나와는 저만치
떨어진 다른 세계에 살고 있는 인물로 착각될 때가 있다. 엘리자베스
테일러나 매릴린 먼로나 브리지트 바르도 같은 여배우가 바로 그런 타입
이다. 그런데 그러한 조건을 갖추지 않고도 우리에게 호감을 안겨주는
배우가 있다. 미모 대신 친근감을, 반짝거리는 재기 대신 따스한 인간미
를 듬뿍 느끼게 하는 타입이다. 그런 점에서 나는 단연 강부자를 으뜸으
로 꼽는다.

　강부자는 그 이름에서 풍기는 그대로 넉넉하고 여유롭고 그래서 어디
서나 만날 수 있는 평범한 주부다. 둥글넓적한 얼굴은 부잣집 맏며느리
요, 보조개는 순진무구한 시골 처녀요, 펑퍼짐한 체구는 시장터의 밥집
아줌마이다. 그런가 하면 강부자가 몸에 걸치고 다니는 옷이나 머리며
화장법은 30평 넓이의 아파트에 사는 중년 부인의 검소하고 소탈한 그
모습이다. 그래서 누가 봐도 강부자를 가리켜 '영락없는 여배우'라고 판
정하는 사람은 없다. 그저 어디서나 만날 수 있고, 그래서 두 번 세 번
뒤돌아볼 만한 멋이라고는 찾아볼 수가 없는 평범한 중년 부인이다. 그
런데 나는 그 평범이 그렇게 좋을 수가 없다. 아니 그 평범 속에 비범(非
凡)의 비수를 간직하고 있기 때문이다. 내가 이렇게 단정적으로 말할

수 있는 데는 그럴 만한 확실한 근거가 있기 때문이다.

1963년 내가 극단 산하를 창단한 이래 활발하게 연극운동을 했던 시절, 강부자는 우리 산하 식구로 있었다. 그때부터 20년 동안 한집 식구로서 한 가마솥밥을 먹으며 살아왔으니, 내가 강부자에 관해서 자신 있게 말할 수 있다는 것은 헛된 망상이나 추측에서가 아니다. 게다가 내가 쓴 작품에는 송편의 깨소금처럼 틀림없이 끼여 있었으니 강부자에 관한 그의 부군인 이묵원을 제하고는 나라고 자부할 수가 있을 것이다.

강부자는 그 가슴속에 작은 용광로를 간직한 여성이다. 그는 작가가 요구한 인물을 그 용광로 속에서 녹이고 걸러내고, 그래서 밖으로 표출해내는 데는 거의 천재적이다. 그것은 곧 배우의 생명이라고 할 수 있는 변신(變身)의 마력을 지녔다는 뜻이기도 하다. 그래서 그가 맡은 극중 인물은 무엇이고 해내는 놀라운 능력을 지녔으니, 그것은 곧 자연인으로서의 포용력이 바탕에 깔려 있다고 봐야 옳을 것이다.

강부자는 사람을 통솔하고 끌어당기는 마력을 지녔다. 어떤 모임이든지 강부자가 끼어들면 말과 웃음꽃이 핀다. 기름기가 도는 알토의 음성과 시원스러운 발음과 그리고 재치와 유머가 넘치는 화술은 금방 분위기를 사로잡는다. 게다가 노래를 부르게 되면 문자 그대로 금상첨화다. 그러한 폭넓은 사교성과 인간관계의 유대감은 극중 인물을 만들어내는 데도 독보적이다. 그녀가 연기 도중에 대사를 까먹었다거나 발음이 불확실하다고 해서 지적을 받은 적이라고는 없다. 아무리 바쁘고 꽉 짜인 시간 속에서일지라도 한번 연극 출연을 약속하면 어김없이 그 약속을 지켜주니 그가 출연하는 연극은 우선 안심이 된다. 어쩌다가 연습일이 짧아서 어쩌나 하고 걱정이 될 때도 단 한 번 실수라고는 없고, 어물쩍 넘겨버리는 적이라고는 없었다. 그것은 곧 자연인으로서의 부지런함과 명석한 두뇌와 그리고 일에 대한 책임감을 말해준다. 여자란 무엇으로 사는가라는 질문을 받는다면 강부자는 그 끈질긴 생활력으로 살아간다고 대답할 것이다. 부지런히 일하고 저축하고 아끼면서 가족을 위해 살아가는 평범한 시정인의 꿈을 그대로 간직하는 데서 살아간다고 대답할 것이다.

최근에 여자 배우로서는 처음으로 정계에 진출했다고 해서 화제가 되었다. 그러나 나는 그가 국회의사당에 있어도 무대나 브라운관에서 일할 때와 하나도 다름이 없으리라 믿는다. 가슴에 금배지를 달았다고 해서 눈썹 하나 까딱거리지 않는 대범하고 통이 큰 점도 바로 강부자의 일면이기 때문이다.

강부자, 그는 누가 뭐라 해도 배우다. 철저하게 계산되고 한 치 틀림없이 계산된 연기력의 소유자임에 틀림없다.

네 사람의 무서운 힘

지난 8월 초순, 국수호(鞠守鎬) 씨로부터 한 권의 책을 선물로 받았었다. 김용옥(金容沃)의 「백두산신곡(白頭山神曲)」이라는 예쁘장하게 장정된 책이었다. 올가을에 88서울예술단에서 공연할 작품이니 한번 읽어봐줬으면 하는 부탁의 뜻도 담겨 있었다.

내가 김용옥이라는 이름을 알게 된 것은 「여자란 무엇인가」라는 책을 접한 데서 비롯된다. 해박한 지식, 풍부한 자료, 호방한 성품, 예리한 혜안, 그리고 방약무인(傍若無人)일 수도 있는 그 언어의 무차별폭격에 이르러서는 섬뜩함을 느끼기도 했다. 철학교수, 박사, 외국 유학 등 동양과 서양을 넘나든 광역 행동선을 감안 안 한다 해도 그 사람은 분명 기인(奇人)이요, 귀재(鬼才)요 괴짜임에 틀림이 없다. 스스로 대학교수 자리를 걷어차고 삭발을 하면서 오로지 집필 생활에만 정진하더니 무슨 바람이 불었는지 지방에 있는 한의과 대학에 적을 옮겨 학생이 되었다니 김용옥은 분명치는 않으나 바보 온달과 돈키호테와 호메이니의 장점만을 뽑아 반죽해낸 조물주의 제3의 창조물임에 틀림이 없다. 그러한 두뇌의 소유자가 이번에는 희곡을 썼다니, 동업자인 나로서는 위협이요 불안이요 공포가 아닐 수 없다. 게다가 이 작품은 김용옥의 철학을 바탕으로 했으되 무용가 국수호, 연출가 손진책(孫振策), 그리고 작곡가 박범훈(朴範薰)이 작당을 하여 오랜 시간의 숙의와 음모와 작전을 세운 끝에 김용옥이 대표 집필 격이 되었으니 이것 또한 경이롭고 의외롭고 충격적인 사건이 아닐 수 없다. 모르면 몰라도 이 세대의 우리의 공연예술계에서 '무서운 네 사람이 똘똘 뭉쳐서 들이대는 대포이니 그 구경(口徑)이 몇 인치짜리가 되는지 아직은 짚을 길이 없다.

이와 같은 내력과 예비지식을 가지고서 「백두산신곡」을 읽어나간 나는 다시 한번 이들의 특출한 세계를 들여다보는 듯하여 하나의 경의까지도 표하고 싶어졌다. 우선 이 작품의 소재가 흔히들 말하는 '우리 것'에 바탕을 두었다는 점이다. 그것은 원초적으로는 천지창조요 개벽이다. 저마다 '우리 것'을 찾자고 외치면서도 실지로 한다는 짓거리란 외국 사람들의 지랄 같은 몸짓을 흉내 내거나, 아니면 무슨 모임의 강령규약 같은 구호나 선전물을 외쳐대고, '쌍시옷 타령'의 원색어를 늘어놓고는 그것이 곧 고발이요 항거요 젊음이라고 목에 힘주는 무대예술계의 현실이다. 알렉스 헤일리의 〈뿌리〉라는 작품이 TV로 방영되자 여기저기서 우리의 '뿌리 찾기' 운동이 전개되어온 지도 어언 20년이 가까운 것 같다. 그러나 우리는 한 번도 이러한 천지개벽과 역사와 민족의 기원에 대해서 '본격적'으로 도전한 기억이 별로 없었던 것 같다. 여기서 굳이 '본격적'이라는 말을 사용한 이유는, 더러는 그러한 시도가 있었지만 보잘것없었다는 실증을 말하고 싶기 때문이다. 「백두산신곡」은 신화의 세계이며, 그것은 단지 높은 흙더미가 아니라 한 민족에게 있어서 어떤 의미를 지녀왔던 상징체임을 이 네 사람의 무서운 아이들은 천명하였다. 그래서 이와 같은 상징체가 우리 민족에게 주어왔던 삶의 의미를 새롭게 구현하려 했고, 어떤 정치적 이데올로기를 초월하여 보편적 인간으로서 공감할 수 있는 새로운 신화의 창출이 요청된다고 거듭 강조하고 있다. 그러므로 「백두산신곡」은 신화이면서도 그것은 기존의 어떠한 제도적 종교이념과는 무관한 예술적 창조물이라야 한다는 기본적 이념을 네 사람 모두가 뜻을 모았고, 입을 맞추었고, 그래서 허리띠를 풀었다고 밝히기도 했다.

암울했던 1980년대의 역사의 소용돌이 속에서 한 철학 교수가 심지를 캐내고, 그리고 각각 다른 분야의 저력 있는 예술가 세 사람이 합세하고 뜻을 모아 이 땅의 무대예술계에 획기적인 하나의 이정표를 세우겠다는 의지와 모험심에 그 누구도 반대할 사람은 없을 것이다. 더구나 창단 4주년을 맞는 88서울예술단이 그동안에 걸어 나온 발자취는 결코 만족할 수도 없고 자랑할 수도 없었다. 애당초엔 총체예술을 창조하는 예술 단이라고 주장하더니 어느 날 갑자기 뮤지컬 전문극단으로 변신을 하면서부터는 위상 자체부터가 불투명해진 작금에 이르렀다. 그러나 이로써 또 하나의 변신과 탈출과 모험을 위하여 「백두산신곡」을 선택했으리라는 그 기본 발상을 감안한다면, 이 작품은 분명히 획기적이며 혁신적이라고 하겠다. 철학 교수가 쓴 작품이니까 철학적이라는 일차원적 판단은 아니다. 무대예술을 밖에서 냉철하게 바라보고 지켜본 한 지식인이 지금까지의 경직되고 획일화된 무대현실을 산산조각 분해시키면서 또 하나의 새로운 세계를 창출하겠다는 그 의미를 나는 존중하고 싶다. 창조는 생명의 출산과도 같다. 그것은 제작(製作)이 아니다. 구성이 아니다. 하물며 흉내 내기는 더더구나 금물이다. 그렇게 하기 위하여 이 네 사람의 '무서운 아이들'에게 우리가 거는 기대는 크고 황홀하고 무궁한 것이다. 그들이 들이대는 강력한 굴착기가 맞닿는 암벽에는 분명히 구멍이 나고 길이 뚫릴 것이다. 암벽 속에서 수백 년 수천 년 갇혀 있던 어떤 좁은 공간에 한 줄기 눈부신 광선이 투사되었을 때의 그 놀라움을 나는 기대하고 싶다. 그 지칠 줄 모르는 왕성한 에너지가 부러워진다.

그러면서도 일말의 걱정거리가 없는 것도 아니다. 뜻이 있는 곳에 길이 있다고 하지만, 작품이란 반드시 그렇지만도 않다. 위대한 평론가가 위대한 작가가 될 수 있다는 등식은 없기 때문이다. 심오한 진리와 예리한 관찰력과 풍부한 지식이 곧 작품은 아니기 때문이다. 특히 무대는 학술 발표회가 아니라는 데 문제가 제기된다. 유식한 사람도 무식한 사람도 함께 있다. 미니 스커트 차림도 긴 바지 차림도 거기 있다. 마늘 냄새도 아카시아껌의 향기도 함께 있는 그 공간에서 무슨 일이 이루어질 것인가는 그 어떠한 점술가도 점괘를 뽑아낼 수 없는 게 무대의 세계다. 그러기에 나는 「백두산신곡」의 그 심오한 철학이 잘 깨물어지고 다져지고 발효가 잘되어, 그 누구도 쉽게 마실 수 있고 취할 수 있는 한 사람의 약주가 되기를 비는 마음 간절할 뿐이다. 좋은 술이란 반드시 양질의 재료가 있다고 해서 빚어지는 게 아니다. 문제는 빚어내는 사람의 정성이 문제일 게다. 그 정성은 백일기도 드리는 석녀(石女)의 기도가 아니라 새로움을 찾아 나서는 겸손과 인내와 협동이라야 한다. 그런 뜻에서 나는 「백두산신곡」을 목이 빠지게 기다릴 것이다.

유치진(柳致眞)

교육은 하나의 자극이자 충동이라야 한다는 게 나의 주장이다. 단순한 지식의 수수(授受)가 아니라 제자로 하여금 공부를 하게끔 자극을 줌으로써 자발적으로 공부를 하게 하는 의도적인 충동질이다. 그것은 그저 지식만을 가르치는 것이 아니라 사람됨을 주장하고 진리가 무엇인가를 깨닫게 하는 데서부터 시작되어야 한다. 나는 그러한 하나의 신념을 나의 스승이신 동랑(東郎) 유치진 선생님에게서 배웠다.

내가 이 세상에 태어나서 희곡이 무엇인가라는 지식을 얻게 해주신 분이 바로 유치진 선생님이시다. 1948년 가을 학기에 유 선생님께서 맡으신 희곡론 강의를 들은 게 나의 희곡문학과 연극에 관한 개안이었다. 선생님은 물론 희곡의 기법에 관해서 강의하셨지만 연극 이전에 인간성을 존중해야 하며 예술 이전에 사람이 되어야 한다는 말씀을 누누이 주장하셨다. 그것은 단순한 작법이나 기교를 터득했다고 해서 작가가 되는 게 아니라는 뜻이기도 했다.

그 후 1955년 신춘문예 현상 희곡 부문에서 나는 가작 입선을 했다. 심사위원은 유 선생님과 오영진 선생이셨다. 그런데 심사 과정에서 오 선생은 당선을 주장하셨으나 막상 나를 가르쳐주신 유 선생은 가작을 주장하셨다. 그 이유는 단 한 번으로 당선을 하게 되면 오만해지거나 우쭐해지기 십상이니 이런 경우는 한 번쯤 꿇어앉힘으로써 자극을 줘야 한다는 주장이었다고 먼 후일에 알게 되었다.

그러한 유 선생의 예감은 적중했다. 나는 다음 해인 1956년에 재도전하여 당선의 영광을 얻었다. 물론 심사위원은 같은 분이셨다. 그때 유 선생님께서는 오 선생에게 이렇게 말씀하셨다고 했다. "그것 봐! 이런 친구는 틀림없이 노력을 하게 된다구"라고.

그로부터 어언 40년이 흘렀다. 나도 언제부터인가 심사를 하게 되었고 극단을 운영하고 강단에서 학생을 가르치는 사람이 되었다. 그동안 나는 '연극 이전에 사람을'이라는 말과 맵고 짠 점수를 학생에게 여지없이 주는 버릇이 몸에 뱄다. 그것은 나의 사랑의 변주곡이다. 관심이 가고 애정이 가는 제자일수록 잔소리를 하고 매질을 하는 나의 체질이다. 그래서 '면도날'이니 '차펑크'니 하는 별명을 얻게도 되었다. 그것은 모두가 나의 스승 유 선생님으로부터 배운 또 하나의 인생 수업이다.

이해랑(李海浪)

선생님.

선생님께서 쓰러지셨다는 소식을 들었을 때 우리들은 전혀 실감을 할 수가 없었습니다. 그것은 무슨 착각이 아니면 오보이겠거니 했습니다. 그러나 병원 응급실에 누워 계신 선생님의 모습을 보았을 때는 놀라움과 충격으로 가슴이 마구 뛰었습니다. 그러면서도 아직 맥박이 뛰고 체온이 정상으로 돌아오셨기에 우리는 부활 같은 기적과 극적인 반전을 믿기도 했습니다. 그런데 선생님께서는 끝내 일주일 만에 기적도 반전도 안 보여주셨습니다.

선생님.

아무리 연극 인생을 살아오셨다고는 하지만 그렇게 연극적으로 떠나가실 수가 있습니까. 필생의 명작 〈햄릿〉을 무대 위에다 창조하시느라 혼신의 힘을 기울이셨던 석 달 동안의 고생의 열매를 못 보시고 이렇게 개막 일주일 전에 홀연히 떠나실 수가 있단 말입니까. 70 평생을 애오라지 연극에 살고 연극에 울고, 연극을 위하여 애쓰셨던 삶을 이렇게 연극적으로 막을 내리게 했어야만 옳았을까요? 하늘처럼 푸르고 나무처럼 자라게 하신 다섯 자녀들과 평생을 예술가의 아내로 살아오신 사모님 곁에서 이제는 편히 쉬면서 느긋하게 여생을 보내셔야만 했었던 선생님이었습니다. 그 파란 많던 삶과 연극의 역사를 한 권의 회고록에 담으셔서 이 땅의 연극인들에게 폭넓게 보여주었어야 옳았을 것입니다. 그런데도 선생님께서는 영영 먼 길을 떠나시고 말았습니다.

선생님.

좀 더 살아 계셔서 흐트러진 연극계를 바로 인도하시고, 용기와 정기가 모자라는 후배들을 채찍질하시고, 그래서 선생님께서 평생을 두고 주장해오신 '연극의 진실성'과 '리얼리즘 연극의 구현'을 성숙시켰어야 옳았을 것입니다. 때로는 고집스럽고 더러는 반대가 있어서 불편한 관계가 없지도 않았지만, 그래도 선생님이 계신 우리 연극계는 마음 편하고, 의지할 수 있고, 그래서 눈에 보이지 않는 맥을 실감케 해주셨습니다. 그런데 선생님께서는 이렇게 그 모든 것을 뿌리치고 떠나셨군요. 3년 전 고희 기념 출판회 때 선생님의 인사 말씀이 기억납니다. "연극에 미치고 연극에 살다가 어느 날 갑자기 이웃으로 이사 가듯이 이승에서 저승으로 홀가분하게 떠나련다"라고 하셨는데, 이제 생각하니 선생님은 이미 그때부터 자신의 삶에 대한 연출 플랜을 짜놓으시고 그대로 연기를 하셨나 봅니다.

선생님.

한때는 배우였고 훗날에는 연출가로 변신하셨던 선생님의 그 삶은 바로 우리 연극계의 주체이자 객체였습니다. 그러기에 선생님의 70 평생은 예술가로서 한 점의 후회도 회한도 남지 않을 것이며, 그 발자취는 길이 남게 될 것입니다. 그러기에 우리는 선생님의 마지막 가시는 길이 편하시기만을 빕니다. 하늘과 땅에 꽃으로 가득한 4월의 봄이 곧 선생님의 영원한 쉼터가 되시기를 빕니다. 부디부디 평안히 주무십시오.

김선기(金善祺)

내게 가르침을 주신 스승은 헤아릴 수 없을 정도로 많지만 구태여 잊을 수 없는 스승을 들라고 한다면 나는 김선기 선생님을 빼놓을 수가 없다.

김 선생님은 내가 연희전문학교 전문부 1학년 때 성음학을 가르쳐주신 스승이다. 해방 직후 나는 일본 군대에서 제대하자 전에 근무했던 M국민학교에서 약 1년쯤 봉직하다가 청운의 뜻을 품고 서울로 올라왔다. 그러니까 나는 여느 학생들에 비하면 만학인 편이었고 그만큼 의욕적이기도 했다. 그러므로 새로 들어오시는 교수님을 한 분 한 분 대할 때마다 나는 호기심과 외경심에 가슴 설렘을 금할 수 없었다.

김 선생님은 짙은 감색 더블 양복을 단정히 차려입으시고 항상 모자를 즐겨 쓰시고 나오셨다. 겨드랑이에 한두 권의 책을 꼭 끼고서, 노상에서 제자들이 인사를 드린다 치면 한 손을 가볍게 들어 흔들어 보이는 게 그렇게 멋있을 수가 없었다. 누군가가 김 선생님의 별명을 '런던 보이'라고 가르쳐주었다. 영국 런던대학에서 성음학을 전공한 데서 비롯되었겠지만, 실상은 김 선생님의 그 품위 있고 세련되고 미남형인 용모는 문자 그대로 '런던 보이'라는 인상을 강하게 풍겼다. 수려한 외모와 권위 있는 학벌과 자상한 명강의는 그야말로 우리들의 선망과 공경의 대상이기도 했다. 그런데 김 선생님은 강의 시간마다 강조하시는 말씀이 '선비 정신'을 잃어서는 안 된다는 것이었다.

해방 직후의 그 혼동과 열기와 그리고 외래문물의 홍수 속에서 굳이 선비정신을 강조하시는 김 선생님의 언행은, 얼핏 보기엔 시대에 뒤떨어진 것도 같고 시대 착각증에 걸린 것처럼 들렸다. 그러나 곰곰이 생각하니 그게 아니었다. 오랜 외국 유학을 마치고 온 처지인데도 구태여 학생들에게 선비정신을 강조하시는 그 어른의 참뜻을 어렴풋이나마 알 것 같았다.

그런데 어떤 학생이 김 선생님께서 한글 개인지도를 해주시겠다고 하니 그룹을 만들자고 제의해 왔다. 일주일에 이틀, 선생님 사택에 모아놓고 한글 특강을 해주시겠다는 그 참뜻도 고마웠거니와, 평소에 먼발치에서 모시던 스승을 보다 가까이 모실 수 있다는 사실은 나에게 커다란 기쁨이자 보람이었다.

우리는 최현배 선생이 저술한, 사전처럼 부피가 두터운 「우리말본」이라는 책을 사 들고 김 선생님 댁을 찾았다. 북아현동 산중턱에 있는 좁다란 후생주택은 대학교수의 사택으로는 빈약했다.

나는 일제시대에 제대로 못 배운 우리 글을 김 선생님 밑에서 새로 배웠다. 그리고 그 어른이 늘 강조하시던 그 선비정신은 갈수록 나의 머릿속 깊이 새겨졌다.

생각하니 37년 전 일이다. 그러나 오늘의 내가 극작가로서 뜻과 자리를 굳히게 된 것은 어쩌면 김 선생님이 노상 말씀하신 그 선비정신과 우리 말과 글에 대한 신앙 같은 힘이 아닌지 모르겠다. 그리고 나 역시 지금은 후배들에게 그 선비정신을 강조하게 되었으니 어찌 김선기 스승

님을 잊을 수가 있겠는가.

이매방(李梅芳)

이매방은 이 세상에서 가장 외롭고 쓸쓸한 사람이라는 생각이 들 때가 있다. 소년 시절부터 이미 춤과 소리의 세계에 들어섰으면서도 노상 방황과 회의와 자학 속에서 살았으니 말이다. 게다가 천부의 재능을 분명 지녔으면서도 주위의 따가운 시선과 냉대와 그리고 가난 속에서 제대로 기를 펴고 살았던 시간이라고는 그다지 길지는 않았으니 하는 말이다. 어쩌면 때때로 죽음을 각오했을지도 모르겠고, 때로는 세상을 등지고 살 수밖에 없었던 암울한 시절이 더 길었을 테니, 이매방은 이 세상에서 가장 외롭고 쓸쓸한 사람이었음이 분명하다.

그러나 나는 그를 가리켜 현대의 페르 귄트라고 스스럼없이 말하고 싶다. 고향을 떠난 뒤 끝없는 방황과 절망 속에서도 고향을 잊지 않았고, 마침내 기다리는 아내와 어머니의 품으로 돌아온 입센의 명작 〈페르 귄트〉의 주인공의 이미지를 이매방에게서 발견할 수 있기 때문이다. 그러한 이매방이 이제 춤인생 60년을 기념하는 춤판을 벌린다니 본인의 감회는 말할 것도 없겠지만 그의 춤인생을 지켜보며 아끼고 사랑하고 그리고 따르는 수많은 이웃들의 뜨거운 가슴들 또한 큰 감명을 받게 될 것이다.

나와 이매방은 같은 고향이며 국민학교는 동창생이다. 그래서 이매방은 어쩌다가 만나게 되면 내 손목을 잡고 "형님, 오래 사시오" 한다. 나보다 나이는 아래이지만 그의 용모나 예술은 나보다 훨씬 선배이니 나는 늘 그를 사랑한다. 그러나 이매방은 잘난 사람들처럼 학연도 인연도 없다. 다만 혼자서 갈고 닦고 하느라고 나보다 빨리 늙었을지 모른다. 그런데도 그가 일단 무대 위에 서는 순간 그의 모습은 불이 되고, 물이 되고, 하늘이 된다. 느리디느린 진양조 가락에 맞추어 버선코를 한 번 쳐드는 데 30초가 걸린다 해도 나는 그것이 결코 지루하거나 단조롭지가 않다.

그곳에는 눈에 보이지 않는 힘의 세계가 있고, 흔들리지 않는 혼줄이 있어 보이기 때문이다. 그는 잔재주나 가식으로 춤을 추지 않는다. 그는 우수에 잠긴 눈빛에서부터 조용히 내딛는 발끝에 이르기까지 혼(魂)으로 춤을 춘다. 그것은 흡사 도(道)를 닦는 스님이요 사색하는 철학가의 모습 그것이다. 무아(無我)의 경지에서 고뇌와 희열을 허공을 향해 토해내는 승무(僧舞)를 볼 때마다 나는 구도(求道)하는 아픔마저 느끼게 된다. 그러면서 이 세상의 온갖 티끌을 털어버리고 무(無)로 돌아가는 선비의 품위를 느끼게 된다면 지나친 표현일까.

이매방이 돌아온 고향은 목포가 아니라 한국이다. 그가 안긴 품은 어머니나 아내가 아니라 '우리 춤'의 세계이다. 춤을 통하여 한국을 발견했고, 그래서 국내외에서 가장 한국적인 춤꾼이라고 인정받은 것이다. 그러나 늙는다는 것은 허전하다.

이매방의 춤은 그를 따르는 제자들에게 이어지겠지만 스승만 한 제자가 나올지 궁금해진다. 그래서 나는 10년 후에도 '춤인생 70년 기념'이 있기를 바랄뿐이다. 그리고 나 또한 그 공연까지 보고 나서 길을 떠나고 싶다.

윤형두(尹炯斗)

내가 살고 있는 아파트 바로 눈 아래로는 작은 동산이 내려다보인다. 아니 동산이라기보다는 잡목 숲이라는 편이 더 어울리는 표현일 게다. 작년 초가을 이사를 할 때도 그 숲이 초록빛 일색으로 우거져서 무슨 나무들인지 분간을 할 수가 없었다. 그러나 낙엽이 지고 겨울이 되면서부터는 모든 활엽수들은 앙상한 가지만을 남기고 움츠리고 있는데, 군데군데 섞여 있는 소나무만은 그 초록빛이 여전하여 한결 돋보인다는 것을 알게 되었다. 내가 여기 서 있노라고 소리치지 않더라도, 내가 잘났노라고 거드름 피우지 않아도 때가 되면 자연히 그 참모습을 나타내는 사람을 만난 듯한 느낌이 들어, 새삼 소나무가 정다운 나무로만 느껴졌다.

얼마 전 범우사(汎友社) 편집실로부터 '범우사를 말한다'라는 제목의 글을 청탁받고서 나는 한동안 망설이다가 문득 잡목 숲의 소나무 생각을 떠올렸다.

우리나라도 이제는 출판문화가 그 수량으로 보아서는 제법 궤도에 오른 셈이다. 출판사도 많고 출판되는 종수도 엄청나게 늘어나는 것을 본다. 나는 아침마다 조간신문의 신간 광고란을 보는 게 일과 가운데 하나다. 그래서 저런 책은 꼭 사 봐야겠다는 의욕도 느끼고, 이런 책은 왜 출판해야 하는지 모르겠다는 식으로 나름대로의 평가나 반성을 하면서 살아간다. 뿐만 아니라 강의 시간에 학생들에게 교양도서를 강요하다시피 하는 나의 책 읽기 주장은 유별나다는 게 정평이기도 하다. 그런 가운데서 나는 문득 경주 돌이면 다 돌인가 싶어지고, 출판사라 해서 모두가 그 사명을 다하고 있는가라는 자문자답을 하곤 한다. 그런 의미에서 나는 범우사를 손꼽는 데 인색하지 않다.

내가 범우사 윤형두 사장과 첫 인연을 맺은 건 1974년 여름이었다. 그때 나는 한국연극협회 이사장이라는 감투를 쓰고 있었다. 협회라고 해봐야 특별히 사업을 하는 일이라고는 없었고, 문공부로부터 참새 눈물만큼이나 되는 지원금을 받아서 연극 세미나라든지 워크숍이나 하고 그리고 연극 연감이나 내는 게 고작이었다. 어언 13년 전의 일이니 지금의 협회 형편에 비한다면 용과 가물치 격이었을 것이다. 그런데 그해 나는 우겨서 협회 사업의 하나로 책을 펴내자고 이사회에서 제안했다. 일시적으로 세미나나 하고 워크숍을 하느니보다 연극의 이론과 실제를 책으로 엮어 각 학교나 연극 지망생들에게 널리 나누어주는 일이 보다 효율적이고 영속성이 있을 거라는 생각에서이며, 그런 일이라야 연극 인구의 저변 확대에도 일익을 도맡게 되리라는 나의 판단에서였다.

그러나 문제는 재정이었다. 연극협회가 넉넉한 재정으로 이른바 자비

출판을 할 수도 없을뿐더러, 제작비의 일부만 받고서 그 출판을 수락해 줄 출판사가 있을 리도 만무했다. 그 책이 베스트셀러가 될 성질의 것이라면 또 모를까. 연극이론 서적을 어느 출판사가 쾌히 수락했다면 그 출판사의 주인은 문을 닫기에 알맞은 낮은 상재(商才)의 소유주였을 것이다. 그런데 그 낮은 상재의 주인공이 나타난 것이다. 범우사 윤형두 사장이었다. 나는 다짜고짜로 면담을 신청하여 취지를 얘기했더니,

"그렇게 하세요. 차 선생께서 하시는 일인데 해드려야죠. 그것도 의의 있는 책인데…."

"장사가 안 되면 어떻게 하죠? 너무 미안해서…."

"두고두고 팔지요. 2, 3년이면 초판 2,000부 안 나겠어요? 허허…."

흰 이를 가지런히 드러내면서 웃는 윤 사장의 혈색 좋은 얼굴이 나에게는 지옥 입구에서 만난 보살님 같았다.

분명한 사실은 출판도 장사요 기업이다. 그러므로 윤 사장도 장사꾼이며 기업가일 게다. 그런데 윤 사장은 '의의가 있는 책'이라고 강조하면서 나의 뜻을 받아들였고, 그렇게 해서 햇빛을 본 게 「연극 창조의 이론과 실제」라는 책자였다.

오늘날 그 많은 출판사에서 쏟아져 나오는 책 가운데 '의의가 있는 책'을 얼마만큼이나 건져낼 수 있을 것인가를 나는 되새겨본다. 그리고 그것을 두고두고 팔아도 괜찮다고 생각하는 출판인이 과연 몇 사람이나 되는지 생각해본다. 아니다. 만약에 그런 출판사나 출판인이 있다 해도 그 누구도 알아주지 않을 것이고, 그런 기업은 이미 도산을 했을 것이다. 경제학에서 곧잘 거론되는 '그레셤의 법칙(악화가 양화를 구축한다)'이 출판계에도 적지 않게 적용된다고 들어서 알고 있는 사실이다. 읽혀야 할 책은 안 읽히고 읽으나 마나 한 책은 잘 팔린다니, 생각하기에 따라서는 어처구니없는 일이지만 현실이 그러하다는데 어찌하랴. 일제 말기에도 그러했고, 6.25 때도 이런 말이 사람들 입에 자주 오르내리곤 했었다.

"쓸 만한 놈은 다 죽고 못난 등신들만 살아남는구나!"

그러나 윤 사장은 그 어려운 지경을 용케도 극복해온 출판사 가운데 하나가 아닐는지 모르겠다. 그것은 곧 윤형두의 기업정신이나 작가정신이 요란스럽거나 떠들썩하거나 장삿속으로 끼어들기를 싫어하는 데서 연유한 결과론이 아닐는지 모를 일이다. 이 혼탁하고 치열하고 가치 판단이 전도되어가는 현실 속에서, 바르게 서고, 바르게 걷고, 바르게 말하기가 힘드는 업계에서 그래도 출판해서 의의가 남을 책을 펴내는 범우사는, 글자 그대로 모든 사람의 벗이 되어가고 있을 것이다. 그것이 결코 자가 선전이나 위장 포장된 상품이 아니라, 생수(生水) 같고 천성(天性) 같고 그래서 언제나 믿음을 얻게 하는 끈기 있는 침묵의 힘이라고 나는 생각할 때가 있다.

문득 창밖의 잡목 숲을 내려다본다. 까치가 푸드득 날아가자 앙상한 나뭇가지도 흔들린다. 그러나 그 옆 소나무는 의연하게 서 있고 그 푸르름은 눈이 시릴 정도다. 한식(寒食)이 며칠 전이었고 정릉 우리 집 정원에도 목련이 피었다고 전화가 왔으니, 분명 봄이 온 건 사실이다. 그러나 저 잡목 숲에는, 아직 푸른 기운은 돋아나지 않고 있다. 다만 소나무가 더 돋보이고 옆에 선 벌거벗은 나무들이 을씨년스럽게만 보인다. 나는 저 소나무가 윤 사장 같아 보인다면 지나친 표현일까 하고 지그시 눈을 감아본다. 오늘의 현실을 생각하면서 말이다.

송범(宋范)

1949년 「예술조선」 1월호에는 〈신진 무용가 송범〉이라는 제목으로 사진과 함께 기사가 실려 있다. 당시로서는 가장 대표적인 무용가인 장추화(張秋華)의 제자로서, 이미 1948년 5월 10, 11, 12, 13일에 〈습작〉이라는 작품에서 선을 보였으며, 다음 해인 1949년 11월 27, 28일에는 김막인(金漠人)의 〈애착〉이라는 작품에도 출연함으로써 장래가 촉망되는 당년 22세의 신진 무용가로 평가되고 있다. 조국 광복과 함께 이 땅의 모든 예술이 감격과 흥분 속에서 저마다 열기를 내뿜고 있을 때 무용계도 결코 그 예외는 아니었다. 남자 무용가로는 조택원을 위시하여 정인방, 박용호, 김막인, 김해랑, 성귀봉, 한동인, 정지수가 활발하게 발표회를 가졌고, 여자 무용가로서는 최승희, 장추화, 진수방, 임경희, 조용자 등이 무용의 맥을 이어갔다. 그러나 최승희는 남편 안막을 따라 1946년 7월 중순 평양으로 떠나갔으니, 실질적으로 그녀의 제자였던 장추화가 가장 두각을 나타냈던 현역 무용가였음은 틀림없는 사실이다.

신진 무용가로 촉망받았던 송범이 그녀의 문하생이었고, 그녀로부터 한국무용을 배웠으니, 어느 의미로 봐서는 최승희의 춤의 맥을 이어받은 유일한 무용가라고 해도 결코 지나친 표현은 아닐 것이다.

그로부터 45년, 무용가 송범은 이 땅의 무용계를 일구고, 가꾸고, 지켜온 살아 있는 증인이요 일꾼임에 틀림이 없다. 45년이라는 세월을 애오라지 춤에 바치고, 춤에 취하고, 춤으로 버티어왔으니 송범은 바로 한국 춤의 맥이요, 기수요, 그 집대성에 기여한 초석이라고 해도 지나친 찬사는 아닐 것이다.

나는 조국 해방과 함께 일본 군대에서 풀려나자 곧바로 서울로 올라갔다. 중단된 학업을 다시 시작하기 위해서였다. 23세로 대학에 들어갔으니 이를테면 만학도였다. 나는 장차 극작가가 되고 싶은 일념에서 기성극단뿐만 아니라 학생극까지도 두루 찾아다니며 연극 세계에 탐닉했다. 그러면서 같은 공연예술인 무용에도 심심찮게 접근했다. 그것은 결코 무용가가 되기 위해서가 아니라, 극장예술로서의 공통성과 특성을 섭렵하고 싶은 하나의 욕심에서였다. 그러한 나에게 웬만한 무용가의 이름이나 발표 무대는 결코 생소하지 않았다.

그런데 내가 송범의 춤을 무대에서 본 첫 기억은 한국무용이 아니라 현대무용과 외국 민속춤이었다. 특히 〈인도의 연가〉에서 보여준 이국적인 춤의 매력은 나의 호기심을 자극하는 데 충분했다.

무용가로서의 알맞은 육체 조건과 정열에 불타오르는 검은 눈동자와 그리고 섬세하면서도 관능적인 육체 언어의 에스프리는 분명히 놀라움이자 매력이었다.

내가 먼 훗날 송범과 가까워짐으로써 감지한 하나의 체취를 한마디로 말하자면 그것은 불이라고 말할 것이다. 모든 것을 불살라 먹는 불꽃이다. 미지의 세계를 향하는 무한한 욕구와 풍경에서 머무르는 게 아니라, 그 밑바닥까지 샅샅이 훑어내지 않고는 직성이 안 풀리는 야망과 행동의 화신이라는 점이다. 그것은 영원한 탐구자이자 구도자(求道者)로서의 치열한 자기 투쟁을 뜻하는 것이다.

그러기에 송범은 배울 필요가 있다고 생각되는 사람이나 춤의 세계라면 언제나 주저없이 뛰어드는 용기를 잃지 않았다. 광복 직전 조택원의 연구소 문을 두들기는 일을 필두로, 한동인, 장추화의 문하생으로 두루 입문함으로써 한국춤, 발레, 현대무용(마리 비그만 계통), 인도춤 등 폭넓게 섭렵했던 예술적인 순례(巡禮)를 떠나는 데 온갖 정열을 쏟아온 것이다.

나는 송범에게서 얻어낸 하나의 답을 말하면 바로 그 욕심을 내세운다. 결코 물질적인 면에서가 아니라 정신적인 면에서의 탐구욕 말이다. 알아내지 않고는 못 배기는 그 탐욕(?)스러운 쟁취욕 말이다. 가만히 앉아서 그 누군가가 가져다주기만을 바라는 수동적인 성격이 아니다. 스스로 찾아 나서고 체득하지 않고는 직성이 안 풀리는 강렬한 소유욕이야말로 오늘날의 송범을 있게 한 근본이리라.

예술은 받아먹는 것이 아니라 스스로 찾아 나서는 세계라는 원리를 인정한다면 송범은 바로 그 표본적인 인물임에 틀림없다. 자신의 내부로부터 끓어오르는 열정을 스스로 키우고 삭이고 영글게 하는 노력이 없이 대성을 바랄 수 없다는 교훈을 우리에게 남겨준 사람이다.

50년 전 우리의 사회 환경이 춤을 추기에 그 얼마나 열악했으며 폐쇄적이었던가는 지금도 쉽게 알 수가 있다. 특히 여자도 아닌 남자로서 춤꾼이 되어야겠다고 결심한 그 자체가 하나의 놀라움이자 충격이었다. 중학 2학년 때 최승희의 춤을 보고 그만 춤에 매혹되었노라고 후일 술회한 적이 있는 송범은 틀림없는 이단자(異端者)이자 반역아(反逆兒)의 생리를 지니고 있었을 것이다. 주위 사람들의 시선이 따갑고 싸늘할수록 고집스럽게 버티고 덤벼댄 그는 선구자이자 개척자의 기질을 지니고 있었다. 순탄한 길만을 가려고 하고, 무풍지대에서 안주하려는 속물근성에서 벗어나서 과감하게 반기를 들고 일어선 그는 문자 그대로 '앞서가는 사람'으로서의 야망과 예지를 지니고 있었을 것이다.

그러나 내가 송범에게서 엿볼 수 있는 또 하나의 세계가 있다. 그것은 다름 아닌 '우리 춤'에 대한 집요한 탐구이다. 젊은 날 그가 더듬었던 발레나 현대무용이나 그리고 오리엔탈 댄스도 결국은 가장 한국적인 춤의 세계를 찾아내기 위한 하나의 수단이자 과정이었다는 점에서 새삼 그의 예술세계의 깊이와 폭을 엿보게 되는 것이다.

젊은 날의 방황이 먼 훗날의 정착을 위한 기초작업이었을진대, 그 시대의 고민과 고독과 갈등은 얼마나 깊었던가를 다시 생각케 하는 것이다. 누구도 돌아보지 않는 뒤안길에서 자기가 가고자 하던 길을 의롭게 살아오기를 45년, 송범의 방황과 갈등은 그만큼 값진 것일 수밖에 없을 것이다. 뿐만 아니라 지금까지 울타리 안에서만 추었던 한국춤을 널리 5대양 6대주를 향하여 날개를 펴게 했고, 그 한국춤의 진가가 국내보다도 국외에서 더 인정받게끔 터전을 닦아낸 경지에 이르러서는 한국춤의 국제화를 명실상부 실천한 장본인이라는 점도 기억해야 할 것이다.

1968년 멕시코 올림픽 때 한국민속무용단을 이끌고 나가 전 세계인에게 첫 선을 보인 〈화관무(花冠舞)〉는 바로 한국춤의 국제무대 진출을 가속화시킨 기관차였다는 점에서, 우리는 비로소 송범의 춤 세계가 서양의 그것이 아닌 '우리 춤'에 있었음을 확인시켜준 커다란 모멘트가 되었다.

1972년 국립무용단이 출범하자 초대 단장의 중책을 맡게 됨으로써 송범의 춤 세계는 분명하게 획을 긋게 되었다. 그것은 다름 아닌 종전의 소품주의에서 대형 무용극 정립에 혼신의 노력을 기울였기 때문이다. 무용극이 단순한 무용과 연극의 복합체라는 상식을 벗어나 무용의 연극성과 입체인 시각성을 토대로 하는 민족정신의 재발견이라는 대명제까지 접근하려는 그의 야망은 일찍이 그 누구도 넘겨다보지 못했던 새로운 처녀지의 개척이라고 말할 수가 있다. 〈도미부인〉, 〈은하수〉, 그리고 〈저 하늘 그 북소리〉가 모두 나의 대본을 송범이 안무한 무용극임을 감안할 때, 무용극의 확립이야말로 민족무용의 세계화 내지는 국제화로 가는 지름길이라고 생각했기 때문이다.

송범이 국립무용단을 떠난다고 한다. 그러나 그는 영원히 떠날 수는 없다. 왜냐하면 그가 그동안 길러낸 수많은 춤꾼이 몇십 명, 몇백 명이었는가를 생각해보면 쉽게 알 수가 있다. 국수호, 양성옥, 손병우, 김향금, 이문옥, 박정목, 장용일, 이미미, 윤성주, 이지영, 최정임, 홍형경 등 국립무용단의 중추 멤버가 모두 그의 후예이자 이 나라 무용계를 이어나갈 대들보들일진대 그 누가 송범이 국립무용단을 떠났다고 단정할 수 있단 말인가. 송범은 살아 있다. 한국의 춤이 있고 무용극이 추어지는 한 이 땅에서 송범의 이름과 영혼은 영원하리라 믿는다. 아니, 그것이 곧 예술의 위대한 까닭이기를 재다짐하고 싶은 것이다.

국수호(鞠守鎬)

세계적인 첼리스트인 파티고르스키가 남긴 말 가운데 이런 말이 있다.

"인간 생활에서는 겸양(謙讓)의 미덕(美德)이라는 게 있지만 예술을 위해서는 그것은 때때로 죄악일 수도 있다"라고.

이 말을 얼핏 듣기에는 부도덕하게 들릴 수도 있겠지만 사실상 예술가에게는 매우 적절한 충고이자 길잡이가 되는 말이다. 원만한 대인관계며, 평화로운 환경, 그리고 안정된 삶에 대한 욕구는 만인의 소망이요 행복의 조건이다. 따라서 경직과 대립의 상황에서 자기를 주장하고 돋보이게 하려고 바둥대는 사람은 곧잘 흔들리거나 좌절하게 마련이다. 그러나 예술의 세계는 그게 아니다. 완성을 향하여 꾸준히 고행(苦行)하는 그 과정이 곧 예술의 진수임을 말해주기 때문이다.

이와 같은 관점에서 주변을 둘러본다 치면 사실 많을 것 같으면서도 만나기 힘든 게 무용계가 아닌가 싶다. 한 해 동안에 200회 가까운 크고 작은 무용발표회가 줄을 잇듯이 선을 보이는 게 이 땅의 무용계의 실상이다. 그것은 하나의 활력을 의미하고 생동력을 표출하려는 자신의 발언이나 안목(眼目)도 없이, 남의 것에 맹종(盲從)하거나 기존 세계의 전수(傳受)나 전달에 안주했을 때 우리는 이미 그에게 예술가라는 칭호를 붙여줄 수 없다. 자기의 세계를 찾아 끊임없이 방황하고 허물어버리고, 그리고 다시 쌓아올리는 수도자(修道者)의 모습에서 우리는 비록 그것이 미완성의 상태일지라도 예술이라는 말을 음미하게 된다. 나는 이러한 관점에서 이 나라 춤꾼 가운데 나름대로의 주장과 개성으로 수도승처럼 고행을 쌓는 사람이 누구냐고 묻는다면 주저하지 않고 국수호를 내세울 것이다.

국수호는 강물이다. 한시도 쉬지 않고 어디론가를 향해 흘러가는 물줄기다. 밤에도, 낮에도 그 물은 흘러가고 있다. 그러나 그것은 요란스럽게 여울져서 거품을 내뿜고 물보라를 일으키며 흘러가는 격류(激流)가 아니다. 그렇다고 옹달샘에서 흘러나와 소리 없이 흘러가는 실개천도 아니다. 그것은 노송(老松)을 이은 암벽과 모래들 사이에 솔그림자를 드리우며 흘러내리는 청류(淸流)다. 어찌 보면 호수 같으나 좀체로 그 깊이를 짚을 수가 없다. 얼핏 보기에는 고여 있는 물살이 흐르고 있음을 알게 된다. 그 물줄기는 언젠가는 또 다른 물줄기와 만나 보다 넓고 거센 힘을 가하게 될 숨겨진 저력을 연상케 한다.

사실 춤꾼 국수호의 40 평생은 그렇게 물줄기처럼 삶을 살아왔다. 남들은 연애시나 읽고 감상적인 상념에 빠져 있을 고등학교 시절에 이미 농악 가락의 강력한 리듬과 흥에 심취되어 춤과 음악에 매료되었던 천부의 재능을 지녔었다. 대학 진학과 더불어 왕성한 탐구욕과 야망에 불탔던 국수호는 박금슬, 송범, 한영숙, 이매방, 김천흥, 박병천, 박송임 등을 찾아 나섰다. 사사해온 스승들의 예술세계의 다양성만을 들추어보더라도 국수호의 불길 같은 탐구욕은 스스로 뜨거운 입김을 느끼게 한다. 그러나 그는 그것을 한 번도 소문을 내거나 거드름을 피우지 않았다. 어디론가 흘러가야 할 물줄기를 찾아 나섰을 뿐이다. 그러나 그가 젊은 춤꾼으로서 그 존재를 나타내게 된 것은 1973년 국립무용단에 입단하면서부터였다. 〈별의 전설〉, 〈왕자호동〉, 〈도미부인〉 등 20여 편의 무용극의 주역 무용수로 화려하게 등단한 국수호는, 그칠 줄 모르는 탐구욕과 성취욕이 이번에는 안무와 대본 작성의 영역으로 번져나갔으니, 〈무녀도〉, 〈대지의 춤〉, 〈하얀 초상〉 등 대형 무용극과 〈허상의 춤〉, 〈무학동〉, 〈썰물〉, 〈북한강에서〉 등 10여 편의 작품을 창작해냄으로써 이 땅의 신무용사상 제3세대의 기수(旗手)로서의 자리를 굳혔다. 그러므로 국수호를 가리켜 무용계의 기린아라고 호칭한 것은 결코 무리가 아닐 것이다.

여러 스승을 찾아다니면서도 그 스승의 그늘에 안주하지 않는 국수호, 정통(正統)과 민속(民俗)과 현대의 힘을 기울이는 무용가가 국수호다. 외유내강의 성품이 오만스럽게 느껴질 정도로 활력을 더해가는 국수호는 언제고 보다 넓은 세계를 향하여 비상(飛翔)하려는 한 마리 새이기도 하다.

평상시의 겸손한 언행과는 달리, 일단 무대 위에 서게 되면 이미 그는 불이요, 바위요, 바람의 화신이 된다. 그 누구의 눈치를 볼 줄도 모르고,

그 누구와의 타협도 모르고, 오직 드높은 허공을 향하여 도약하는 강렬한 운동의 에너지를 발산한다. 그의 춤사위는 부드러움과 강인함의 조화에 도약과 착지의 안정성으로까지 확대된다. 곧고 날카로운 코에서 다소 길게 보이는 인중과 턱으로 흘러내리는 그의 용모는 귀공자가 지니는 풍모에 한 걸음 더 나아가 교만하고 냉혹하리만큼 이지적인 냉철(冷澈)까지도 풍긴다. 그러기에 그는 인간적인 겸손과 예술가로서의 오만을 공유한 타고난 춤꾼이 아닐 수가 없다.

무대에 선 국수호의 표정은 항상 높은 시점(視點)을 향하고 있다. 땅을 내려다보는 포즈보다는 객석 2층에 앉아 있을 어떤 관객을 향하여 팔을 벌리고 서 있는 듯한 그런 자태를 즐겨 구사한다. 그와 같은 국수호의 모습에서 나는 문득 한국의 건축(建築)을 연상한다. 처마 끝의 곡선을 생각한다. 허공을 향하여 날아가려는 한 마리의 학의 단아하면서도 결의에 찬 의지를 생각한다. 그 처마의 비천(飛天)의 개념은 곧 춤꾼 국수호의 모든 것을 포괄적으로 표현해주고 있기 때문이다. 처마의 곡선은 완곡하면서도 너그러움과 여유를 아울러 지닌 채 보다 넓은 공간을 향하여 푸드득 날갯죽지를 펼쳐들 한 마리의 학을 연상하는 것이다. 우리 건축의 특징을 가리켜 자연과 인간의 만남이요, 그것은 "자연에 대한 깊은 이해심과 겸허한 인간의 모습"이라고 말한 어느 미술가의 글을 문득 생각해내게 하는 국수호의 춤 세계는 분명 이 땅의 보배로운 존재가 아닐 수 없다. 그러나 국수호의 춤이 아직도 자신의 몸무게를 의지하지 않듯이, 자유롭고 순탄하게 날으는 그런 춤의 세계를 향하여 더욱 수도 고행을 펴나가야 할 것이다. 국수호의 춤이 더욱 오만하고 처절하고 청결한 자기 세계의 성곽을 쌓아나가기를 비는 마음 간절하다.

김길호(金吉浩)

우리 집 5남매는 김길호를 가리켜 '길호 삼촌'이라고 부른다. 첫 아이부터 셋째 아이가 태어났을 때 가끔 집에 놀러 와서는 더러 업어주고 안아주곤 했었다. 어언 40년 전 일이다. 그런가 하면 넷째, 다섯째가 태어날 무렵 김길호는 잠시 서울에 머물었고, 그 후 군에 입대했을 때도 휴가차 집에서 묵게 되면 역시 그 애들을 업어주고 안아주곤 했으니, 우리 아이들이 길호 삼촌이라고 부르게 된 것은 매우 자연스럽고도 순리에 맞는 일일 게다. 그러나 나와 김길호와의 만남은 극히 우연이면서도 숙명적이라고 봐도 무방하리라.

1951년 2월 목포문화협회에서는 3.1절 기념 예술제를 준비하느라 북새를 떨었다. 6.25의 상처가 아물기는커녕 그로 인하여 인심은 도리어 살벌하고 세상은 흉흉했다. 사상적 대립에서 오는 원한과 보복과 갈등의 상승작용은 죽이고 죽는다는 흑백논리에서 한 치도 벗어나지 못한 채 숨막히는 나날이 있을 뿐이었다.

그런 와중에서 예술제를 기획한 짓거리도 이해가 안 가거니와, 그 틈바구니에 끼어서 연극과 무용의 두 분과의 책임까지 맡았으니 분명 나는 돈키호테가 아니면 장돌배기였으리라.

지방 도시에 전문 연극인이 있을 리가 만무하니 누구를 불러다 놓고 연극판을 꾸밀 것인가. 나는 전쟁을 만나 지방에 머물러 있는 악극단 출신의 배우와 신인들을 규합해서라도 연극은 해야겠다고 뜻을 굽히지 않았다. 그 가운데 이제 고등학교를 갓 나온 열여덟 살의 김길호가 나의 시야에 들어선 것이다. 후리후리한 키, 반곱슬의 머리, 다소는 우수에 차 있으면서 깊숙이 가라앉은 눈매, 어쩌다 수줍어 웃어 보일 때의 가지런한 하얀 이와 보조개는 첫인상이 배우라는 느낌이었다. 게다가 노래 솜씨도 중(中)은 된 데다 음성이 맑고 비교적 표준말을 터득했다는 점에서 나는 그 신인을 끌어들였다.

장래의 꿈이 배우라 했고 지방에 내려오는 연극, 악극은 물론 영화관 출입은 광신자가 교회에 드나드는 격과 다를 바 없었다니, 내가 첫눈에 그의 배우로서의 자질을 발견한 것은 지극히 당연했다고 볼 수 있을 것이다. 그러나 나로 하여금 더욱 놀라게 한 점은 그의 불길 같은 정열이었다. 연습 시간의 엄수와 연습 과정의 진지함, 그리고 연습이 끝난 다음에도 혼자 남아 연습하고 또 솔선해서 뒤치다꺼리까지 마다하지 않는 그 성실성은 배우이기 이전에 인간으로서의 순박함과 겸손함으로 어른들의 눈에 띌 수밖에 없었다.

그때 레퍼토리는 나의 처녀작이기도 한 〈별은 밤마다〉(2막극)였다. 이 작품은 후일의 나의 대표작이기도 한 〈산불〉의 기초 데생에 해당되는 작품이다. 길호가 맡은 역은 입산(入山)한 마을 청년 역이었다. 작, 연출, 그리고 주연까지 도맡은 나의 손발처럼 잘 움직여준 길호는 분명히 되는 나무는 떡잎부터 알 수 있다는 속담을 실감케 해준 재목이었다.

그 연극으로 목포시민들은 김길호라는 병아리 배우를 얻었다. 나는 그 여세를 몰고 1953년 크리스마스를 축하하는 연극을 준비했다. 레퍼토리는 셰익스피어 작 〈베니스의 상인〉 중에서 재판 장면을 발췌한 대목이었다. 이 작품을 선택하게 된 이유는, 공연장이 양동(陽洞)에 있는 교회라는 점과 관객 대상을 중고등학교 학생들에다 겨냥했기 때문에 작품의 계도성과 윤리성을 감안해야만 했다.

길호가 맡은 역은 샤일록이었고 그 상대역인 앤토니오는 그 당시 여학교 교감 자리를 지키던 최명수였다. 이 연극이 계기가 되어 훗날 최명수는 영화배우가 되기 위해 교직을 버리고 서울로 올라왔으나 결국은 제작극회 동인으로 동고동락하게 되었다. 그러나 김길호와 최명수가 동인이자 라이벌로 같은 무대에 서게 된 두 번째 운명은 6년 후의 일이었다. 그 당시 제작극회는 존 오즈번의 〈성난 얼굴로 돌아보라〉를 최창봉 연출로 연습 중이었다. 을지로 입구에 원각사라는 소극장이 들어서자 우리는 그 당시 영국의 문제작을 첫 소개함으로써 진솔한 소극장 연극의 진수를 보여주자고 열을 올리고 있었다. 오사량, 최상현, 문혜란, 최명

수, 그리고 이노미 등 당시로서는 쟁쟁한 출연진이었다. 그런데 개막 2주일을 앞에 두고 주역인 최상현이 쪽지 한 장을 남긴 채 잠적해버린 것이다. 사유는 간단했다. "그런 연출자 밑에서 연극은 할 수 없다…"라고 의사 표명을 했다. 우리들 운영위원회는 초긴급회의를 소집했다. 명동에 있는 돌다방에 모인 사람은 김유성, 김경옥, 조동화, 노희엽, 오사량 그리고 차범석이었다. 개막 2주일을 남겨놓고 주연 배우가 도중하차 했으니 대세는 그 공연을 단념할 수밖에 없다는 쪽으로 기울어지고 있었다. 그러나 나는 공연을 취소할 수 없으며, 이미 선전물이 나간 이상 관객하고의 약속은 지켜야 한다는 주장이었다. 그렇다면 누가 그 대역(代役)을 맡을 수 있겠는가라는 문제가 나오자 나는 김길호를 천거했다. 길호는 그 당시 목포방송극회를 이끌며 소극장 연극을 하고 있었다.

"김길호를?"

모두가 반신반의였으나 나는 자신이 있었다. 그날로 급히 연락을 하자 다음 날 작은 백 하나만 든 길호가 서울에 나타났을 때 나는 전보다 더 키가 커 보이고 윤곽이 뚜렷해진 그의 그늘진 얼굴 표정에서 보다 성숙된 배우의 면모를 읽어낼 수가 있었다. 이렇게 해서 올려진 연극은 호평을 받았고, 길호는 얼마 동안 서울 생활을 하다가 말고 본의 아닌 낙향을 하고 말았다. 36년 전 일이다.

배우 김길호는 그런 면에서는 불행한 사람이다. 그러나 한동안의 공백기는 있었지만 끝내 연극에 대한 집념을 못 버린 채 늦깎이로 재출발하여 최은희 씨가 이끌던 배우극장에서 〈낙엽〉, 〈천일의 앤〉, 〈의사 지바고〉 등에 출연함으로써 그 초지를 일관시킨 점으로는 입지전적 배우일 게다.

될 성싶은 나무는 떡잎부터 알아본다는 말이 진실이었다면, 배우 김길호는 바로 그 떡잎의 한 사람이었을 게다. 그리고 배우는 스스로 되는 것이지 남이 만들어주는 것이 아닌 자기 자신하고의 싸움이라면 그는 한 사람의 승리자임에 틀림없으리라.

이제 연극 생활 40년에다 회갑을 맞게 되는 배우 김길호. 그의 소년 시절부터 지켜봤고 길호 삼촌으로 불리는 그는 나의 핏줄과도 다름없다. 그가 더러는 TV나 영화에도 나가지만 잘못된 상업주의나 한탕주의에 물들지 않고 한 사람의 조각가처럼 나무를 깎고 돌에 새기는 인내와 겸손과 창조를 잃지 않는다면 분명 김길호는 배우다운 배우로 대성하리라 믿는다.

임희재(任熙宰)

나와 극작가 임희재와의 만남은 운명적이었다. 1955년 1월 1일 조선일보 신춘문예 현상의 등용문을 함께 통과했기 때문이다. 물론 당선작은 임희재의 희곡 〈기류지(寄留地)〉였고, 나는 〈밀주(密酒)〉로 가작을 차지했었다. 공교롭게도 그는 34세요, 나는 32세의 늦깎이 작가라는 점에서 눈에 보이지 않는 유대감 같은 것을 느낄 수가 있었다.

그러나 우리 두 사람이 직접 대면하여 수인사를 나눈 것은 1월 15일의 시상식에서였다. 둥글넓적한 얼굴에 어깨가 떡 벌어지고 수줍음을 타는 듯하는 눈초리와 입가에 머금은 미소가 한마디로 호인(好人)이라는 인상이었다.

연극계에서는 두 사람의 신인 극작가 탄생에 대해서 큰 기대를 걸고 있었다. 그러나 나는 그에게 당선의 영예를 빼앗긴 데 대해서 자극을 받은 터였다. 나는 기어코 당선을 차지할 양으로 다음 해에 재도전을 했다. 1956년 1월 1일 희곡 〈귀향(歸鄕)〉이 당선되었을 때 임희재는 멀리 대전에서 축하 편지를 보내왔다.

그 사이에 임희재는 극단 신협(新協)을 이끌어가던 연출가 이해랑(李海浪)으로부터 새로운 장막극 집필을 의뢰받았다. 그 당시만 해도 창작 희곡을 얻어내기란 여간 어려운 게 아니었다. 유치진, 오영진, 이광래,

김진수 등 극작가는 있었지만 신작을 기대하기가 어려운 처지였다. 이해랑은 임희재에게 첫 화살을 꽂은 셈이다. 그러나 처음부터 창작극의 성공률이 희박했던지 이해랑은 그에게 번안극을 종용했었다. 외국의 희곡을 한국의 현실에다 옮겨놓는 작업이었다. 그렇게 해서 햇빛을 본 게 〈꽃잎을 먹고 사는 기관차〉라는 장막극이었다. 이 작품은 미국의 극작가 테네시 윌리엄스의 〈욕망이라는 이름의 전차〉를 텍스트로 한 최초의 번안극이었다.

이 작품이 극단 신협에 의해 명동에 있는 시공관(市公館)에서 공연되자 호평을 얻었다. 임희재의 탄탄한 극작술은 신인답지 않게 안정감과 현실감을 실감케 했다. 그것은 35세가 되기까지 꾸준한 습작기를 거친 작가 수업과, 지방 신문기자 생활에서 얻은 풍부한 사회 경험과 그리고 그의 선천적인 재능이 대기만성의 영예를 얻게 한 원인이라고 해서 결코 과언은 아닐 것이다.

임희재는 그동안에 이미 단막극 〈복(伏)날〉, 〈고래〉, 〈무허가 하숙집〉을 「현대문학」지에 발표한 바 있었다. 그런데 1956년 7월 나는 소극장운동을 꿈꾸며 극단 제작극회(制作劇會)를 창단하기로 동인을 규합했다. 나는 멀리 대전에 있는 임희재에게 동인이 되기를 간청하자 그는 나에게 답장을 보내왔다. 동참할 것을 흔쾌히 승낙한다는 말과 지방에서 썩고 있는 자기를 잊지 않은 우정에 대해서 고마움을 나타내는 사연이었다. 나는 지금도 그 편지를 곱다랗게 간직하고 있다.

임희재의 필체는 유려하고도 세련되어 읽기에도 즐거웠다. 신문기자 생활에서 체득한 필력임이 분명했다. 그는 창단공연 때 모처럼 서울 나들이를 했다 싶더니 사실은 대전 생활을 청산하고 삶터를 서울로 옮긴 터였다. 그는 그 사실을 좀체로 내색을 하지 않았다. 임희재는 원래가 과묵하고 비사교적인 것 같지만 속셈은 언제나 분명하게 계산을 잘하는 성품이었다. 그것은 어찌 보면 곰같이 응큼한 일면도 있어서 먼 훗날까지도 풀리지 않는 비밀을 간직하기도 했다.

임희재는 이미 영화계로 진출하고 있었다. 김기영이 감독한 〈초설〉이 처녀작이다. 영화 시나리오 작가래야 최금동, 김강윤 등 다섯 손가락도 꼽기 어려운 실정이라 임희재의 등단은 영화계에서 쉽사리 자리를 잡게 되었다. 본래는 희곡작가가 되겠다고 마음먹었지만 가난을 이겨내기 위해서는 시나리오 쓰기가 황금알이나 다를 바가 없었다.

임희재는 나를 만날 때마다 미안해하는 기색이었다. 희곡은 안 쓰고 돈벌이가 된다는 영화 시나리오만 쓰고 있는 자신을 부끄럽게 생각한다는 것이다. 그러면서 생활이 안정되면 반드시 연극으로 돌아올 테니 두고 보라는 것이었다. 1957년 12월 임희재, 하유상, 이용찬, 주평, 그리고 나는 「희곡 5인선집」을 출간하여 신진다운 기백을 토하기도 했다.

1963년 7월, 나는 제작극회를 탈퇴하고 새로운 극단 산하(山河)를 창단했다. 연극의 전문화와 대중화라는 기치를 내걸고 창단하면서 임희재에게 협력을 요청하자 즉석에서 동의하고 극단 산하 운영위원의 한 사람으로 입단하였다. 번역극 일변도의 연극계의 현실에서 우리는 창작극의 정립을 주장하고 임희재, 하유상, 오학영 그리고 나, 이렇게 네 사람의 극작가가 가담하여 적어도 1년에 한 편씩 희곡을 쓰기로 굳은 약속을 했다. 그리고 그 첫 주자로 1963년 10월 극단 창설공연 작품인 손창섭 원작 〈잉여인간〉을 임희재가 각색하여 호평을 받자, 그는 차기 공연 작품으로 〈임금님의 첫사랑〉이라는 제목까지 밝히기도 했다. 그러나 임희재는 영화계와 TV방송계에서 일하는 시간 때문에 다시는 연극계로 돌아올 수가 없었다. 그가 왕년의 인기 프로였던 〈아씨〉를 집필 도중 병상에 눕게 되자 나는 그가 입원 중인 고려병원을 찾아갔다.

"차 형, 미안해. 희곡을 써야 할 텐데 이 지경이 되었으니… 차 형, 건강 조심해."

임희재의 눈은 촉촉히 젖어 있었다. 당대의 인기 시나리오 작가요,

방송 극작가로서 치부는 했는지 모르지만 꼭 써야겠다고 벼르던 희곡은 끝내 쓰지 못한 채 얼마 후 세상을 하직하고 말았다.

세월이 건망증에 걸렸는지 아니면 사람이 망각증에 걸렸는지 연극계에서도 그의 이름을 기억하는 사람이 없다. 하물며 그토록 패기와 재능과 정력을 과시하던 임희재의 모습을 말할 사람도 없는 이 시대에 임희재의 발자취를 더듬어보자는 후학들의 착안이 고맙기만 하다.

나와 극작가 임희재와의 만남과 동행의 짧고도 긴 내력은 어쩌면 이 땅의 소극장 연극사의 한 단면사가 되기에도 충분할 것이다. 불행한 시대에 태어나서 이리농림, 니혼대학 법과와 동양음학교 중퇴라는 학력과 농회(農會) 기수, 회사원, 교사, 신문기자 등의 다양한 사회 경력을 지녔던 극작가 임희재, 그가 지금 살아 있다면 74세다. 마음먹기에 따라서는 원숙한 작품세계를 펼쳐나갈 수도 있었건만 그의 죽음이 일찍 온 것은 일과 돈 때문이었다는 사실 앞에서 나는 새삼 이 땅의 극작가의 숙명을 헤아려본다.

팔려 간 얼룩이

글 차범석

그림 김수민

손자를 위해 만든 그림책 「팔려간 얼룩이」 (동화출판사, 1993년).
출간 당시 실렸던 백금남의 그림 대신 일러스트 작가인 손자 김수민의 그림을 실었다.

얼룩이는 두메산골에서 태어났어요. 다섯 형제 가운데 막내로,

온몸에 둥글고 예쁜 얼룩무늬가 있어서 얼룩이라는 이름이 붙여졌어요.

주인 아저씨는 얼룩이만 남기고,

다른 형제들은 모두 이웃들에게 나누어 주었어요.

그런데 어느 날,
마을에 온 엿장수 아저씨가 마당에서 강아지와 놀고 있는 얼룩이를 보고
탐이 났나 봐요. 엿장수가 얼룩이를 팔라고 청했어요.
주인 아저씨는 처음엔 거절하였으나, 엿장수가 꺼내 들고 있는 돈을 보고는
그만 마음이 변하여 얼룩이를 넘겨주었어요.
그러자 엿장수는 한 손으로 얼룩이 목덜미를 냉큼 집어서,
엿목판 아래 있는 상자 속에다 집어넣고 말았어요.

그 상자 안에는 다른 고양이들도 여러 마리 갇혀 있었어요.

'웬 고양이가 이렇게 많이 들어 있을까?'

얼룩이는 이상했어요. 얼룩이는 그 까닭을 알 수가 없었어요.

그러나 며칠 후, 그 까닭을 알게 되었어요.

엿장수 아저씨는 서울의 남대문 시장으로 나와서, 엿목판 밑에 있던
상자를 꺼내어 좁은 길바닥에다 내려놓았어요. 그러고는, 상자 뚜껑을
열어 놓고 이 사람 저 사람들에게 구경을 시키는 것이에요.

"야, 새끼 고양이다. 아이, 귀엽다!"

"검정 놈, 노랑 놈, 얼룩이, 많기도 하다."

지나가던 사람들이 들여다보면서 저마다 한마디씩 하는 것이었어요.

장바구니를 들고 안경을 낀 어떤 아주머니가 물었어요.

"그거 팔 거여요? 이 얼룩이는 얼마죠?"

그 순간, 얼룩이는 깜짝 놀랐어요.

'아니, 그럼 나를 팔려고 여기까지 데리고 왔었구나!'

"예, 예. 3천 원만 주셔요. 아주 예쁘고 귀엽지요."

얼룩이는 울기 시작했어요. 무섭고 슬퍼서 울었지요.

"이야옹……, 이야옹……."

그런데 사람들은 울음소리가 더 귀엽다면서 나를 가리켰어요.

엿장수는 돈을 받고, 얼룩이를 장바구니 속에 넣어 주었어요.

얼룩이가 팔려 간 집은 어느 아파트였어요.
아주머니가 아파트 문을 열면서 소리쳤어요.
"얘들아, 예쁜 고양이를 사 왔다."
그 말에 세 아이들이 우르르 달려와 서로 얼룩이를 차지하려고
실랑이를 벌였어요.

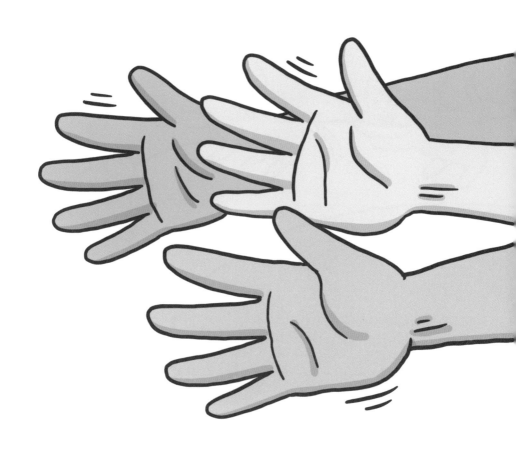

"이 고양이는 내 거야."
제일 큰 아이가 소리쳤어요.
"아냐, 내가 기를 거야."
둘째 큰 애가 지지 않고 대들었어요.
"안 돼! 내가 사 달라고 했단 말이야."
막내인 듯한 꼬마가 소리쳤어요.

그러자 그 아주머니가 말했어요.
"안 된다. 이 아파트에는 쥐가 많아서
고양이를 사 온 거야. 너희들 장난감으로
사 온 게 아니다."
얼룩이는 더욱 놀랍고 슬펐어요. 어린이들의
친구도 아니고, 쥐 잡는 것도 모르는 자기를
마음대로 그렇게 정해 버리는 그 집 식구들이
원망스럽기만 했어요.

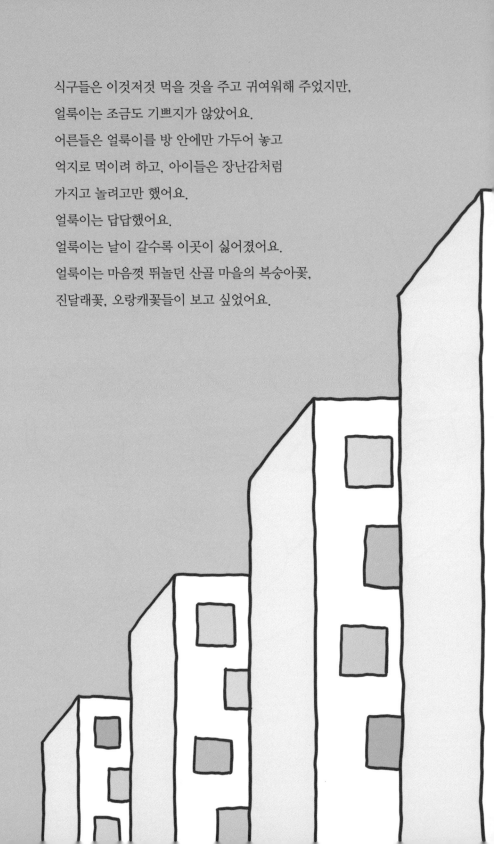

식구들은 이것저것 먹을 것을 주고 귀여워해 주었지만,
얼룩이는 조금도 기쁘지가 않았어요.
어른들은 얼룩이를 방 안에만 가두어 놓고
억지로 먹이려 하고, 아이들은 장난감처럼
가지고 놀려고만 했어요.
얼룩이는 답답했어요.
얼룩이는 날이 갈수록 이곳이 싫어졌어요.
얼룩이는 마음껏 뛰놀던 산골 마을의 복숭아꽃,
진달래꽃, 오랑캐꽃들이 보고 싶었어요.

어느 날, 봄비가 촉촉이 내리는 오후였어요.
얼룩이는 아파트의 문이 반쯤 열려 있는 것을 보았어요.
'옳지! 야옹……, 이곳을 빠져나가자.'
마침, 아무도 보는 이가 없었어요.
얼룩이는 두근거리는 가슴을 죄며 고개를 내밀었어요.
촉촉한 봄비가 바람을 타고 불어와 얼굴에 닿았어요.

'야옹! 봄비에 실려 오는 이 향기로운 산골 냄새!'
얼룩이는 수양버들이 너울너울 춤추는 두메산골이 그리워졌어요.
시끄러운 자동차 소리가 아니라 새소리가 들리고, 사람들이
떠들어 대는 소리가 아니라 시냇물 소리가 그칠 사이 없고,
꽉 갇혀 사는 답답한 방이 아니라 넓고 푸른 들판이 그리웠어요.
얼룩이는 눈물이 났어요.
그리고 아직도 산골 마을에 있는 형제들이 보고 싶었어요.

얼룩이는 열린 문 사이로 빠져나와
계단을 내려갔어요.
'그래, 가자! 내가 가고 싶은 곳으로⋯⋯.'
얼룩이는 여기서 두메산골이 얼마나 먼
곳인지 몰랐지만, 비 내리는 아스팔트 길을
뛰기 시작했어요.
"야옹, 야옹! 이야옹⋯⋯!"

얼룩이는 이리저리 쏘다녔어요. 어디가 어딘지 알 수가 없었어요.

그때, 저쪽에서 어떤 할머니가 우산을 받쳐 들고 오고 있었어요.

할머니는 걸음을 멈추고 얼룩이를 내려다보셨어요.

"저런…… 비를 맞고 어딜 가니? 길을 잃은 모양이구나…….

아니면, 누가 널 버린 게로구나."

"이야옹!"

얼룩이는 몸이 부들부들 떨렸어요. 비를 맞아서 춥고 배도 고팠어요.

할머니는 다정한 얼굴로 말씀을 계속하셨어요.

"그래, 집이 어딘지도 모르겠어? 그럼, 나하고 함께 가자꾸나.

우리 집에는 나 혼자뿐이란다."

얼룩이는 그 순간, 자기도 '혼자'라고 말하고 싶었어요.

"야옹, 이야옹, 야옹……!"

할머니는 두 손으로 얼룩이를 들어 올려서
가만히 안으셨어요.
"쯧쯧쯧……, 비를 많이 맞았구나! 감기 들면
어떡하려고……. 자, 가자. 우리 집에 가서
먹을 것도 주고, 편안하게 해 주마."
할머니의 목소리는 더없이 부드럽고 포근했어요.

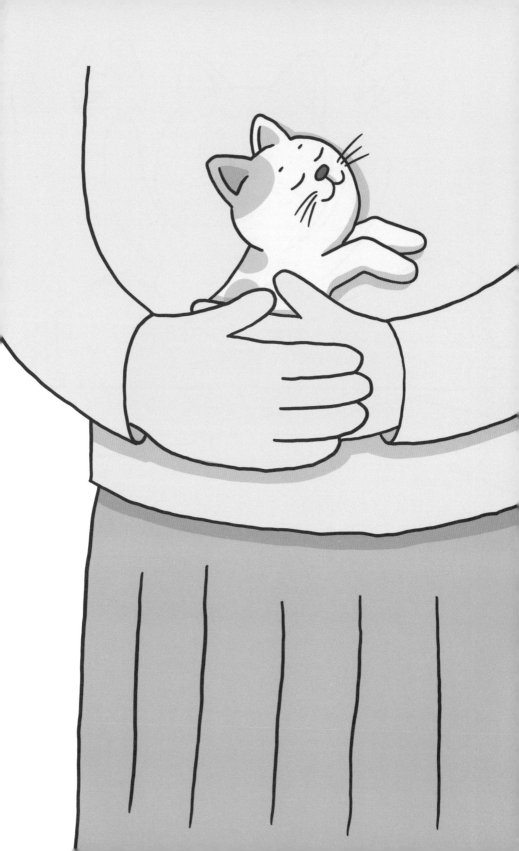

얼룩이는 할머니의 얘기를 들으면서, 자꾸만
품속으로 파고들었어요.
할머니의 품 안이 엄마 품처럼 따뜻하게 느껴졌어요.
"할머니, 우리 함께 살아요, 야옹, 이야옹!"